한국교회의 사회학

한국교회의 사회학

2018년 2월 20일 초판 인쇄
2018년 2월 25일 초판 발행

지은이 이원규 ㅣ **펴낸이** 이찬규 ㅣ **펴낸곳** 북코리아
등록번호 제03-01240호 ㅣ **전화** 02-704-7840 ㅣ **팩스** 02-704-7848
이메일 sunhaksa@korea.com ㅣ **홈페이지** www.북코리아.kr
주소 13209 경기도 성남시 중원구 사기막골로 45번길 14, 우림2차 A동 1007호
ISBN 978-89-6324-593-5 (93230)

값 20,000원

한국교회의 사회학

Sociology of the Korean Church

이원규 지음

북코리아

하늘나라에 계신
부모님과 두 형님을 기리며

프롤로그

20세기 후반부터 세계기독교에는 두 가지 두드러진 현상이 나타나고 있다. 첫째는 교세와 관계된 것으로, 서구의 기독교는 쇠퇴한 반면에 비서구 기독교는 성장하고 있다. 둘째는 신앙성향과 관계가 있는데, '머리의 종교'에서 나타나는 이성적인 정서는 약해지는 대신에 '가슴의 종교'에서 보이는 감성적인 정서는 강해지고 있다. 서구기독교는 쇠퇴하면서 신앙적 열정이 식어가고 있다. 교회에 등록하고 예배에 출석하는 교인수는 현저하게 줄고 있으며, 전통적 믿음도 약해지고 있다. 기독교의 사회적 영향력이 감소하고 반기독교 정서가 확산되고 있다. 이것은 모든 유럽교회와 미국의 주류교파교회에서 볼 수 있는 현상이다. 반면에 비서구 국가에서는 교회가 놀라울 정도로 부흥하여 성장하고 있다. 아프리카, 아시아, 라틴아메리카와 같은 제3세계, 그리고 미국의 비주류교회에서는 영성과 경험이 강조되는 뜨거운 복음주의, 성령운동이 확산되고 있다. 필자는 『머리의 종교에서 가슴의 종교로』(2012)라는 저서에서 이 주제들을 다룬 바 있다. 그러면 한국교회는 어떤 형태의 기독교, 교회모델에 가까운가?

역사적으로 한국교회는 민족과 사회를 위해 크게 공헌했고, 사람들에게 희망과 용기, 그리고 마음의 평안을 주었다. 한때 한국교회는 가장 성공적으로 성장한 교회, 뜨거운 성령운동으로 잘 알려진 교회였다. 그런데 이제 한국교회의 열정은 식었고, 부흥도 안 되어 쇠퇴의 길로 접어들었다. 정치적, 경제적, 문화적인 사회변동 상황과 인구학적 변화는 양적인 면에서 한국교회의 미래를 어둡게 만들고 있다. 더욱 문제가 되는 것은 오늘날 한국교회는 영성과 도덕성을 잃어버렸다고 사회로부터 지탄을 받으며 사회적 공신력을 함께 잃어버리게 되었다는 점이다. 이렇게 양적으로나 영적으로 쇠퇴의 길을 가고 있는 오늘날의 한국교회는 새로운 패러다임이 필요하며, 제2의 종교개혁이 요구된다는 자성의 목소리가 교회 안팎으로부터 나오고 있다. 한국교회의 현주소를 진단하고 평가할 필요가 여기에 있다. 또한 한국교회 현실의 요인과 전망에 대한 분석이 요구되는 이유이기도 하다.

이 책은 한국교회의 문제가 무엇이며, 어디로 가고 있는가 하는 물음에 대하여 종교사회학적으로 답변하기 위해 쓰였다. 종교를 연구하는 방법에는 크게 두 가지가 있다. 하나는 종교의 교리나 믿음체계, 근본적으로는 종교의 본질을 탐구하는 것으로, 이것은 신학이 하는 일이다. 다른 하나는 종교현상을 객관적으로, 경험적으로(empirically), 가능한 한 가치중립적으로 분석하는 것으로, 이것은 사회학적 방법이다. 종교사회학자로서 필자는 후자의 방법으로 수십 년간 한국교회를 연구하며 여러 책을 집필했다. 그럼에도 또 다시 한국교회에 대한 책을 쓰는 이유는 전에 다루지 못한 주제들을 새롭게 소개하고, 전에 다룬 적이 있으나 상황변화에 따라 다시 분석할 필요가 있는 주제들을 재조명하기 위함이다.

이 책에서 필자는 한국교회 현상을 이해하기 위해 중요하고, 또 필요하다고 생각한 12가지 주제를 크게 세 부분으로 나누어 다루었다. 제1부는 '위기의 한국교회'에 대한 것이며, 네 장으로 구성되어 있다. 제1장은 종교의 세속화에 대한 사회학적 이론이 개신교를 포함한 한국종교들에 어떻게 적용되고 있는지 경험적으로 분석한다. 제2장은 개신교인의 신앙과 의식의 특징 및 그 변화에 대한 조사결과를 소개한다. 제3장은 무종교인, 타종교인, 불출석교인과 같은 '교회 밖에 있는 사람들'의 실태와 특징에 대하여 살펴본다. 제4장은 과거에 성장했던, 그러나 지금은 쇠퇴하고 있는 한국교회의 실상과 그 요인에 대하여 분석한다.

제2부는 '한국교회의 현실'에 대한 것이며, 네 장으로 이루어져 있다. 제5장은 한국의 문화 및 종교문화의 특성이 어떻게 한국교회에 나타나고 있는지 논의한다. 제6장은 성, 나이, 지역, 교회규모에 따른 교인분포의 불균형 실태와 그 배경에 대하여 알아본다. 제7장은 한국교회의 조직구조를 제도화, 교파주의, 탈교파주의, 개교회주의, 메가처치 관점에서 분석한다. 제8장은 한국목회자의 실태와 의식, 그리고 그들에 대한 평가 결과를 경험적 조사 자료를 통해 소개한다.

제3부는 '한국사회와 교회'의 관계에 대한 것이며, 역시 네 장으로 구성되어 있다. 제9장은 한국교회가 사회적, 심리적 기능을 제대로 수행하고 있는지, 그리고 그 요인은 무엇인지 분석한다. 제10장은 다원화된 사회상황이 한국교회에 미치는 영향은 무엇이며, 종교적 배타성이 왜 문제가 되는지 논의한다. 제11장은 종교와 정치는 어떤 관계가 있으며, 이것이 한국교회에는 어떻게 적용될 수 있는지 알아본다. 제12장은 종교와 경제의 관계는 무엇이며, 한국교회는 어떻게 천민적 자본주의에 물들어 있는지 살펴본다. '에필로그'에서는 열두 가지 주제를 요약하고, 이것들을 관통하고 있는 핵심적 명제는 무엇인지 결론적으로 논의한다.

각 장은 독립된 주제를 다루고 있기 때문에 이 책을 순서대로 읽을 필요는 없다. 관심 있는 장부터 읽어도 좋을 것이다. 가능하면 매 주제마다 그 내용을 설명하는 여러 이론을 소개하고, 그것이 한국교회에는 어떻게 적용될 수 있는지 분석하려고 했다. 한국교회에 대한 기존의 사회학적 연구나 조사 자료가 충분하지 않지만, 가능한대로 필자의 주장을 뒷받침할 수 있는 경험적 통계자료를 제시하려고 했다.

우리나라에서는 흔히 '개신교'와 '기독교'라는 용어를 동일한 것으로 보고, 일상적으로 개신교라는 말 대신에 기독교라는 말을 쓴다. 그러나 엄밀히 말하면 개신교는 가톨릭, 정교회와 함께 기독교의 한 분파이다. 따라서 이 책에서 다루는 개신교는 기독교 전체가 아니라 문자 그대로 '개신교'를 의미하는 것이며, 따라서 특별한 설명이 없는 한 한국교회는 개신교의 교회를, 교인은 개신교인을 나타내는 것이다. 가톨릭이란 용어가 '구교'(舊敎)에 대한 공식적인 이름이기는 하지만 아직도 몇 여론조사기관이 '천주교'라는 용어를 사용하고 있다. 이 책에서는 주로 '가톨릭'이라 쓰고 있지만, '천주교'라는 용어를 사용하는 여론조사 결과를 인용할 때는 이를 따르고 있다. 따라서 여기서는 불가피하게 두 용어가 혼용되고 있다.

이 책의 출판에 도움을 주신 모든 분께 감사드린다. 평생 연구하는 일에 정신적 후원자가 되어준 아내, 그리고 언제나 기쁨이 되어준 두 자녀에게 고마운 마음을 전하고 싶다. 원고를 컴퓨터로 정리해준 이성우 박사에게 고마움을 전한다. 무엇보다 이 책의 출판을 흔쾌히 허락해주신 북코리아의 이찬규 사장님께 깊은 감사를 드린다. 또한 이 책을 아름답게 만들어준 편집부 직원 여러분께도 감사의 뜻을 전한다.

이 책이 한국교회를 위해 헌신하며 한국교회가 새롭게 거듭나기를 소망하는 모든 분들에게 한국교회의 나아가야 할 방향을 제시하는 데 조금이라도 도움이 되었으면 한다.

2017년 11월
낙엽이 떨어지는 계절에
목동에서 이원규

차례

프롤로그   5

제1부 위기의 한국교회

제1장 한국종교의 세속화: 세속화되는 한국교회   15

  1 들어가며 ·· 17
  2 세속화 논쟁 ·· 18
  3 방법론과 가설 ·· 25
  4 연구결과 ·· 27
  5 나가며 ·· 46

제2장 개신교인의 신앙과 의식: 종교성이 강한 개신교인   51

  1 들어가며 ·· 53
  2 종교현황과 신앙의식 ······························· 54
  3 개신교인의 교회 및 신앙생활 ················· 58
  4 교회에 대한 평가 ··································· 69
  5 일반적 생활과 의식 ······························· 84
  6 나가며 ·· 89

제3장 비신자와 한국교회: 교회 밖에 있는 사람들   **91**

   1 들어가며 ··· 93
   2 '종교 없음'의 사회학 ··· 94
   3 무종교와 탈종교의 요인 ·· 101
   4 한국의 비신자 ··· 107
   5 교회 밖의 교인 ·· 115
   6 나가며 ··· 122

제4장 한국교회의 성장과 쇠퇴: 빨간 불이 켜진 교회   **125**

   1 들어가며 ··· 127
   2 한국교회의 성쇠 실태 ··· 128
   3 기독교 성쇠의 배경과 요인 ·· 134
   4 한국교회 성장의 요인(1960~1980년대) ······························ 141
   5 한국교회 쇠퇴의 요인(1990년대 이후) ································· 147
   6 나가며 ··· 155

제2부 한국교회의 현실

제5장 한국의 교회문화: 한국적인 기독교문화   **159**

   1 들어가며 ··· 161
   2 문화의 유형 ·· 162
   3 한국의 문화적 특성 ·· 166
   4 한국의 종교문화와 한국교회 ··· 173
   5 한국교회의 사회적 가치관 ··· 183
   6 나가며 ··· 187

제6장 한국교회의 인구학: 교인분포의 불균형   **189**

   1 들어가며 ··· 191
   2 한국교회와 여성 ··· 191

3 한국교인의 연령분포 ·················· 199

4 한국교회와 지역 ····················· 207

5 교회 규모의 인구학 ·················· 212

6 나가며 ···························· 217

제7장 한국교회의 조직구조: 제도화된 교회구조　219

1 들어가며 ·························· 221

2 종교의 제도화와 한국교회 ············· 222

3 교파주의의 메커니즘 ················· 229

4 탈교파주의와 개교회주의 ·············· 237

5 메가처치의 메커니즘 ················· 243

6 나가며 ···························· 251

제8장 한국 목회자의 현실: 멍에를 지고 가는 목회자　253

1 들어가며 ·························· 255

2 목회자의 역할갈등과 긴장 ············· 256

3 목회자의 실태와 의식 ················ 262

4 목회자에 대한 평가 ·················· 269

5 나가며 ···························· 278

제3부 한국사회와 교회

제9장 한국교회의 기능: 영혼을 치유하는 교회　283

1 들어가며 ·························· 285

2 종교 기능에 대한 이론 ················ 285

3 한국교회의 사회적 기능 ·············· 294

4 한국교회의 심리적 기능 ·············· 302

5 나가며 ···························· 310

제10장 사회상황과 한국교회: 다원화 사회 속의 교회   311

　　1 들어가며   313
　　2 다원주의 상황과 종교시장   314
　　3 종교 다원주의 상황의 결과   322
　　4 한국교회의 종교적 배타성   328
　　5 나가며   338

제11장 한국교회와 정치: 정치에 참여하는 교회   339

　　1 들어가며   341
　　2 종교와 정치제도의 관계   342
　　3 종교와 정치참여   346
　　4 한국교회의 정치참여   349
　　5 한국의 정치현실과 교회의 과제   355
　　6 나가며   361

제12장 한국교회와 경제: 맘모니즘에 물든 교회   363

　　1 들어가며   365
　　2 종교와 경제의 관계   365
　　3 개신교윤리와 한국교회   373
　　4 천민적 자본주의와 한국교회   380
　　5 나가며   387

에필로그 ··389
미주 ··393
찾아보기 ··423

제1부
위기의 한국교회

제1장
한국종교의 세속화
- 세속화되는 한국교회 -

1 　　　　들어가며

　　종교와 사회는 서로 영향을 주고받는다는 점에서 밀접한 관계를 가지고 있다. 특히 종교가 사회변동에 영향을 미치거나 사회변동 상황이 종교에 영향을 미치는 현상에 대한 연구는 종교사회학의 가장 중요한 연구과제 중 하나이다.[1] 사회변동의 결과로 종교가 쇠퇴하거나 혹은 종교의 형식과 기능이 변하는 현상을 사회학에서는 세속화(世俗化: secularization)라고 부른다. 물론 신학적인, 신앙적인 관점에서 보면 종교 안에는 어떤 불변의 본질적인 요소가 있을 수 있으나, 사회학적 관점에서는 사회의 변동 상황이 종교의 변화(그것이 믿음체계이든 의례적인 것이든, 제도적인 것이든 기능적인 것이든)를 초래하게 된다.

　　현대사회의 급변하는 상황 속에서 종교는 커다란 변화를 겪고 있는데, 이것은 특히 서구기독교의 경우 그러하다. 종교사회학자들은 사회가 경제적으로 풍요롭고, 정치적으로 안정되며, 복지제도가 확산되고, 과학의 발달로 합리적 사고를 하게 되면 종교는 세속화의 길로 가게 된다고 하며 쇠퇴하는 유럽(그리고 어느 정도는 북아메리카)의 기독교가 이를 여실히 증명하고 있다고 주장한다.[2] 종교의 세속화 이론은 서구기독교 몰락의 요인과 과정, 그리고 결과를 설명하는 데 적절한 것으로 평가된다.

　　한동안 한국의 종교, 특히 기독교는 서구사회와는 달리 크게 부흥하고 성장해왔다. 그렇다면 종교의 세속화는 서구사회만의 현상인가? 한국에서는 종교의 세속화가 일어나지 않고 있는가? 종교의 세속화 이론은 한국의 종교상황에는 적용할 수 없는가? 이 장에서는 한국사회에서 종교의 세속화 현상이 나타나고 있는지, 그렇다면 어떤 형태로 나타나고 있는지, 그리고 종교 간에는 어떤 차이가 있는지 구체적인 통계자료를 토대로 해서 밝혀보려고 한다.

2 세속화 논쟁

종교의 세속화 주제가 사회학계에서 활발하게 논의되기 시작한 것은 서구기독교가 약화되는 조짐을 보이기 시작한 1960년대부터이다. 물론 세속화의 의미와 정의에 대해서는 매우 다양한 견해가 있다.[3] 조지 게르하르츠(George Gerharz)의 설명이 그것을 잘 요약하고 있다.[4] 그에 따르면 세속화란, 종교가 그 근거를 상실하고, 종교적 표현에 변화가 생기며, 종교가 사회통제의 능력을 잃어버리는 현상이다. 구체적으로 말하면 종교의 세속화란 첫째로 사회와 전통 안에 있는 종교의 이데올로기적 토대가 상실되면서 종교가 집단의식이나 의미를 제공하지 못하게 되는 것이다. 둘째는 종교가 문화적 요소에 동조하는 한편, 종교인의 불만족이 늘어나고 개인주의적 신앙이 강조되며 주관적인 종교적 확신이 증가하는 것이다. 셋째는 종교가 사회적 기능 혹은 영향을 상실하는 것이다. 이러한 종교의 변화는 따로 생겨날 수도 있고 함께 생겨날 수도 있다.

래리 샤이너(Larry Shiner)는 여섯 가지 형태로 세속화의 의미를 구분하고 있다.[5] 첫째는 '종교의 쇠퇴'(decline of religion)이다. 이것은 종교에서 신도 수, 성직자 수, 그리고 종교조직의 수가 줄어들고, 종교적 관심과 참여율도 감소하며, 종교적 사고와 수행, 그리고 종교제도의 사회적 중요성이 약화되는 현상을 말한다. 둘째는 '이 세상과의 동조'(conformity with this world)로서, 이것은 종교조직의 제도화, 합리성의 증가로 종교적인 것이 이 세상적인 것을 닮아가는 현상을 나타낸다. 셋째는 '종교로부터의 사회의 이탈'(disengagement of society from religion)인데, 이것은 사회가 제도적인 면에서, 그리고 지적인 면에서 종교적 영향으로부터 이탈하여 사회 자체가 하나의 자율적인 실재가 되는 것이다. 넷째는 '종교적 신앙과 제도의 변형'(transposition of religious beliefs and institutions)으로, 이것은 한때 신적인 능력과 힘에 근거된다고 이해되었던 지식, 행위, 유형, 제도적 장치가 순수한 인간적 창조와 책임성의 현상으로 변형되는 것을 의미한다. 다섯째는 '세계의 비성화'(非 聖化)(*desacralization of the world*)인데, 이것은 인간과 자연이 합리적이고 인과적인 설명이나 통제의 대상이 됨으로써 세계가 점차 신비하고 거룩한 성격을 상실하는 과정을 말한다. 여섯째는 '거룩한' 사회에서 '세속적' 사회로의 이행(移行)(*movement from a 'sacred' to a 'secular' society*)이다. 이것은 종교성이 상대적으로 강한 공동사회 혹은 전통사회에서 그것이 약화되는 이익사회 혹은 도시사회로 변화되는 현상을 나타내는 것이다. 대부분의 세속화 이론은 이 여섯 가지 가운데 하나, 혹은 그 이상의 결합 현상으로 종교를 설명한다.

이러한 세속화 이론에 대한 반론이 있다. 로드니 스타크(Rodney Stark)로 대표되는 '종교시장이론'(*religious market theory*)은 시장(사회)에 하나의 종교가 독점적으로 제공되면 종교가 쇠퇴하지만, 반대로 다양한 종교들이 경쟁적으로 제공된다면 전체적으로 그 사회에서는 종교가 성장한다고 주장한다.[6] 그레이스 데이비(Grace Davis)는 소위 세속국가들에서 '종교적 소속'은 약화되고 있으나 여전히 '종교적 믿음'은 지속되고 있다고 하며 '소속 없는 믿음'(*believing without belonging*)이라는 주제를 제안하고 있다.[7] 호세 카사노바(José Casanova)는 종교가 여전히 사회의 공적 영역에서도 영향을 미칠 수 있다고 주장하며 이것을 '공공종교'(*public religion*)라고 부른다.[8] 물론 이러한 주장들에 대한 비판도 광범위하게 이루어지고 있다.[9]

종교의 세속화 이론에 대한 반론으로 가장 설득력 있는 것은 그 이론이 서구기독교 상황을 설명하는 데는 적절할지 몰라도, 비 서구지역, 그리고 비기독교 세계의 종교에는 적용될 수 없다는 주장이다. 기독교의 경우 지구의 남반구, 혹은 제3세계에 속해있는 아프리카, 아시아지역에서는 지금도 눈부시게 성장하고 있고, 라틴아메리카에서도 활기를 되찾고 있다.[10] 더 나아가서 이 지역들에서는 뜨거운 성령운동이 불붙고 있다.[11] 세계의 여러 이슬람지역에서도 종교가 성장하고 있다. 그리고 몇몇 학자들은 오늘날 서구국가들에서도 종교의 정치적, 경제적, 문화적 영향력이 강하게 작용하고 있다고 주장하기도 한다.[12] 이런 현상을 종교의 '탈(脫)세속화'(desecularization) 현상이라 부른다.[13] 실제로 21세기 세계의 도처에서 종교가 부흥하고 성장하는 탈세속화 현상이 일어나고 있다.

종교의 세속화와 관련된 많은 논쟁에도 불구하고 분명한 하나의 사실이 있다. 그것은 서구사회, 특히 유럽에서는 종교(기독교)가 쇠퇴하고 있다는 사실이다. 즉 세속화 이론들 가운데 종교쇠퇴론은 유럽의 기독교 상황에 그대로 적용될 수 있다는 것이다. 종교의 쇠퇴를 세속화로 보는 입장에서 전제되는 세속화 과정은 초자연에 관한 신앙과 그것에 관계된 수행이 불신되는, 그리고 종교의 제도가 사회적 영향을 상실하는 과정을 의미한다. 전자가 개인적 수준에서의 변화라면, 후자는 사회적 수준에서의 변화라고 하겠다. 이러한 쇠퇴이론을 주장하는 대표적인 사회학자는 브라이언 윌슨(Bryan Wilson)이다.[14] 그는 세속화를 "종교적 사고, 수행, 그리고 제도가 사회적 중요성을 상실하는 과정"으로 규정짓고 있다.[15] 그에 따르면 과거 서구사회 생활의 중심에 있었던 종교적 사고, 종교적 수행, 그리고 종교 제도가 이제 그 중요성을 상실하게 되었고, 결과적으로 초자연적 믿음의 약화, 종교적 참여의 감소, 종교적 수행의 감소, 종교적 영향력의 감소가 뒤따르게 되었다는 것이다. 윌슨의 종교쇠퇴론이 1960, 70년대 자료를 토대로 한 것이었지만, 이후에도 유럽의 종교쇠퇴가 가속화되고 있다는 사실을 많은 학자들이 입증하고 있다.[16]

로마제국의 종교로 공인된 4세기 이후 기독교는 유럽 전역으로 퍼져 대부분의 국가에서 국교의 지위를 확보했으며, 그 영향은 정치, 경제, 사회, 문화 전반에 걸쳐 막강하였고, 그 결과 소위 '기독교세계'(Christendom)를 건설할 수 있었다. 유럽은 오랫동안 기독교의 지배를 받았고, 나아가

전 세계로 복음을 전해 세계의 기독교화(*Christianization*)에 중심적인 역할을 담당했다. 그러나 18세기부터 불어오기 시작한 탈종교적 세속화의 바람은 기독교의 힘을 약화시켰고, 오늘날 유럽은 기독교가 몰락한 유일한 대륙이 되어버렸다. 유럽의 기독교는 어떻게, 왜, 그리고 얼마나 세속화되고 있는가?

유럽은 오랜 기독교 전통과 유산을 가지고 있기 때문에, 여전히 다수가 기독교인이다. 그러나 스스로 기독교인이라고 생각하는 비율은 1910년 95%에서 2010년 79%로 줄었다. 그나마 그들 대부분이, 믿지도 않고 예배에도 참석하지 않는 명목상(*nominal*) 기독교인이다. 유럽 국가들의 주일 교회출석 비율은 스웨덴 3%, 영국, 노르웨이, 덴마크 4%, 프랑스 5%, 벨기에 10%, 네덜란드 14%, 독일이 15%이다.[17] 가톨릭국가들의 경우 그 비율이 다소 높기는 하지만 (스페인 20%, 포르투갈 30%, 이탈리아 39%) 여전히 기독교 국가라고 하기에는 미흡한 수준이다. 낮은 교회 출석률보다 더 큰 문제는 그 비율이 계속 줄고 있다는 사실이다. 지난 30년간 교회 출석률이 증가한 나라는 하나도 없고, 모든 국가에서 감소율을 보이고 있다(최소감소는 포르투갈 −9%, 최대감소는 벨기에 −42%). 이와 같이 유럽의 모든 나라에서 교회 출석률은 상당히 낮지만, 그것은 몇십 년 전보다도 훨씬 더 낮아지고 있다.

하나님을 믿는 비율을 유럽에서 국가별로 보면 40-70%로 종교참여율보다는 높지만("믿는다"는 것은 교회에 출석하고 예배에 참여하는 것보다 시간, 돈, 정력, 관심 등 희생과 헌신이 덜 필요하기 때문에 그 비율이 예배출석률보다 높은 것은 당연하다), 그 비율은 지난 50년간 국가별로 10-40%의 감소율을 보이고 있다.[18]

유럽에서는 교인 수가 급격하게 감소하고 있다. 이에 따라 문을 닫는 교회가 늘어가고 있다. 전통적 양식의 건물인 교회당이 팔려 이슬람사원으로 바뀌거나 도서관, 식당, 카페로 탈바꿈하기도 한다. 교인 수와 교회 수의 감소, 그리고 성직자 지원자의 감소로 성직자 수도 급격히 줄어들고 있다. 자녀에 대한 신앙적 사회화와 교회교육의 부재로 아이들이나 청년이 없는 노인들만의 교회가 되어가고 있다. 이와 같이 유럽은 종교적으로 세속화되고 있다.

유럽에서 기독교가 쇠퇴하는 요인은 매우 복잡하고 다양하다.[19] 그 중 유럽의 종교적 세속화의 근원은 근대화(*modernization*)라는 사회변동상황이다. 근대화 과정은 다음과 같은 사회변화의 특징을 가지고 있다.[20] 국제적으로 국가들이 협동을 통해 힘을 키운다. 국가적, 국제적 수준에서 경제적 생산성과 권력을 체계적으로 추구한다. 이를 위해 이론적 지식과 실천적 기술을 발전시키고 적용한다. 정치와 정부는 민주적인 형태를 확립한다. 교육을 확대하며 사상과 표현의 자유가 신장된다. 주거와 취업은 도시로 집중되어 도시화가 가속화된다. 농업 중심의 산업구조가 공업, 제조업, 나아가 전문업, 서비스업 등의 구조로 바뀌는 산업화가 이루어져 소위 후기산업사회(*post-industrial society*)가 된다. 근대화는 이러한 모든 사회적, 법적, 경제적, 정치적, 문화적 영역에서의 복잡한 변화과정을 나타낸다. 이 과정의 특징은 권위의 전통적인 근거가 파괴된다는 것이다. 따라서 종교권위의 전근대적인 성격 때문에 종교는 그 변화에서 주변으로 밀려나게 된다.

근대화 과정은 몇 가지 중요한 변화를 수반하고 있다. 하나는 소위 '합리화'(*rationalization*)라는 것인데, 이것은 사회의 모든 현상 혹은 사물을 객관적이고 능률적이며 과학적으로 적용하고 판단하는 것을 말한다.[21] 이 과정은 성스러운 지식을 과학적 지식으로 대체하여, 종교적 관념을 비합리적인 것으로 생각하게 만든다. 특히 과학의 발달은 삶에서 실용적 가치를 중시하고, 불확실성을 감소시키며, 신앙에 대한 의존을 약화시킨다. 또한 근대화는 사회의 '구조적 분화'(*structural differentiation*)를 초래했다. 이것은 사회의 여러 영역들, 예를 들면 정치, 경제, 종교, 가족, 교육, 법, 복지 등의 제도들에서 그 영역과 역할, 기능이 점차 서로 분리되는 현상을 말하는 것으로, 이러한 분화는 종교의 영향을 크게 약화시키게 된다.[22] 산업화와 도시화는 또한 공동체(*community*)의 붕괴를 초래했는데, 이 또한 전통적인 종교의 기능을 감소시켰다. 왜냐하면 전통적으로 종교는 공동체형성에 중요하게 작용했고, 공동체를 통해 그것의 사회적 기능을 수행했기 때문이다. 이러한 변화는 종교의 도덕적 역할도 축소시켰다. 이제 사람들은 종교에 의한 윤리적 통제의 굴레로부터 벗어나 있다.

유럽의 기독교를 염두에 두고 로빈 길(Robin Gill)은 그 미래를 다음과 같이 예견하고 있다.[23]

> 서구 세계에서 증가되는 세속성의 증가는 압도적이다. 미래는 분명해 보인다. 종교제도(주로 기독교)에의 참여는 계속 감소할 것이다. 결과적으로 다양한 기독교 신앙은 인구의 작은 부분에 의해서만 유지될 것이고, 대부분의 사람은 자신을 비종교인으로 볼 것이다. 그리하여 두 세대 안에 세속성과 종교적 회의주의는 대부분의 서구 세계에서 승리할 것이다.

이와 같이 유럽에서의 종교 세속화는 분명한 현실이다. 그러나 서구 세계 중 미국의 경우는 다르다고 지적되어 왔다. 즉 오늘날에도 서구 선진국들 가운데서 미국은 거의 유일하게 기독교의 교세와 열정이 강하다는 것이다. 그래서 어떤 학자는 이 현상을 '미국적 예외'(*American exception*)라고 부른다.[24] 유럽과는 달리 미국이 여전히 종교적인 나라인 것은 사실이다. 여기서 다룰 수는 없지만 유럽과는 다른 미국의 역사와 전통, 문화와 사회구조가 미국을 종교적인 나라로 만들었다.[25] 그러나 두 가지가 지적되어야하겠다.

첫째로, 미국에서는 '종교적 쇠퇴'라는 유럽형 세속화와는 달리 소위 '종교의 사사화'(privatization)라는 다른 형태의 세속화가 이루어지고 있다는 것이다. 이 주제를 발전시킨 대표적인 학자는 피터 버거(Peter Berger)와 토마스 루크만(Thomas Luckmann)이다.[26] 이들에 따르면 미국과 같은 종교적 다원주의 상황에서 종교적 세계관은 상대화되며, 시장상황에서 선택의 문제가 된다는 것이다. 결과적으로 종교는 '사적인 일'이 되어버리고 더 이상 우주관이나 역사에 관계되어 있는 것이 아니라 개개인의 실존이나 심리에 머물게 된다는 것이다. 그들은 종교의 기능이나 의미가 사적인 문제로 축소되는 현상을 '사사화'라고 부르면서, 이것을 미국적 방식의 세속화라고 본다.

둘째로, 최근의 많은 연구들은 미국에서도 종교가 쇠퇴하고 있다는 사실을 밝혀내고 있다. 특히 전통적인 주류개신교 교파교회들이 급격히 무너지고 있다. 그래서 가장 대표적인 감리교, 장로교, 감독교회, 그리스도 연합교회(옛 회중교) 등 네 교파 교인이 1970-2010년 사이 모두 1,140만 명이나 감소했다.[27] 뿐만 아니라, 보수교파들인 루터교, 침례교, 남침례교에서도 모두 교인이 감소하고 있다. 미국개신교를 지탱하는 것은 '하나님의 성회'와 같은 비주류 교파교회들과 독립교회들이다. 여러 학자들이 오늘날 미국에서 교회에 소속하고 참여하는 사람들 숫자가 줄어들고 있으며, 주일 성수, 기도와 같은 종교적 수행이 약화되고 있고, 전통적인 믿음도 약해지고 있음을 밝혀내고 있다.[28]

정도의 차이, 내용의 차이가 있기는 하지만 기독교의 영향권 안에 있었던 서구사회에서 종교(기독교)는 분명히 어떤 형태로든 세속화되고 있다. 이 문제는 우리에게도 중요하다. 왜냐하면 한국의 종교, 한국의 기독교도 몰락하는 서구종교의 길로 접어든 것이 아닌가 하는 의구심이 생겨나고 있기 때문이다. 이제부터 우리는 한국에서 종교의 세속화가 일어나고 있으며, 이것은 개신교에도 적용될 수 있는가 하는 것을 경험적으로 검증해보려고 한다.

3 방법론과 가설

한국종교의 세속화 현상을 검증하기 위하여 여기서 이용하고 있는 자료는 두 가지이다. 하나는 10년 단위로 통계청에서 조사하는 인구센서스 자료이고, 다른 하나는 한국 갤럽이 한국인의 종교 실태와 종교의식에 대하여 조사한 자료이다. 세속화 현상은 변화를 전제로 하기 때문에 센서스 자료는 1985년, 1989년, 1995년, 2005년, 2015년 조사를 비교할 것이다. 그러나 종교관련 조사는 주로 종교인구에 대한 것이기 때문에 종교인 비율이 지난 30년간 어떻게 변해왔는가를 전체적으로, 그리고 종교별로 비교분석할 것이다.

한국갤럽 조사는 1984년, 1997년, 2004년, 2014년에 걸쳐 다섯 번 이루어졌다. 역시 지난 30년 동안 종교 실태와 종교의식의 변화가 세속화의 방향으로 이루어졌는지 알아보기 위해 1984년과 2014년 조사 자료를 전체적으로, 그리고 종교별로 비교할 것이다. 비록 한국 갤럽의 조사는 표본조사에 따른 것이지만, 과학적인 방식으로 이루어졌기 때문에 신뢰할만한 것이며, 또한 같은 내용의 설문들이 되풀이되었기 때문에 시대적인 비교가 가능하다.

한국갤럽의 종교조사는 질문지를 통한 면접원의 직접방문 개별면접 방법으로 수행되었다. 1984년 조사는 전국의 만18세 이상의 남녀 1,946

명을 대상으로 한 3단 체계적 무작위 표본추출(*Three Stage Systematic Random Sampling*)방식으로 이루어졌다(신뢰 수준 95%, 표본오차 ±2.2%p). 2014년 조사는 전국의 만19세 이상의 남녀 1,500명을 대상으로 2단 층화 집락추출(*Two Stage Stratified Cluster Sampling*)방식으로 이루어졌다(신뢰 수준 95%, 표본오차 ±2.5%p).

우리가 검증하려는 내용은 앞에서 보았던 여러 가지 세속화 지표들이다. 따라서 종교의 세속화가 한국 상황에서도 적용될 수 있는지 알아보기 위해 다음과 같은 가설들을 세워 그것들을 검증해볼 것이다.

첫째로, 종교의 사회적 영향력이 감소하고 있다면,
① 종교인 비율이 감소했을 것이다.
② 종교의 영향력이 감소하고 있다고 사람들이 느낄 것이다.
③ 새로 종교를 갖는 사람이 감소했을 것이다.

둘째로, 종교의 개인적 영향력이 감소하고 있다면, 종교인 가운데,
④ 종교적 중요성에 대한 인식이 약해졌을 것이다.
⑤ 자신의 신앙심이 깊다고 여기는 사람이 감소했을 것이다.

셋째로, 종교인의 종교성(*religiosity*)이 약화되고 있다면,
⑥ 이념적 종교성(전통적인 믿음)이 약해졌을 것이다.
⑦ 의례적 종교성(의례에의 참여율)이 약해졌을 것이다.
⑧ 수행적 종교성(기도, 경전 읽기 등)이 약해졌을 것이다.
⑨ 경험적 종교성(종교적 경험)이 약해졌을 것이다.

넷째로, 가치관이 종교적인 것에서 세속적인 것으로 바뀌고 있다면,
⑩ 사람들이 종교적, 도덕적 가치보다 세속적 가치관을 더 중요하게

여길 것이다.

이제부터 위의 가설들이 사실에 부합하는지 알아볼 것이다. 여기서 '사회의 세속화'는 사회에서 종교적 영향이나 비중이 감소하는 것을, '종교의 세속화'는 종교인의 종교성이 약화되는 것을 의미한다.

---

4   연구결과

1) 종교의 사회적 영향력

만일 한국사회에서 탈종교적인 세속화 현상이 일어나고 있다면 종교인 비율이 감소할 것이 예상된다. 〈표 1-1〉이 그 결과를 보여주고 있다.

〈표 1-1〉한국종교인구와 그 변화   (단위: 천 명/%)

연도	총인구		종교인구		
	인구수	10년 증가율	종교인구수	비율	10년 증가율
1985	40,806		17,203	42.2	
1995	43,834	7.4	22,100	50.4	28.5
2005	46,352	5.7	24,526	52.9	11.0
2015	49,052	5.8	21,554	43.9	−12.1

출처: 통계청, 『인구주택총조사』(1985; 1995; 2005; 2015).

1985년과 2015년을 비교해보면 30년간 전체인구는 4,080만 명에서 4,900만 명으로 820만 명 증가했고, 종교인구는 같은 기간 동안 1,720만 명에서 2,160만 명으로 440만 명 증가했다. 전체인구증가율은 20.2%이지만, 종교인구증가율은 25.3%로 조금 높다. 전체인구 대비 종교인구 비율도 1985년에는 42.2%였으나, 2015년에는 43.9%로 약간 증가했다. 이렇게 지난 30년간 한국종교는 전체적으로 약간 성장한 것으로 보인다.

그러나 10년 단위로 그 변화를 살펴보면 얘기가 달라진다. 1985-1995년의 10년 변화를 보자. 한국의 전체인구는 이 기간 동안 7.4%(300만 명) 증가했지만, 종교인 인구는 무려 28.5%(490만 명)나 증가했다. 그래서 1995년 전체인구 대비 종교인 비율도 50.4%로 크게 늘어나서 1985년보다 8.2% 포인트 증가율을 보였다. 이 시기에 한국종교는 급성장했다.

1995-2005년 사이의 변화는 어떠한가? 이 기간 동안 전체인구는 5.7%(250만 명) 늘어났고, 종교인구는 11.0%(240만 명) 증가했다. 종교인구 및 그 비율이 증가하기는 했으나 그 이전의 10년간보다는 증가율이 크게 떨어졌다. 그래서 2005년 전체인구 대비 종교인 비율도 52.9%로 1995년에 비해 2.5% 포인트 증가하는 데 그쳤다. 이 시기에도 한국의 종교가 성장하기는 했으나 전보다는 크게 둔화되었다.

문제는 2005-2015년 사이의 변화이다. 이 기간 동안 전체인구는 5.8%(270만 명) 증가했지만, 종교인구는 오히려 12.1%나 감소했다(300만 명). 전체인구 대비 종교인 비율도 2015년 43.9%로 2005년에 비해 9.0% 포인트나 감소했다.

이러한 결과들은 무엇을 말해주는가? 한국종교는 양적인 면에서 1980년에는 급성장했고, 1990년대에는 성장이 둔화되다가 2000년대에 와서는 감소추세로 돌아서서 이제는 뚜렷한 하향곡선을 그리고 있다. 한마디로 종교의 쇠퇴를 의미하는 세속화 현상이 이제 한국에서도 일어나고 있다는 것이다. 특히 최근 10년 사이 한국사회는 종교적으로 급격히 세속화되어가고 있다. 따라서 종교인 비율이 감소할 것이라는 첫 번째 가설이 입증되었다고 하겠다.

　　그러나 한국은 종교적으로 다원적인 사회이기 때문에 종교인 비율
의 증감은 종교별로 비교할 때 더욱 의미가 있다. 〈표 1-2〉는 종교별 인
구의 변화를 보여주고 있다.

〈표 1-2〉 주요종교의 교세증감률

(단위: 천 명)

연도	인구		불교	개신교	천주교
1985 (A)	(총인구)	40,806	19.8%*	15.9%	4.6%
	(종교인구)	17,203	8,060	6,489	1,865
	(종교인구비)	42.2%	46.8%**	37.7%	10.8%
1995 (B)	(총인구)	43,834	23.2%	19.4%	6.6%
	(종교인구)	22,100	10,154	8,505	2,885
	(종교인구비)	50.4%	45.9%	38.5%	13.1%
2005 (C)	(총인구)	46,352	22.8%	18.2%	10.8%
	(종교인구)	24,526	10,588	8,446	5,015
	(종교인구비)	52.9%	43.2%	34.4%	20.0%
2015 (D)	(총인구)	49,052	15.5%	19.7%	7.9%
	(종교인구)	21,554	7,619	9,676	3,890
	(종교인구비)	43.9%	35.3%	44.9%	18.0%
B - A	(종교인구 증가)	4,897	2,094	2,016	1,020
	(증가율)	28.5%	26.0%	31.1%	54.7%
C - B	(종교인구 증가)	2,426	434	-59	2,130
	(증가율)	11.0%	4.3%	-1.0%	73.8%
D - C	(종교인구 증가)	-2.972	-2,969	1,230	-1,125
	(증가율)	-12.1%	-28.0%	14.6%	-22.4%

주) * 총인구 대비 종교인 비율, ** 총 종교인구 대비 비율
출처: 통계청, 『인구주택총조사』(1985; 1995; 2005; 2015).

먼저 지난 30년간의 불교 인구 및 비율의 변화를 살펴본다. 1985년 불교 인구는 약 8백만 명으로 전체인구의 19.8%였고 한국종교인구의 거의 절반(46.8%)을 차지했다. 1995년에는 그 숫자가 천만 명을 넘어(10년간 200만 명 이상 증가, 증가율 28.1%) 전체인구의 23.2%에 이르렀다. 그러나 2005년에는 10년 전보다 불교인 숫자가 40만 명 정도 늘기는 했지만(4.3%), 같은 기간 전체인구가 5.7% 증가한 사실을 감안하면 오히려 비율에 있어서는 감소추세를 보이고 있다. 2015년에는 불교 인구가 760만 명 정도로 10년 전보다 300만 명이나 크게 줄었다(-28.0%). 전체종교인 가운데 불교인이 차지하는 비율도 35.3%로 크게 낮아졌다. 한마디로 불교 인구는 2005년을 고비로 감소하면서 양적인 측면에서 뚜렷한 쇠퇴현상을 보이고 있다.

　　천주교의 경우는 어떠한가? 1985년 천주교인 숫자는 약 190만 명으로 전체인구의 4.6%였지만, 1995년에는 그 숫자가 290만 명으로 크게 늘어났다(100만 명 증가, 증가율 58.2%). 2005년 천주교 인구는 무려 500만 명으로 비약적으로 늘어났다(210만 명 증가, 증가율 74.4%). 그러나 2015년에 그 숫자는 390만 명으로 오히려 110만 명이나 감소했다(-22.4%). 천주교 역시 계속 성장하다가 지난 10년 사이 급격히 쇠퇴의 양상이 나타나고 있다.

　　이번에는 개신교의 경우를 살펴본다. 1985년 개신교 인구는 650만 명으로 전체인구의 15.9%(종교인 인구의 37.7%)였고, 1995년에는 그 숫자가 850만 명(전체인구의 19.4%)으로 10년간 200만 명이 증가했다(증가율 35.0%). 2005년 개신교인 숫자는 840만 명(전체인구의 18.2%)으로 오히려 감소했다(증가율 -1.0%). 그러나 2015년에 그 숫자는 970만 명(전체인구의 19.7%)으로 130만 명이나 증가했다(증가율 14.6%). 그래서 전체종교인 가운데 개신교인의 비율도 44.9%로 높아졌다. 지난 30년간 개신교는 교세에 있어 성장하다가 정체기를 거쳐 다시 성장추세를 보이고 있다.

이 결과들을 보면 양적인 측면에서의 종교쇠퇴라는 세속화가 최근 불교와 천주교에서는 분명히 드러나고 있지만, 개신교의 경우에는 오히려 탈세속화 현상이 나타나고 있음을 말해준다. 따라서 종교의 쇠퇴라는 첫 번째 세속화 가설은 불교와 천주교에는 적합하고 개신교에는 적합하지 않다고 하겠다. 이것은 무엇을 의미하는 것일까? 이에 대한 평가는 잠시 후에 이루어질 것이다.

개신교와 천주교를 합쳐 기독교라고 할 때, 30년 전에는 전체인구 대비 불교 인구 비율(19.8%)과 전체기독교인 인구비율(20.5%)이 비슷했지만, 2015년 현재는 기독교인 인구비율이 전체인구의 27.6%로 불교의 15.5%를 크게 앞지르고 있다. 그리고 종교인 가운데는 거의 2/3(62.9%)가 기독교인인 셈이다.

종교의 사회적 영향력 감소라는 세속화 현상이 사실이라면 사람들은 종교의 영향력이 감소하고 있다고 느낄 것이다(가설 2). 사람들의 느낌은 현실을 반영하는 것이기 때문이다. 〈표 1-3〉이 이에 대한 조사결과를 보여주고 있다. 이제부터의 모든 결과의 출처는 한국갤럽 조사자료이다.

〈표 1-3〉 종교의 사회적 영향력(전체)

(단위: %)

구분	1984(A)	2014(B)	B - A
증가	68	47	−21
감소	11	19	8
비슷함	7	34	27
불교인	66	50	−16
개신교인	84	59	−25
천주교인	77	48	−29
비종교인	63	40	−23

주) 종교의 백분율은 종교의 사회적 영향력이 "증가하고 있다"고 응답한 비율이다.

〈표 1-3〉에 나와 있는 것처럼 2014년 한국에서 종교가 미치는 사회적 영향력이 "증가하고 있다"는 비율이 47%, "감소하고 있다"는 비율은 19%, "비슷하다"는 응답이 34%이다. 사람들이 여전히 한국에서는 종교의 사회적 영향력이 크다고 인식하고 있음이 드러나고 있다. 그러나 그 비율은 1984년에 비하면 크게 줄어들고 있다. 종교의 영향력이 "증가하고 있다"는 비율은 지난 30년간 68%에서 47%로 21% 포인트나 감소했다. 반면에 그것이 "감소하고 있다"는 비율은 같은 기간 동안 11%에서 19%로 8% 포인트 증가했다. "비슷하다"는 비율은 7%에서 34%로 27% 포인트 늘어났다. 이 결과는 한국에서 종교의 영향력은 크지만 그것이 점차 약해지고 있다는 현실을 반영하는 것이라 할 수 있다.

변화는 모든 종교에서 똑같이 일어나고 있다. 종교의 사회적 영향력이 "증가하고 있다"는 비율은 1984-2014년 사이에 불교인의 경우 66%에서 50%로(16%p 감소), 개신교인은 84%에서 59%로(25%p 감소), 천주교인은 77%에서 48%로(29%p 감소) 크게 줄었다. 특히 기독교인의 감소폭이 크다. 종교의 영향력 감소에 대한 체감온도가 기독교인에게서 높다는 것을 알 수 있다. 비종교인의 경우에도 그 비율은 같은 기간 동안 63%에서 40%로(23%p 감소) 줄어들었다.

이와 같이 종교의 사회적 영향력 감소라는 사회적 세속화 현상을 예측한 두 번째 가설은 입증되었다고 하겠다.

만일 종교의 쇠퇴가 사실이라면 최근에 새로 종교를 갖게 된 사람이 감소할 것이라는 것이 종교의 세속화에 대한 세 번째 가설이었다. 〈표 1-4〉가 이에 대한 결과를 보여준다.

제1부 위기의 한국교회

〈표 1-4〉 종교를 믿은 기간(종교인)

(단위: %)

믿은 기간	1984		2014	
5년 미만	22	(40)	8	(16)
5-10년 미만	18		8	
10-20년 미만	24		22	
20-30년 미만	17	(35)	26	(62)
30년 이상	18		36	

〈표 1-4〉에 따르면 종교를 믿은 기간이 '5년 미만'이라는(그래서 최근에 종교를 믿기 시작했다는) 비율이 1984년에는 22%나 되었지만 2014년에는 그 비율이 8%로 크게 줄었다. '5-10년 미만'이라는 응답 비율도 같은 기간 동안 18%에서 8%로 감소했다. 종교를 믿은 기간이 '10년 미만'인 경우는 모두 40%에서 16%로 크게 낮아졌다. 즉 1980년대만 해도 종교로 개종하는 사람이 많았고, 이에 따라 종교가 성장할 수 있었지만, 최근에는 개종자가 얼마 없어 종교가 정체되고 있다는 사실을 알 수 있다.

한편 1984년 조사에서 종교를 믿은 기간이 '20-30년'이라는 비율은 17%, '30년 이상'이 18%로 모두 35%가 20년 이상 신앙생활을 했지만, 그 비율이 2014년에는 '20-30년 미만' 26%, '30년 이상'이 36%로 모두 62%가 20년 이상 종교를 믿고 있는 것으로 드러난다. 한마디로 요즈음 종교를 지탱하는 힘은 대개 오래된, 따라서 나이가 많은 사람들에게서 나온다고 할 수 있다. 이것이 이 세대가 끝날 무렵에 종교가 더욱 쇠퇴할 것이라고 예상되는 이유이다. 어쨌든 새로 종교를 갖는 사람이 감소하면서 사회 자체가 종교적으로 세속화될 것이라는 가설도 입증됐다고 하겠다.

2) 종교의 개인적 영향력

이제는 종교가 개인에게서도 그 영향력이 약화되고 있는지(그래서 종교의 세속화가 일어나고 있는지) 알아보기로 한다(가설 4). 만일 사람들에게서 종교의 영향력이 약화되고 있다면 무엇보다 종교의 중요성에 대한 인식이 약화될 것이다. 〈표 1-5〉가 그 결과를 보여주고 있다.

〈표 1-5〉 종교적 중요성(전체)

(단위: %)

중요성	1984(A)		2014(B)		B – A
매우 중요	24	(68)	9	(52)	–15
어느 정도 중요	44		43		–1
(별로+전혀) 중요하지 않음	24		48		24
불교인	88		59		–29
개신교인	97		90		–7
천주교인	97		81		–16
비종교인	48		30		–18

주) 종교별 백분율은 종교가 "중요하다"(매우+어느 정도)고 응답한 비율이다.

"개인 생활에서 종교가 얼마나 중요합니까?"라는 물음에 대해 "중요하다"(매우+어느 정도)는 응답 비율은 1984년에는 68%였지만 2014년에는 52%로 낮아졌다(16%p 감소). 특히 "매우 중요하다"는 응답 비율은 같은 기간 동안 24%에서 9%로 큰 폭으로 떨어졌다. 반면에 종교가 "중요하지 않다"(별로+전혀)는 응답 비율은 1984-2014년 사이 24%에서 48%로 크게 늘어났다(24%p 증가). 종교가 "중요하지 않다"고 생각하는 사람들이 늘어났다는 것은 종교의 기능이나 역할이 약화되었고, 종교의 필요성을 느끼지 않게 되었다는 것을 말하는 것이다. 이것은 기성종교인의 종교 포기와 비종교인의 개종 가능성 약화라는 결과를 초래할 것이다. 이 결과는 최근 10년 사이 한국의 종교가 쇠퇴하고 있는 것은 우연한 일이 아니라는 사실을 보여준다. 이것은 개인 수준에서의 종교적 세속화 현상을 뒷받침하는, 즉 네 번째 세속화 가설을 입증하는 것이라 하겠다.

종교적 중요성에 대한 인식은 종교별로 차이가 있다. 2014년 기준으로 보면 기독교인(특히 개신교인)이 불교인보다 종교를 중요하게 보는 경향이 훨씬 강하다. 그 비율이 개신교인의 경우 90%로 매우 높고 천주교인도 81%로 높은 편이지만 불교인의 경우는 59%에 머물고 있다. 물론 비종교인의 경우 그 비율은 30%로 가장 낮다.

보다 중요한 결과는 1984-2014년 사이의 종교별 변화이다. 종교가 개인 생활에서 "중요하다"(매우+어느 정도)는 비율은 30년 사이에 불교인의 경우 88%에서 59%로 크게 낮아졌다(29%p 감소). 천주교인의 경우에도 97%에서 81%로 적지 않게 낮아졌다(16%p 감소). 개신교인의 경우도 마찬가지로 그 비율이 97%에서 90%로 감소했으나 감소폭이 적다(7%p 감소). 이 결과는 왜 지난 10년 사이 불교의 교세가 크게 약화되고, 천주교 교세도 약화되었는지[〈표 1-2〉 참조] 설명하는 하나의 이유가 될 것이다. 왜냐하면 종교가 개인 생활에서 중요하지 않다고 생각하는 교인이 늘어날수록, 그들이 그 종교를 이탈할 가능성이 높기 때문이다. 종교가 "중요하다"는 비종교인의 비율도 같은 기간 동안 48%에서 30%로 줄었다(18%p 감소). 이것은 비종교인이 향후 종교를 갖게 될 가능성이 그만큼 낮아졌다는 것을 의미하는 것이기도 하다.

종교의 세속화는 종교인의 주관적 신앙심과 관계가 있다. 종교가 세속되는 또 하나의 지표는 종교인 스스로 생각했을 때 신앙심이 약화되고 있는지의 여부이다(가설 5). 종교가 세속화되고 있다면 종교인의 주관적 신앙심이 약해질 것이다. 그 결과가 〈표 1-6〉에 나와 있다.

〈표 1-6〉 신앙심의 자기평가(종교인)

(단위: %)

신앙심	1984(A)		2014(B)		B - A
매우 깊음	11	(41)	6	(36)	-5
깊은 편	30		30		0
그저 그렇다	40		42		2
깊지 않은 편	14	(17)	17	(22)	3
전혀 깊지 않음	3		5		2
불교인	35		21		-14
개신교인	46		52		6
천주교인	49		35		-14

주) 종교별 백분율은 자신이 신앙심이 "깊다"(매우+깊은 편)는 응답 비율이다.

종교인이 스스로 평가하는 신앙심의 깊이와 그 변화를 보여주는 〈표 1-6〉에 따르면 신앙심이 "깊다"(매우+깊은 편)는 응답자 비율은 1984년의 41%에서 2014년의 36%로 약간 낮아졌다(5%p 감소). 특히 "매우 깊다"는 비율이 11%에서 6%로 감소했다. 반면에 자신의 신앙심이 "깊지 않다"(깊지 않은 편+전혀)는 응답비율은 같은 기간 동안 17%에서 22%로 약간 늘어났다(5%p 증가). 따라서 종교인의 주관적 신앙심이 약화될 것이라는 다섯 번째 세속화 가설도 어느 정도 입증되었다고 할 수 있다.

종교별로 보면 눈에 띄는 차이가 드러난다. 먼저 불교인보다 기독교인(특히 개신교인)이 자신의 신앙심에 대한 신념, 즉 종교성이 강한 것을 알 수 있다. 보다 중요한 것은 종교별로 1984-2014년 사이의 변화가 다르게 나타났다는 사실이다. 그래서 자신의 신앙심이 "깊다(매우+깊은 편)는 응답 비율은 불교인의 경우 30년간 35%에서 21%로, 천주교인의 경우 49%에서 35%로 각각 14% 포인트 감소한 반면에, 개신교인의 경우에는 그 비율이 46%에서 52%로 오히려 늘어났다(6%p 증가). 이러한 결과 역시 최근 개신교 교세는 늘어난 반면에, 불교와 천주교 교세는 약화된 현상을 설명하는 또 하나의 이유가 될 것이다. 왜냐하면 신앙심이 강한 사람은 그 종교에 머물겠지만, 신앙심이 약한 사람은 자신의 종교에 대한 충성심이 그만큼 약할 것이기 때문이다. 어쨌든 '신앙심의 자기평가'라는 지표에 있어서 불교와 천주교는 세속화되고 있으나 개신교는 그렇지 않다는 것을 알 수 있다.

3) 종교인의 종교성

종교에서 세속화가 일어나고 있다면 종교인의 종교성, 즉 종교적 성향이 약화될 것이 예상된다. 그러나 종교성(religiosity)은 다차원적 성향을 띠고 있다.[29] 종교적 성향의 척도는 여러 가지가 있을 수 있는데, 여기서는 이념적 종교성, 의례적 종교성, 수행적 종교성, 경험적 종교성, 총 네 가지를 살펴볼 것이다.

우선 이념적 종교성에 대하여 알아본다. '이념적 종교성'(ideological religiosity)이란 전통적인 믿음의 정도이다. 만일 종교에서 세속화가 일어나고 있다면 종교인의 이념적 종교성은 약화될 것이다. 〈표 1-7〉은 전통적인 종교적 개념의 실재에 대한 믿음의 정도와 그 변화를 보여주고 있다.

〈표 1-7〉 종교적 개념의 실재에 대한 믿음(전체)

(단위: %)

구분	믿음			믿지 않음			모름/무응답	
	1984(A)	2014(B)	B-A	1984(C)	2014(D)	D-C	1984	2014
종교적 실재*	47	45	-2	32	39	7	21	16
불교인	48	51	3	27	37	10	24	12
개신교인	78	79	1	12	13	1	11	8

| 천주교인 | 77 | 64 | -13 | 15 | 26 | 11 | 8 | 10 |
| 비종교인 | 34 | 25 | -9 | 42 | 54 | 12 | 25 | 21 |

주) 백분율은 '절대자/신', '극락/천당', '죽은 다음의 영혼', '기적', '귀신/악마' 등 다섯 가지 종교적 개념의 실재를 믿거나 믿지 않는 비율의 평균이다.

    〈표 1-7〉에 따르면 종교적 개념의 실재를 긍정하는, 즉 그것들을 믿는 비율은 2014년에는 45%로 1984년의 47%에 비해 약간 줄었다(2%p 감소). 그러나 그것을 부정하는, 즉 종교 개념의 실재를 믿지 않는 비율은 같은 기간 동안 32%에서 39%로 늘어났다(7%p 증가). 이것은 종교적 개념의 실재에 대한 믿음이 약해졌음을 보여주는 것이다. 따라서 종교적 믿음이라는 척도에서의 종교성이 약해질 것이라는 여섯 번째 세속화 가설은 어느 정도 입증되었다고 하겠다.

    여기서도 종교의 차이는 크다. 우선 2014년을 기준으로 할 때 믿음 차원의 종교성은 기독교인(특히 개신교인)의 경우 불교인보다 훨씬 강하다(종교적 개념의 실재를 믿는 비율: 불교인 51%, 개신교인 79%, 천주교인 64%). 이것은 믿음의 조항들이 다분히 기독교적 성향을 띠고 있기 때문이기도 하지만, 또한 개신교인의 종교성이 근본적으로 강하기 때문이라고 할 수 있다.

    보다 중요한 것은 변화에 있어서의 종교 간의 차이이다. 1984-2014년 사이에 불교인의 경우 '믿음'의 비율은 48%에서 51%로 약간 늘었지만(3%p 증가) 그 대신 종교개념의 실재를 '믿지 않음' 비율은 27%에서 37%로 더 큰 폭으로 늘었다(10%p 증가). 개신교인의 경우에는 같은 기간 동안 '믿음'의 비율은 78%에서 79%로, '믿지 않음' 비율도 12%에서 13%로(각각 1%p 증가) 비슷한 수준을 보이고 있다. 그러나 천주교에서 큰 변화가 나타나고 있다. 지난 30년간 종교개념의 실재를 '믿는' 비율은 개신교와 비슷한 77%(개신교인 78%)에서 64%로 크게 줄었지만(13%p 감소), '믿지 않음' 비율은 15%에서 26%로 늘었다(11%p 증가). 이렇게 이념적 차원의 종교성(믿음)은 개신교인의 경우에는 전과 비슷하고, 불교인의 경우에는 약간 약해졌지만, 천주교인의 경우에는 크게 약화되었다. 결국 믿음 차원의 종교적 세속화는 주로 천주교에서 일어나고 있다고 하겠다.

이번에는 두 번째 종교성, 즉 '의례적 종교성'(*ritualistic religiosity*)의 경우에도 종교적 세속화 현상이 나타나고 있는지 알아보기로 한다(가설 7). 의례적 종교성의 가장 중요한 척도는 종교의례에 얼마나 자주 참여하는가 하는 것이다. 〈표 1-8〉에 그 결과가 나와 있다.

〈표 1-8〉 종교의례참여 정도(종교인)

(단위: %)

참여정도	1984(A)		2014(B)		B - A
일주일에 한 번 정도	39	(60)	44	(62)	5
한 달에 2-3번	8		10		2
한 달에 한 번	13		8		-5
2-3개월에 한 번	10		10		0
1년에 1-2번 이하	23		26		3
불교인	10		6		-4
개신교인	62		80		18
천주교인	66		59		-7

주) 종교인 백분율은 "일주일 한 번 이상" 종교의례에 참여하는 비율이다.

〈표 1-8〉에 나와 있는 것처럼 한국종교인의 종교의례참여 실태를 보면 2014년 기준으로 "일주일 한 번 이상"이 44%로 제일 높은 비율을 보였고, "1년에 1-2번 이하"가 26%로 두 번째로 높았다. 이것은 한국종교인의 신앙적 양극화 현상을 보여주는 것이다. 즉 한국종교인은 의례 참여에 매우 적극적이든가 아니면 매우 소극적임을 알 수 있다. 1984-2014

년 사이에 어떤 변화가 있었는가? 약간의 변화만 있었다. "일주일 한 번 이상" 종교의례에 참여하는 비율은 39%에서 44%로 약간 늘어났다(5%p 증가). 한 달에 한 번 이상 종교의례에 참여하는 비율은 모두 합치면 같은 기간 동안 60%에서 62%로 근소하게 증가했다. "1년에 1-2번 이하" 종교 의례에 참석하는 비율도 23%에서 26%로 약간 늘어났다. 이 결과는 전체 적으로 보면 의례적 종교성이라는 척도에서 한국종교인의 의례참여도가 지난 30년간 약해지지 않았다는, 그래서 한국종교에는 의례적 세속화가 일어나고 있지 않다는 사실을 보여준다.

그러나 종교별로 보면 뚜렷한 차이가 나타난다. 예를 들어 2014년 현재 "일주일 한 번 이상" 종교의례에 참여하는 비율이 불교인의 경우 6%로 매우 낮고, 기독교인(특히 개신교인)의 경우 매우 높다(개신교 80%, 천주교 59%). 매주일 종교의례(예배)를 의무적으로 수행하는 것은 기독교이기 때 문에 그 결과는 당연한 것이라 하겠다.

문제가 되는 것은 1984-2014년 사이의 변화이다. "일주일 한 번 이 상" 종교의례에 참여하는 비율이 불교의 경우 10%에서 6%로 줄었고(4%p 감소), 천주교의 경우에도 66%에서 59%로 줄었지만(7%p 감소), 개신교는 62%에서 80%로 크게 늘었다(18%p 증가). 특히 천주교인의 의례적 종교성 약화가 눈에 띈다. 1984년만 해도 천주교인의 의례참여도는 개신교인보 다 높았지만("일주일 한 번 이상" 개신교 62%, 천주교 66%) 2014년에는 그 비율이 크게 역전되어(개신교 80%, 천주교 59%) 그 차이가 21% 포인트에 이르고 있 다. 우리는 여기서 상반된 결론에 이르게 된다. 종교의례참여의 정도에 근거한 의례적 종교성은 지난 30년간 불교와 천주교의 경우 더 약해졌으 나 개신교의 경우에는 오히려 더 강해졌다는 사실이다. 따라서 의례적 종 교성에 근거한, 즉 의례참여도가 약화될 것이라는 일곱 번째 가설은 불교 와 천주교에만 적용될 수 있다고 하겠다. 이러한 의례적 종교성의 약화가 지난 10년간 이 두 종교에서 교인이 감소한 [〈표 1-2〉] 현실에 대한 중요한 하나의 이유가 될 것이다. 반면에 의례적 종교성의 강화는 최근 개신교의 약진과 관계가 있을 것이다.

종교성의 또 다른 척도는 개인이 수행하는 경건생활의 정도다. 여기서는 기도하는 빈도와 경전을 읽는 빈도가 주로 그 지표로 사용된다. 기도나 경전읽기 빈도가 줄어드는 것은 그만큼 종교적 수행을 게을리 하는 것, 그래서 종교적 성향이 약해지는 것을 의미하기 때문에 이러한 현상은 종교의 세속화를 나타내는 하나의 징후가 될 것이다. 이런 의미에서 여덟 번째 가설은 종교의 세속화가 한국에서 일어나고 있다면 개인적 경건수행의 빈도가 전보다 줄어들 것이 예상된다. 그 결과가 〈표 1-9〉에 제시되고 있다.

〈표 1-9〉 종교적인 경건수행(종교인)

(단위: %)

경건수행	1984(A)	2014(B)	B - A
기원/기도(하루 한 번 이상)	41	29	-12
불교인	16	8	-8
개신교인	63	52	-11
천주교인	57	30	-27
경전읽기(일주일 한 번 이상)	28	34	6
불교인	11	11	0
개신교인	45	56	11
천주교인	40	39	-1

개인적인 경건수행의 종교성에서 먼저 기원/기도의 경우를 본다. 한국종교인이 "하루 한 번 이상" 기원/기도를 하는 비율은 1984년에는 41%였으나 2014년에는 29%로 크게 낮아졌다(12%p 감소). 종교별로 보면

기원/기도를 하는 수행적 종교성은 기독교인(특히 개신교인)이 불교인보다 훨씬 강하다(2014년 "하루 한 번 이상" 기원/기도를 하는 비율, 불교인 8%, 개신교인 52%, 천주교인 30%).

그러나 1984-2014년의 30년 사이 모든 종교인의 기원/기도 종교성이 약해졌다. "하루 한 번 이상" 기원/기도하는 비율이 같은 기간 동안 불교인의 경우 16%에서 8%로(8%p 감소), 개신교인의 경우 63%에서 52%로(11%p 감소), 천주교인의 경우 57%에서 30%(27%p 감소) 크게 낮아졌다. 모든 종교에서 기원/기도 종교성이 약화되었으나, 천주교의 경우 그 정도가 매우 심하다. 이러한 종교성 약화는 최근 천주교 교세의 약화와 관계가 있을 것이다.

'경전읽기'에 관한 종교성의 경우에는 약간 다른 결과가 나타났다. 즉 "일주일 한 번 이상" 경전을 읽는 종교인의 비율이 1984년의 28%에서 2014년의 34%로 30년 사이 약간 늘어났다(6%p 증가). 종교별로 보면 경전을 읽는 종교성 역시 기독교인(특히 개신교인)에게서 훨씬 강하게 나타났다 (2014년 "일주일 한 번 이상" 경전을 읽는 비율, 불교인 11%, 개신교인 56%, 천주교인 39%). 이것은 기독교의 경우, 성경을 누구나 읽기 쉽게 다양한 언어로 번역이 이루어졌을 뿐만 아니라 신도들에 대하여 철저하게 성경공부를 시키기 때문일 것이다(특히 개신교인의 경우).

종교별 종교인의 '경전읽기' 종교성은 어떻게 변화되었는가? 불교인의 경우 11%로 변화가 없었고, 천주교인의 경우에도 비슷했지만(40%에서 39%로 1%p 감소), 개신교인의 경우는 45%에서 56%로 늘어났다(11%p 증가). 따라서 전체종교인에게서 나타난 '경전읽기' 종교성의 강화는 개신교인의 강한 종교성 때문인 것을 알 수 있다.

요약하자면 우리는 개인적인 경건수행이라는 종교성이 약화될 것이라는 세속화 가설(가설 8)은 수행의 내용에 따라 상반된 결과가 나타났지만, 전반적인 종교성 약화는 주로 불교와 천주교의 경우에 적용되고 있다고 결론내릴 수 있겠다.

개인적 종교성의 네 번째 차원은 종교적 경험이다. 종교적 경험은 일상적이고 세속적인 경험과 달리 종교적일수록 사람들이 많이 하게 되는 경험이다. 만일 종교적 세속화가 일어나고 있다면 종교인이 종교적 경험을 하게 되는 빈도나 경우가 줄어들 것이 예상된다(가설 9). 〈표 1-10〉이 그 결과를 보여주고 있다.

〈표 1-10〉 종교적 경험(종교인)

(단위: %)

구분	있음			없음		
	1984(A)	2014(B)	B - A	1984(C)	2014(D)	D - C
종교적 경험	23	20	-3	71	77	6
불교인	11	10	-1	82	86	4
개신교인	36	31	-5	59	66	7
천주교인	26	17	-9	68	79	11

주) 백분율은 '절대자, 신의 계시를 받은 적', '극락/천국에 갈 것이라는 계시', '마귀/악마의 유혹을 받고 있다는 느낌', '벌을 받고 있다는 느낌', '종교의 힘으로 병이 나은 일', '다시 태어난 느낌' 등 여섯 가지 종교적 경험의 유무 비율의 평균이다.

〈표 1-10〉에 나와 있는 것처럼 한국종교인 가운데 종교적 경험이 "있다"는 응답비율은 1984-2014년 사이 23%에서 20%로 감소한 반면에 (-3 포인트 감소), "없다"는 비율은 71%에서 77%로 늘어났다(6%p 증가). 이 결과는 경험적 차원의 종교성이 지난 30년간 다소 약화되었음을 보여주고 있다.

정도의 차이는 있으나 경험적 종교성의 약화는 모든 종교에서 공통적으로 드러났다. 1984년과 2014년을 비교해보면 불교인의 경우 종교적 경험이 "있다"는 응답은 11%에서 10%로 줄었고(1%p 감소), "없다"는 비율은 82%에서 86%로 늘어났다(4%p 증가). 개신교인의 경우에는 종교적 경험이 "있다"는 응답은 36%에서 31%로 줄어들었고(5%p 감소), "없다"는 비율은 59%에서 66%로 늘었다(7%p 증가). 가장 큰 변화는 천주교인에게서 나타나고 있다. 종교적 경험이 "있다"는 응답 비율은 26%에서 17%로 가장 크게 줄었고(9%p 감소), "없다"는 비율은 68%에서 79%로 가장 크게 늘어났다(11%p 증가).

이상의 결과는 지난 30년간 사이에 종교적 경험 차원의 종교성이 종교인들 가운데서 약화되었다는 사실을 보여주며, 따라서 경험 차원의 세속화 가설(가설 9)은 입증되었다고 하겠다. 특히 천주교인 가운데서 가장 두드러진 세속화 경향이 나타나고 있다.

4) 가치관의 변화

만일 종교의 세속화가 사실이라면 사람들은 종교적 가치보다 세속적 가치를 더 중요하게 여길 것이며, 종교인에게서도 신앙 이유로 초월적인 것보다 현실적인 것이 중요해질 것이 예상된다(가설 10). 이 문제들을 살펴본다. 〈표 1-11〉은 한국인에게 "생활에서 가장 중요한 것"이 무엇인지를 묻는 물음(2개 복수응답)에 대한 응답 결과를 보여준다.

〈표 1-11〉 생활에서 가장 중요한 것(전체)

(단위: %)

생활에서 중요한 것	1984(A)	2014(B)	B - A
건강한 것	56	53	-3
가정생활이 즐거운 것	41	37	-4
돈이 많은 것	11	25	14

신념을 갖고 생활하는 것	27	6	-21
종교를 갖는 것	11	5	-6
직업이 좋은 것	5	14	9
여가/휴식시간이 많은 것	2	12	10
남을 돕는 것	7	2	-5
좋은 친구들이 있는 것	12	22	10
마음이 평안한 것	25	18	-7

〈표 1-11〉에 따르면 2014년 기준으로 한국인이 생활에서 가장 중요하다고 생각하는 것은 첫째로 "건강한 것"(53%)이며, 다음은 "가정생활이 즐거운 것"(37%), "돈이 많은 것"(25%), "좋은 친구들이 있는 것"(22%), "마음이 평안한 것"(18%), "직업이 좋은 것"(14%), "여가/휴식시간이 많은 것"(12%), "신념을 갖고 생활하는 것"(6%), "종교를 갖는 것"(5%), "남을 돕는 것"(2%)순이었다. 이 가운데 "돈이 많은 것"은 1984년에는 6위였으나 2014년에는 3위로 올라갔고, "직업이 좋은 것"도 9위에서 6위로 올라갔으며, "여가/휴식시간이 많은 것"은 10위에서 7위로 올라갔다. 반면에 "신념을 갖고 생활하는 것"은 3위에서 8위로 내려갔고, "종교를 갖는 것"도 6위에서 9위로 내려갔다.

1984-2014년 사이에 응답 비율의 증감을 보면 하나의 분명한 사실이 드러난다. 생활에서 "돈이 많은 것"이 가장 중요하다는 응답 비율은 30년 동안 11%에서 25%로 14% 포인트나 증가했고, "좋은 친구들이 있는 것"도 12%에서 22%로 10% 포인트 늘어났으며, "여가/휴식시간이 많은 것"이 2%에서 12%로 10% 포인트 늘어났고, "직업이 좋은 것"은 5%에서 14%로 9% 포인트 증가했다.

반면에 같은 기간 동안 "신념을 갖고 생활하는 것"은 27%에서 6%로 무려 21% 포인트나 감소했고, "마음이 평안한 것"은 25%에서 18%로

7% 포인트 감소했으며, "종교를 갖는 것"도 11%에서 5%로 6% 포인트 줄었고, "남을 돕는 것"은 7%에서 2%로 5% 포인트 감소했다.

　이상의 결과는 중요한 의미를 가지고 있다. 한국인이 가장 중요하게 생각하는 중에서 신념, 종교, 봉사와 같은 종교적, 도덕적 가치는 그 중요성을 잃어가는 대신에 돈, 직업, 여가생활과 같은 세속적 가치는 더욱 중요하게 여겨지고 있는 것이다. 이제 한국인에게 초생적(超生的), 종교적, 실존적, 윤리적 가치는 생활에서 별로 중요하지 않게 되었다. 그 대신 좋은 직업을 가지고 돈을 많이 벌어 친구들과 어울리며 여가를 즐기는 것이 인생이라는 가치관이 확산되고 있다. 이러한 결과는 세속화된 사회의 전형을 보여주는 것이다. 따라서 가치관이 종교적인 것에서 세속적인 것으로 바뀔 것이라는 열 번째 세속화 가설도 입증되었다 하겠다.

5　나가며

　사회가 산업화되고 도시화되고 근대화되는 과정은 종교를 세속화시키는 경향이 있다는 것이 세속화 이론의 핵심이다. 종교의 세속화는 종교의 사회적, 개인적 영향력이 약화되는 현상을 말한다. 이미 서구사회, 특히 유럽은 이러한 세속화가 일어났다. 지난 몇십 년간 급격한 사회변동의 과정을 경험하면서 한국은 경제, 문화적 측면에서 서구사회를 닮아가고 있다. 따라서 한국사회에도 최근 종교적 세속화가 일어나고 있는지를 검증해보았다.

　1985-2015년 통계청의 「인구주택총조사」 자료, 그리고 1984년과 2014년에 실시된 한국갤럽의 한국인 종교 실태와 종교의식 조사 자료를

비교해본 결과, 지난 30년간 다음과 같은 변화가 한국사회와 종교에서 생겨났다는 것을 확인할 수 있었다. 우선 최근 10년 사이 종교적 쇠퇴가 이루어졌다. 1980, 90년대 급격한 성장이 이루어졌지만 2000년대에는 그 성장이 둔화되다가 2010년대에 와서는 오히려 종교인구와 종교인 비율이 감소되었다. 특히 불교와 천주교 교세가 크게 약화되었다. 서구사회들처럼 한국사회도 종교쇠퇴라는 세속화 현상이 나타나기 시작한 것이다. 다만 개신교만은 최근 10년 사이 오히려 성장했다. 이에 대하여 많은 해석이 필요해 보이는데 자세한 것은 제5장에서 다루기로 한다.

종교의 사회적 영향력에 대한 한국인의 인식을 보면 그것이 "증가하고 있다"고 보는 비율은 크게 낮아진 반면에, "감소하고 있다"는 비율은 증가했다. 이것은 실제적인 종교의 사회적 영향력 감소 현상을 반영하는 결과라 하겠다. 왜냐하면 느낌은 현실에 대한 반응이기 때문이다. 종교의 쇠퇴를 나타내는 종교 개종자 감소도 두드러지게 나타나고 있다. 최근에 종교를 갖게 된 사람은 크게 줄어든 반면에, 오랜 신앙 경력을 가진 사람이 크게 늘었다. 종교 입문자가 감소하면 신앙생활을 오랫동안 해온 세대가 세상을 떠나면서 전체적인 종교쇠퇴가 이루어지게 된다. 이것이 유럽 기독교 쇠퇴의 전형적인 양상이다.[30]

이와 같이 한국사회에서 종교의 사회적 영향력이 약화되는 세속화 현상이 최근에 현실로 나타나고 있다. 따라서 세속화 가설 1, 2, 3은 입증되었다.

종교의 개인적 영향력은 지난 30년간 어떻게 변화되었는가? 종교가 개인의 생활에서 "중요하다"고 보는 한국인 비율이 감소했다. 특히 비종교인뿐만 아니라 불교인, 천주교인에게서도 그 비율이 크게 감소했다. 종교가 생활에서 중요하지 않다고 생각하면 비종교인이 종교로 개종할 가능성이 줄어들고, 종교인의 경우에는 자신의 종교에 충성할 동기가 약화되어 종교를 이탈할 가능성이 높아진다. 자신의 신앙심에 대한 평가에서도 그것이 "깊다"는 종교인은 감소한 반면에, "깊지 않다"는 종교인이 증가했다. 특히 불교인과 천주교인의 경우에 그러하다. 따라서 한국인, 그리고 한국종교인에게 종교가 개인의 생활에 미치는 영향력이 감소하고 있다는 점에서도 사회의 그리고 종교의 세속화가 진행되고 있다고 하겠다. 세속화 가설 4, 5 역시 입증되었다.

한국종교인의 종교성에도 변화가 있었다. 1984-2014년 사이에 종교적 실재에 대한 믿음에서 "믿는다"는 비율은 감소한 반면에 "믿지 않는다"는 비율은 증가했다. 종교의례에 자주 참석하는 비율은 불교와 천주교의 경우에는 감소했지만, 개신교에서는 증가했다. 개인적인 경건수행 가운데 기도를 자주 하는 비율이 감소했고(특히 천주교), 경전을 자주 읽는 것은 개신교의 경우에만 증가했다. 여러 가지 종교적 경험의 유무에서 그것이 "없다"는 비율은 증가했지만, "있다"는 비율은 감소했다(특히 천주교). 따라서 우리는 여러 차원의 종교성(이념적, 의례적 수행적, 경험적)이 모두 지난 30년간 약화된 경향이 있기 때문에 이러한 영역에서의 종교적 세속화가 이루어지고 있음을 확인할 수 있다. 다만 종교별로 보면 천주교의 세속화가 특히 두드러지며, 불교에서도 상당히 세속화의 모습을 보이고 있지만, 개신교의 경우에는 상대적으로 종교성이 크게 약화되고 있지 않다. 어쨌든 전체적으로 보면 한국종교인의 종교성이 약화되었을 것이라는 가설 6, 7, 8, 9는 대체로 입증되었다고 하겠다(개신교의 경우에는 약간의 예외가 있었지만).

한국인이 중요하다고 생각하는 가치관도 변했다. 지난 30년 사이 "생활에서 가장 중요한 것"에서 종교적, 도덕적, 초생적 가치는 과소평가된 반면에 세속적, 물질적, 현실적 가치를 추구하는 경향이 늘어났다. 이것도 사회적 세속화의 한 증거라 할 수 있고, 따라서 세속화 가설 10도 입증되었다고 할 수 있다.

분명히 30년 전과 비교해볼 때 전체적으로 한국사회는 종교적으로 세속화되었고, 종교인들의 종교성이 약화되면서 종교의 세속화도 나타났다. 그러나 종교별로 비교해보면 눈에 띄는 차이가 드러났다. 가장 현저한 세속화는 천주교에서, 그리고 불교에서도 상당한 정도로 보이고 있다. 이 두 종교를 믿는 이들에게는 스스로 종교가 중요하다고 보는 인식이 약화되었고, 이념적, 의례적, 경건적, 경험적 차원의 모든 종교성도 약화되었다. 이 두 종교가 지난 10년간 쇠퇴한 것은 바로 신도들의 종교성이 약화된 것에 크게 기인한 것이 아닌가 한다. 왜냐하면 종교성 약화는 신도를 단지 명목상의 신도로 만들 뿐만 아니라 자신의 종교집단에 대한 충성심과 헌신을 약화시키고, 종교진리를 전하고 확산시키려는 선교의 열정을 식게 만들어 교세의 쇠퇴를 야기하기 때문이다.[31] 종교성의 약화는 유럽의 기독교가 몰락하게 된, 그리고 미국에서 전통적인 주류교파의 쇠퇴를 초래한 결정적 이유 중 하나이기도 하다.[32] 그리고 이것은 종교적 세속화의 전형적인 한 양상이라 할 수 있다.

1995-2005년 사이에 유일하게 종교인구가 감소했던 개신교는 2005-2015년 사이에는 유일하게 성장했다. 그러나 우리는 이 점에 대하여 몇 가지 사실에 주목해야 한다. 종교성쇠의 요인들에 대한 여러 연구 결과들을 근거로 오늘날의 한국 상황을 보면, 거의 모든 여건이 한국에서 종교가 쇠퇴할 수밖에 없음을 알 수 있다. 따라서 지난 10년간의 한국 개신교 성장은 일시적인 현상으로 보인다(자세한 내용은 한국교회의 성쇠 문제를 다루는 제5장에서 논의한다). 또한 개신교인의 종교성 자체도 다른 종교인들보다는 높지만, 과거와 비교해보면 대체로 약화된 경향이 있다는 사실에도 주목할 필요가 있다. 따라서 한국사회의 종교적 세속화, 한국종교의 신앙적 세속화 현상에서 개신교만 예외라고 할 수는 없다.

사회의 정치적, 경제적, 사회적, 문화적 변화와 종교 내적인 변화의 결과로 서구사회(특히 유럽)에서는 종교(주로 기독교)가 쇠퇴의 길을 가고 있다. 종교의 교세가 감소하고 종교의 사회적 기능과 영향력이 약화될 뿐만 아니라 개인에게서도 종교적 관심과 행위, 그리고 믿음이 약화되면서 종교는 위기를 맞고 있으며, 사회학자들은 이것을 종교의 세속화 현상이라고 부른다. 물론 세속화가 세계의 모든 지역, 모든 나라, 모든 종교에서 동일하게 나타나는 현상은 아니다. 세속화와는 반대로 종교가 성장하고 더 뜨거워지는 지역, 종교들도 많이 있다.[33]

한국은 종교의 세속화와 탈세속화 현상 가운데 어느 방향으로 가고 있는지 경험적으로 검증하는 것이 이 장의 목적이었다. 통계청과 한국갤럽의 조사결과는 지난 30년간 (특히 지난 10년 사이) 한국사회가 종교적으로 세속화되어 왔고, 한국종교도 내면적으로 세속화되어 왔다는 사실을 보여주고 있다. 종교인 비율이 감소하고 있으며, 종교의 사회적 영향력, 그리고 종교의 개인적 중요성과 종교인의 종교성이 모두 약화되는 현상이 나타나고 있다. 특히 천주교와 불교의 세속화 현상이 두드러졌다. 비록 개신교는 상대적으로 덜 세속화되어 있지만 이것이 앞으로 얼마나 지속될지는 의문이다. 이제 종교의 세속화가 하나의 경향으로 가속화되는 한국의 상황에서 종교가 어떻게 생존할 것인지, 이러한 변화에 어떻게 대처해야 할 것인지는 앞으로 모든 종교들에게 주어진 중요한 과제라고 하겠다.

제2장
개신교인의 신앙과 의식
- 종교성이 강한 개신교인 -

1 　　　　　　　들어가며

한국교회 교인의 종교성은 매우 강하다. 새벽기도회, 금요 철야기도회와 수요예배를 드리는 유일한 교회, 십일조 헌금을 의무헌금으로 드리는 유일한 교회, 구역회나 속회 모임이 활성화되어 있는 교회, 주일성수를 잘 하고, 기도와 성경공부를 열심히 하는 교인을 가진 교회, 교리적 믿음의 수준이 매우 높은 교회가 한국교회(개신교)이다. 이렇게 개신교인은 교회 안에서 뜨거운 신앙적 열정을 보인다.

한편, 한국에서 타종교인이나 무종교인으로부터 가장 신뢰받지 못하고 호감을 주지 못하는 종교가 개신교이기도 하다. 교회 밖에서는 사회적 공신력을 잃어 심각한 비판과 도전을 받고 있다. 더욱이 점차 세속화되는 사회의 분위기는 종교에 대한 관심을 약화시키고 있으며 신앙생활의 걸림돌이 되고 있다. 결과적으로 한국교회는 양적으로나 질적으로 어려움을 겪고 있다.

그래서 한국교회에 대한 위기의식이 고조되고 있다. 왜 이러한 일이 생겨나고 있는 것일까? 한국 개신교의 문제는 무엇인가? 어떻게 이 위기에서 벗어날 수 있을까? 이러한 문제들을 이해하기 위해서는 한국 개신교의 현실, 교인들의 신앙 실태와 의식에 대한 과학적이고 객관적인 분석이 필요하다.

이 장에서는 2012년 한국기독교목회자협의회가 전문조사기관인 글로벌리서치에 의뢰해 수행한 조사결과를 분석하여 소개하려고 한다.[1] 이 조사는 1998년과 2004년에도 이루어졌기 때문에 우리는 시계열적 분석을 할 수 있다. 조사내용은 주로 한국 개신교인의 신앙의식, 교회생활, 교회평가, 그리고 사회의식 등이지만, 타종교인들과의 비교 및 비개신교인의 한국교회 평가도 함께 다룬다.

2   종교현황과 신앙의식

　전체적인 종교인구와 그 변화에 대해서는 다른 장에서 다루기 때문에 여기서는 먼저 개신교인의 가족별 종교일치도 및 종교이동에 대하여 알아보기로 한다.

1) 가족별 종교

〈표 2-1〉 개신교인의 가족별 종교 일치율

(단위: %)

가족 기준	가구주	가구주 부인	자녀
가구주 기준	–	96	82
가구주 부인 기준	79	–	75
자녀 기준	82	92	–

　〈표 2-1〉에 나타난 대로 개신교인의 가족별 종교 일치율에 있어 가구주 기준으로 보면 부인과의 일치율이 96%, 자녀와의 일치율이 82%이다. 가구주 부인을 기준으로 하면 가구주와의 일치율이 79%, 자녀와의 일치율은 75%이다. 자녀들 기준으로 하면 가구주와의 일치율이 82%, 가구주 부인과의 일치율은 92%이다. 이 결과는 몇 가지 사실을 보여준다. 첫째로, 가족 간의 종교 일치율은 상당히 높은 편이다. 이것은 세대로 이어지는 종교신앙 전승이 어느 정도 성공을 거둔 결과라 하겠다. 둘째로, 가구주 기준으로써의 종교 일치율이 가구주 부인 기준으로써의 종교 일치율보다 상당히 높다. 이것은 가부장적인 문화로 인해 가구 내 남편의 종교적 영향력이 아내에 비해 크다는 것과 여성이 더 종교적(가구주는 교회

에 안 나가도 그 부인은 교회에 나가는 경우가 적지 않다는 의미에서)이라는 것을 반영하는 결과로 보인다. 셋째로, 자녀는 아버지보다 어머니와 종교적 친화성을 가지고 있다. 이것은 자녀 입장에서 어머니의 종교적 영향이 더 크다는 것을 의미한다. 개신교인의 가족별 종교 일치율은 2004년과 비교해보면 전반적으로 높아지는 경향을 보이고 있다. 이것은 가족 간 종교 결속력이 상대적으로 강해지고 있음을 말하는 것이라 하겠다.

종교 일치율을 타종교와 비교해보면 개신교와 천주교 사이에는 별 차이가 없다. 불교에 있어 부부간 종교적 일치도는 개신교만큼 높다. 그러나 부모와 자녀의 종교 일치율은 매우 낮다. 가구주 기준으로 하면 자녀와의 일치율은 39%, 가구주 부인을 기준으로 하면 자녀와의 일치율이 31%에 불과하다. 이것은 불교의 경우 세대 간 종교적 단절이 심각한 수준이라는 것을 의미한다.

2) 향후 개종(신앙)의향 및 희망종교

개신교인을 제외하고 앞으로 종교를 바꾸거나(종교인) 종교를 믿을(비종교인) 의향이 있는지에 대한 조사결과가 〈표 2-2〉에 나와 있다.

〈표 2-2〉 개종/신앙 의향자 비율(개신교인 제외)

(단위: %)

개종(신앙) 의향	전체 (N=1,000)	불교인 (N=287)	천주교인 (N=137)	비종교인 (N=576)
있다	6	1	3	9
없다	94	99	97	91
합계	100	100	100	100

비개신교인 전체 가운데 개종 혹은 신앙 의향이 없는 사람이 94%(불교인 99%, 천주교인 97%, 비종교인 91%)나 된다. 이것은 향후 타종교에서 개신교로 개종할 사람은 거의 없다는 것을 의미한다. 그리고 비종교인이 앞으로 종교를 갖게 될 가능성도 매우 낮다는 것을 보여준다. 비종교인 가운데는 단지 9%만 앞으로 신앙을 가질(어떤 종교이든) 의향이 있다고 응답했다.

그러면 개종 혹은 신앙 의향을 가진 사람들의 비율은 과거와 비교했을 때 어떤 변화가 있는가? 향후 개종/신앙 의향을 가진 비개신교인 비율은 과거보다 훨씬 낮아졌다(1998년 21%, 2004년 13%, 2012년 6%). 특히 비종교인의 신앙 의향자 비율은 현저하게 낮아졌다(1998년 33%, 2004년 23%, 2012년 9%). 불교인과 천주교인의 경우, 개종 의향자는 과거에 비해 약간의 차이는 있으나 그 비율이 워낙 낮아 유의미한 차이는 아니다. 전체적으로 볼 때 향후 개종/신앙 의향자(특히 비종교인) 비율이 현저하게 낮아지고 있다는 것은 앞으로 종교인구 증가는 주로 출산율에 의한 자연증가에 달려있지, 전도(포교) 등을 통한 인위적 증가는 점점 어려워질 것이라는 사실을 말해주고 있다고 하겠다.[2] 비종교인의 향후 신앙 의향자 비율이 급격히 낮아지고 있는 것은 사람들의 관심이 점차 종교적인 것에서 세속적인 것으로 바뀌고 있는 현실을 반영하는 것으로, 종교의 미래가 밝지 않다는 것을 의미할 수 있다.[3]

한편 종교를 믿을 의사는 있으나 개신교로 개종할 의향이 없는 응답자들은 그 이유로 교회가 '상업적이라서'(20%), '믿음이 안가서/신뢰도가 떨어져서'(12%), '자기중심적이라서'(11%) 등을 꼽고 있다. 따라서 앞으로 개신교의 발전은 교회, 교인이 얼마나 신뢰를 회복할 수 있을지에 달려있다고 본다.[4]

3) 종교인의 신앙생활 이유

종교인들은 어떤 이유에서 신앙생활을 하는 것일까? 〈표 2-3〉이 이것을 보여주고 있다.

〈표 2-3〉 종교인의 신앙생활 이유

(단위: %)

신앙생활 이유	개신교인 (N=1,000)	불교인 (N=354)	천주교인 (N=112)
마음의 평안을 위해서	39	43	62
구원과 영생을 위해서	32	6	26
건강, 재물, 성공 등 축복을 받기 위해서	19	44	7
가족의 권유로	8	7	4
신도들과의 친교를 위해서	4	1	1
합계	100	100	100

〈표 2-3〉에 따르면 기독교인(특히 천주교인)의 경우, 신앙생활을 하는 가장 큰 이유로 '마음의 평안'을 꼽은 비율이 가장 높지만(천주교 62%, 개신교 39%), 불교의 경우는 '건강, 재물, 성공 등 축복'을 꼽은 비율이 가장 높게 (44%) 나타났다. 이것은 불교가 기복성이 특히 강한 종교라는 것을 보여주는 것이라 하겠다('축복' 개신교 19%, 천주교 7%). 전체적으로 보면 한국종교인들이 종교를 갖는 가장 중요한 이유는 무엇보다 '마음의 평안을 위해서'로써, 이것은 지금까지의 모든 종교 관련 조사에 공통적으로 나타나고 있는 현상이다. 이 결과는 두 가지 의미가 있을 것이다. 하나는 전통적으로 종교가 수행하는 중요한 기능의 하나가 심리적 안정과 평안을 마련해준다는 점이며, 다른 하나는 한국의 사회상황이 오랫동안 사람들에게 긴장과 불안을 조성하는 경향이 있었다는 점이다.[5] 기독교인(특히 개신교인)에

게는 '구원과 영생'이 신앙생활의 이유라는 응답 비율이 상대적으로 높은데(개신교 32%, 천주교 26%, 불교 6%), 이것은 절대자에 의한 구원 신앙이 교리적으로 중요한 기독교의 특성 때문일 것이다.

개신교인의 경우 가장 중요한 신앙생활 이유에 대한 응답 비율에 변화가 생겨났다. 그것이 '마음의 평안'이라는 응답 비율은 1998년(38%), 2004년(37%), 2012년(39%)로 거의 차이가 없었다. 그러나 '구원/영생'이라는 응답 비율은 1998년의 47%에서 2012년의 32%로 크게 낮아진 반면에, '건강, 재물, 성공 등 축복'이라는 응답 비율은 같은 기간 동안 7%에서 19%로 크게 높아졌다. 이것은 우리 사회에 만연하고 있는 물질주의 가치관과 개신교의 세속화 현상을 반영하는 결과라 할 것이다.

3 개신교인의 교회 및 신앙생활

한국 개신교인들은 어떻게 교회생활, 그리고 신앙생활을 하는지 알아본다.

1) 교회 출석률

개신교인 가운데 현재 교회에 다니고 있다고 한 응답자는 90%이다. 명목상의 개신교인으로서 교회에 나가지 않는 경우가 11%나 된다. 이 비율은 1998년의 12%, 2004년의 12%와 비슷한 수준이다. 그러면 교회에 나가지 않는 개신교인의 교회 불출석 이유는 무엇인가? 가장 중요한 이유는 '목회자들에 대해 좋지 않은 이미지가 있어서'(20%), '교인들이 배타적이고 이기적이어서'(18%), '헌금을 강요해서'(18%), '시간이 없어서'(16%), '건강이 좋지 않아서'(12%) 순이었다. 자신이 개신교인이라고 하면서도 교회에 나가지 않는 이유가 주로 목회자와 교인들 때문이라는 것은 매우 충격적인 결과라 할 수 있다. 특히 '목회자 문제'를 지적한 비율이 2004년의 6%에서 2012년의 20%로, '교인 문제'라는 비율이 같은 기간 8%에서 18%로 크게 늘어난 것은 심각한 문제가 아닐 수 없다. 반면에 '시간이 없어서'라는 응답은 2004년의 30%에서 2012년의 16%로 줄었다. 결국 문제적인 교회 현실이 그들로 하여금 교회를 외면하게 만든 것이다.

2) 교회 이전 경험

현재 교회를 다니기 전에 다른 교회에 다닌 적이 있다는 개신교인 비율은 46%이다. 그 비율은 1998년 60%, 2004년 58%에 비하면 낮아졌다. 이것은 점차 교인들이 소속교회에 정착하는 경향이 조금씩 나타나고 있다는 것을 의미한다. 교회를 옮긴 가장 중요한 이유는 주로 '이사/결혼을 했기 때문에'(77%)와 '거리가 가까워서'(10%)였다. 현재까지 다닌 교회는 '2개'가 53%, '3개'는 35%, '4개 이상'이 13%로, 평균 2.7개로 나타난다.

3) 최초 신앙 시기 및 동기

〈표 2-4〉는 개신교인이 처음 교회에 나가기 시작한 시기를 보여주고 있다.

〈표 2-4〉 최초 신앙 시기

최초 신앙 시기	%	누계%
모태신앙	15	15
초등학교 또는 그 이하	12	27
중학교	7	34
고등학교	9	43
대학교	5	48
학교 졸업 후 결혼 전	8	56
결혼 후	44	100
합계(N=1,000)	100	

한국 개신교인이 교회에 처음 나가기 시작한 시기는 '결혼 후'가 44%로 가장 높았다. 이것은 개신교인의 상당수가 비신자와 결혼을 했다는 것과, 결혼이 신앙생활에 중요하게 작용한다는 것을 말해주는 것이라 하겠다. 다음으로는 '모태신앙'(15%), '초등학교 이하'(12%), '고등학교'(9%) 순이었다. 종교적 사회화는 어릴 때 이루어질수록 효과적이라는 사실이 여기서도 드러난다. 최초 신앙 시기가 '모태신앙'과 '초등학교 이하'라는 응답 비율이 모두 27%로 2004년의 51%보다 훨씬 낮아졌다. 이것은 점차 젊은 부부 혹은 청장년이 교회에서 급격히 감소하거나, 그들의 신앙 수준이 상당히 낮다는 것을 반영하는 결과로써 교회에서 청장년부와 유초등부 신앙교육이 활성화될 필요가 있음을 보여준다.

4) 교회생활(1): 예배

한국 개신교인들이 주일 대예배에 어느 정도 자주 출석하는지가 〈표 2-5〉에 나와 있다.

〈표 2-5〉 주일 대예배 출석빈도

(단위: %)

매주 참석	68
한 달에 2-3번	18
한 달에 1번	3
그 이하	1
참석하지 않는다	11
합계(N=1,000)	100

한국 교인들의 주일 대예배 출석률은 '매주 참석'하는 비율이 68%에 이른다. 이것은 기독교 국가라고 하는 유럽 국가들의 교회 출석률이 3-10%, 미국의 경우 25% 정도라는 사실을 감안하면 현저하게 높은 출석률이다.[6] 한국 개신교인의 강한 종교성이 여실히 드러난다. '매주 참석'하는 비율은 1998년, 2004년과 비교해볼 때 거의 비슷한 수준이다. '한 달에 2-3번' 출석하는 교인은 18%, '한 달에 1번'이 3%로 나타났다.

한 달에 한 번 또는 그 이하 참석자의 경우, 예배에 별로 참석하지 않는 이유는 '게을러서'(24%), '직장문제'(22%), '가정/집안 문제'(21%), '믿음이 깊지 못해서'(14%) 등의 순으로 주로 개인 문제 때문인 것으로 드러났다.

교회에 출석하는 교인은 각 예배에 어느 정도 출석하고 있을까? 〈표 2-6〉은 교회 출석자가 지난 1주일간 어떤 예배에 참석했는지에 대한 조사결과를 보여주고 있다. 주일대예배 출석률은 96%였고, 그 밖의 출석률이 주일 저녁(오후) 예배 33%, 수요예배 29%, 구역예배 13%, 새벽기도회 9%, 철야기도회 9%로 나타났다. 적지 않은 교인들이 한국교회에만 있는 새벽기도회와 철야기도회에 출석하고 있다.

〈표 2-6〉참석예배 종류와 출석률

(단위: %)

주일 낮 예배	주일 저녁(오후) 예배	수요예배	구역예배	새벽기도회	철야기도회
96	33	29	13	9	9
N=895 (중복응답)					

5) 교회생활(2): 예배 외 활동

교회 출석자 가운데 주일 "예배만 드리고 온다"는 교인은 49%, "예배뿐만 아니라 친교, 회의, 봉사 활동 등 다른 활동도 한다"는 교인이 51%로 그 비율이 비슷했다. "예배만 드린다"는 비율은 1998년 60%, 2004년 55%, 2012년 49%로 조금씩 줄어들고 있다. 다시 말하면 예배 외에 교회활동도 하는 교인이 늘고 있다. 주일예배만 드리고 오는 교인은 남자의 경우, 젊은 층의 경우, 미혼자의 경우 더 많다.

교회에 출석하는 교인 가운데 예배 외의 활동에 참여하는 경우, 그 활동의 내용을 보면 봉사 활동(주차장, 주방 등)이 가장 많았고(28%), 다음은 성가대와 교사(각 13%), 소그룹 리더(8%), 성경공부 등 양육 프로그램(5%), 부서 임원 모임(4%) 등의 순이었다.

교회에서 활동하는 교인의 다수(90%)가 교회활동이 자신의 영적 성숙에 도움이 된다고 응답했다. 신앙성숙을 위해서는 활발한 교회활동이 필요하다는 것을 알 수 있다.

교회출석 교인 가운데 지난 일주일간 예배 외에 참석한 모임의 내용
비율이 〈표 2-7〉에 나와 있다.

〈표 2-7〉 예배 외의 참석모임과 참여율

(단위: %)

봉사	친교	성경공부	선교회/전도회	소그룹	전도	중보기도	없음
22	21	17	14	12	9	3	42
N= 895 (중복응답)							

교인들이 가장 활발하게 참여하는 모임은 봉사활동(22%)과 친교활
동(21%)이었으며, 다음은 성경공부(17%), 선교회/전도회(14%), 소그룹
(12%), 전도(9%), 중보기도(3%) 순이었다. 참석하는 모임이 "없다"는 응답
비율이 42%인데, 그 비율은 1998년 61%, 2004년 56%에 비하면 크게 낮
아졌다. 적어도 교회에 나오는 교인들은 전보다 활발하게 여러 교회 모임
에 참여하고 있다는 것을 알 수 있다.

교회 차원의 사회봉사 활동에 참여하는 경우, 그 내용은 고아원/양
로원(노인요양시설) 봉사가 가장 많았고(26%), 다음은 장애인 봉사(18%), 노
숙인 봉사(12%), 지역아동센터/야학(12%), 카페운영(7%), 탁아서/놀이방
운영(7%), 취미교실(5%), 독서실운영(4%), 환경운동(4%) 순으로 나타났다.
종교성이 강한 교인들이 사회봉사 활동도 적극적으로 한다. 확고한 신앙
은 사랑의 실천의 동기를 부여하고, 또한 봉사활동은 신앙을 강화시키는
선(善) 순환적 관계가 있다는 것이 확인된다.[7]

6) 교회생활(3): 양육

교회 출석자의 경우 소속교회의 성경교육 등 양육 프로그램에 대한 평가결과, "잘 되어 있다"는 응답이 88%('매우 잘' 25%, '어느 정도 잘' 63%)였고 "잘 되어있지 않다"는 응답은 12%('별로' 11.1%, '전혀' 1.0%)로 나타났다. 대체로 교회의 양육 프로그램은 잘 진행되고 있다는 것을 알 수 있다. 긍정적인 평가 비율은 2004년(84%)보다 조금 높아졌다.

현재 참여하고 있든 아니든 신앙 성장을 위한 교회의 양육 프로그램에 대하여 앞으로 "참여할 의향이 있다"는 교인은 79%('매우' 9%, '어느 정도' 60%)로 높게 나타나고 있다.

7) 교회생활(4): 헌금

한국 개신교인의 월평균 헌금액수는 222,000원인 것으로 나타났다. '10만 원 이하'는 36%, '11-30만 원'이 39%, '31만 원 이상'이 23%였다. 월 평균 헌금 액수는 불교인 4만 7천 원, 천주교인 8만 원으로 드러났다. 개신교인의 1인당 헌금액수는 불교의 4.7배, 천주교의 2.8배에 이른다. 재정적으로도 한국 개신교인의 헌신도가 가장 높다는 것을 알 수 있다. 당연한 결과이겠지만 교인 가운데서 신앙적 충성도가 높은 교인일수록 헌금액수가 많아진다.

한국교회의 유일한 특징 가운데 하나는 십일조 헌금이다. 개신교인의 십일조 헌금 실태가 〈표 2-8〉에 나와 있다.

〈표 2-8〉 십일조 헌금 실태

(단위: %)

매월 정기적으로 수입의 1/10을 정확하게 하는 편이다	26
매월 정기적으로 하지만 수입의 1/10을 정확하게 지키지는 못 한다	26
십일조를 하지만 매월 정기적으로는 못 한다	20
십일조 생활을 하지 못하고 있다	28
합계(N=1,000)	100

〈표 2-8〉에 따르면 개신교인 가운데 "매월 정기적으로 수입의 1/10을 정확하게" 헌금으로 내는 교인은 26%였다. 이 비율은 1998년 33%, 2004년 30%와 비교해보면 계속 낮아지고 있다. 최근 한국의 경제적 불경기 상황을 반영하는 결과가 아닌가 한다. 헌금을 "매월 정기적으로 하지만 수입의 1/10을 정확하게 지키지는 못 한다"는 응답이 26%, "십일조를 하지만 매월 정기적으로 못 한다"는 응답은 20%였고, "십일조 생활을 하지 못하고 있다"는 응답이 28%로 나타나고 있다.

한국종교인들은 헌금이 어디에 가장 우선적으로 사용되어야 한다고 생각하고 있는지 〈표 2-9〉에 제시되어 있다.

〈표 2-9〉 헌금의 우선 사용처에 대한 인식

(단위: %)

사용처	개신교인 (N=1,000)	불교인 (N=354)	천주교인 (N=112)
교회/성당/절 운영/유지	55	51	49
사회봉사, 구제	19	35	30
국내선교/농어촌 교회지원/전도 활동	12	8	11
교회교육	10	6	11
해외 선교 지원	5	–	–

〈표 2-9〉에 따르면 한국종교인들은 공통적으로 헌금의 우선적인 사용처가 "교회/성당/절의 운영과 유지"라고 지적하고 있다(개신교 55%, 불교 51%, 천주교 49%). 이것은 두 가지 사실을 반영하는 결과일 것이다. 첫째로, 한국종교들은 자신이 속해있는 개체교회에 집중하는 '개교회주의'(개사찰주의, 개성당주의) 성향이 강하다는 것이다. 둘째로, 위의 결과는 대부분의 한국 교회가 재정적으로 열악하여 예산의 가장 큰 부분이 교회유지에 쓰일 수밖에 없다는 것이다.[8]

'사회봉사와 구제'를 위해 헌금이 먼저 사용되어야 한다는 비율은 개신교의 경우 가장 낮았다(개신교 19%, 불교 35%, 천주교 30%). 개신교의 경우 2004년과 비교해보면 헌금이 주로 '교회운영/유지'에 사용되어야 한다는 비율은 40%에서 55%로 높아진 반면에, '사회봉사/구제'에 사용되어야 한다는 비율은 크게 낮아졌다. 종교의 사회적 평판은 종교의 사회적 역할, 특히 사회봉사와 구제 실태에 크게 달려 있다는 사실을 감안해보면 개신교에 대한 사회적 신뢰도가 낮아지고 있는 것은 우연이 아닐 것이다.

한편 교회에서 헌금이 주로 '국내선교'에 쓰여야 한다는 응답 비율은 12%(불교 8%, 천주교 11%), '교회교육'을 강조한 비율이 10%였다. 그리고 '해외선교'를 지적한 비율은 개신교에서만 5%로 나타났다. 국내외 선교를 합치면 개신교가 타종교보다 선교부문을 더 중요하게 여기고 있음을 알 수 있다.

8) 전도생활

전도를 해본 경험 비율을 보면 기독교(개신교 26%, 천주교 24%)가 불교(4%)보다 훨씬 높다. 개신교의 전도 비율은 과거보다 약간 낮아졌다(1998

년 29%, 2004년 26%, 2012년 26%). 전도를 해본 적이 없는 경우, 그 이유는 '생활이 너무 바빠서'(36%), '자신의 신앙이 모범이 못되어서'(30%), '하고 싶으나 자신이 없어서'(23%), '구원의 확신이 없어서'(10%) 순이었다.

최근 1년 내 전도 경험이 있는 종교인의 경우, 전도자 평균인원은 개신교 2.9명, 불교 1.8명, 천주교인 2.0명이었다. 개신교인의 전도 활동이 가장 적극적이고 성공적이라는 것을 알 수 있다. 그러나 개신교의 경우에도 전도자 평균인원이 1998년 3.5명, 2004년 3.2명, 2012년 2.9명으로 계속 줄고 있어, 전도가 점점 어려워지고 있다는 것이 드러나고 있다.

전도 경험이 있는 개신교인의 경우 가장 최근 대상은 이웃/친척(47%), 친구/선배(43%)가 월등히 많았고, 다음은 직장동료(4%), 부모(3%), 자녀(1%), 배우자(1%) 순이었다. 앞에서 보았듯이 전도대상은 주로 가까운, 주변의 원초집단이라는 것을 알 수 있다. 전도한 사람이 지금도 교회에 다니는 비율은 83%였다. 전도한 사람을 계속 신앙적으로 양육하는 일에 더 관심을 가질 필요가 있다.

노방전도(길거리 전도)나 축호전도(방문 전도)에 대하여 개신교인 가운데 "비난받더라도 계속해야 한다"는 응답이 49%, "자제하는 것이 좋다"는 응답이 51%로 비슷한 비율을 보였다. 그러나 앞의 여러 조사결과를 감안하면 비난 여부를 떠나 노방전도나 축호전도는 거의 효과가 없기 때문에 전도의 방법과 대상은 근본적으로 바꾸는 것이 바람직해 보인다. 만일 축호전도(방문전도)를 한다면 그것은 주로 이웃, 친척, 친구 등을 대상으로 하는 것이 효과적이라고 하겠다.

9) 개인 신앙생활

개신교인은 얼마나 성경책을 읽고 있는 것일까? 〈표 2-10〉은 예배 시간을 제외하고 지난 일주일 동안 성경책을 몇 시간 정도 읽었는지에 대한 조사결과를 보여주고 있다.

〈표 2-10〉 성경 읽은 시간

(단위: %)

1시간 이하	2-3시간	4-5시간	6시간 이상	읽지 않음	계
35	21	2	1	41	100

N=1,000　　(평균 48분)

〈표 2-10〉에 따르면 한 주간 성경을 전혀 읽지 않는 교인이 41%에 이르고, 그것이 '1시간 이하'인 경우가 35%, '2-3시간'이 21%였다. '4-5 시간'은 2%, '6시간 이상'이 1%로 나타났다. 한 주간 성경을 읽은 시간은 평균 48분이었다. 이 시간은 불교(불경) 17분, 천주교 44분에 비하면 많은 것이다. 그러나 1998년의 66분, 2004년의 62분에 비하면 많이 줄어들었 다. 아마도 이것은 교인들의 삶이 그만큼 여유가 없어지고 있거나, 개인 적인 종교성이 약해지고 있다는 사실을 반영하는 결과가 아닌가 한다.

교인들은 얼마나 기도를 할까? 〈표 2-11〉에는 개신교인이 개인적으 로(예배시간, 식사시간 기도 제외) 하루에 얼마나 기도를 하는지 나와 있다.

〈표 2-11〉 기도시간 (1일)

(단위: %)

10분 이하	11-30분	31분-1시간	1시간 초과	하지 않음	계
18	32	15	6	29	100

N=1,000　　(평균 24분)

개신교인 가운데 하루에 기도를 '전혀 하지 않는' 비율은 29%였다. 그리고 '10분 이하'가 18%, '11-30분'이 32%, '31분-1시간'이 15%, '1시간 초과'가 6%로 나타났다. 하루 평균 기도시간은 24분이었다. 불교 8분, 천주교 20분보다는 많다. 그러나 2004년에 27분이었던 것과 비교하면 줄어들었다.

개신교인은 자신의 신앙성장에 가장 도움이 되는 것이 주로 교회예배/목사님 설교(63%)라고 생각하고 있다. 다음으로는 가족(9%), 구역/소그룹/양육(성경공부)(9%), 신앙 선배/동료(8%), QT(6%), 신앙 서적(3%), 기독교 매체(1%) 순이었다.

4 　교회에 대한 평가

1) 현 교회 출석 시기

〈표 2-12〉는 개신교인이 현재 다니고 있는 교회의 처음 출석 시기를 보여주고 있다.

〈표 2-12〉 현 교회 첫 출석 시기

(단위: %)

모태신앙	초등학교 이하	중학교	고등학교	대학교	결혼 전	결혼 후	계
7	6	5	6	5	7	64	100

(N=895)

한국 개신교인은 다수(64%)가 결혼 이후에 현재의 교회에 처음 나가기 시작했다고 응답했다. 결혼이 교회이동, 혹은 기독교 입문에 결정적으로 중요하다는 것을 알 수 있다. 학생 시기 혹은 그 이전부터 현재 교회에 다닌 비율은 모두 29%였다. 이것은 많은 사람이 성장하면서 거주지를 이동하고 있음을 보여주는 결과라 하겠다.

현재의 교회에 출석하는 가장 큰 이유는 주로 '거리가 가깝고'(33%), '목회자의 설교내용이 좋아서'(30%)였다. 현실적인 이유가 중요하다는 것을 알 수 있다. 다음으로는 "가족이 다닌다"(17%), "아는 사람이 많다"(10%), "교회가 크고 유명하다"(4%), '교회의 활동내용'(3%) 순이었다.

현재 교회의 출석 이유가 '거리'라는 응답 비율은 전보다 낮아진 반면에(1998년 41%, 2004년 36%, 2012년 33%), '목회자/설교내용' 때문이라는 응답 비율은 높아지고 있다(1998년 21%, 2004년 22%, 2012년 30%). 이것은 목회자의 비중이 교회선택에 있어 점점 더 중요해지고 있다는 것을 반영하는 결과라 하겠다.

2) 현 교회 만족도 평가

교인들은 현재 다니는 교회의 상황에 대하여 얼마나 만족하고 있을까? 〈표 2-13〉이 그 결과를 보여주고 있다.

〈표 2-13〉 사항별 현 교회 만족도

내용	만족(긍정률) (%)	평균(5점만점) (점)
담임목회자 리더십	86	4.00
하나님을 경험하는 기도와 예배의 영성	71	3.87
교회사역에 대한 평신도의 참여	68	3.87

제1부 위기의 한국교회

체계적인 전도 활동	68	3.82
지역사회 봉사	68	3.80
활성화된 교회교육	69	3.80
교회개척에 대한 비전	71	3.79
우리 교회만의 전문화된 사역	67	3.78
소그룹의 체계적인 활동	65	3.78
세계 선교사역	65	3.72
N=895		

현재 출석 중인 교회에 대한 만족도를 10가지 측면에서 나누어 측정한 결과, 전체적인 만족도는 대체로 높은 것으로 드러났다(만족 비율 65-86%, 5점 만점 평가점수 3.72-4.00). 그러나 항목별로는 차이가 있어서 '담임목회자의 리더십'(86%), '기도와 예배'(71%) 등의 만족도는 높은 반면에, '세계 선교사역'과 '소그룹활동'(각각 65%) 등에 대한 만족도는 상대적으로 낮은 것으로 나타났다.

그러면 현재 다니는 교회에 대한 전반적인 만족도는 어떠한가? 〈표 2-14〉가 그것을 보여주고 있다.

〈표 2-14〉 출석교회의 만족도

(단위: %)

매우 만족	약간 만족	보통	약간 불만족	매우 불만족	계
7	70	22	2	0	100(N=895)

한국 개신교인의 소속교회 만족도는 높은 편이다. 그리하여 현재 다니는 교회에 대하여 "만족한다"는 응답 비율이 77%('매우' 7%, '약간' 70%)이며 '보통'이 22%, '불만'이라는 응답 비율은 2%인 것으로 드러났다. 그러나 여기서 두 가지 점에 주목할 필요가 있다. 첫째로, 전반적인 만족도는

높지만 "매우 만족한다"는 비율은 7%로 상당히 낮다는 것이다. 둘째로, '불만'이라는 응답 비율이 낮은 것은 당연한 결과라는 사실이다. 왜냐하면 다니는 교회에 '불만'인 교인은 교회를 옮기거나 나오지 않을 가능성이 높을 것이기 때문이다.

전과 비교해볼 때 전체적인 만족도 비율은 비슷하지만, 소속교회에 대하여 '매우 만족'이라는 응답 비율은 과거보다 크게 낮아졌다(1998년 24%, 2004년 23%, 2012년 7%). 그래서 5점 척도의 만족도 점수 산정결과, 그 점수가 1998년 3.98점이었으나 2004년에는 3.91점, 그리고 2012년에는 3.81점으로 계속 낮아지고 있다. 이러한 만족도 하락은 교회이탈(교회이동이든 교회포기이든)의 결과를 가져올 수 있기 때문에 개교회는 교인들의 불만 해소를 위해 각별한 노력을 기울일 필요가 있다.

한국 개신교인은 소속교회 담임목회자에 대하여 대체로 만족하며 긍정적인 평가를 하고 있으나, 그 만족도는 전보다 낮아지는 추세를 보이고 있다. 자세한 내용은 제9장에서 자세하게 다룰 것이다.

3) 교회에 바라는 사항

교회에 출석하는 교인의 경우 "현재 교회를 계속 다니고 싶다"는 응답자는 97%로 절대 다수를 차지했다. 현재 교회가 마음에 들지 않는 교인은 대부분 떠나갔을 것이기 때문에, 이 결과는 당연한 것이라 하겠다.

현 교회에 대한 불만이 있다면 그것이 무엇인지 알아본 결과 '지역/사회봉사 활동이 적음', '교인 간 교류가 없음', '목사의 자질', '십일조 부담', '전도 부담', '교회환경' 순으로 나타났다.

교회가 경제적으로 어려움을 당한 가정을 지원하는 방법에 대한 물음에 있어서는 '친교/정신적으로 위로'(47%), '영적 훈련을 통한 극복'과 '경제적 지원'(각각 23%), '취업훈련/알선'(7%) 순으로 나타났다. 특히 '친교/정신적으로 위로'가 필요하다는 응답은 1998년 23%, 2004년 28%인 것과 비교해보면 그 비율이 훨씬 높아졌다. 이제는 영적 훈련이나 물질적 도움보다 정신적 위로가 더 필요하다고 보는 것이다. 이것은 그만큼 물질적 어려움이 정신적 어려움으로 이어지는 경향이 많으며, 점차 사람들은 정신적 위안과 치유를 필요로 한다는 것을 보여주는 결과라 하겠다.

가정생활에서 교회로부터 받고 싶은 도움에 대한 응답 결과는 가정상담(25%), 노인양로(19%), 경제적 지원(18%), 자녀교육(14%), 어린이 탁아/육아(10%), 장애아동 돌보기(5%) 순으로 나타났다. 가정상담 비율이 높은 것은 가족해체가 심각해지는 사회상황을, 노인양로 비율이 전보다 높은 것은(2004년 12%) 고령화 현상을 반영하는 결과로 보인다. 자녀교육과 어린이 탁아/육아에 대한 기대도 적지 않은데, 이 점도 교회가 관심을 가져야 할 영역이라는 것을 알 수 있다.

담임목사로부터 듣기 원하는 설교의 주제는 '구원과 영생'이 가장 높은 응답 비율을 보였고(17%), 다음으로는 '사랑'(6%), '가정'과 '마음의 평안'(각각 5%), '신앙생활'과 '믿음'(각각 4%) 순으로 나타났다. 따라서 한국 개신교인은 기독교 교리 및 신앙의 내면적 실천에 대한 관심이 많다는 것이 드러났다.

4) 한국교회에 대한 평가

비개신교인을 대상으로 "기독교 하면 떠오르는 단어"를 연상하게 한 결과, 1+2순위 기준으로 응답 내용을 보면 '십자가'와 '교회'(각각 26%)

가 가장 높은 비율을 보였고, 다음은 '예수'(15%), '하나님'(14%), '목사'와 '성경'(각각 13%) 순이었다. 기독교의 핵심요소가 그대로 지적되고 있다. 그러나 '기독교인'에 대한 연상단어는 '(노상)전도'(20%), '성경책'과 '기도'(각각 14%), '목사'와 '봉사'(각각 8%) 순이었다. 한편 '이기주의/개인주의'(5%), '가식적/위선적', 그리고 '시끄러움'(각각 3%), 맹목적(2%)이라는 등 부정적인 인식도 적지 않게 나타났다.

비개신교인의 한국교회에 대한 신뢰도 변화는 어떤지 〈표 2-15〉에 나와 있다.

〈표 2-15〉 한국교회 신뢰도 변화

(단위: %)

더 많이 신뢰	비슷	더 적게 신뢰	계
5	76	20	100 (N=1,000)

지난 2-3년 전과 비교해볼 때 비개신교인은 한국교회에 대한 신뢰도가 "비슷하다"는 비율이 76%로 높다. 그러나 "더 많이 신뢰하게 되었다"는 비율이 5%에 불과한 데 비하여 "더 적게 신뢰하게 되었다"는 비율은 20%로 높게 나타났다. 한국교회에 대한 신뢰도가 하락하고 있음을 보여주는 결과라 하겠다. 이러한 부정적 평가 비율은 비종교인(22%), 불교인(19%), 천주교인(13%) 순서였다.

비종교인을 대상으로 8가지 항목에 있어 개신교, 천주교, 불교에 대한 평가를 비교한 결과가 〈표 2-16〉에 제시되어 있다. 개신교에 대하여 "그렇다"는 응답 비율이 월등히 높은 것은 '교세확장'(개신교 59%, 천주교 23%, 불교 26%), '헌금 강요'(개신교 59%, 천주교 23%, 불교 24%)에 관한 것이었고, '시대변화 적응'(개신교 46%, 천주교 31%, 불교 27%), '규율 강조'(개신교 42%, 천주교 35%, 불교 31%)의 경우에도 그 비율이 개신교에서 매우 높게 나타났다. 특이한

것은 여러 가지 점에서 천주교는 개신교보다 불교와 비슷한 인상을 주고
있다는 사실이다.

<표 2-16> 종교별 이미지 평가(비종교인 대상)

(단위: %)

평가 내용	개신교	천주교	불교
우리 사회에 미치는 영향력이 증가하고 있다	44	38	35
구제/봉사활동 등 대사회적인 역할을 잘 하고 있다	38	39	30
시대의 변화에 빠르게 적응하고 있다	46	31	27
종교 지도자의 자질이 우수하다	24	44	35
개인적인 영적 문제에 해답을 주고 있다	26	33	27
참 진리를 추구하기보다는 교세를 확장하는 데 더 관심이 있다.	59	23	26
지나치게 헌금/시주를 강요하는 경향이 있다	59	23	24
지켜야 할 규율들을 너무 엄격하게 강조한다	42	35	31

N= 576

'대사회적 역할'(구제/봉사)은 기독교(개신교 38%, 천주교 39%)가 불교(30%)보
다 잘 하는 것으로 이해되고 있다. '사회적 영향력 증가'는 개신교에 대해
높은 응답 비율을 보였다(개신교 44%, 천주교 38%, 불교 35%).

그러나 "종교 지도자의 자질이 우수하다"는 데 있어서는 천주교가
44%로 가장 높고, 다음은 불교의 35%이며, 개신교는 24%로 가장 낮았
다. "영적 문제에 해답을 준다"는 데 대해서도 긍정적 평가 비율은 천주
교가 높고(33%), 개신교(26%)와 불교(27%)는 상대적으로 낮았다.

다른 종교와 비교해볼 때 한국 개신교에 대한 비종교인의 인상은 대
체로 부정적이다. 즉 개신교는 구제/봉사 등 대사회적 역할은 어느 정도
잘 하고 시대변화에 가장 빠르게 적응하고 있으나, 지도자의 자질은 가
장 떨어지고, 개인적인 영적 문제에 해답을 제대로 주지 못하고 있으며,

참 진리를 추구하기보다는 교세확장에만 관심이 있고, 지나치게 헌금을 강요하고 있으며, 규율을 너무 엄격하게 강조한다고 비종교인들은 보고 있다. 천주교에 대해서는 지도자 자질이 우수하고 영적 문제에 도움이 된다고 하는 긍정적 평가 비율이 높은 것은 개신교 입장에서는 뼈아픈 일이다. 결국 한국 개신교가 우리 사회에 미치는 영향력은 증가하고 있으나, 순기능보다는 역기능적 성격이 강한 인상을 주고 있는 것이다. 이 결과는 문제적인 개신교 현실에 대한 이해에 도움을 줄 뿐만 아니라, 사회적 신뢰와 공신력을 회복하기 위한 교회의 과제가 무엇인지에 대해 돌아볼 수 있게 해준다.

한국교회에 대한 개신교인과 비개신교인의 평가는 비슷한가 아니면 다른가? 〈그림 2-1〉이 그것을 비교하고 있다.

〈그림 2-1〉은 한국교회에 대한 평가에 있어 개신교인과 비개신교인 사이에 상당한 차이점과 유사성이 동시에 있다는 것을 보여주고 있다. 우선 '사회 영향력 증가'(개신교인 69%, 비개신교인 43%), '대사회적 역할'(개신교인 67%, 비개신교인 39%), '변화에의 적응'(개신교인 64%, 비개신교인 43%), '지도자 우수'(개신교인 64%, 비개신교인 25%), '영적 문제 해답 제공'(개신교인 64%, 비개신교인

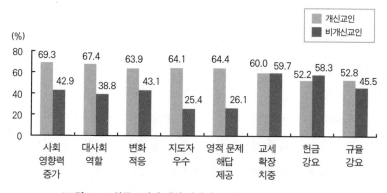

〈**그림 2-1**〉 한국교회에 대한 평가비교: 개신교인과 비개신교인

제1부 위기의 한국교회

26%)에 대한 평가는 양자 사이에 매우 커다란 차이가 있다. 한마디로 개신교인은 한국교회에 대하여 긍정적으로 평가하고 있지만, 비개신교인들은 매우 부정적으로 평가하고 있는 것이다. 그렇다면 한국교회에 대하여 개신교인이 과대평가하는 것일까, 아니면 비개신교인이 과소평가 하는 것일까? 아마도 둘 다일 것이다. 그러나 '지도자 자질'과 '영적 문제 해답 제공'에 있어 개신교에 대한 매우 비판적인 비개신교인 평가는 귀담아 들어야 할 부분이라고 본다.

한편 '교세확장 치중'(개신교인 60%, 비개신교인 60%)과 '헌금강요'(개신교인 52%, 비개신교인 58%)는 모두가 공감하는 것으로 그 평가도 부정적이다. 이것들은 교인들마저도 비판적으로 보는 문제라는 점에서 교회의 반성이 더욱 요구된다고 하겠다.

이상의 결과에서 우리는 하나의 의문이 생긴다. 한국교회의 문제적 현실이 교회 안에서는, 교인들 눈에는 잘 안 보이는 것일까? 아니면 한국교회에 대한 교회 밖의 시각이 잘못된 것일까? 아마도 전자일 가능성이 더 커 보인다. 왜냐하면 교회 밖의 시각은 보다 객관적이기 때문에 정확할 가능성이 높기 때문이다. 그리고 한국교회에 대한 사회학적 연구는 실제로 여기서 지적되고 있는 한국교회의 문제적인 현실이 대부분 사실임을 밝혀주고 있기 때문이다.' 이제 한국교회는 그들만의 공간에서 자축할 것이 아니라 겸허하게 자신의 참된 모습을 돌이켜봐야 할 것이다.

그러면 비개신교인이 한국교회(개신교)를 불신하는 이유는 무엇일까? 중요하게 지적된 것은 '이단이 많음'과 '이기주의'(각각 11%), '언행일치가 안 됨'(목사, 교인)과 '헌금강요'(각각 9%), '목회자의 사리사욕', '교세확장에만 관심', '강제적 전도', '개교회주의' 및 '교파분열'(각각 6%), '배타주의', '목회자/교회의 부정부패', '지나친 규율', '맹목성', '진실성 결여'(각각 4%) 등이었다. 오늘날 한국교회의 문제적인 단면이 그대로 드러나 있는 평가라 하겠다. 따라서 이러한 문제들이 극복되지 않는 한 한국교회는 신뢰를 회복할 수 없으며, 이에 따라 한국교회의 미래는 비관적일 것이다.

5) 한국교회의 활동에 대한 평가(비개신교인 대상)

비개신교인 가운데서 지난 1년 동안 누군가로부터 전도나 포교를 받아본 적이 있다는 응답자는 모두 21%였다. 비개신교인 가운데 전도 받은 경험이 있는 비율이 비종교인은 27%, 천주교인이 18%, 불교인이 13%로 나타났다. 비개신교인이 전도를 받아본 종교는 개신교가 92%로 압도적으로 높았고, 다음은 천주교(7%), 기타 종교(5%), 불교(4%) 순이었다. 분명히 개신교는(성공적이든 아니든) 전도를 가장 열심히 하는 종교라는 것을 알 수 있다.

개신교인으로부터 전도를 받은 사람의 경우 전도인은 이웃(41%), 기타 전도자(25%), 친구/선배(24%), 직장동료(4%), 친척(3%), 부모와 형제/자매(각각 1%) 순이었다. 이때 전도의 내용은 '교회/전도 집회 안내'(51%)와 '예수/하나님에 대한 소개'(40%)가 대부분이었고, '다른 사람들과의 교제 유익성'(6%), '윤리적/도덕적 삶 지향'(4%)은 그 비율이 낮았다. 그러나 개신교인으로부터 전도를 받았을 때 절대다수(91%)가 부정적인 느낌을 받았다고 응답했다. 부정적인 느낌의 내용은 "귀찮다"(18%), "마음에 와 닿지 않는다"(11%), "부담스럽다"와 "거부감이 든다"(9%), "짜증스럽다"와 "일방적이다"(각각 8%), "말투가 믿음이 가지 않는다"(7%), "지겨웠다"와 "기분이 나빴다"(각각 5%) 순이었다. 전도하는 교인은 상대방의 이러한 기분이나 느낌을 아는 것일까, 모르는 것일까? 이를 통해 전도 자체가 중요한 것이 아니라 어떤 전도를 어떻게 하느냐가 중요하다는 것을 확인할 수 있다. 여러 형태로 부정적 느낌을 주는 전도라면 이것은 오히려 교회에 대한 거부감을 조성할 수 있으며, 결과적으로 본의 아니게 선교에 역효과를 낼 수 있다는 사실을 교회, 그리고 교인은 숙지할 필요가 있어 보인다.

비개신교인들이 한국교회의 활동에 대한 정보를 얻는 곳은 '주로 TV, 신문 등 언론매체'(64%), '가족, 친구, 이웃'(25%)이라는 응답이 대부분이었고, '인터넷이나 교회홍보(홈페이지, 책자)를 통해서'라는 응답은 각각 5%로 낮았다. 비개신교인에게 기독교 관련 이미지 형성에 가장 큰 영향을 미치는 것은 '매스컴 보도'(39%), '주변 교인들의 언행'(26%), '인근 교회의 활동'(19%), '목회자·교회 지도자들의 언행'(16%) 순으로 나타났다.

여기서 우리는 두 가지 중요한 사실을 발견하게 된다. 첫째로, 개신교의 이미지 형성에 매스컴의 역할이 매우 중요하다는 점이다. 매스컴은 대개 선정적 보도를 하는 경향이 있기 때문에 매스컴의 표적이 될 만한 교회의 비리나 문제는 교회 전체 이미지에 치명적이라는 점에 유의할 필요가 있다. 특히 중요한 것은 한국 개신교를 대표할만한 대형교회, 그리고 그 교회 목회자들의 도덕성이다. 둘째로, 개신교 이미지에는 교인과 목회자들의 언행이 결정적으로 중요하다는 것이다. 왜냐하면 개신교 이미지에 대한 매스컴의 평가는 주로 개신교를 믿는 사람들의 언행(그들의 믿음 수준이 아니라)에 따라 이루어지기 때문이다. 목회자와 교인의 도덕성 수준은 교회에 대한 이미지를 형성하는 근본이 된다. 그들의 부도덕성은 교회에 대한 평가로 그치는 것이 아니라 전도에 있어서도 커다란 걸림돌이 된다. 따라서 개신교의 목회자와 교인은 무엇보다 삶을 통해 열매 맺는 신앙을 보이는 것이 절대적으로 필요하다.

교회의 지역사회 봉사에 대한 비개신교인의 생각은 어떤가? 비개신교인 가운데 주변 인근 교회의 경우 지역사회를 위해 봉사활동을 하는 것에 대하여 "알고 있다"는 응답자는 14%에 불과했다. 비개신교인이 "알고 있다"는 인근 교회의 지역사회 봉사활동 내용은 '불우이웃돕기'(20%) '노숙자 돕기'(18%), '독거노인 돕기'와 '고아원 봉사'(각각 16%), '장애인 돕기'(9%), '거리(주변) 청소'(7%), '양로원 방문'(6%) 등의 순이었다. 한편 인근 교회에서 지역 주민을 위해 활동해주기를 희망하는 일은(1+2 순위 기준) '고아원/양로원'(47%), '장애인 봉사'(30%), '지역 아동센터/야학'(28%), '노숙인 봉사'(22%) '환경운동'(16%), '탁아소/놀이방 운영'(13%), '취미교실'(9%), '문화강좌'(8%), '독서실 운영'(7%)의 순으로 나타났다.

인근 교회에 대하여 비개신교인이 느끼는 불만이나 불편한 점에 대한 응답은 '소란스러움(주말)'(39%), '노방전도로 시끄러움'(24%), '주말 교통체증'(21%), '전단지 나눠줌'(10%), '전도하러 집 찾아옴'(6%) 등의 순으로 나타났다. 지나친 전도와 소란스러움에 대한 불만이 가장 높다는 점을 교회, 교인들은 알아둘 필요가 있다고 본다.

6) 교인의 한국교회 현실 인식

개신교인 대상으로 이상적인 교회 규모는 어느 정도라고 생각하는지에 대한 조사결과를 보면 '500-999명'(23%)이 가장 많고 다음으로는 '300-499명'(22%), '200-299명'(16%), '1,000-2,999명'(15%), '100-199명'(13%), '99명 이하'(9%), '3,000명 이상'(3%) 순으로 나타났다. 평균은 627명이었다. 한국 개신교인은 중형, 중대형 교회를 가장 이상적인 것으로 보고 있다.

"국가적으로 중대한 사항의 결정 과정에 한국교회가 영향력을 행사해야 하는지"에 대해서는 거의 절반으로 개신교인의 의견이 나뉜다. "행사해야 한다"는 의견이 49%, "행사하지 말아야 한다"는 의견이 51%였다. "행사해야 한다"는 입장은 2004년의 59%보다 낮아졌다. 교회의 정치적 중립성, 교회-국가 분리에 대한 입장이 전보다 다소 강해졌다.

한국교회의 양극화 현상에 대해서는 개신교인의 81%가 "심각하다"('매우' 18%, '어느 정도' 63%)고 생각하고 있으며 그것이 "심각하지 않다"는 응답은 19%('별로' 18%, '전혀' 1%)로 나타났다. 이것은 실제로 빈부격차가 사회보다 더 심각한 교회의 문제적인 현실을 반영하는 것으로, 교회 간, 목회자 간에 위화감을 조성하고 있기 때문에 바람직하지 않은 현상이다. 교단차원에서라도 이러한 양극화를 어느 정도라도 해소하기 위한 방안이 필요하다.

목회자 개인소득에 대한 납세 의무화에 대해서 반대하는 개신교인은 52%('매우' 12%, '약간' 40%)로 나타났는데, 이것은 성직자 납세 의무에 대한 사회적 여론이 조성되고 있는 현실을 감안해보면 교회(성직자)가 부정적으로 비쳐질 수 있는 요인의 하나로 작용하지 않을까 우려된다. 그것을 찬성하는 응답자는 48%('약간' 41%, '매우' 8%)이었다.

교회세습에 대해서는 개신교인의 75%가 "교회세습을 해서는 안 된다"고, 25%는 "교회 상황에 따라 인정할 수도 있다"고 응답했다. 그러나 만일 교회세습에 대해 단순히 '찬성'과 '반대'로 구분하여 물었다면 반대의견은 더 높고 찬성의견은 더 낮았을 것이다. 실제로 이렇게 묻는 경우 교회세습에 반대하는 의견은 90% 정도로 높아진다.[10] 교회세습은 주로 대형교회에서 이루어지고 있으며, 이것은 개신교에 대한 교회 안팎의 부정적 인상에 중요하게 작용하는 하나의 요인이 되고 있다. 2012년 감리교에서 시작된 세습방지법이 몇 교단으로 이어졌지만, 아직 대다수 교단에서는 이를 용인하고 있다.

한국교회 내 여성의 지위에 대한 생각을 알아보기 위해 여성 목회자와 여성 장로제도에 대해 의견을 물어본 결과, '찬성한다'는 비율이 여성 목회자에 대해서는 53%, 여성 장로에 대해서는 60%로 나타났다. 여전히 한국 개신교인은 성(gender)과 관계된 종교적 지위에 있어서 상당히 보수적이라는 것을 알 수 있다. 원래 모든 종교가 여성에 대해서 매우 차별적인 태도를 보이는 것은 사실이지만, 오늘날과 같은 양성평등 사회에서도 성 차별적 의식이 교회 내에서 강하게 남아있는 것은 상당히 시대착오적인 것이며, 교회의 미래발전에 하나의 걸림돌이 될 것이다.[11]

7) 한국교회의 문제와 과제

개신교인과 비개신교인이 생각하는 21세기 한국교회의 문제점은 무엇인지에 대한 조사 결과가 〈표 2-17〉에 나와 있다.

〈표 2-17〉 한국교회의 문제

(단위: %)

한국교회의 문제	개신교인 (N=1,000)	비개신교인 (N=1,000)
양적 팽창/외형에 너무 치우친다	29	33
교파가 너무 많다/단합이 안 된다	22	15
성도들의 실제 생활에 대한 방향 제시를 하지 못한다	13	–
목회자의 사리사욕/이기심/권위주의	11	18
선교 사업을 등한시 한다	9	3
지나치게 자기교회 중심적이다	7	10
세속화/세상 사람들과 다른 것이 없다	6	4
사회봉사/구제사업 등한시	3	2
교회 양극화 현상	2	2
이단교회가 난무한다	–	14
기타	0	0

제1부 위기의 한국교회

한국교회의 문제에 대하여 개신교인이 중요하게 지적한 것은 '양적 팽창/외형에 치우침'(29%), '교파분열'(22%), '삶의 방향 제시 못함'(13%), '목회자의 사리사욕'(11%), '선교사업 등한시함'(9%), '자기교회 중심적'(7%), '세속화'(6%) 등의 순서였다. 비개신교인의 생각도 크게 다르지 않으나 순위만 약간 차이가 있었다. '양적 팽창/외형에 치우침'(33%), '목회자의 사리사욕'(18%), '교파분열'(15%), '이단교회'(14%), '자기교회 중심적'(10%), '세속화'(4%) 순이었다. 따라서 한국교회에 주어진 과제는 무엇보다도 팽창주의(성장제일주의), 교파분열, 목회자의 부도덕성, 개교회주의, 세속화를 극복하는 일이라 하겠다.

한국 개신교가 더욱 신뢰받기 위해 가장 중요하게 바뀌어야 할 것은 무엇인지에 대한 비개신교인의 의견이 〈표 2-18〉에 제시되어 있다.

〈표 2-18〉 한국교회에서 가장 변화가 필요한 부분

(단위: %)

교회 지도자들	37
교회의 운영	31
교인들의 삶	19
교회의 사회활동	12
교회의 전도활동	1
합계(N=1,000)	100

한국교회의 변화를 위해 개선이 가장 요구되는 것은 첫째로 '교회 지도자들'(37%)로써 '교인들의 삶'(19%)의 두 배 비율을 나타내고 있다. 이것은 두 가지 의미가 있다고 본다. 첫째로, 당연한 일이겠지만 한국교회에서 교회지도자, 즉 목회자의 역할이 절대적으로 중요하다는 사실이다. 둘째로, 개신교의 목회자들이 제 역할을 잘하지 못하고 있다는 비판적 시각이 비개신교인들에게 강하게 인식되고 있다는 사실이다. 결국 오늘날

한국교회에 대한 사회적 신뢰도가 매우 낮은 것에 대한 우선적인 책임은 교회지도자, 목회자에게 있다는 사실에 유념할 필요가 있다. 개교회 목회자의 경우도 마찬가지이겠지만, 특히 교단지도자와 초교파단체 지도자의 영적, 도덕적 수준이 높아져야 한국교회는 신뢰를 회복할 수 있을 것이다.

5   일반적 생활과 의식

사람들의 믿음과 신념체계는 그들의 삶의 방식과 가치관 및 행위와 태도에 영향을 미친다. 여기서는 이와 관련된 몇 가지 사항을 알아보기로 한다.

1) 사회봉사 활동 및 기부금

개신교인 가운데서 "지난 1년간 교회 밖에서 사회봉사활동에 참여한 적이 있다"는 비율은 27%(정기적 8%, 비정기적 19%)이지만, 비개신교인이 "지난 1년간 사회봉사활동에 참여한 적이 있다"는 비율은 15%(정기적 3%, 비정기적 12%)로 나타났다. 개신교인이 더 적극적으로 사회봉사 활동을 한다는 것이 확인된다. 개신교인의 봉사활동 참여영역은 '생활편의 지원'(18%), '농어촌 봉사'(16%), '재난재해/응급'(13%), '문화/행사'(11%), '보건/의료'(10%), '환경보호'(9%), '상담'(6%), '주거환경'(6%), '교육'(5%), '멘토링'(4%) 순으로 다양한 부문에서 활동하고 있다.

개신교인이 "지난 1년간 교회 밖에서 기부금(또는 후원금)을 납부한 적이 있다"는 비율은 38%(정기적 10%, 비정기적 28%)이지만, 비개신교인이 "지난 1년간 기부금(후원금)을 납부한 적이 있다"는 비율은 25%(정기적 5%, 비정기적 20%)에 머물러 있다. 개신교인이 더 적극적으로 기부행위를 한다는 것을 알 수 있다.

이러한 개신교인의 이타적 박애주의 활동은 믿음의 실천으로 바람직한 것일 뿐만 아니라 교회의 이미지에도 긍정적인 작용을 할 것으로 보인다.

2) 현대사회 윤리문제에 대한 인식

오늘날 윤리문제에 있어 한국인은 어떤 인식을 가지고 있는가? 〈표 2-19〉가 윤리문제에 대한 개신교인과 비개신교인의 인식 차이에 대하여 보여주고 있다.

〈표 2-19〉 개신교인과 비개신교인의 윤리의식

(단위: %)

항목	종교	해서는 안 된다	상황에 따라 할 수 있다	해도 무방하다
이혼	개신교인	39	58	3
	비개신교인	26	67	7
인공유산 (낙태)	개신교인	59	39	3
	비개신교인	34	63	3
음주	개신교인	28	53	20
	비개신교인	7	51	42
흡연	개신교인	38	46	16
	비개신교인	18	9	33

혼전 성관계	개신교인	48	46	6
	비개신교인	26	65	9
혼외 성관계	개신교인	85	14	1
	비개신교인	82	17	2
뇌물제공	개신교인	70	29	2
	비개신교인	56	42	2
동성애	개신교인	83	15	2
	비개신교인	78	20	2

〈표 2-19〉에 나와 있는 것처럼 윤리문제와 관계된 8개 항목 모두에 있어 개신교인은 비개신교인보다 상대적으로 보수적이다. "해서는 안 된 다"는 응답 비율이 '혼외 성관계'(개신교인 85%, 비개신교인 82%)와 '동성애'(개 신교인 83%, 비개신교인 78%)의 경우 개신교인, 비개신교인 모두에게서 가장 높고 그 차이도 별로 없다. 개신교인과 비개신교인 사이에 커다란 차이를 보이는 것은 "해서는 안 된다"는 응답 기준으로 볼 때 '인공유산'(개신교인 59%, 비개신교인 34%, 차이 25%p), '혼전 성관계'(개신교인 49%, 비개신교인 26%, 23%p), '음주'(개신교인 28%, 비개신교인 7%, 21%p), '흡연'(개신교인 38%, 비개신교인 18%, 20%p)에 대한 태도이다. '뇌물제공'(개신교인 70%, 비개신교인 56%, 14%p), '이혼' (개신교인 39%, 비개신교인 26%, 13%p) 문제에서도 다소 차이가 있다.

개신교인의 윤리의식은 그동안 어떻게 변해왔는지 알아본다.

〈표 2-20〉 개신교인 윤리의식의 변화(허용도)

(단위: %)

항목	1998년	2004년	2012년	증감(2012-1998)
이혼	36	50	61	+25
인공유산	36	37	42	+6
음주	54	65	73	+19

제1부 위기의 한국교회

흡연	46	49	62	+16
혼전 성관계	30	37	51	+22
혼외 성관계	10	9	15	+ 5
뇌물제공	16	15	30	+14

주) 1. 동성애는 2012년 조사에만 있음.
    2. 응답률은 "상황에 따라 할 수 있다"와 "해도 무방하다"를 합친 것임.

〈표 2-20〉에 따르면 2012년 현재 개신교인 가운데 윤리문제에 있어 허용도가 가장 높은 것은 '음주'(73%)이지만, '흡연'(62%)과 '이혼'(61%)에 대한 허용도도 높은 편이다. 다음은 '혼전 성관계'(51%), '인공유산'(42%)으로 허용도가 낮지 않지만, '뇌물제공'(30%)과 '혼외 성관계'(15%)에 대한 허용도는 낮다. 다른 종교인이나 비종교인에 비하면 여전히 윤리의식이 상대적으로 보수적이기는 하지만, 많은 항목에 있어 개신교인의 윤리의식이 상당히 개방적이라는 것을 알 수 있다. 1998년과 비교해보면 2012년에는 모든 항목에 있어 허용도 비율이 늘어나고 있어 개신교인도 다른 종교인이나 비종교인과 마찬가지로 점점 더 개방적으로 변하고 있다. 1998-2012년 사이의 허용도에서 특히 커다란 변화는 '이혼'(차이 25%p)과 '혼전 성관계'(22%p), '음주'(19%p), '흡연'(16%p) 영역에서 일어나고 있다. '인공유산'(6%p)과 '혼외 성관계'(5%p) 영역에서는 변화가 상대적으로 적다.

점차 개방적으로 변하고 있는 개신교인의 윤리의식에 대하여 어떻게 평가해야 할까? 개방되는 방향으로 가치관이 변하는 사회 분위기의 불가피한 결과라고 봐야 할까, 아니면 개신교의 세속화 현상으로 대책을 세워야 하는 우려스러운 결과라고 봐야 할까? 그러나 옳고 그름을 떠나 윤리의식이 자유적이고 개방적으로 바뀌는 것이 하나의 시대적 흐름임에는 분명하다.

3) 이념적 성향

한국인 스스로 평가하는 이념적 성향은 어떠한지 〈표 2-21〉이 보여주고 있다.

〈표 2-21〉 한국인의 이념적 성향

(단위: %)

성향	개신교	불교	천주교	비종교
보수	47	50	29	40
중도	36	30	48	39
진보	17	20	23	21

전체적으로 보면 한국인의 이념성향은 보수적인 쪽으로 기울어져 있다. 그러나 종교별로 차이가 있어 보수 성향은 불교인(50%)과 개신교인(47%)에게서 더 강하다(비종교 40%, 천주교 29%). 반면에 진보적인 성향은 천주교인(23%), 비종교인(21%)이 상대적으로 강하다(개신교 17%, 불교 20%). 종교 간의 이러한 이념성향의 차이는 종교 갈등의 한 요인이 될 수도 있어 종교 간의 대화나 상호이해가 필요해 보인다. 이념성향은 여자가, 나이가 많을수록, 교육수준이 낮을수록, 교회 직분이 높을수록 더 보수적이다. 이념에 따른 세대갈등, 계층갈등도 해결해야 할 하나의 과제라 하겠다.

6 나가며

한국 개신교인은 몇 가지 점에서 긍정적인 평가를 할만하다. 우선 종교성이 강하다. 교리적인 믿음의 수준이 높고, 예배에 적극적으로 참석한다. 성경공부와 같은 다른 교회활동도 활발한 편이다. 기도와 성경읽기 등 경건생활도 잘 하고 있고, 헌금도 잘 내며 전도열도 강하다. 담임 목회자와 소속교회에 대하여 만족하고 있으며, 충성심도 강하다. 그러나 문제는 그러한 종교성이 약화되고 있다는 점이다. 믿음, 의례참여, 경건생활, 헌금, 전도 등 모든 종교 활동이 줄고 있으며, 소속교회와 목회자에 대한 충성심과 만족도 역시 약화되는 경향을 보이고 있다.

한국교회는 다른 점에서도 커다란 어려움에 직면해 있다. 무엇보다 한국교회, 목회자, 교인들에 대한 사회적 신뢰도가 매우 낮을 뿐만 아니라, 과거보다 더욱 낮아지고 있다. 이 문제는 나중에 구체적으로 다룬다. 한국교회에 대한 낮은 신뢰도는 교회에 대한 부정적인 평가와 관계가 있다. 즉 한국교회는 영향력이 증가하고 시대변화에 빠르게 적응하고 있으나, 교세확장에만 치중하는 성장제일주의, 영적인 능력의 결여, 교파분열, 목회자의 낮은 자질 등이 문제라는 것이다. 이러한 낮은 신뢰도는 결국 한국교회가 영성을 잃으며 세속화되어가고 있을 뿐만 아니라 도덕성을 잃어가고 있는 현실에 근거하고 있다.

제3장
비신자와 한국교회
- 교회 밖에 있는 사람들 -

1   들어가며

종교를 가지고 있지 않은 사람을 '무종교인' 혹은 '비종교인'(the nonreligious)이라고 부른다. 기독교인의 입장에서는 기독교 신앙을 가지고 있지 않는 사람을 '비기독교인'(nonchristian) 혹은 '비신자'(nonbeliever)(이하 '비기독교인'과 '비신자'는 동일한 의미로 사용된다.)라고 부른다. 여기에는 무종교인뿐만 아니라 다른 종교를 가지고 있는 사람도 포함된다. 물론 기독교인에게 비신자는 모두 선교의 대상이 된다.

세계적으로, 그리고 한국에서 무종교인의 비율은 얼마나 되는가? 그 비율은 증가하고 있는가, 아니면 감소하고 있는가? 그들은 왜 종교를 갖지 않는 것인가? 종교에 무관심한 것인가, 아니면 종교에 대해 반감을 가지고 있는 것인가? 그들은 처음부터 종교를 갖지 않은 것인가, 아니면 가지고 있던 종교를 버린 것인가?

무종교인을 포함하여 비신자의 비율은 모두 얼마나 될까? 그 가운데 다른 종교를 가지고 있는 사람은 얼마나 되는가? 그 비율은 증가하고 있는가, 아니면 감소하고 있는가? 비신자는 교회와 신자를 어떻게 보고 있을까? 기독교인이었다가 교회를 떠나간 비신자는 얼마나 되며, 그들은 왜 떠나는 것일까? 그들은 무종교인이 되었을까, 아니면 타 종교인이 되었을까? 비신자 가운데 제도화된 교회를 떠나기는 했어도 개인적으로 종교적 신앙을 가지고 있는 사람은 얼마나 되며, 그들은 왜 교회에 소속되기를 거부하는 것일까?

이러한 물음들은 최근 종교사회학 분야에서 진지하게 논의되고 있는 중요한 연구주제 가운데 하나이다. 특히 '종교 없음'(religious nones)으로 표현되는 무종교인에 대한 사회학적 연구는 서구사회에서 커다란 주목을 받고 있다. 이 주제가 중요한 것은 그것이 종교의 쇠퇴, 즉 세속화 문제와 직결되어 있을 뿐만 아니라 종교, 특히 기독교의 현실과 전망을 이해하는 데 의미 있는 단초를 제공하기 때문이다. 이 장에서는 비신자, 특히 무종교인의 문제를 미국과 한국의 교회적 맥락에서 살펴보려고 한다.

2   '종교 없음'의 사회학

〈표 3-1〉은 세계의 종교인구, 기독교 인구 및 비신자의 비율을 보여주고 있다.

〈표 3-1〉 세계의 종교인구와 그 변화

(단위: %)

구분	1910	1950	2010
종교인	99	93	88
기독교인	35	34	33
비기독교인	65	66	67
(타종교인)	64	59	55
(무종교인)	1	7	12

출처: Todd M. Johnson and Brian J. Grim, *The World's Religions in Figure* (Malden, MA: John Wiley & Sons, 2013), p. 10. 필자 재구성.

2010년 기준으로 세계 인구는 약 69억 명이며, 이 가운데 종교를 가지고 있는 인구비율은 모두 88%이다. 그 비율은 과거보다 낮아졌다(1910년 99%, 1950년 93%). 따라서 무종교인의 비율은 12%이며, 전보다 증가했다(1910년 1%, 1950년 7%). 이것은 적어도 양적인 측면에서 지난 백 년간 종교가 전체적으로 세속화되었음을 보여주는 결과라 하겠다.

기독교인의 비율은 2010년 현재 세계 인구의 33%로, 종교 가운데 가장 높은 비율을 보이고 있다. 그러나 그 비율 역시 과거보다 약간 낮아졌다(1910년 35%, 1950년 34%). 이것은 서구기독교의 쇠퇴를 반영하는 결과라 할 수 있다. 기독교 이외의 다른 종교를 가지고 있는 인구 비율은 2010년 세계 인구의 55%이다(이 가운데 무슬림이 23%, 힌두가 14%, 불교인이 7%). 비기독교인 혹은 비신자(타종교인+무종교인)의 비율은 모두 67%이다.

비신자의 비율은 대륙에 따라 다양하다. 〈표 3-2〉가 그것을 보여주고 있다.

〈표 3-2〉 대륙별 종교인 비율(2010)

(단위: %)

구분	종교인	기독교인	비기독교인	(타종교인)	(무종교인)
아프리카	99	48	52	51	1
아시아	85	8	92	77	15
유럽	85	79	21	6	15
라틴아메리카	96	92	8	4	4
북아메리카	85	79	21	6	15
오세아니아	84	77	23	7	16

출처: Todd M. Johnson and Brian J. Grim, *The World's Religions in Figure*, Chap. 2. 필자 재구성.

〈표 3-2〉에 나와 있는 것처럼 비신자의 비율이 가장 높은 대륙은 아시아로서 그 비율은 92%에 이르고 있다. 이것은 기독교가 들어오기 전부터 아시아대륙은 힌두교(23%), 불교(12%), 이슬람교(26%) 등의 세계종교들이 뿌리를 내린 지역이기 때문이다. 비록 기독교인 비율이 8%로 대륙 가운데 가장 낮기는 하지만, 100년 전 그 비율이 2%였던 것을 감안하면(한 세기 동안 네 배로 증가했다.) 아시아대륙은 아프리카와 함께 기독교가 가장 눈부시게 성장한 지역이라 할 수 있다.

비신자 비율이 다음으로 높은 대륙은 아프리카로서 그 비율은

52%(이 가운데 무슬림이 42%)이다. 기독교인 비율은 100년 전 9%에 불과했으나 2010년에는 48%로 크게 늘어났다. 라틴아메리카대륙의 비신자 비율은 8%로 가장 낮다. 이 지역은 대다수가 기독교인(주로 가톨릭)으로 신자 비율이 가장 높은 대륙이다.

유럽과 북아메리카대륙의 비신자 비율은 각각 21%이다. 그리고 이 가운데 다른 종교인 비율도 각각 6%로 똑같다. 두 대륙이 기독교의 본고장이었다는 사실을 감안하면 비신자 비율이 각 대륙 인구의 1/5이 넘는다는 것은 그 지역들에서 이미 기독교의 전성기는 지나갔다는 것을 의미할 수 있다.[1] 실제로 1910년 기독교인 비율이 유럽은 95%, 북아메리카는 97%였으나, 한 세기가 지난 2010년에는 그 비율이 각각 79%로 감소했다. 분명히 종교의 세속화 현상이 서구사회에서 나타나고 있는 것이다.

비신자 가운데서 특히 주목해야 할 것은 '무종교인', '종교 없음' 인구이다. 왜냐하면 이 인구의 비율이 크게 증가하고 있으며, 그것은 종교의 쇠퇴라는 세속화 현상을 가속화시키는 지표가 되기 때문이다. 1910년 세계적으로 무종교인 비율은 1%에 불과했으나 2010년에는 12%로 크게 증가했다. 오늘날 무종교인 비율은 아시아, 유럽, 북아메리카대륙에서 똑같이 15%로 나타나고 있다. 아시아에서 무종교인 비율이 높은 것은 세계에서 가장 많은 인구를 가진 중국에 무종교인이 많기 때문이다. 문제는 소위 '기독교세계'로 불렸던 유럽과 북아메리카대륙에서 무종교인 비율이 급증하면서 그 지역들에서 기독교, 그리고 교회가 위기를 맞고 있다는 사실이다. 지난 100년간 유럽의 무종교인 비율은 대륙인구의 1%에서 15%로, 북아메리카의 무종교인 비율은 2%에서 15%로 크게 증가했다.

그러나 더욱 심각한 문제는 유럽과 북아메리카지역에서는 스스로 기독교인이라고 말하는 사람들의 다수가 실제로는 신앙생활을 하지 않고 있다는 사실이다. 이것은 유럽의 경우 특히 그러하다. 제1장에서 살펴본 것처럼 국가별로 차이가 있기는 하지만 기독교 역사의 전통을 가진 유럽 국가들에서 사람들의 교회 출석률은 북유럽의 경우 10% 내외, 남유럽의 경우 30% 내외에 불과하다. 교회에 소속해 있는 비율과 예배에 출석하는 비율이 낮을 뿐만 아니라 종교에 대한 신뢰도와 의존도 역시 매우 낮다. 개인적인 신앙생활은 거의 하지 않고 있으며, 교리적 믿음에 대한 불신의 수준도 매우 높다. 그래서 유럽에서는 종교가 죽어가고 있다고 평가되고 있다.[2] 당연히 '종교 없음' 인구의 비율도 상당히 높아 그 비율은 스웨덴 32%, 네덜란드 28%, 독일 25%, 프랑스 23%, 영국 21% 등으로 나타났다.[3] 문제는 젊은 층의 경우에는 이 비율들이 두 배나 된다는 사실이다. 이 추세는 점점 더 강화되고 있다. 종교가 없는 이들의 자녀 역시 종교를 가질 확률이 매우 낮기 때문에 '무종교인'의 대물림은 아마도 한 세기 후 유럽 인구의 절반 이상이 무종교인이 되는 결과를 초래할 것이다.

유럽에서 왜 종교가 쇠퇴하고 있으며, 유럽인의 종교성은 왜, 그리고 얼마나 낮은지에 대하여 많은 연구가 이루어져 왔다.[4] 거시적 관점에서 보면 유럽의 종교적 세속화는 제1장에서 보았듯이 근대화, 합리화, 구조적 분화의 과정과 관계가 있다. 근대화, 합리화, 사회분화 수준이 높을수록 종교는 설득력이 약화되고 영향력이 감소하는 경향이 있다. 따라서 그러한 수준이 가장 높은 유럽에서 종교가 쇠퇴하는 것도 당연한 결과일 수 있다.

유럽에서 사람들의 종교성이 약하고, 결과적으로 종교(주로 기독교)가 쇠퇴하는 보다 구체적인 요인을 필 주커만(Phil Zuckerman)은 여섯 가지로 제시한다.[5] 첫째로 유럽의 기독교는 거의 국가종교로 독점적 지위를 누리고 있어 경쟁력이 떨어졌다. 둘째로 유럽은 정치적, 경제적으로 안정적이어서 종교의 필요성이 약하다. 셋째로 여성의 지위가 향상되고 그들이 일

을 함으로 종교로부터 멀어지게 되었다. 넷째로 문화적으로 종교를 옹호
할 동력이 사라졌다. 다섯째로 교육수준이 높아 종교에 대하여 비판적이
고 회의적인 시각이 강하다. 여섯째로 사회주의 정치이념이 종교적 가치
관을 대체해왔다. 이 가운데 몇 가지는 한국의 사회와 종교 상황에도 적
용될 수 있기 때문에 주목할 필요가 있다.

서구국가들 가운데는 미국이 가장 종교적인 나라이다. 세계에서 기
독교인이 가장 많은 나라, 서구국가들 가운데 교회등록률, 출석률이 가장
높고, 하나님 신앙이 가장 강한 나라가 미국이다. 미국의 기독교 및 교회
상황에 대한 이해는 우리에게 매우 중요하다. 왜냐하면 한국의 거의 모든
개신교 교파들이 미국으로부터 들어왔고, 우리나라의 성령운동, 복음주
의, 근본주의, 자유주의 신학과 신앙의 뿌리가 모두 미국이기 때문이다.

유럽과는 다른 역사와 전통, 사회발전의 과정과 환경이 미국을 종교
적인 나라로 만들었다.[6] 미국은 다양한 종교적 배경을 가진 이민자들이
세운 나라이다. 처음부터 정교분리 정책에 의해 종교적 자유와 선교가 허
용되었다. 다양한 이민자들은 자신들의 정체성과 소속감을 민족과 종교
를 통해 확립할 수 있었다. 국가의 건립과 개척의 험난한 과정은 종교에
대한 의존도를 높였다. 국가나 교권의 간섭 없이 풀뿌리 신앙전통이 쉽게
확산될 수 있었다. 반종교 성향의 계급이나 지식층이 적었다. 선의의 경
쟁을 통해 종교시장을 넓혀갈 수 있었다. 유럽국가에 비해 경제적, 복지
적, 성적 불평등 수준이 상대적으로 강한 것이 오히려 종교 신앙의 동기
를 강화시켰다. 그리하여 미국은 세계의 거의 모든 종교들, 거의 모든 개
신교 교파들이 자유롭게 활동을 하는 종교 전시장이 되었다. 특히 기독교
신앙이 서구사회에서 가장 활발한 나라가 되었다.

그러나 20세기 후반부터 미국의 종교성이 약화되기 시작했다. 여기
서도 세속화의 바람이 불게 된 것이다. 지난 50년간의 종교성 변화를 연

구한 코헛 등(A. Kohut et al.)은 미국의 기독교 변화를 세 가지로 요약하고 있다.[7] 첫째로, 전통적인 종교조직에 소속한 숫자는 감소한 반면에, '세속적인' 사람 수는 두 배로 늘어났다. 둘째로, 정기적인 주일예배 출석, 매일의 기도, 종교의 중요성을 포함하는 전통적인 종교적 수행은 모두 쇠퇴하고 있다. 셋째로, 하나님과 성서에 대한 전통적 믿음이 약화되고 있다. 그리하여 주일예배에 출석하는 미국인은 50%에서 20% 정도로 낮아졌다.

미국의 종교적 세속화를 보여주는 보다 분명한 지표는 '종교 없음' 인구의 증가이다. 1950, 60년대만 해도 종교 없는 미국인은 3-4%에 불과했지만, 1990년에는 8%로, 2007년에는 16%로, 그리고 2014년에는 23%로 계속 증가하고 있다.[8] 특히 젊은 층의 경우 무종교인 비율은 1990년의 15%에서 2012년의 34%로 크게 늘어났다. 물론 '종교 없음'도 몇 가지 유형으로 구분된다. 그것들은 무신론자, 불가지론자, 세속적 무소속자, 종교적 무소속자 등이다.[9] '세속적 무소속자'(secular unaffiliated)는 무신론자나 불가지론자는 아니지만 종교가 생활에서 "중요하지 않다"고 말하는 사람인 반면에, '종교적 무소속자'는 종교가 생활에서 중요하기는 하지만 자신은 "종교에 소속하고 있지 않다"는 사람이다. 무종교인 가운데 무신론자가 10%, 불가지론자는 15%, 세속적 무소속자는 39%, 종교적 무소속자는 36% 정도인 것으로 나타났다. 따라서 무종교인의 1/3 이상이 여전히 종교적 관심을 가지고 있다는 것을 알 수 있다.

미국에서 무종교인은 몇 가지 인구학적, 계층적, 이념적 특징을 가지고 있다.[10] 우선 여자보다 남자가 무종교인일 가능성이 높다. 무종교인의 56%가 남성이며, 무신론자의 64%도 남성이다. 젊은 층에 무종교인이 많다. 65세 이상 인구 가운데 무종교인은 9%밖에 안 되지만 '30세 미만' 인구 가운데는 1/3이 무종교인이다. 백인이 무종교인일 가능성이 높다. 미국에서 백인 비율은 64%이지만, 무종교인 가운데 백인은 71%이고 무신론자의 82% 역시 백인이다. 무종교인의 3/4은 민주당 지지자이고, 23%만 공화당 지지자이다. 무종교인의 낙태와 동성애에 대한 허용 비율이 다른 이들보다 훨씬 높다. 무종교인 가운데는 이념적으로 진보적인 사람이 많다. 그들의 3/4이 진보적인 사람이지만 1/5만 보수적인 사람이다. 서부에 사는 사람 가운데 무종교인이 가장 많다(30%). 무종교인은 제도적인 종교에 대하여 비판적인데, 그 이유는 제도종교가 돈과 권력에 물들어 있다고 보기 때문이다.

무종교인은 대부분 종교에 얽매이지 않기를 원하는 사람들이다. 그러나 종교에 얽매이지 않는 이들도 세 부류로 구분될 수 있다.[11] 첫째는 조직화된 종교의 범주 밖에서 전적으로 성장한 사람들이다. 대개 종교를 믿지 않는 가정에서 태어났고, 환경 때문에 종교에 가까이 할 기회를 얻지 못해 자연히 무종교인으로 머물러 있는 경우이다. 둘째는 자신의 종교에서 행복을 느끼지 못해 떠난 사람들이다. 이들은 무종교인인 동시에 탈종교인이라고 부를 수도 있다. 어떤 이유에서든 믿었던 종교에 실망하여 그 종교를 떠나 무종교인이 되는 경우가 여기에 해당된다. 셋째는 비록 종교적인 가족환경에서 성장했지만, 처음부터 종교에 전혀 관심을 느끼지 못한 사람들이 있다. 아마도 가정에서 적절한 종교적 사회화가 이루어지지 않았거나 종교에 대한 필요성을 느끼지 않았기 때문에 그들은 무종교인이 되었을 것이다. 그러면 사람들은 왜 무종교인이 되었으며, 종교를 떠나는 사람은 왜 탈종교인이 되었을까? 다음 절에서 살펴본다.

　　　　　　　　　　　　　　제1부 위기의 한국교회

3 　　　무종교와 탈종교의 요인

　　사람들로 하여금 종교를 갖지 않거나 종교를 떠나게 만드는 배경과 요인은 무엇인가? 주커만은 사람들이 종교를 거부하는 다양한 개인적, 사회적, 문화적, 종교적 배경과 요인에 대하여 분석하고 있다.[12] 우선 부모 요인이 있다. 부모가 종교가 없거나 부모 가운데 한 명만 종교를 가지고 있을 경우 무종교인이나 탈종교인이 될 가능성이 높다. 높은 교육수준이 종교에 무관심하거나 종교를 떠날 가능성을 높인다. 교육을 많이 받을수록 세속적 가치를 추구하고 종교에 비판적일 가능성이 많기 때문이다. 개인적인 불행을 경험하면서 종교에 회의를 느껴 종교를 포기하는 경우도 있다. 종교를 갖고 있지 않은 친구, 동료, 연인을 가진 사람은 종교를 갖지 않거나 포기할 가능성이 많다.

　　다른 문화나 종교를 접할 기회가 많을수록 자신이 믿던 종교에 대한 충성심이 약해져 종교를 떠나는 것을 용이하게 만든다. 즉 종교적 상대주의는 무종교나 탈종교를 조장할 수 있는 것이다. 이념적으로 좌익이거나 진보적 성향을 갖는 것 또한 무종교나 탈종교의 가능성을 높인다. 왜냐하면 진보적인 좌파이념 자체가 종교에 대한 대안적 해결책으로 보일 수 있기 때문이다.

　　종교의 가르침에 대한 거부감이나 혐오감 때문에 종교를 갖지 않거나 종교를 떠나는 경우도 있다. 우선 섹스에 대하여 죄책감이나 수치심을 느끼게 만들 경우 이에 대해 불편을 느끼는 사람이 있다. 또한 죄, 지옥, 사탄, 심판과 같은 종교적 가르침에 부담을 느끼거나, 반감을 가지거나, 거부감을 갖는 사람도 적지 않다. 종교지도자나 종교인의 부도덕한 행위에 실망하여 종교를 거부하는 경우도 많다. 이러한 요인들은 종교 자체에 대한 거부감이라기보다는 제도화된 종교, 특히 종교의 과격한 가르침이나 종교인의 부도덕성에 대한 반감이라 할 수 있다. 그래서 제임스 화이트(James White)도 무종교인의 진짜 특성은 "신에 대한 거절이 아니라 특정 종교에 대한 거절"이라고 지적하고 있다.[13]

이제 좀 더 구체적으로 교회 밖에 있는 사람들, 교회를 떠나간 사람들에 대하여 살펴보자. 론 뎀프시(Ron Dempsey)는 교회에 다니지 않는 사람들을 여덟 가지로 분류하고 있다.[14] 첫째로, 기관을 반대하는 사람이다. 그들은 교회로부터의 탈출자라고 할 수 있다. 그들은 교회가 온통 돈과 물질주의, 그리고 자체 유지를 이상으로 하고 있다고 비난하면서 제도화된 교회에 다니지 않는다. 둘째는 갇혀있는 사람이다. 그들은 교회를 다니다가 구속과 제약을 너무 심하게 당한다는 느낌 때문에 교회를 그만둔다. 여기에 속해있는 사람의 유형은 다양하다. 교리나 교회의 도덕 기준이 그들의 숨을 막는다고 여겨서, 또는 교회가 오히려 자신의 영적 성장을 막고 있다고 여겨서 교회를 떠나는 사람이 있다. 누구의 간섭도 받지 않고 독립적으로 신앙생활을 하려는 사람이 있고, 교회를 위해 에너지를 남김없이 다 써버려 탈진하고 교회를 떠난 사람도 있다. 어쨌든 이들 모두 교회에 다니지 않는 사람들이다.

셋째는, 떠돌아다니는 사람으로 그들은 주변 사람의 권유로 마음에 없는 교회를 나와 가장자리를 맴도는 사람들이다. 넷째는 쾌락주의자로 누군가의 간섭 없이 삶을 즐기고자 하는 젊은이 가운데 많다. 다섯째는 소외된 사람으로 교회에 다니지 않는 사람의 다수가 이 범주에 속한다. 한 부류는 교회가 자신을 무관심으로 방치했기 때문에 소외감을 느끼고, 교회가 자신을 받아들이기를 원치 않는다고 믿는 사람들이다. 다른 부류는 결손가정, 독신, 빈민층, 동성애 등으로 자신의 문제 때문에 교회로부터 무시당하고 차별당하고 있다고 느껴 교회에 다니지 않는 사람들이다.

여섯째는 순례자로 불리는 이들로, 이들은 나름대로 영적 가치를 추구하지만 전통신앙을 이탈하여 교회 밖에서 새로운 정신세계를 모색하고 새로운 종교적 경험을 추구하는 사람들이다. 일곱째는 교회에서 일어난 불미스러운 일 때문에 교회에 대하여 부정적인 감정을 가지고 있으며 교회를 위선자 집단으로 보는 반교회적 성향의 사람들이다. 마지막으로 진짜 불신자로 무신론자, 세속주의자가 여기에 속한다.

물론 교회에 다니지 않는 사람들 가운데는 시간이 없기 때문인 경우도 적지 않다. 그리고 개인 문제나 사정 때문에 교회에 나가지 못하는 경우도 있다. 그러나 대부분의 경우 사람들이 교회에 다니지 않는 이유는 교회에 문제가 있어서, 교회가 마음에 들지 않기 때문으로 드러났다.

특히 젊은이는 부모를 떠나 혼자 자유분방하게 살고, 교회가 그들에게 삶의 의미를 던져주지 못하기 때문에 교회에 나가지 않는 경우가 많다. 중년 또한 교회가 더 이상 의미를 주지 못한다고 생각하면 교회에 나가지 않는데, 이것을 '쓸모없게 된 안식처 증후군'이라고 부른다.[15] 그들은 또한 교회의 가르침(특히 교리나 윤리)이 자신의 생각과 맞지 않거나 교인과 갈등이 있거나 목회자 혹은 평신도에 대한 신뢰를 잃어버렸을 때, 그리고 돈 버는 일 등 다른 데 몰두할 때 교회에 다니지 않게 된다. 실제로 교회 밖 사람들 가운데 64%가 "대부분의 교회는 신앙적인 진정한 영적 의미를 상실했다"고 했으며, 55%는 "대부분의 교회는 인생의 의미를 찾게 하는 데 비효과적"이라고 했다.[16] 교회에 다니지 않는 사람은 흔히 교회가 영적인 안내자의 구실을 못한다고 비난하는 것이다. 나중에 살펴보겠지만 이것은 한국의 경우에도 비슷하다.

교회 밖에 있는 사람들 가운데 상당수는 처음부터 비신자가 된 것이 아닌, 교회에 다니다가 교회를 떠나거나 신앙을 포기한 사람들이다. 왜 그들은 교회를 떠났을까? 한 조사결과에 따르면 그들이 교회를 떠난 이유는 다음과 같다(복수응답).[17] "교회에 참석할 가치가 없다"(74%), "교회가 지나치게 많은 문제를 안고 있다"(61%), "시간이 없다"(48%), "관심이 없다"(42%), "교회가 너무 자주 헌금을 요구한다"(40%), "예배가 지루하다"(36%), "교회생활이 삶에 도움이 되지 않는다"(34%).

교회를 떠나는 것은 특히 젊은 층에게서 두드러지게 나타나고 있다. 그들이 교회를 떠나는 이유는 여러 가지이다. 데이비드 키네먼(David Kinnaman)은 『청년들은 왜 교회를 떠나는가?』(2015)라는 책에서 그 이유를 여섯 가지로 정리하고 있다.[18] 첫째는 교회가 지나치게 세상을 성/속의 이분법적 시각으로 보게 하는 것에 대해 반발하여 교회를 떠난다. 세상적인 것은 악하다고 하면서 거룩한 교회의 울타리 안에 가두어 놓으려고 하는 것을 그들은 거부한다. 둘째는 깊이 없는 신앙 때문이다. 신앙에 깊은 이해가 없는 청년에 대한 양육과 훈련을 소홀히 함으로 그들은 쉽게 교회를 떠난다. 셋째는 교회가 신앙과 과학을 대립적인 것으로 설명하려고 할 때, 청년은 교회가 반과학적이라는 거부감을 갖게 된다. 실제로 과학적 지성을 가진 많은 청년이 반지성적인 신앙을 강조하는 교회를 떠나고 있다.

넷째는 성에 대한 전통적이고 억압적인 교회의 태도에 대한 반발로 청년이 교회를 떠나기도 한다. 그들은 성에 대한 교회의 가르침이 시대착오적이라고 생각하며 성적 자유를 누리고 싶어 하는 경우가 많다. 다섯째는 교회의 배타적인 문화에 대한 거부감이 청년으로 하여금 교회를 떠나게 만든다. 그들이 보기에 교회는 다른 종교나 성적소수자에 대하여, 심지어는 다른 기독교 신앙에 대해서도 관용적인 태도를 보이지 않는 배타적인 집단이다. 여섯째는 교회가 지적인 의심이나 회의를 허용하지 않고 무조건 '믿음'이란 용어로 모든 것을 설명하고 해결하려는 태도를 받아들일 수 없어 교회를 떠나기도 한다.

그러나 여기서 우리가 주목해야 할 것은 청년들이 교회를 떠났다고 그들 모두가 신앙을 완전히 포기하거나 무신론자가 되는 것은 아니라는 사실이다. 키네먼은 교회를 떠난 청년에는 세 가지 유형이 있다고 했다.[19] 첫째는 유목민 유형이다. 이를 영적 방랑자라고도 한다. 그들은 교회활동을 하지 않지만 여전히 자신을 기독교인으로 여긴다. 교회출석은 개인선택의 문제라고 믿으며, 나름대로 다양한 활동을 통해 영적 의미를 찾으려고 하기도 한다. 둘째는 탕자 유형이다. 이것은 신앙 이탈자라 할 수 있다. 그들은 믿음을 잃고 스스로 '더는' 기독교인이 아니라고 말한다. 무신론자, 불가지론자, 종교에 전혀 관심이 없는 사람, 다른 종교로 개종한 사람이 여기에 속한다. 그들은 기독교나 교회에 대하여 반감, 적개심을 가지고 있다. 셋째는 포로 유형이다. 그들은 교회 안에서 성장했지만 현재는 물리적으로나 정신적으로 교회와 분리되어 있다. 형식적인 제도교회로부터 멀어졌으나 신앙과 삶을 연결시키려고 한다. 아마도 교회를 떠난 사람의 세 유형은 청년뿐만 아니라 모든 세대에도 적용될 수 있을 것이다.

지금까지 살펴본 바에 의하면 무종교인이 종교를 가지지 않는 중요한 이유, 그리고 탈종교인이 종교를 떠나간 핵심적 이유 하나는 종교에 대한 부정적 인상 때문이다. 그러한 인상이 종교에 대한 거부감 혹은 실망으로 이어지게 되어 종교를 갖지 않거나 종교를 포기하는 데 중요하게 작용하는 것이라 할 수 있다. 그러면 교회 밖에서는 기독교인을 어떻게 평가하는가?

키네먼과 게이브 라이언(Gabe Lyons)은 과거에 교회에 소속된 적이 있었던 외부인이 평가한 기독교인의 문제적인 성향을 다음의 여섯 가지로 정리하고 있다.[20] 첫째로, 기독교인은 위선적이라는 것이다. 외부인은 기독교인의 삶과 신앙이 일치하지 않는다고 비판한다. 기독교인이 신앙생활을 한다는 점은 비신자와 다르지만, 그들의 일상적인 행동방식이나 생활 태도는 비신자와 다르지 않다고 지적한다. 둘째로, 기독교인은 전도에만 열을 올린다는 것이다. 특히 노방전도, 즉 길 가는 사람들을 붙잡고 복음을 전하는 행위에 대한 비신자의 거부감은 매우 강하다. 일방적으로 강요하는 전도방식을 불편하게 생각하고 있다. 셋째로, 기독교인은 동성애자를 지나치게 혐오한다는 것이다. 그들이 동성애에 대하여 적개심을 가지고 동성애자를 경멸하는 태도를 외부인은 지나치다고 본다. 긍휼과 자비가 없다는 것이다.

넷째로, 기독교인은 안일하다는 것이다. 외부인은 기독교인이 현실에서 너무 동떨어져 있으며, 자기만의 세계에 빠져 산다고 비판한다. 그래서 세상으로부터 떨어져 살며 거룩함을 추구하지만, 사람들과 잘 어울리지 못하고 교만한 분리주의자처럼 사는 경향이 있다는 것이다. 다섯째로, 기독교인은 너무 정치적이라는 것이다. 특히 보수적인 신앙을 가진 기독교인이 정치에 개입하여 영향력을 행사하고, 또한 정치적 힘을 이용하여 이권을 챙기거나 자기주장을 강화하려는 것을 외부인은 경계한다. 여섯째로, 기독교인은 타인을 판단하려고 한다는 것이다. 기독교인은 우월의식을 가지고 손쉽게 타인을 정죄하는 경향이 있고, 따라서 교회에는 사랑이 결여되어 있다고 외부인은 생각한다. 타인에 대해 고정관념을 가지고 배척하면서 그들을 존중하지 않는다는 것이다.

키네먼과 라이언은 교회 밖에 있는 16-29세 사이의 외부인이 기독교인에 대해 얼마나 부정적으로 평가하고 있는지 그들이 수행한 조사결과를 통해 소개하고 있다.[21] 기독교인은 "동성애를 혐오한다"(91%), "타인을 판단한다"(87%), "위선적이다"(85%), "구식이다"(78%), "과도하게 정치에 개입한다"(75%), "현실과 동떨어져 있다"(72%), "타인에 둔감하다"(70%), "지루하다"(68%), "다른 신앙을 인정하지 못한다"(64%). 교회 밖에 있는 사람들이 기독교인을 이렇게 부정적으로 보고 있다면, 그들이 교회로 들어오지 않거나, 다니던 교회를 떠나는 것은 놀랄 일이 아닐 것이다. 따라서 교회는 본질문제를 떠나 생존을 위해서라도 새롭게 변화되어야 할 필요성을 다시 확인하게 된다. 그러나 이러한 현실이 미국만의 문제일까? 이제부터는 한국의 상황에 대하여 살펴보기로 한다.

4 한국의 비신자

한국의 비신자 및 무종교인은 얼마나 될까? 〈표 3-3〉이 한국의 종교인 및 무종교인 비율을 보여주고 있다.

〈표 3-3〉 한국의 종교인과 무종교인 비율(2015)

(단위: %)

종교인							무종교인
전체 종교 (계)	개신교	천주교	기독교 (계)	불교	기타	타종교 (계)	56
(44)	20	8	(28)	16	1	(17)	

출처: 통계청, 『인구주택총조사』(2015).

2015년 통계청의 『인구주택총조사』 결과 한국의 기독교인은 모두 1,360만 명(개신교 970만, 천주교 390만)으로 전체인구의 28%(개신교 20%, 천주교 8%)를 차지하고 있다. 따라서 한국의 비기독교인은 전체인구의 72%인 셈이다(비개신교인 80%). 이 가운데 다른 종교를 가지고 있는 인구비율은 17%(불교 16%)이며, 무종교인 비율은 56%이다. 무종교인 비율이 인구의 50%를 넘는 나라는 세계에서 북한, 에스토니아, 중국, 한국 등 4개국뿐이다. 따라서 한국은 세계에서 가장 비종교적인 나라에 속한다. 더욱 심각한 문제는 2005년 47%였던 무종교인 비율이 2015년 56%로 늘어나

10년 사이 9% 포인트나 증가했다는 사실이다. 한국도 이제는 유럽의 국가들처럼 세속화되고 있음을 알 수 있다.

한국인 가운데는 어느 성별이 더 비종교적일까? 〈표 3-4〉는 성별에 따른 무종교인 비율을 보여주고 있다.

〈표 3-4〉 무종교인 비율과 성별(2015)

(단위: %)

성별	2005(A)	2015(B)	B - A
전체	47	56	9
남자	51	61	10
여자	44	52	8

출처: 통계청, 『인구주택총조사』(2015).

〈표 3-4〉에 따르면 2015년 남자 가운데 무종교인 비율은 61%, 여자 가운데 무종교인 비율은 52%로, 무종교인 비율이 남자에게서 더 높게 나타나고 있다(9%p 차이). 그 비율은 지난 10년 사이 남자의 경우 10% 포인트나 증가했고, 여자는 8% 포인트 증가했다. 원래 남성이 여성보다 덜 종교적인 것은 사실이지만 그러한 경향이 전보다 더 두드러지게 나타나고 있다.[22] 어떤 의미에서 한국의 남자는 세계에서 가장 비종교적인 사람 중 하나일 것이다.

종교성은 나이와도 관계가 있다. 즉 젊을수록 종교성이 약하고, 나이가 많을수록 종교성이 강한 것이 일반적인 현상이다.[23] 그렇다면 무종교인의 비율은 젊을수록 높을 것으로 예상할 수 있다. 〈표 3-5〉가 그 결과를 보여주고 있다.

〈표 3-5〉 무종교인 비율과 나이(2015)

(단위: %)

10-19	20-29	30-39	40-49	50-59	60-69	70 이상
62	65	62	57	49	42	42

출처: 통계청, 『인구주택총조사』(2015).

무종교인 비율은 젊은 층(특히 20대)의 경우 높은 반면에, 고령자의 경우는 상대적으로 낮게 나타났다. 무종교인 비율은 10대 62%, 20대 65%, 30대 62%로 높지만, 40대 이후로는 점차 낮아진다(40대 57%, 50대 49%, 60대 42%, 70대 이상 42%). 젊은 층의 종교성이 낮은 것은 서구사회의 경우와 마찬가지이다.

무종교인 비율과 여러 다른 변수들과의 관계는 어떠한가? 그 결과가 〈표 3-6〉에서 제시되고 있다.

〈표 3-6〉 무종교인 비율과 여러 변수들(2014)

(단위: %)

혼인상태	미혼			기혼/이혼/사별		
	66			45		
직업	농/어/임업	자영업	블루칼라	화이트칼라	가정주부	학생	무직/은퇴/기타
	33	45	50	57	39	70	48
최종학력	중졸 이하		고졸		대재 이상		
	37		46		59		
지역크기	대도시		중소도시		읍/면		
	53		49		38		
생활수준	상/중상		중		중하		하
	45		50		50		49
이념성향	보수적		중도적		진보적		
	42		50		61		

출처: 한국갤럽, 『한국인의 종교』(2015), p. 192.

한국갤럽의 이 조사에서는 통계청 인구조사결과와는 달리 무종교인 비율이 전체인구의 50%로 나와 있다는 점을 감안하여 각 변수들과 무종교인 비율의 관계를 살펴보기로 한다. 우선 무종교인의 비율은 기혼자(이혼, 사별 포함)(45%)보다 미혼자(66%)에게서 더 높다. 미혼자 가운데는 젊은 층이 많을 것이고, 이들은 상대적으로 종교에 관심이 없거나 비판적인 경향이 있기 때문일 것이다. 직업을 보면 무종교인 비율이 가장 높은 것은 역시 학생(70%)이며, 다음은 화이트칼라(57%), 블루칼라(50%), 자영업(45%) 순이다. 가정주부(39%)와 농/어/임업 종사자(33%)의 경우에는 무종교인 비율이 상대적으로 낮다. 바꿔 말하면 그들의 종교성이 가장 강하다는 것을 의미한다.

학력에 따라서는 무종교인 비율이 '대재 이상'이 가장 높고(59%) 다음은 '고졸'(46%)이며, '중졸 이하'는 가장 낮다(37%). 이것은 교육을 많이 받을수록 비종교적 성향이 강해진다는 세속화 이론과도 부합하는 결과이다.[24] 지역크기를 보면 대도시 거주자에게서 무종교인 비율이 가장 높고(53%) 다음은 중소도시 거주자(49%)이며, 읍/면(농어촌) 거주자의 경우 38%로 가장 낮다. 생활수준에 따라서는 상/중상층의 경우만 무종교인 비율이 약간 낮고(45%), 중층(50%), 중하층(50%), 하층(49%)은 비슷한 수준을 보인다. 이념성향을 보면 무종교인 비율은 진보적인 사람들에게서 가장 높은(61%) 반면에, 보수적인 사람들의 경우 가장 낮다(42%). 중도층은 중간수준이다(50%).

이상의 결과를 요약하자면 무종교인이 많은 계층은 남성, 젊은 층, 미혼자, 학생이나 화이트칼라, 고학력자, 대도시 거주자, 진보적 이념의 소유자라는 것을 알 수 있다.

한국의 무종교인은 처음부터 종교를 갖지 않은 것일까, 아니면 종교를 갖고 있다가 포기한 것일까? 한국갤럽의 조사결과, 무종교인의 35%

가 과거 종교 신앙을 가지고 있다가 종교를 떠난 것으로 나타난다.[25] 그 비율을 인구로 환산하면 880만 명이다. 무종교인의 과거 종교를 보면 개신교가 68%로 가장 많고, 다음은 불교(22%), 천주교(10%) 순이다. 약 600만 명이 개신교를 믿다가 무종교인이 된 것이다. 이것은 불교인 중 종교를 포기한 인원 190만, 천주교 중 종교를 떠난 인원 90만에 비하면 월등히 많은 것이다. 이렇게 많은 사람이 교회를 떠난 것은 개신교의 사회적 신뢰도 수준이 매우 낮은 것에 크게 기인하는 것으로 보인다.

그러면 무종교인이 종교를 믿지 않는 가장 중요한 이유는 무엇일까? 이에 대해 가장 높은 응답 비율을 보인 것은 "관심 없음"(45%)이었고, 다음은 "종교불신"(19%), "정신적, 시간적 여유 없음"(18%), "내 자신을 믿기 때문"(15%) 순으로 나타났다.[26] 한국 무종교인의 다수는 관심이나 여유가 없기 때문에 종교를 가지지 않으나 1/5 정도는 종교에 대하여 신뢰하지 않기 때문에 종교를 거부한다.

실제로 한국인, 특히 무종교인 중에는 종교에 대하여 부정적인 경우가 많다. 그들이 한국종교를 어떻게 평가하고 있는지가 〈표 3-7〉에 나와 있다.

〈표 3-7〉 한국인의 종교평가(2014)

(단위: %)

평가항목	전체	무종교인	불교인	개신교인	천주교인
대부분의 종교단체는 종교 본래의 뜻을 잃어버리고 있다	63	71	62	52	54
요즘 종교단체는 진정한 삶의 의미를 찾으려는 사람에게 답을 주지 못한다	55	63	55	36	43
대부분의 종교단체는 참 진리를 추구하기보다는 교세확장에 더 관심이 있다	68	76	67	53	62

주) 백분율은 "그렇다"(매우+어느 정도)는 응답자의 비율이다.
출처: 한국갤럽, 『한국인의 종교』(2015), pp. 98-100.

"대부분의 종교단체는 종교 본래의 뜻을 잃어버리고 있다"는 데 대하여 한국인의 63%, 무종교인의 71%가 "그렇다"고 했다. 종교별로 불교인의 경우(62%) 개신교인(52%), 천주교인(54%)보다 종교를 부정적으로 평가하고 있다. "요즘 종교단체는 진정한 삶의 의미를 찾으려는 사람에게 답을 주지 못한다"는 데는 전체의 55%, 무종교인의 63%가 "그렇다"고 동조했다. 종교별로는 역시 불교인(55%)의 경우 개신교인(36%)이나 천주교인(43%)보다 종교에 비판적이었다. "대부분의 종교단체는 참 진리를 추구하기보다는 교세확장에 더 관심이 있다"는 데 대해서는 한국인의 68%, 무종교인의 76%가 "그렇다"고 보았다. 종교인 가운데는 그 비율이 불교인의 경우 가장 높게 나타났다(불교인 67%, 개신교인 53%, 천주교인 62%).

이 결과는 몇 가지 중요한 의미를 함축하고 있다. 첫째로, 종교에 대한 한국인의 부정적 시각이 강하다는 것이다. 따라서 한국에 무종교인 비율이 높은 것은 놀랄 일이 아니다. 종교가 본래의 뜻을 잃어버렸고, 삶의 의미를 주지 못하며, 진리추구보다는 교세확장에 더 관심을 가지고 있다는 평가는 그만큼 한국의 종교들이 본질에서 벗어나 있다는 문제적인 현실을 반영하는 결과일 수 있다. 이 결과가 종교의 입장에서는 심각하게 자체를 돌아보고 본질을 회복하려는 노력이 필요하다는 하나의 경고라고 할 수 있다.

둘째로, 당연한 결과이겠지만 무종교인의 종교평가는 더욱 부정적이라는 사실이다. 이것은 두 가지 의미를 지니고 있다. 하나는 종교를 좋지 않게 보기 때문에 무종교인이 앞으로 종교를 갖게 될 가능성이 높지 않다는 것이다. 다른 하나는 종교에 대한 비판적인 생각 때문에 가지고 있던 종교를 포기하고 무종교인이 된 사람도 적지 않을 것이라는 점이다. 어쨌든 한국의 종교가 본질을 되찾지 못한다면, 그래서 신뢰를 회복하지 못한다면, 앞으로 무종교인이 늘어날 가능성이 높다고 할 수 있겠다.

셋째로, 종교에 대한 부정적인 시각은 종교인들 자신에게도 상당히 높게 나타나고 있다는 점이다. 적지 않은 종교인들이 자신이 믿는 종교는 건강한데, 다른 종교들이 문제라고 생각하면서 종교를 비판적으로 볼 수 있다. 그러나 자신의 종교를 포함한 모든 종교에 문제가 있다고 보는 냉소적인 시각을 가진 종교인도 많은 것이 사실이다. 분명히 이런 사람 가운데 일부가 종교를 포기하고 무종교인이 되었을 것이다.

한국인이 종교에 대해 부정적인 평가를 내린 데서 우선적인 책임은 아마도 성직자에게 있을 것이다. 성직자는 종교지도자로서 종교의 본질을 지켜 나가는 데 있어 솔선수범하고 일반 신도들을 옳은 방향으로 인도하는 역할과 의무를 지니고 있기 때문이다. 그러나 성직자에 대한 한국인의 평가는 매우 부정적이다. 예를 들어 "요즘 우리 주변에 품위가 없거나 자격이 없는 성직자가 얼마나 많다고, 혹은 없다고 생각하십니까?"라는 물음에 "많다"(매우+어느 정도)고 응답한 비율이 87%에 이른다.[27] 이에 대해서는 종교인과 무종교인이 모두 공감하고 있다(불교인 88%, 개신교인 85%, 천주교인 89%, 무종교인 87%). 성직자의 자질향상이 한국종교에 주어진 매우 중요한 과제 중 하나라는 것이 드러난 것이다.

종교인들 가운데는 종교를 바꾸는 경우도 종종 있다. 이것을 '종교이동'(religious switching)이라고 한다. 한국에서는 어떤 종교이동이 일어나고 있을까? 종교이동 실태는 비신자 상황을 이해하는 데 도움이 된다. 한국갤럽 조사에 따르면[28] 한국의 종교인 가운데 "이전에 다른 종교를 가져본 경험, 개종 경험이 있다"는 비율은 종교인의 약 10%로 250만 명 정도이다. 이 가운데 과거의 종교가 개신교라는 비율(개신교→다른 종교)이 52%로 가장 높고, 다음은 불교(불교→다른 종교)이며(33%), 천주교(천주교→다른 종교)는 10%로 가장 낮았다. 즉 타종교로의 개종률이 개신교 가운데 가장 높은데, 숫자로 환산하면 130만 명 정도이다(불교 80만, 천주교 25만). 이렇게 개신교는 무종교로의 이탈율과 타종교로의 개종률이 모두 가장 높은 종교라는 것이 드러난다. 모두 합쳐 730만 명이나 된다.

한편 다른 종교를 믿다가 지금의 종교를 갖게 되었다는 응답 비율은 불교인 가운데 10%(다른 종교→불교), 개신교인 가운데 9%(다른 종교→개신교), 천주교인 가운데 17%(다른 종교→천주교)였다. 불교로 개종한 종교인 가운데는 개신교 출신이 89%, 천주교 출신이 11%이다. 개신교로 개종한 종교인 가운데는 불교 출신이 69%, 천주교 출신이 16%이다. 천주교로 개종한 종교인 가운데는 불교 출신이 32%, 개신교 출신이 68%이다. 몇 가지 사실이 주목할 만하다. 종교 개종자들 가운데는 불교에서 개신교로, 개신교에서 불교로 옮겨간 사람들이 많다. 개신교와 천주교 사이에는 천주교로 간 개신교인은 많지만, 개신교인이 된 천주교인은 적다. 종교 간 이동 비율을 숫자로 환산해보면 다음과 같다. 다른 종교에서 불교로 개종한 인구는 100만 명(개신교→불교 90만, 천주교→불교 10만), 다른 종교에서 개신교로 개종한 인구는 90만 명(불교→개신교 65만, 천주교→15만, 기타종교→개신교 10만), 다른 종교에서 천주교로 개종한 인구는 60만 명(불교→천주교 20만, 개신교→천주교 40만) 정도이다.

종교 간 유입에서 이탈을 빼면 개종관계로 인한 증가와 손실의 실태가 드러난다. 종교 간의 개종관계에서 개신교는 40만 명의 손실이 있었지만(개신교 유입인구-개신교 이탈인구), 천주교는 35만 명의 증가(천주교 유입인구-천주교 이탈인구)가 있었고, 불교도 20만 명의 증가(불교 유입인구 - 불교 이탈인구)가 있었다. 이상의 결과에서 우리는 개신교의 경우, 다른 종교로의 이탈 비율은 가장 높은 반면에 다른 종교로부터의 유입비율은 가장 낮다는 것을 알 수 있다. 개신교 입장에서는 두 가지 점을 생각해야 할 것이다. 하나는 개신교를 떠나 무종교인이 되거나 타 종교인이 되는 사람이 왜 그리 많은가 하는 것이고, 다른 하나는 한국교회가 전도를 가장 적극적으로 열심히 한다고 하지만 그것이 과연 효과가 있는 것인가 하는 것이다. 이것들은 앞으로도 중요한 연구주제가 될 것이다.

왜 그렇게 많은 이들이 개신교를 믿다가 무종교인이 되거나 다른 종교로 개종하는 것일까? 개신교인이 교회를 이탈한 이유는 무엇일까? 한마디로 교회에 실망했기 때문이다. 구체적인 내용은 다음과 같은 것들이다.[29] 교회가 돌봄과 나눔의 공동체로 되지 못하고 세속주의(예를 들면 돈이나 권력에 집착하는 경향)에 물들어 있는 모습에 반감을 가졌다. 목회자나 교인들의 사랑과 관심의 결여, 소속감의 결여나 목회자에 대한 불신도 중요한 요인이다. 목회자의 무의미한 설교, 비인격적인 태도, 권위주의 등 또한 문제로 지적되었다. 헌금과 전도에 대하여 지나치게 부담을 주는 것에 대한 불만도 있다. 교회 내의 파벌싸움과 갈등도 문제이다. 이런 이유로 많은 교인이 교회를 떠났고, 지금도 떠나고 있다.

---

5   교회 밖의 교인

종교인구를 산출하는 데 있어 직면하게 되는 커다란 어려움 중 하나는 스스로 종교인이라고 하면서도 실질적으로는 종교적 활동을 하지 않는 사람을 어떻게 볼 것인가 하는 것이다. 물론 조사에서는 그들도 종교인구에 포함시키지만, 종교의 입장에서는 그들이 과연 신자인지 고민을 하지 않을 수 없다. 특히 서구사회에서는 이러한 인구비율이 워낙 높기 때문에 참된 의미에서는 그 나라들이 기독교 국가라고 하기에도 민망하다. 학자들은 그러한 현상이 종교(기독교)의 세속화를 보여주는 뚜렷한 증거라고 주장한다. 이것은 한국에서도 문제가 되고 있다. 한국교회(개신교)

에 초점을 맞춰 이 문제를 생각해본다.

우선 장기결석 교인의 문제가 있다. '장기결석 교인'이란 말과 함께 쓰이는 다른 용어들이 있다. 우선 '냉담자'(冷淡者)라는 말이 있는데, 이것은 주로 천주교에서 사용하는 개념으로 세례를 받지 않은 상태로 교회에 나오는 교인을 지칭한다.[30] 종교사회학에서는 장기결석 교인을 쉬거나 잠을 잔다는 의미로 '휴면(休眠)신도'(the dormant), 혹은 이름만 걸어놓고 있다는 의미에서 '명목(名目)신도'(the nominal)라고 부른다. 어쨌든 장기결석 교인이란, 교회에 등록은 했으나 잘 나오지 않거나, 혹은 자신이 기독교인이라고 생각은 하면서도 교회출석은 하지 않는 교인을 말한다.

장기결석 교인의 기준은 무엇인가? 당연히 교회예배 출석빈도라고 할 수 있다. 세례를 받은 적이 있든지 없든지(천주교에서는 세례 받지 않은 교인은 신자로 집계하지 않는다), 그리고 교회에 등록이 되어 있는 상태이든 아니든, 현재 교회예배에 거의 출석하지 않는 신자를 장기결석 교인 혹은 명목신도라 할 수 있겠다. 한목협의 조사에 따르면 한국교회 교인의 11%가 교회에 거의 나가지 않는 휴면신도이다.[31] 따라서 약 100만 명이 교인의 이름만 걸고 교회에 나가지 않고 있는 셈이다. 물론 휴면신도 혹은 명목신도의 비율이 불교는 85%, 천주교는 26%로 개신교보다 훨씬 높다. 한 달에 한 번 미만으로 교회에 출석하는 교인도 10% 정도이다. 따라서 개신교인 가운데 거의 200만 명이 한 달에 한 번도 교회에 나오지 않든지, 아니면 교회에 아예 나오지 않고 있다.

교인이 장기결석을 하는 이유는 무엇인가? 한목협 조사는 두 가지 사실을 밝히고 있다.[32] 우선 기독교인이 교회에 출석하지 않는 이유로 지적된 것은 '목회자에 대한 좋지 않은 이미지', '교인들의 배타적이고 이기적인 태도', '지나친 헌금 강조', '시간이 없어서' 등의 순이었다. 충격적인 것은 장기결석 교인들이 교회에 나가지 않은 중요한 이유가 대부분 교회

자체의 문제 때문이라는 점이다. 기독교라는 종교가 싫거나 종교적 관심이 없어서라기보다는 교회에 실망하여 교회에 나가지 않는다는 것은 심각한 문제가 아닐 수 없다. 목회자, 교인, 그리고 교회의 행태가 변하지 않는 한 그들은 다시 교회로 돌아오지 않을 것이다. 한편 휴면신도는 아니지만 교회에 자주 나오지 않는 교인의 경우에는 그 이유가 다르다. 그 이유는 '게을러서', '직장일 때문에', '가정/집안 문제', '믿음이 깊지 못해', '거리/교통 때문에', '스포츠/레저 때문에', '시간이 없어서' 순이었다. 이와 같이 교인이 교회에 자주 나오지 못하는 것은 자신의 문제이지만, 교회에 발을 끊다시피 하는 것은 교회(목회자, 교인, 교회 분위기)의 문제라고 할 수 있다.

교회 밖에는 무종교인과 타종교인만 있는 것이 아니다. 여전히 기독교적 정체성을 가지고 있지만 교회에는 나가지 않는 교회 밖의 기독교인도 적지 않다. 이들을 일컬어 '가나안' 성도(거꾸로 읽으면 '안나가' 이다)라고 부른다. '가나안' 성도는 "기독교인으로서의 정체성은 있지만 현재 교회에 출석하지 않고, 개인적으로 신앙생활을 하는 사람"으로 정의할 수 있다.[33] '가나안' 성도의 수는 2017년 현재 개신교인의 19%인 190만 명 정도에 이른다.[34] '가나안' 성도에 대해 연구한 정재영에 따르면 그들은 몇 가지 특징이 있다.[35] 남녀 구성비는 비슷하며 30, 40대가 많고(48%), 고학력자가 많으며(대졸 이상 83%), 화이트칼라도 많다(57%). 그들의 과거 교회 출석 기간은 평균 14년 정도이며, 절반 정도(48%)가 구원의 확신을 가지고 있다. 대부분 한두 교회에 정착하여 신앙을 유지했던 전력이 있으며, 대부분 교회활동에도 참여한 경험이 있는 사람들이다.

'가나안' 성도는 왜 교회를 떠나간 것일까? 조사결과를 보면 그들이 교회를 떠난 이유는 무엇보다 "자유로운 신앙을 원해서"였고(30%), 다음으로는 "목회자에 대한 불만"(24%), "교인들에 대한 불만"(19%), "신앙에 대한 회의"(14%), "시간이 없어서"(7%) 순이었다.[36] 그들이 교회를 떠난 이유는 대개 교회(목회자, 교인, 교회의 분위기)에 대한 불만 때문이었다. 즉 기독교 신앙 자체를 거부하기보다는 제도화된 교회구조나 비인격적이거나 비신앙적인 교회 분위기를 거부하는 것이다.

그러나 '가나안' 성도는 앞에서 본 '명목신도'나 '휴면신도'와는 구분할 필요가 있다. '명목신도'는 종교적 신념 없이 형식적으로, 습관적으로 교회에 적을 두고 있는 교인으로, 그들은 실제로 교회에 자주 나오지 않거나 교회활동도 거의 하지 않는다. '휴면신도'는 스스로 비교인이라고 선언하지만 않았을 뿐, 교회와 거의 관계를 끊고 있을 뿐만 아니라 개인적인 신앙생활도 하지 않는다. 따라서 이들은 통계에는 기독교인 범주에 들어가지만, 문자 그대로 이름뿐이지, 신앙인으로 부르기에는 적절하지 않은 주변인들이다.

한편 전통적인 교파소속이기를 거부하며 교회의 제도화된 조직구조와 형식적인 신앙구조(예배형식을 포함하여)를 거부하는 교회가 있다. 이것을 '독립교회'(independent churches)라고 부른다. 제7장에서 자세히 다루겠지만 이런 교회가 한국에는 별로 없으나 세계적으로는 상당히 많다. 특히 미국, 아시아, 아프리카에 많이 있다. 그러나 여기에 소속되어 있는 교인은 교회의 제도화를 반대할 뿐, 개인적으로는 모두 자신의 교회에 참여하며 열심히 활동하고 있다. 따라서 이들은 결코 '가나안' 성도가 아니다.

전통적인 제도교회를 나왔지만, 그래서 다니던 교회에 안 나가지만 여전히 기독교를 믿고 있으며 개인적으로 신앙생활을 하고 있는 '가나안' 성도 가운데 일부는 자신과 뜻을 같이 하는 사람들과 함께 가족 같은 소규모 예배모임이나 기도모임 혹은 성경공부모임을 하는 이들도 있다. 그러나 아무리 규모가 작고 비공식적이라 하더라도 그들이 함께 모여 신앙생활을 한다면 그 역시 하나의 작은 교회, 가족교회, 공동체 교회가 되는 셈이다. 따라서 여기 참여하는 사람은 '가나안' 성도라 할 수 없다. 엄밀한 의미에서 '가나안' 성도는 홀로 믿고 홀로 신앙생활을 하는 기독교인으로 한정할 필요가 있다. 장기적으로는 그들이 모여 실험적인 신앙집단이 형성될 수 있고, 그것은 또 하나의 교회로 발전할 가능성도 있다.

교회 밖 교인문제와 관련된 또 하나의 주제는 영성(*spirituality*)에 대한 것이다. 최근 서구사회, 특히 미국에서 종교의 세속화 주제와 관련해 제기되고 있는 새로운 문제 중 하나는, 비록 제도적인 종교에 참여하지 않는다 해도 적지 않은 사람이 개인적으로는 영적문제에 관심이 있고 이와 관련된 수행(예를 들면 명상이나 훈련)을 하고 있다는 것이다. 그들은 여전히 삶의 의미와 진리의 본질을 탐구하고 있으며, 따라서 일종의 구도자(*seeker*)처럼 '영성'을 추구하고 있다. 그들은 자신을 "영적이지만 종교적이지는 않다"(*spiritual but not religious*)고 표현한다. 한 조사에 따르면 미국인 가운데 자신을 "영적이며 동시에 종교적"이라고 보는 사람은 48%, "영적이지도 종교적이지도 않다"고 생각하는 사람이 9%, "종교적이지만 영적이지는 않다"는 사람 역시 9%이며, "영적이지만 종교적이지는 않다"고 응답한 사람은 30%에 이른다.[37]

종교에 소속하거나 공식적인 종교 활동을 하지는 않지만 자신은 여전히 영적이라고 생각하는 사람은 종교를 부정적으로 평가하는 경향이 있다. 그래서 그들은 '영성'이 경험, 관계, 초월, 탐구, 직관, 기도, 명상, 자연, 에너지, 개방성, 지혜, 내면적 삶과 관계된 것이라면, '종교'는 제도, 조직, 규칙, 교의, 명령, 권위, 믿음, 건물, 구조, 원칙, 폐쇄성, 위계질서, 정통주의와 관계가 있다고 본다.[38] 그들이 거부하는 것은 제도화되고, 구조화되고, 공식화된 교회 중심의 종교이다. 그 대신 그들은 종교의 본질에 가까운 영적인 정신과 수행에 관심이 있다. 그래서 로버트 우스노우(Robert Wuthnow)는 오늘날 미국에서는 개인적으로 새로운 영적 수단의 탐구이며 거룩한 순간을 찾는 것을 뜻하는 '탐구의 영성'(spirituality of seeking)이, 그동안 전통종교가 제공한 것으로써 교회, 성당과 같은 특정장소에서 초월성을 경험하는 '거주의 영성'(spirituality of dwelling)을 대체하고 있다고 주장한다.[39] 이 주제를 최근 심도 있게 다룬 학자는 다이애나 배스(Diana Bass)로서 그녀는 전통적인 제도적 교회의 시대가 저물면서 새로운 영적 각성운동이 활성화되고 있다고 강조하고 있다.[40] 그러나 '영성'을 추구하는 미국인은 한국의 소위 '가나안 교인'과는 다르다. 왜냐하면 '가나안 교인'은 교회에 안 나가도 기독교인 정체성은 가지고 있는 반면, 미국의 영성 구도자는 기독교인이라는 정체성마저 거부하는 경향이 있기 때문이다.

물론 이 주제가 새로운 것은 아니다. 일찍이 1960년대 종교의 세속화 문제를 가장 설득력 있게 다루었던 피터 버거(Peter Berger)와 토마스 루크만(Thomas Luckmann)도 오늘날 종교는 공적 영역에서 약화되면서 단순히 사적 영역에서의 개인적인 일(a private matter)이 되고 있다고 지적한 바 있다. 이것을 버거와 루크만은 '사사화된 종교'(privatized religion)라고 부른다.[41] 비록 이 개념이 최근에 논의되고 있는 '종교적이 아닌' 영성개념과는 다소 다르지만, 제도화된 전통종교의 쇠퇴 혹은 몰락을 말하고 있다는 점에서 공통점이 있다.

'영적이지만 종교적이지는 않음' 주제와 함께 요즈음 다루어지고 있는 또 하나의 개념은 '소속되지 않고 믿음'(believing without belonging)이라는 주제이다. 유럽에서 종교가 세속화되고 있다는 이론에 대해 그레이스 데이비(Grace Davie)가 반론을 제시했다. 비록 유럽에서 의례에 소속하고 참여하는 사람들이 많이 줄어든 것은 사실이나 여전히 전통적인 믿음을 가지고 있는 사람들은 적지 않기 때문에 유럽은 생각보다 종교적으로 세속화되지 않았다는 것이다.[42] 그러나 여기서 말하는 '믿음'은 전통적인 기독교의 믿음을 주로 의미하는 것으로, '종교 없는 영성'과는 다른 차원이다. 따라서 "영적이지만 종교적인 것은 아님"의 개념은 "소속하지 않는 믿음" 개념과는 근본적으로 다르다고 해야 하겠다. 더욱이 유럽인들이 교회나 성당에 소속하지는 않지만 여전히 '믿음'을 가지고 있다는 데이비의 주장도 비판을 받고 있다. 즉 유럽에서 보이는 모든 증거는 전통적인 '믿음' 차원의 종교성마저도 현저하게 약화되고 있다는 것을 보여준다.[43]

한국인 가운데는 "영적이지만 종교적인 것은 아닌" 사람이 얼마나 될까? 이에 대한 연구는 거의 없기 때문에 현재로서는 정확하게 알 수가 없다. 그러나 이 주제에 대한 단초를 제공하는 단편적 조사를 통해 어렴풋이나마 그 실상을 파악할 수는 있을 것이다. 한국갤럽의 조사에 따르면 "나는 종교보다 개인적인 성찰과 수련에 관심이 많다"는 데 대하여 35%가 "그렇다"고 응답했다.[44] 긍정적인 응답 비율은 불교인 33%, 개신교인 25%, 천주교인 29%로 전통적인 의미의 종교인에게서도 낮지 않았다. 더욱이 무종교인의 40%가 "그렇다"고 응답했다. 이것은 중요한 의미를 가지고 있다. 우리나라 종교인 가운데 적지 않은 사람이 제도화된 종교의 틀 밖에서 개인적인 영성을 추구하고자 하는 마음을 가지고 있음을 알 수 있다. 특히 통계상으로 무종교인 다섯 가운데 둘이 개인적 성찰과 수련에 "관심이 많다"는 것은 무종교인이라고 모두가 종교나 영성문제를 부정하는 것이 아니라는 사실을 보여주는 것이다.

또한 "개인은 종교단체에 얽매이기보다는 본인이 옳다고 생각하는 종교적 믿음을 실천하면 된다"는 데 대해서는 무려 83%가 "그렇다"고 응답했는데, 이는 종교인과 무종교인 모두에게서 높은 비율을 나타내고 있다(불교인 85%, 개신교인 73%, 천주교인 84%, 비종교인 86%). 비슷하게 "종교를 믿는 것은 좋다고 생각하지만 종교단체에 얽매이는 것은 싫다"는 데 대해서도 67%가 "그렇다"고 했다(불교인 67%, 개신교인 52%, 천주교인 65%, 비종교인 75%). 서구사회와 마찬가지로 한국에서도 제도적인 종교에 대한 거부감은 매우

강한 반면, 기본적으로 개인적 영성이나 신앙수행에 대해서는 긍정적인
생각을 가지고 있다는 것이 드러나 있다.

6 나가며

종교를 갖고 있지 않은 무종교인의 비율이 전통적인 기독교 지역이
었던 서구사회에서 증가하면서 서구교회는 위기를 맞고 있다. 한국은 세
계에서 무종교인 비율이 가장 높은 나라 가운데 하나이지만, 그 비율이
증가하면서 종교적 세속화가 가속화되고 있다. 무종교인 가운데 새로 종
교를 갖는 사람은 줄어드는 데 비해, 종교를 가지고 있다가 포기하는 사
람은 늘고 있다.

한국에서는 종교를 포기하고 무종교인이 되는 비율, 개종하는 비율
이 개신교의 경우 다른 종교들보다 높다. 수많은 개신교인이 무종교인이
되거나 타 종교인이 되고 있지만, 무종교인이나 타 종교인이 개신교로 개
종하는 경우는 많지 않다. 한편 개인적으로는 신앙을 가지고 있으면서도
교회에는 나가지 않는 이들도 늘어나고 있다. 이렇듯 교회 밖에 있는 사
람들이 증가하고 있다. 더욱이 그들 가운데는 남자, 젊은 층, 고학력자,
화이트칼라 등이 많다. 문제는 그들이 교회를 떠나가는 주된 이유가 '교
회 때문'이라는 점이다.

왜 새로 교회에 들어오는 사람은 줄고, 교회를 떠나는 사람은 늘고
있는가? 왜 그렇게 많은 이들이 기독교를 믿다가 무종교인이나 타 종교
인이 되는가? 물론 경제적으로 여유가 생기면서 가치관도 변해 인생을
즐기자는 풍조가 만연한 세속주의의 영향이 있을 것이다. 또한 먹고 사는

문제로 너무 힘들고 바빠서 종교에 관심을 가질 여유가 없기 때문일 수도 있다. 아니면 근본적으로 종교에 대하여 회의를 가지고 있기 때문일 수도 있다.

우리가 주목해야 할 것은 교회 밖의 사람들(처음부터 교회 밖에 있었든, 교회를 이탈했든)은 한국교회에 대하여 매우 부정적이고 비판적이라는 사실이다. 그들은 한국교회(목회자, 교인)가 참된 신앙적 본질을 잃었다고 보고 있는데, 이것이 한국교회가 대사회적 신뢰를 상실하게 된 결정적 요인이라 할 수 있다. 그러나 교회 밖에 있는 많은 사람이 한국교회에 대하여 갖고 있는 불신은 기독교나 영성 자체에 대한 거부가 아니라, 제도화된 종교로서의 개신교와 교회가 세속화되어 있다는 평가에 따른 것이다. 이런 의미에서 교회 밖에 있는 사람들에게 감동을 주거나 그들로부터 신뢰를 받을 수 있도록 교회가 변하지 않는다면 한국교회의 미래는 밝지 않을 것이다.

제4장
한국교회의 성장과 쇠퇴
- 빨간 불이 켜진 교회 -

1   들어가며

20세기 후반부터 세계기독교에 커다란 변화가 일어나기 시작했다.[1] 우선 기독교의 지형이 변하고 있다. 2천 년 가까이 모든 제도적 영역에서 지배적인 영향을 행사했던 서구기독교가 서서히 몰락하면서, 이제 기독교의 중심이 지구의 남반구, 혹은 아시아, 아프리카, 라틴아메리카와 같은 제3세계로 옮겨가고 있다. 제3세계 기독교인 숫자가 급증한 반면에, 유럽 기독교인은 크게 감소하고 있다. 현재 세계 기독교인의 2/3가 제3세계에 있으며, 그 비율은 점점 더 커지고 있다. 이렇듯 서구 기독교, 백인 기독교에서 비서구 기독교, 비백인 기독교로 그 중심축이 옮겨가고 있다.

변화의 또 다른 양상은 신앙적 성향과 관계된 것이다. 그동안 이성과 지성을 강조해온 기독교가 쇠퇴한 반면에 감성과 영성을 중시하는 기독교는 눈에 띄게 성장하고 있다.[2] 특히 자유주의 신학에 토대를 둔 서구 주류교회가 몰락한 반면에, 복음주의 및 성령운동으로 특징지어지는 교회가 제3세계에서, 그리고 미국에서 부흥하고 있다. 서구의 많은 사회과학자들은 경제의 발전, 과학의 발달, 합리적 사고의 확산 등으로 현대사회에서 기독교는 전반적으로 쇠퇴하게 될 것이라고 주장했다. 그러나 그들의 예상과는 달리 21세기 지구적 기독교는 오히려 성장하고 있으며, 신앙성향은 뜨거워지고 있다.[3] '머리의 종교'로서의 이성적 기독교는 저문 반면에 '가슴의 종교'로서의 감성적 기독교가 떠오르고 있다. 기독교는 '지성의 종교'시대에서 '영성의 종교'시대로 변해가고 있다.

이러한 기독교의 지형과 성향의 변화 가운데 한국 기독교는 어떤 변화를 겪어 왔을까? 오늘날 한국교회는 서구교회 모델에 가까운가, 아니면 제3세계 교회의 모습을 유지하고 있는가? 이 장에서는 주로 양적인 측면에서 한국교회의 성장과 쇠퇴문제를 살펴보기로 한다.

2 한국교회의 성신 실태

한국 개신교는 기독교 선교 역사상 가장 성공적으로 성장한 사례의 하나로 꼽히고 있다. 그래서 최근까지 종교, 특히 기독교를 연구해온 세계적인 종교학자, 신학자, 사회학자들은 한 목소리로 한국교회의 성장을 소개해왔다. 세속화 이론의 대가로서 한때 종교가 세속화되는 것은 돌이킬 수 없는 시대적 추세라고 주장했던 사회학자 피터 버거(Peter Berger)는, 1990년대 말 자신의 과거 입장을 바꾸면서 세계 도처에서 발견되는 종교의 부흥을 '탈세속화'(desecularization)라는 용어로 설명하고 있다. 그는 대표적인 예로 한국을 꼽았다.[4] 종교 세속화론의 또 다른 대가로 수십 년간 세계 기독교의 세속화 현상을 사회학적으로 분석했던 데이비드 마틴(David Martin)도 아시아에서 대표적으로 성장한 교회의 모델로 한국 개신교를 꼽고 있다.[5]

거시적인 관점에서 세계 기독교의 현실과 전망에 대하여 연구한 종교학자 필립 젠킨스(Philip Jenkins) 역시 아시아에서 위대한 기독교 성공을 이룬 나라 가운데 하나가 한국이며, 이제 한국에서 기독교는 다수인의 종교가 되었다고 주장한다.[6] 기독교의 미래에 대하여 탐구한 역사신학자 알리스터 맥그래스(Alister MaGrath)는 한국이 기독교가 성장한 주목할 만한 사례라고 설명하고 있다.[7] 종교학자 패트릭 존스톤(Patrick Johnstone)과 제이슨 맨드릭(Jason Mandryk)은 선교 비전에 있어 한국은 세계에서 가장 성공한 나라라고, 그래서 아시아에서 개신교인의 비율이 가장 높은 유일한 나라라고 밝히고 있다.[8] 심지어 『이코노미스트』(The Economist)지는 2007년 11월 3일자에 세계의 종교적 열풍에 대한 특집을 다루면서 기독교가 세계에서 가장 뜨겁게, 그리고 성공적으로 부흥한 대표적인 나라로 한국을 꼽으며 자세하게 그 성장실태와 열정에 대하여 소개했다.[9] 이들은 한 목소리로 한국교회의 부흥과 성장에 대하여 높이 평가하고 있다.

한국교회에 대한 외국학자들의 분석을 우리는 어떻게 받아들여야 할까? 우선 그 분석은 옳다. 왜냐하면 한국교회는 과거에 뜨거웠고 크게 부흥했기 때문이다. 그러나 그 분석은 틀렸다고도 할 수 있다. 왜냐하면 지금 한국교회는 열정이 식었고, 부흥도 안 되며 쇠퇴의 길로 접어들었기 때문이다. 그들의 분석은 2000년대 이전의 한국교회의 상황에 대한 자료를 근거로 하고 있기 때문에, 오늘날의 한국교회 실상에 대한 설명으로는 적합하지 않다. 이제부터는 한국교회의 성쇠 실태와 그 요인에 대하여 논의하기로 한다.

양적인 측면에서의 교회의 성쇠에 대한 척도는 교회 수와 교인 수의 증감이다. 〈표 4-1〉은 한국교회의 수 변화를 보여준다.

〈표 4-1〉 교회 수의 증가현황

연도	1950	1960	1970	1980	1990	2000	2011
교회 수	3,114	5,011	12,866	21,243	35,819	60,785	77,966
증가율(%)		61	157	65	69	70	28

출처: 한국종교사회연구소, 『한국종교연감』(1993); 문화체육관광부, 『한국의 종교현황』(2001; 2012).

〈표 4-1〉에 나와 있는 것처럼, 한국교회의 수는 그동안 큰 폭으로 증가했다. 1950년에 3천 1백 개 정도였던 교회는 2011년에는 무려 7만 8천 개로, 60년간 25배가 늘었다. 1960년의 5천 개와 비교해 봐도 50년 사이 16배로 늘어난 셈이다. 가장 높은 성장률을 보인 것은 1960년대로서 1960-70년 사이 157%의 증가율을 보였다. 이후 2000년까지 10년 단위로 60-70%의 성장률을 꾸준히 보여주었다. 그러나 2000-2011년 사이에는 성장 폭이 28%로 떨어졌다.

이상의 결과는 몇 가지 중요한 의미를 함축하고 있다. 첫째로, 한국의 교회 수는 매우 높은 비율로 꾸준히 성장해왔다. 따라서 한국교회 성장의 단면을 분명히 보여주고 있다. 둘째로, 교회 수가 가장 큰 비율로 증가한 것은 1960년대인데, 이것은 1960, 70년대 한국교회가 성령운동에 힘입어 폭발적으로 성장했던 시기와 일치한다. 셋째로, 교회 수의 증가폭은 2000년대에 들어서 크게 낮아지고 있다. 이것은 한국의 교회가 이미 포화상태에 이르렀음을 말하는 것이라 하겠다. 넷째로, 교회 수의 급증은 개척교회의 급증을 나타내는 것이지만, 교인 수에 비해 교회가 너무 많아지면서 미 자립교회가 함께 늘어나는 구조를 만들었다. 실제로 한국교회의 2/3 정도가 미 자립교회이다. 뿐만 아니라 우후죽순으로 생겨난 교회 때문에 경쟁력이 떨어지면서 문을 닫는 교회 또한 늘어나게 되었다. 그리하여 많은 교회들이 매해 생겨나지만 문을 닫는 교회 역시 1년에 1천 개 정도나 된다.

한국 개신교 전체의 차원에서 볼 때, 그리고 각 교단 차원에서 볼 때 교회 수의 증가가 긍정적인 측면이 있는 것은 사실이지만, 여러 부작용에 대한 대책이 필요해 보인다. 한때 교단별로 장기계획 없이, 목회자 수급 정책 없이, 미 자립교회 문제해결방안 없이 경쟁적으로 교회 숫자 늘리기에 몰두했던 과거의 행태가 시정되지 않으면 앞으로 한국교회는 더 큰 어려움에 봉착할 가능성이 있다. 더욱이 교인 수가 증가하지 않는 현실을 감안하면 교회 수 증가를 대책 없이 무작정 추구할 수는 없을 것이다.

그동안 한국교회의 교인 수는 얼마나 증가했을까? 〈표 4-2〉가 그 변화를 보여주고 있다.

〈표 4-2〉 한국교회 교인 수의 변화

(단위: 천 명/%)

연도	1950	1960	1970	1985	1995	2005	2015
교인 수	500	623	3,193	6,490	8,505	8,446	9,676
증가율		25	412	100	31	-1	15

출처: 1950, 1960, 1970년 통계. 한국종교사회연구소, 『한국종교연감』(1993); 1985, 1995, 2005, 2015년 통계. 통계청, 『인구주택총조사』.

〈표 4-2〉에 나타났듯이 한국교회는 교인 수에 있어서도 그동안 눈부시게 성장했다. 1950년 50만 명이었던 교인 수는 1960년 62만 명으로, 1970년에는 320만 명으로, 1985년에는 650만 명으로, 1995년에는 850만 명으로 크게 늘어났다. 2005년에는 약간 줄었지만, 2015년에 다시 970만 명으로 증가했다. 증가율을 보면 1960-70년 사이, 412%로 비약적인 도약을 해서 10년 만에 교인 수가 다섯 배로 늘었다. 1970-80년 사이의 증가율도 100%에 이른다. 교회 성장이 특히 1960, 70년대에 집중적으로 이루어졌다는 것을 알 수 있다. 전체적으로 보면 1950-2015년의 65년 사이에 교인 수는 19배가 늘었다. 기적 같은 성장이라고 해도 과언이 아닐 것이다.

여기서 우리는 몇 가지 사실에 주목해야 한다. 우선 2005년까지의 성장률을 보면, 1970년 이후 그 비율이 계속 하락하고 있다는 점이다. 즉, 성장률이 둔화되고 있다. 특히 1995-2005년 사이에는 오히려 교인 수가 줄었다. 그래서 여러 종교사회학자들이 한국교회(개신교)가 이제는 쇠퇴의 길로 접어들었다고 선언했다.[10] 그러나 2015년 통계청의 인구 조사결과, 개신교인 수는 10년 전보다 오히려 120만 명이나 증가(증가율 15%)한 것으로 나타나서 많은 학자들을 의아하게 만들었다. 사회상황의 변화나 교회의 낮은 신뢰도 등을 감안할 때, 최근에 개신교가 성장할 것으로 예측한 전문가들은 거의 없었기 때문이다. 또한 목회자들 역시 목회현장에서 교회가 성장하지 않고 있다는 현실을 피부로 느꼈기 때문이다. 목회자가 처한 가장 큰 고민 중 압도적으로 높은 비율로 지적된 것이 "교회성장의 어려움"(46%)인 것으로 드러났다.[11] 그리고 교회 여론 선도층의 85%가 한국교회는 현재 "쇠퇴하고 있다", 15%가 "정체되어 있다"는 부정적 견해를 밝히고 있다('성장'은 0%).[12]

실제로 개신교의 주요교단 교인현황 보고에 따르면 최근 교인 수가 감소하고 있다. 〈표 4-3〉이 그 변화추이를 보여주고 있다.

〈표 4-3〉 주요교단별 교인 수 추이

(단위: 천 명)

연도	예장(합동)	예장(통합)	감리교	예장(고신)	기장
2005	2,717	2,539	1,508	465	337
2006	2,818	2,649	1,535	501	337
2007	2,912	2,687	1,558	474	338
2008	2,897	2,699	1,564	465	328
2009	2,937	2,803	1,587	465	319
2010	2,953	2,852	1,586	466	311
2011	2,989	2,852	1,586	482	306
2012	2,995	2,811	1,558	481	298
2013	2,857	2,809	1,486	473	290
2014	2,721	2,811	1,468	461	284

주) 여기에 나와 있는 통계수치는 실제보다 2배 정도로 과다하게 제시되어 있다. 즉 각 교단이 보고하는 교인 수를 모두 합치면 개신교인 수는 1,800만 명 정도로, 통계청의 「인구주택총조사」에서 밝혀진 개신교인 수의 두 배에 달하기 때문에, 각 교단의 실제 교인 수는 보고된 숫자의 절반 정도로 보는 것이 타당하다.

출처: 각 교단 교세 통계표. 지용근, "타 여론조사의 비교를 통해 본 2017년 한국교회의 사회적 신뢰도 여론조사" (「2017년 한국교회의 사회적 신뢰도 여론조사」 결과발표 세미나 자료)에서 인용.

〈표 4-3〉에 따르면 한국 개신교의 주요교단 교인 수는 최근에 전체적으로 감소했다. 비록 교인 수가 실제보다 과다하게 보고된 것이기는 해도, 각 교단의 교인 수는 예외 없이 줄었다. 예장(합동)의 경우, 2012년 정

점에 이른 후 2014년에는 교인 수 27만 명이 감소했고, 예장(통합)은 2011년을 정점으로 2014년 교인 수 4만 명이 감소했다. 감리교는 2009년을 정점으로 2014년에는 교인 수가 12만 명 줄었고, 예장(고신)의 경우, 2011년 정점에 이른 후 2014년 교인 수 2만 명이 감소했다. 기장의 경우에도 2007년을 정점으로 2014년에는 교인 수가 5만 4천 명 감소했다. 물론 군소 교단들의 감소폭은 더욱 클 것으로 예상된다. 왜냐하면 작은 교단들은 인적, 물적, 시설자원이 제한적이어서 교회성장이 더 어렵기 때문이다. 따라서 우리는 최근 한국 개신교가 교인 수에 있어서 실제로 감소추세로 돌아섰다는 것을 알 수 있다.

한국교회 교인 수의 감소를 반영하는 다른 척도는 교회학교 학생 수인데, 최근 그 숫자가 급감하고 있다. 예를 들어 개신교의 대표적인 교단 중 하나이며 교회교육이 잘 이루어지고 있다고 평가받는 예장(통합)의 경우, 2006-2015년 사이 10년간 유치부가 -28%, 유년부는 -39%, 초등부 -39%, 소년부 -41%, 중고등부 -22% 등 큰 폭으로 감소하며 그 인원이 17만 명이나 줄어들었다. 뿐만 아니라 예장(통합) 전체 교회 가운데, 중·고등부가 없는 교회가 48%, 중등부가 없는 교회가 47%, 아동부 고학년(4-6) 부서가 없는 교회가 43%, 저학년(1-3) 부서가 없는 교회가 47%, 유치부가 없는 교회가 77%, 그리고 영아부가 없는 교회가 79%로 나타났다.[13] 교회학교의 침체는 서구교회들이 이미 경험했던 것처럼 교회의 미래에 치명적인 결과를 가져올 것이다.

실질적으로 한국 개신교인의 수는 감소했는데, 왜 2015년 인구조사에서는 10년 전보다 증가한 것으로 조사되었을까? 두 가지 이유가 있는 것으로 보인다. 첫째는 명목신도, 휴면신도, 혹은 가나안 성도의 증가일 것이다. 스스로 개신교인이라 말하지만 교회에는 나가지 않는 신자가 분명히 증가하고 있다. 앞에서 보았듯이 약 10% 정도이던 가나안 성도의 비율이 최근에는 전체 개신교인의 19%로 190만 명에 이르고 있다. 따라서 통계청의 인구조사에서는 개신교인으로 분류되지만, 교회의 교인통계에서 제외되는 숫자가 늘어난 것으로 볼 수 있다. 둘째로, 최근 10년 사이 신천지, 여호와의 증인, 통일교, 영생교, 천부교 등 소위 '이단'으로 분류되는 종교집단들이 크게 성장했는데, 통계청의 인구조사에서는 그 집단들이 모두 개신교인으로 분류되고 있기 때문에 개신교인 증가라는 결과로 나타난 측면도 있을 것이다. 실제로 한 조사에 따르면 한국에는 기독교 계통 '이단' 단체가 2백 개에 이르며, 포섭된 신도도 2백만 명이 넘는다고 보고되고 있다.[14]

따라서 교회에 출석하는 정통교단소속 교인들을 개신교인으로 간주한다면, 분명히 한국교회는 교인 수에 있어서 2천 년대 이후 감소하기 시작했다고 판단하는 것이 정확할 것이다. 그러면 한국교회가 과거에 급성장했던 이유는 무엇이며, 지금은 정체 혹은 쇠퇴하고 있는 요인은 무엇일까? 그 문제들을 이해하기 위해 우리는 먼저 기독교(교회)의 성장과 쇠퇴의 배경 및 요인을 사회학적으로 분석할 필요가 있다.

---

3   기독교 성쇠의 배경과 요인

종교의 성장과 쇠퇴에 대한 이론은 크게 두 가지로 나뉜다. 하나는 '세속화 이론'(*secularization theory*)으로 '수요 측 이론'(*demand-side theory*)이라고도 한다. 다른 하나는 '종교시장이론'(*religious market theory*)으로 '공급 측 이론'(*supply-side theory*)이라고도 한다. 전자는 종교가 성장하거나 쇠퇴하는 주요인은 사회나 사람들이 종교를 필요로 하는(수요) 정도에 달려 있다고 주장한다.

후자는 종교 성쇠의 주요인이 종교를 제공하는(공급) 시장의 성격에 달려있다고 본다.

먼저 세속화 혹은 수요 측 이론을 근거로 기독교의 성쇠 요인에 대하여 알아본다. 이 이론에 따르면 종교를 필요로 하는 수요가 강하면 종교가 성장하고, 그것이 약하면 종교가 쇠퇴한다는 것이다. 그 수요의 정도를 결정하는 것은 무엇인가? 첫째는 사회의 합리화(rationalization) 수준이다. '합리화'란 전통적 가치를 고려하지 않고 효율성과 능률을 강조하는, 그리고 이성적으로 논리적 세계관을 따르는 경향을 말한다. 합리화는 교육과 과학의 발달수준과 관계있는데, 그 수준이 높을수록 사람들은 종교적 가르침이나 설명에 대한 신뢰를 덜하게 된다.[15] 둘째는 산업화 정도이다. 종교적 수요는 사회가 산업화될수록 약해진다. 왜냐하면 사람들은 산업화될수록 생존문제에 있어 더 안전하고 배부르고 편한 삶을 살 수 있고, 이에 따라 종교에 대한 의존도가 낮아지기 때문이다. 이것을 실존적 안전이론(existential security theory)이라고 부른다.[16] 그래서 종교성은 농경사회에서 가장 강한 반면에 후기산업사회에서 가장 약하다. 셋째로, 종교적 수요와 관계된, 혹은 기독교의 성쇠에 영향을 미치는 또 하나의 변수는 '박탈'이라는 것이다. 경제적, 사회적 박탈을 많이 경험한 사람이나 그 정도가 심한 나라일수록 특히 종교를 통한 보상의 욕구가 강해지며, 이에 따라 종교에 더욱 의존하게 된다. 이것을 '박탈-보상이론'(deprivation-compensation theory)이라고 한다. 실제로 세계 227개국을 대상으로 수행한 경험적 연구 결과에 따르면 저개발국이고, 1인당 국민소득, 사회복지의 수준, 성 평등 수준이 낮은 나라에서는 교회가 성장하는 반면에, 개발국이며, 1인당 국민소득, 사회복지와 성 평등 수준이 높은 나라에서는 예외 없이 교회가 쇠퇴하고 있다.[17] 이러한 수요 측 이론은 부유한 유럽에서는 기독교가 쇠퇴하는 반면에, 왜 가난한 제3세계에서는 기독교가 성장하는지에 대한 하나의 설명이 된다.

종교의 성쇠가 종교를 공급하는 시장 상황에 달려있다는 '종교시장 이론' 즉 '공급 측 이론'은 무엇을 말해주고 있을까? 이 이론에 따르면, 종교시장에서 여러 종교가 경쟁적으로 공존하는 다원주의 사회는 그만큼 종교선택의 폭이 넓기 때문에, 보다 많은 사람이 종교를 가지게 된다. 반대로 특정 종교가 독점적 지위를 가지고 있는 사회에서는 선택의 여지가 없어서, 그 종교를 원하지 않으면 비종교인이 될 가능성이 많다는 것이다. 따라서 종교적으로 다원적인 사회에서는 기독교가 성장하지만, 종교적 독점사회에서는 기독교가 쇠퇴한다고 주장한다.[18] 이 이론에 따르면 유럽에서 기독교가 쇠퇴하는 하나의 이유는, 대부분의 유럽 국가들에서 종교(가톨릭이든, 개신교이든, 정교회이든, 영국교회이든)는 독점적 지위를 누리든가, 아니면 국가종교의 성격을 띠고 있어 성직자는 나태하고 해이해지기 쉬우며, 일반 대중의 다양한 요구를 충족시키지 못하기 때문이라는 것이다. 반면에 미국이 서구국가들 가운데 종교가 여전히 활발한 것은 다양한 교파와 교회가 신앙적 선택과 경쟁을 극대화함으로써 대중을 더욱 효과적으로 동원하기 때문이라고 본다.

기독교 성쇠에 영향을 미치는 결정적 요인의 하나는 인구학적 변수이다. 여기서 가장 기본이 되는 것은 출산율(여성 1명이 가임기간 동안 낳는 평균 자녀 수) 및 인구증가율(출산율에서 사망률을 뺀 순수한 인구증가율)이다. 물론 출산율이 높을수록 인구증가율도 높다. 전 세계적으로 출산율이 2.0 미만이면서 종교가 성장하는 나라는 거의 없다(현재의 인구가 유지되려면 출산율은 최소한 2.1 이상이어야 한다.). 오늘날 종교인구 증가는 개종에 의한 것이라기보다는 주로 높은 출산율에 의한 것이다. 즉 출산율 혹은 인구증가율이 높아야 종교도 성장할 수 있다.

몇 가지 구체적인 예를 들어본다. 1900-2005년 사이 세계인구 대비

종교인 비율이 이슬람교는 12%에서 21%로 급증한 반면에, 기독교인 비율은 34%에서 33%로 감소했다. 그런데 기독교 국가의 평균인구증가율은 1.14인데 비하여 이슬람 국가의 평균인구증가율은 2.15이다. 같은 기간 동안 가톨릭 인구의 비율은 전체 기독교인의 51%에서 50%로 비슷하지만, 개신교인의 비율은 20%에서 16%로 감소했다. 가톨릭 국가들의 평균인구증가율은 1.27인 데 비하여 개신교 국가들의 평균은 1.08이다. 아프리카대륙의 기독교인은 1900-2005년 사이에 세계 전체 기독교인의 2%에서 19%로 급증한 반면에, 유럽대륙의 기독교인은 같은 기간 동안 71%에서 26%로 감소했다.[19] 오늘날 아프리카의 출산율은 평균 3.59인데 비하여 유럽의 출산율은 평균 1.80이다. 따라서 출산율은 기독교 성쇠에 결정적으로 중요하다.

기독교의 성장과 쇠퇴는 민족이나 사회문화의 영향을 받을 수 있다. 인류학자 루스 베네딕트(Ruth Benedict)는 인류의 문화를 크게 두 유형으로 구분하여 각각 '아폴로 형'(Apollon type)과 '디오니소스 형'(Dionysian type)이라 부른다.[20] 아폴로문화가 합리성과 논리성, 질서와 균형을 중시하는 문화라면, 디오니소스 문화는 감성과 열정, 흥분과 황홀의 경험을 중시하는 문화이다. 제5장에서 자세히 다루겠지만 이러한 문화는 종교에 영향을 미친다. 아폴로문화에서는 종교가 이성적이고 합리적인 성격을 갖게 되는 반면에, 디오니소스문화에서는 종교가 감정적이고 열정적인 성향을 띠게 된다.[21] 유럽이 전형적인 아폴로 기독교 문화를 가지고 있다면, 아프리카(그리고 라틴아메리카와 아시아)는 전형적으로 디오니소스 종교문화권에 속한다. 디오니소스 종교문화에서는 즉흥적이고 열광적인 의례가 중요하며, 경우에 따라서는 소리 지르고 춤추고 방언하는 등 감정적 표출이 수반된다. 이것은 성령운동과 같은 뜨거운 신앙 운동이 유럽에서는 뿌리내리지 못한 반면에, 왜 제3세계에서는 활발한지에 대한 하나의 설명이 된다. 종교는 주로 디오니소스문화에서 성장한다. 뜨거운 문화는 뜨거운 기독교를 만들고, 뜨거운 기독교는 뜨거운 기독교인을 만들고, 뜨거운 기독교인은 뜨겁게 신앙을 전파하기 때문이다.

기독교의 성쇠에는 신앙적 요인도 중요하게 작용한다. 우선 신학 노선의 경우를 보자. 기독교(특히 개신교)에서 선교(mission) 이해는 크게 두 가지로 나뉜다.[22] 전통적인 선교 이해는 교회가 교인을 확보하려는, 조직화되고 제도화된 노력을 의미하는 것으로, 이것을 전도 혹은 '복음화'(evangelization)라고 부른다. 한편 20세기 초부터 진보적인 선교 이해가 생겨났는데, 이것을 '인간화'(humanization)라고 부른다. 선교의 목적은 정치, 경제적으로 억압당하는 사람들을 자유롭게 하여 하나님의 나라를 확장하는 것이라고 본다. 전자는 '교회의 선교'(missio Ecclaesiarum), 후자는 '하나님의 선교'(missio Dei)라는 개념으로 설명된다. 주류자유주의 교파는 선교를 주로 '인간화'로 보기 때문에, 전도의 책임을 소홀히 하여 교회가 성장하기 어렵다. 예를 들어 해외 선교에 있어 미국의 경우, 초기에는 감리교, 장로교, 회중교 등 주류교파들이 주도하여 1880년 해외선교사의 96%를 이들 교파에서 보냈다. 그러나 그들의 선교관이 점차 진보화되면서 그 비율은 계속 낮아져 1996년에는 4%까지 떨어졌고, 이 공백은 보수적인 복음주의 교파들이 채워나갔다.[23] 이런 현상은 전도로써의 국내 선교에도 그대로 적용되어, 주류교파 교인들은 교인을 새로 확보하는 데 실패했다. 그래서 미국의 대표적인 주류교파들은 1970-2010년의 40년 사이에 교인 수가 40-60%나 감소했다.[24]

오랫동안 교계나 학계에서는 교회의 보수성이 교회성장에 중요하게 작용한다고 주장되어 왔다. 일찍이 딘 켈리(Dean Kelley)는 교회성장론자의 성장이론을 토대로 보수적인 교회가 성장하는 이유를 제시함으로 교회성장의 요인을 밝힌 바 있다.[25] 교회는 '강하거나'(strong) '약할'(weak) 수 있는데, 강한 교회(교파)는 성장하고 약한 교회(교파)는 쇠퇴한다는 것이다. 그에 따르면 강한 교회의 특징은 교인에게 전적인 충성심과 사회적 연대감과 같은 강한 헌신을 요구한다. 교인에 대하여 믿음과 생활방식에 대한 엄격한 훈련을 한다. 교인에게 복음을 전하는 열성과 함께 선교적 열정을 주입시킨다. 교리에 대하여 절대적인 믿음을 갖게 한다. 생활방식에 있어서 비 멤버를 멀리하고 멤버들 사이에는 동조(conformity)를 요구한다. 이러한 신앙성향이 교회를 성장시키는데, 이는 보수적인 교회의 특징이라는 것이다.

켈리의 주장은 로자베스 칸터(Rosabeth Kanter)의 '헌신이론'(commitment theory)에 의해 뒷받침된다.[26] 이 이론에 따르면 집단에 대한 헌신은 희생과 투자의 수준이 높을수록 강해진다. 집단이 멤버들에게 희생을 요구하고 또 그들이 희생을 각오하면, 멤버십은 그만큼 가치와 의미를 갖게 된다는 것이다. 그래서 대가(cost)가 많이 들수록 정신적 '경비'(expense)를 정당화하기 위해 그것에 대한 희생을 더욱 가치 있는 것으로 생각한다. 즉 시간, 에너지, 돈의 투자가 많을수록 헌신도 커진다. 이러한 헌신에 대한 설명은 종교에도 그대로 적용된다. 교회를 위해 많은 것을 희생하고 투자하면 그만큼 더 헌신하게 되며, 그것은 나아가 교회발전(성장)에 기여하게 된다. 보수적인 교회는 교인들에게 주일성수, 기도, 성경읽기, 전도, 헌금과 같은 신앙생활에 더 많은 시간, 돈, 관심, 정력을 투자하고 희생할 것을 요구하며, 그것은 교회성장에 도움이 된다.

그러나 최근 앤드류 그릴리(Andrew Greeley)와 마이클 후트(Michael Hout)의 연구에 따르면, 미국에서 보수적인 교회가 성장하는 것은 신학적, 신앙적 보수성, 그리고 열정 때문이라기보다는 인구학적 요인, 특히 출산율 때문이라는 것이다.[27] 예를 들어 보수교파 여성의 평균 출산율은 2.3인 데 비하여, 주류교파 여성의 출산율은 1.9에 불과하다. 따라서 보수교파의 성장은 높은 출산율에, 자유주의 주류교파의 쇠퇴는 낮은 출산율에 기인하다고 본다. 결국 보수 기독교의 성장은 외부로부터의 유입 때문이 아니라 내부의 자연증가에 따른 자생적 현상인 셈이다. 교회성장에서 보수적인 교회들이 성공한 것은 더 많은 자녀를 가짐으로 교회의 재생산을 이루어냈기 때문이다.

그릴리와 후트는 교회의 성쇠에 중요하게 작용하는 또 다른 요소는 가족가치라고 지적한다.[28] 보수적인 교인들은 전통적인 가족가치를 유지하는 경향이 있다. 전통적인 가족가치는 가부장적 권위주의, 확대가족, 많은 자녀, 늦지 않은 결혼, 이혼의 억제 등이다. 이러한 가치는 신앙을 유지하고 교회가 성장하는 데 중요하게 작용한다. 전통적 가족가치는 가족 안에서 종교적 유대감을 강화시키고, 자녀에 대한 부모의 종교적 사회화에 크게 영향을 미친다. 즉 교회 유지와 성장에 신앙의 대물림이 필요한데, 이것은 전통적인 가족가치를 지니고 있는 보수적인 교회와 교인들에게서 주로 성공적으로 이루어지고 있다. 아이들과 젊은이들이 자유주의 교회보다 보수주의 교회에서 더 많이 발견되는 것은 바로 이 때문이다.

그러나 교파나 교회가 '보수적'이라고 항상, 자동적으로 성장하는 것은 아니다. 미국의 경우(다른 나라에서도 비슷한 현상이 나타나고 있지만), 1970년 이후 보수적인 전통교파들(예를 들면 루터교, 침례교)도 지속적으로 교인이 감소하고 있고, 심지어 가장 보수적인 남침례교도 1990년대부터 교세가 줄고 있다. 반면에 교파에 소속되지 않은 독립교회, 그리고 '하나님의 성회'와 같은 비주류 복음주의 교파는 눈부시게 성장하고 있다.[29] 성장하는 교회, 교파들의 공통점은 신앙적이고 보수적인 동시에 성령운동처럼 열정적인 성격이 강하다는 점이다. 이것은 미국뿐만 아니라 제3세계 교회들의 경우에도 마찬가지이다.[30] 세계적으로 성장하는 교회의 성향은 대체로 복음적이고 보수적이며, 동시에 뜨거운 가슴의 종교성을 가지고 있다.

따라서 성령운동을 동반하지 않는 교회는 미국의 남침례교처럼 아무리 '강하고' 복음적이고 보수적이라 하더라도 더 이상 성장하지 못하는 것이 현실이다.[31]

종교(교회)의 성쇠에 대한 이론들에 근거하여 이제부터는 한국교회의 성장과 쇠퇴에 대한 요인들을 분석하기로 한다.

4 한국교회 성장의 요인(1960-1980년대)

앞에서 보았듯이 한국교회는 그동안 크게 성장해왔다. 그러나 그 성장은 주로 2천 년대 이전에 이루어졌고, 그 절정기는 1960, 70년대였다. 따라서 한국교회 성장의 요인을 살펴보되, 특히 1960년부터 20, 30년간의 성장에 초점을 맞추어보려고 한다. 크게 볼 때 한국교회의 과거 성장은 여러 성장이론들로 설명될 수 있다. 실존적 안전수준이 낮은 반면에 박탈의 수준이 높았던, 그리고 다원적인 종교시장이 형성되었던 사회적 배경이 교회성장의 요인이 될 수 있었다. 감성적인 문화적 성향과 높은 출산율도 교회성장을 도왔다. 교회의 보수적인 분위기와 성령운동의 열풍도 교회성장의 동력이 되었다. 이제부터 하나씩 더 상세히 다루어 본다.

우선 한국교회 성장의 교회적 요인에 대하여 살펴보자. 여기에는 한국교회가 수행하고 전개했던 운동이나 프로그램, 한국교회의 구조적 성격, 그리고 교회성장의 이념적 배경 등이 포함된다. 한국교회 성장에 기여한 첫 번째 교회적 요인은 활발한 교회운동이었다. 특히 전쟁의 상처와 교회분열의 아픔을 겪은 후, 1960년대부터 한국교회가 본격적으로 전개해온 부흥운동, 성령운동, 신유운동, 카리스마운동 등은 교회성장에 커다란 영향을 미쳤다. 개교회별로, 지방회나 노회별로, 교단별로, 그리고 초교파적으로 개체교회에서, 여의도 광장에서, 종합운동장이나 체육관에서, 그리고 산에서 끊임없이 열린 부흥집회는 부흥운동의 열기를 확산시켰다. 이것은 배가운동과 전도운동으로 이어지며 교회를 성장시켰다. 그리고 부흥회, 신유, 방언 등을 통한 성령체험을 강조하는 성령운동은 교회의 양적 팽창주의와 결합되어 교회의 성장을 도왔다.[32] 뜨거운 성령운동의 열풍은 1960, 70년대에 폭발적인 교회성장의 밑거름이 되었다.[33] 그러나 그 시기 한국교회의 성령운동은 가난과 질병, 긴장과 불안 가운데 살던 많은 이들에게 마음의 평안, 물질적 축복, 육체의 건강이라는 세 가지 축복을 강조하는 소위 '삼박자 기복신앙'과 결합된 '번영의 복음'(*Gospel of prosperity*)이었다.

한국교회 성장의 두 번째 교회적 요인은 교회프로그램의 활성화이다. 지난 1960년대 이후 한국교회는 여러 가지 교회프로그램을 개발하고 활성화했다. 대표적인 것이 성경공부 혹은 성서연구 프로그램이다. 각 교회마다 벧엘, 트리니티, 크로스웨이 등 다양한 성경공부 교재를 가지고 전교인을 대상으로 심도 있게 훈련시켰고, 이것은 교인의 신앙 강화와 전도열에 커다란 영향을 미쳤다. 그밖에도 여러 가지 기도회 모임, 선교회 모임, 구역예배 혹은 속회조직, 친교활동 등의 프로그램들이 활성화됨으로 교인은 영적으로 무장되고 전도적 소명감이 강화되었다. 특히 제자훈련 프로그램 실천이 교인의 신앙성숙과 배가운동에 도움을 주었다. 이러한 다양한 교회 활동의 활성화가 교회성장에 긍정적으로 작용했다.[34]

한국교회 성장에 기여한 세 번째 교회적 요인은 한국교회의 '개교회주의'라는 구조적 성격이다. 한국교회는 원래 선교 초기부터 자급자족의 교회전통을 강조해왔고, 가족주의적 집합주의라는 유교적 전통이 한국교회에 개교회 중심의 집단의식을 강화시켰다. 또한 구조적으로는 중앙집권적 제도장치보다는 장로교적인 개교회 당회 중심의 행정이 한국교회의 지배적인 형태가 됨으로 인해 개교회주의 성향이 강했다. 이러한 개교회주의는 성장제일주의를 표방하며 경쟁적으로 배가운동, 부흥운동을 전개하게 만들며, 교회성장으로 이어질 수 있다.

한국교회 성장에 영향을 미친 네 번째 교회적 요인은 교회성장의 이념이다. 특히 1970년대 이후 소개된 소위 풀러 학파(Fuller School)의 '교회성장론'(church growth theory)은 한국교회의 성장에 있어 이념적 배경으로, 그리고 구체적인 성장전략모델로 하나의 유행이 되다시피 했다.[35] 성장을 교회의 최종목표로 삼고 있으며, 기업적 성장원리를 원용하고 있다는 등 많은 신학적, 실천적 비판에도 불구하고 교회성장의 근거, 원리, 방법을 구체적으로 제시하는 '교회성장론'은 한국교회에서 커다란 호응을 받았다. 그것은 부흥운동에 동기를 부여했고, 지도력 개발과 평신도 훈련의 효율성을 극대화시키는 이념적이고 전략적인 토대가 되었으며, 교회성장의 한 동력으로 작용했다.

한국교회 성장에 기여한 다섯 번째 교회적 요인은 한국교회의 신앙 성향이다. 한국교회의 신앙 양태를 보면 전형적으로 매우 보수적이었다.[36] 대부분의 교파, 교회에서는 것은 복음주의적이면서도 근본주의적인 신앙성향을 보였다. 교회, 목회자, 평신도의 이러한 신앙적 보수성은 하나님과 교회에 대한 절대적인 충성심과 소명감을 불러일으켜서 한국교회와 교인을 '강하게' 만들었다. 보수성은 또한 신앙에 대한 확신과 전도에 대한 열정을 만들어냈다. 결과적으로 한국교회의 신앙적 보수성 역시 교회성장에 긍정적으로 작용했다고 할 수 있다.

이와 같이 한국교회의 성장은 여러 가지 교회 내적 요인의 복합적인 작용에 힘입은 바가 크다. 그러나 두 가지 문제가 있다. 하나는 한국교회가 급성장했던 시기에는 다른 종교들도 모두 성장했다는 점이다. 다른 하나는 성장하던 한국교회가 1990년대부터는 서서히 정체 혹은 쇠퇴의 길로 접어들었다는 사실이다. 이 문제들을 이해하기 위해서는 한국사회의 상황과 종교의 관계에 대한 사회학적 분석이 필요하다. 왜냐하면 1960년대부터 몇십 년간 한국교회의 성장에는 상황적 요인이 중요하게 작용했기 때문이다.

상황적 요인은 다시 세 가지로 정리할 수 있다. 첫째는 정치적 요인이다. 소위 근대화를 이루기 시작한 1960년대 이후 약 30년간 한국의 정치 상황은 공포와 불안, 긴장과 갈등의 연속이었다. 군부에 의해 장기화, 집중화, 절대화된 독재정치 권력은 정치억압, 인권탄압, 관료적 권위주의를 낳았고, 이것은 정치부재의 상황을 초래했다. 이에 따라 정당성이 결여된 독재정권에 대한 불만과 불신이 팽배했다. 그리고 정권에 의해 강력하게 확립된 반공, 안보이데올로기는 정치적 긴장과 불안을 가중시켰다. 그러나 이렇듯 불안한 정치 상황이 오히려 교회성장에는 도움이 되었다.

현대사회에서 국민에게 안정과 복지감을 마련해줄 수 있는 힘은 국가라는 정치제도이다. 그러나 그러한 것을 마련해주지 못하는 비민주적이고 불안정적인 정치체제에서는 흔히 종교가 그 역할을 대신하곤 한다. 정치 상황이 불안할수록 사람들은 종교에 의존하는 경향이 있다. 이것은 한국의 정치 상황이 불안정하던 시기에 마음의 평화를 약속하면서, 기독교뿐만 아니라 불교, 심지어는 신흥종교들도 성장해왔던 사실을 통해서도 알 수 있다. 이것은 민주주의가 뿌리를 내리고, 사회가 안정되고, 복지문제가 잘 해결되어 있는 서구국가들에서는 종교가 성장하지 못하는 하나의 이유이기도 하다. 이렇게 기독교를 포함하여 한국의 종교들이 가장 성장한 시기는 한국이 정치적으로 가장 불안정했던 1960, 70년대였다는 것을 알 수 있다. 어쨌든 문제적인 한국의 정치 상황은 오히려 한국교회의 성장에 한 요인으로 작용했던 것이다.

한국교회 성장과 관계가 있는 두 번째 상황적 요인은 경제적인 것이다. 전쟁의 참화를 겪은 후 몇십 년간 한국은 경제적으로 매우 궁핍한 나라였다. 1인당 국민소득이 1960년에는 80달러에 불과했고, 1970년에 250달러였으며, 1980년에도 겨우 1,700달러 정도였다. 경제적 빈곤은 박탈감을 만들어냈다. 전통적으로 물질적으로든 정신적으로든 박탈에 대한 보상을 약속하는 가장 강력한 기제는 종교로 알려져 왔다.[37] 위로하고 희망을 주며 용기를 북돋아 주는 종교의 메시지와 분위기는 박탈을 느끼는 이들, 물질적 보상을 기대하는 이들에게 커다란 위안과 힘이 될 수 있다.

"하면 된다"는 '적극적 사고방식'(*positive thinking*)을 심어주든, 물질적인 풍요와 축복을 약속함으로 희망을 주든, 영적 위안으로 만족을 주든 한국교회는 가난했던 한국인의 박탈(감)에 대하여 보상기제로 작용하면서 성장할 수 있었다. 더욱이 기복적인 종교성이 강한 한국인에게 물질적 보상이나 축복에 대한 약속은 커다란 매력을 주었고, 이것은 1960, 70년대 한국교회뿐만 아니라 기복적인 다른 모든 종교들의 성장에도 크게 기여했다. 실제로 과거에 성공적으로 성장했던 교회는 대체로 '적극적 사고방식'을 심어주든가 혹은 물질적인 축복(흔히는 이 둘 모두)을 강조했던 교회들이었다.[38] 이렇게 경제적으로 가난했던 시기에 한국인이 겪었던 박탈감과 좌절감은 오히려 한국교회 성장의 또 다른 요인이 되었다.

한국교회의 성장과 관계가 있는 세 번째 상황은 도시화라는 사회적 상황의 변동이다. '도시화'(*urbanization*)란 인구가 농촌에서 도시로 옮겨가는 현상을 말한다. 한국사회는 1960년대 이후 산업화가 이루어지면서 급격한 도시화가 뒤따르게 되었다. 농업 중심사회에서 공업과 제조업 중심의 2차 산업, 그리고 서비스업과 전문업 중심의 3차 산업사회로 바뀌면서 수많은 농촌인구가 도시로 이동했다. 급격한 도시화는 공동체성의 붕

괴와 정체성의 상실을 초래했다. 서로 상이한 문화적, 지역적 배경을 가진 사람들로 구성된 낯설고 각박한 도시 생활, 생활환경의 변화·경제수준의 향상·자녀교육·직장이동 등의 이유로 끊임없이 이루어지는 거주지 이동은 도시인을 소위 '고독한 군중'으로 만들어버렸다.

종교는 전통적으로 공동체성과 정체성을 마련해주는 가장 효과적인 기능을 수행해왔다.[39] 종교는 사람들에게 소속의식을 제공하고 삶의 의미를 부여함으로 그들을 결속시키고 정체성을 확립할 수 있도록 돕는다. 각박하고 메마른 인정과 심각한 이질감, 그리고 개인주의 가치관 때문에 도시 생활에서 자아정체성의 위기를 느끼며 소외감을 경험하는 사람들에게 교회는 소속의식을 마련해줬다. 서로 의지하고, 서로 돕고, 서로 친교를 나눌 수 있게 하는 교회로 사람들이 모여들었고, 이것은 교회성장의 또 다른 요인으로 작용했다. 이렇게 많은 사람들이 교회에서 고향 같은 분위기를 느끼며 친밀하고 정겨운 인간관계, 그리고 친족집단과 같은 유대관계를 경험할 수 있었던 것이다.

한국은 또한 법적으로 정교분리가 이루어지고 있는 나라이다. 특정 종교가 지배적인, 독점적인 지위를 누리고 있는 것이 아니라 모든 종교가 자유로이 활동할 수 있게 신앙의 자유가 보장되어 있다. 따라서 한국은 종교적으로 다원화된 사회로 다양한 종교, 종단, 교파가 공존하고 있다. 이미 1980년대 초 개신교의 교파는 70개로 늘어났고, 불교의 종단도 20개나 되었다. 종교 다원주의 상황에 대해서는 제10장에서 자세히 다루게 되겠지만, 다양한 종교, 교파, 종단의 출현은 서로 경쟁적인 선교나 포교를 통해 교인을 확보함으로 전체적인 파이(*pie*)를 키울 수 있게 되었다. 이것은 종교시장이론과 부합하는 것이다.

한국의 전형적인 문화 정서는 이성적이기보다는 감성적인 것으로 디오니소스문화의 성격이 강하다. 이러한 문화풍토 속에서 받아들여지고 자라났기 때문에 한국의 종교문화 역시 매우 뜨겁고 감정적이다. 이러한 열정과 감성은 개인적인 종교적 신앙을 강화시킬 뿐만 아니라 전도에 대한 강한 동기를 부여하기 때문에 종교 성장에 긍정적으로 작용했다. 특히 한국교회의 뜨거운 성령운동은 1960, 70년대 한국교회 성장의 원동력이 되었다.[40]

1970년, 한국은 출산율이 4.53으로 매우 높았다. 앞에서 보았듯이 높은 출산율은 종교 성장에 결정적으로 중요하다. 특히 종교문제는 부모의 영향을 가장 많이 받기 때문에 자녀가 많다는 것은 그만큼 종교인구 증가에 유리하게 작용할 수 있다. 1960, 70년대 한국인의 출산율이 매우 높았다는 것도 한국교회 성장에 도움이 되었다고 하겠다.

이렇게 성장했던 한국교회가 언제부터, 그리고 왜 성장이 멈추고 쇠퇴의 길로 접어들게 되었을까? 마지막으로 이 주제에 대해 생각해본다.

---

5 한국교회 쇠퇴의 요인(1990년대 이후)

한국교회는 1980년대부터 성장이 둔화되기 시작하더니 2000년대에 와서는 쇠퇴하기 시작했다. 이러한 쇠퇴의 요인은 무엇인가? 그동안 어떤 변화가 한국사회와 교회에 생겨난 것인가? 물론 1960년대 이후 지금까지 한국교회에서 별로 변하지 않은 것들이 있다. 하나는 신앙적 성향이다. 한국교회의 신앙적 보수성은 예나 지금이나 별로 다르지 않다.[41] 따라서 신앙적 요인은 문제가 되지 않는다. 다른 하나는 종교시장에 관한 것이다. 오늘날 한국사회는 전보다 훨씬 더 종교적으로 다원화되었고, 오히려 종교시장은 더욱 확대되었다. 결국 신앙적 변수와 종교시장 변수는 한국교회의 침체나 쇠퇴에 영향을 미치지 않았다고 하겠다.

한국교회의 쇠퇴에 영향을 미친 것은 상황적, 인구학적, 문화적, 교회적 요인들이다. 먼저 상황적 요인에 대하여 알아본다. '실존적 안전이론'을 주장한 피파 노리스(Pippa Norris)와 로날드 잉글하트(Ronald Inglehart)에 따르면, 대개 가난한 나라의 사람은 기아, 질병, 전염병, 죽음, 자연적 재난 등의 문제에 있어 더 취약한데, 이러한 안전의 부재가 종교성에 중요하게 작용한다는 것이다.[42] 즉, 생존이 불확실한 사회에 사는 것은 종교에 더욱 의존하게 만들며, 반대로 삶에서 높은 수준의 실존적 안전을 경험하는 것은 사람에게서 종교에 대한 중요성을 감소시킨다고 본다. 따라서 건강하고 풍요롭고 안전한 나라일수록 종교는 쇠퇴하는 반면에, 건강과 식량과 치안의 문제가 심각한 나라일수록 종교는 성장한다는 것이다.

'박탈-보상이론'도 정치적, 경제적, 사회적으로 박탈을 경험하고 있는 사람에게서는, 그리고 박탈의 수준이 높은 나라에서는 그것에 대한 보상을 찾으려 하기 때문에 종교성이 강하고 교회도 성장하기 쉽다고 설명한다. 실제로 세계적으로 볼 때 정치적으로 안정되어 있고(민주화 수준), 경제적으로 풍요로우며(소득 수준), 사회적으로 보장되어 있고(복지 수준), 여성의 지위가 높은(성 평등 수준) 나라에서는 대개 교회가 쇠퇴하고 있다.[43] 반면에 정치적으로 불안하고, 경제적으로 빈곤하며, 사회복지 수준이 낮고, 여성 차별적인 나라에서는 교회가 성장하고 있다. 예를 들어 1970-2000년의 30년 사이 개발국(54개국) 가운데서 교회가 성장한 나라는 4%이고, 쇠퇴한 나라는 74%나 된다. 반면에 저개발국(48개국) 가운데는 85%의 나라에서 교회가 성장했으나, 쇠퇴한 나라는 하나도 없다. 2000년 현재 1인당 국민소득이 1천 달러 미만인 나라 가운데 1970-2000년 사이에 교회가 성장한 나라는 77%나 되었지만, 국민소득이 2만 달러 이상인 나라 가운데 교회가 성장한 나라는 싱가포르 하나뿐이었다.

우리나라는 1990년대 이후 정치적으로 상당히 민주화되었고, 경제 수준이 크게 높아졌다. 한국은 저개발국가들 가운데 경제성장과 민주화라는 두 마리 토끼를 잡은 유일한 나라로 높이 평가되어 왔다.[44] 이제 한국은 경제적으로 매우 잘 사는 나라 가운데 하나가 되었다. 흔히 1인당 국민소득이 5천 달러를 넘게 되면 종교적 관심이 약해지기 시작한다고 한다. 우리나라는 1989년에 1인당 국민소득이 5천 달러를 넘었다. 1990년부터 서서히 종교적 관심이 줄게 된 것은 우연이 아닐 것이다. 한국인의 1인당 국민소득은 2000년에 1만 달러를 넘어섰고, 2010년에는 2만 달러를 넘어섰으며, 2016년에는 2만 8천 달러에 이르렀다. 경제적으로 점점 잘 살게 되자 배부르고 따뜻하고 편한 삶을 누리면서 한국인은 서서히 종교로부터 멀어지기 시작했다. 앞에서 보았듯이 무종교인의 증가가 이를 뒷받침하고 있다. 과거에 비해 경제적으로 윤택해지면서 '번영의 복음'은 의미를 잃었다. 게다가 '보편적 복지', 그리고 나아가서 '무상복지'가 모든 정치인의 구호가 될 만큼 사회적 약자들에 대한 국가적 배려가 눈물겹도록 확산되고 있다. 경제와 복지 수준의 향상이 종교적 쇠퇴를 초래한 서구선진국들의 '세속화 현상'이 우리나라에서도 현실이 되고 있는 것이다.

　　경제적 수준의 향상은 사람들의 가치관에 영향을 미친다. 경제적인 여유는 사회적인, 심리적인 여유를 만들어내면서 종교 이외의 것, 특히 "인생을 즐기는 것"에 대한 관심이 높아진다. 사람들에게 경제적 여유가 생기고, 인생관이 바뀌면서 여가산업(leisure industry)이 급속히 발달하게 되었다. 많은 사람이 주말이나 휴일을 이용하여 건강과 휴식, 오락과 유흥을 위해 각종 위락시설과 유흥시설을 찾아 휴양지와 관광지로 떠나고 있다. 계절을 타지 않고 국내외 할 것 없이 여행을 즐기는 사람이 해마다 늘어나고 있다. 오늘날 여가산업은 전에 종교가 수행했던 긴장해소와 정신적

치유의 기능을 수행하고 있다. 이에 따라 여가산업은 하나의 대체종교(al-ternative religion)로서 신도확보 및 유지에 있어 기성종교에 대한 강력한 경쟁자가 되었다.[45] 이제 한국교회는 교인을 놓치지 않기 위해, 신도를 확보하기 위해 여가산업과 힘겨운 경쟁을 하고 있으며, 앞으로 이것은 더욱 어려운 게임이 될 것이다.

한국교회 쇠퇴에 중요하게 작용한 두 번째 요인은 인구학적인 것이다. 특히 낮은 출산율이 문제이다. 종교가 성장하려면 무엇보다 종교인의 출산율, 근본적으로는 국가의 출산율이 높아야 한다. 과거 매우 높았던 출산율은 계속 낮아져 현재에는 세계 최하위 수준이다. 한국의 출산율은 1970년 4.53에서 1980년 2.83으로 낮아졌고, 1990년에는 1.59로, 2000년에는 1.47로, 그리고 2016년에는 1.17로 낮아졌다. 이 비율은 세계 평균 2.54의 절반도 안되고, 선진국 평균 1.64에도 미치지 못하는 수준이다. 2016년 현재 한국의 출산율은 세계 222개국 가운데 220위이다. 이런 출산율이 유지된다면 2030년부터는 인구가 감소하기 시작할 것으로 예상된다. 전체인구의 감소는 자연히 종교인구의 감소로 이어질 것이다. 그래서 미래학자들은 2060년경에는 개신교 인구가 400만 명 정도로 줄어들 것이라고 예측한다.[46] 다른 종교에도 해당되겠지만 어쨌든 한국의 낮은 출산율이 개신교 교인감소에 영향을 미쳤다고 하겠다. 그리고 이것은 앞으로 한국교회의 쇠퇴를 가속화시킬 것이다.

인구학적 요인과 관련하여 한국교회 쇠퇴에 영향을 미친 또 다른 변수는 가족가치의 변화이다. 가부장적 권위주의, 확대가족, 많은 자녀, 늦지 않은 결혼, 이혼의 억제와 같은 전통적인 가족가치는 신앙을 유지하고 교회가 성장하는 데 있어 중요한 요인으로 작용한다는 것을 앞에서 살펴본 바 있다. 그런데 선진화된 서구사회처럼 한국에서도 전통적인 가족가치가 빠르게 무너지면서 가족구조에 커다란 변화가 일어나고 있다. 만혼 현상이 나타나고 있으며, 독신자가 증가하고, 출산을 기피하며, 결혼 건수는 줄어드는 반면에 이혼 건수는 늘고 있다. 초혼 평균연령이 1990년에는 남자 28세, 여자 25세였지만, 2016년에는 남자 33세, 여자 30세로 26년 사이 각각 5년 정도 늦어졌다. 1인 가구 수는 1985년 7%였으나, 2015년에는 27%로 크게 증가했다. 가구원 수도 1975년 5.0명이었으나 2015년에는 2.5명으로 감소했다. 조혼인율(인구 1,000명당 결혼 건수)은 1970년 9.2건이었으나 2016년에는 5.5건으로 낮아진 반면에, 조이혼율(인구 1,000명당 이혼 건수)은 같은 기간 동안 0.4건에서 2.4건으로 여섯 배 늘어났다. 전통적인 가족가치는 출산율을 높이고, 가족 안에서의 종교적 유대감을 강화시키고, 자녀에 대한 종교적 사회화에 긍정적으로 작용하면서 교회성장에 기여했다. 하지만 오늘날 가족가치가 무너지면서 한국교회(다른 종교들도 마찬가지이지만)는 성장에 어려움을 겪게 되었다.

한국교회 쇠퇴에 크게 영향을 미친 세 번째 요인은 교회 신뢰도 하락이다. 우선 신뢰도 문제를 보자. 1960, 70년대만 해도 한국교회의 사회적 평판은 상당히 좋았다.[47] 바로 이 시기가 한국교회의 전성기였다고 할 수 있다. 보수진영에서는 복음적이면서도 성령운동적 신앙운동을 전개하며 삶에 지치고 힘들어 하는 사람들에게 힘과 위안을 주어 교회가 부흥했고, 진보진영에서는 사회운동을 활발하게 전개함으로 변화를 원하는 사람들에게 신선한 감동을 주었다.[48] 또한 교회가 사회적 물의를 일으킨 경우가 많지 않아 교회의 부흥에 대한 사람들의 반감이 적었다. 오히려 교회의 적극적인 사회적 역할수행은 사회변화에 긍정적으로 기여했다(예를 들면 정치적 민주화, 경제적 평등화, 사회적 복지화).[49] 결과적으로 교회는 성장했고, 사회적 공신력도 높았다.

그러나 1990년대 이후 한국교회에 대한 사회적 평판이 나빠지기 시작했고, 2000년대에 와서는 본격적인 반(反: anti) 기독교(개신교) 운동이 확산되었다.[50] 그래서 오늘날 개신교는 종교들 가운데 사회적 신뢰도와 호감도가 가장 낮게 나타나고 있다. 한국 개신교의 낮은 신뢰도는 2017년 기독교윤리실천운동의 「한국교회의 사회적 신뢰도 여론조사」 결과에서 분명히 드러나 있다.[51] 이 조사에 따르면 한국교회를 신뢰하는 비율은 20%이지만, 불신하는 비율은 51%로 훨씬 높게 나타났다. 특히 무종교인이 한국교회를 신뢰하는 비율은 9%에 불과한 반면에, 불신하는 비율은 64%로 부정적인 평가 비율이 7배에 달했다. 종교별 신뢰도에서도 한국인이 가장 신뢰하는 종교는 가톨릭이 33%로 가장 높고, 다음은 불교의 21%, 그리고 개신교는 19%이다. 무종교인의 평가에서는 더 큰 차이가 드러나서 신뢰 비율이 가톨릭은 37%로 더 높아졌지만 개신교는 7%로 크게 낮아졌다(불교는 18%). 이렇듯 개신교에 대한 낮은 평판은 교회를 떠나가는 사람은 늘리고 교회로 들어오는 사람은 줄이는 결과를 초래하고 있다. 그리고 기독교 신앙을 갖고 있으면서도 제도화된 교회에는 나가지 않는 사람들이 늘고 있다.

한국교회가 사회적 존경과 신뢰를 잃게 된 것은 무엇보다 교회가 변질되었기 때문이다. 일종의 '성장의 부작용'일 수 있다. 그동안 한국교회는 급성장하면서 너무 자만했고, 풍요로워지면서 세속화되었다. 한국교회의 성장 동력을 약화시킨, 그리고 한국교회가 사회적 공신력을 잃게 된 한국교회의 문제점을 존스톤과 맨드릭은 네 가지로 진단하고 있다.[52] 첫째는 영적 자만심이다. 한국교회는 성공과 번영이 곧 하나님의 축복을 의미한다는 믿음을 가지고 있다는 것이다. 그래서 통계적인 성장, 인상적인 조직과 건물에 대한 자만심이 있다고 했다. 둘째는 분열이다. 모든 교단, 특히 장로교가 분열되어 있다는 점이 지적되었다. 한국교회는 교리적으로나 지역적으로나 조직적으로 분열되어 있다는 것이다. 셋째는 교회의 지도력에 대한 것이다. 지도력은 너무 권위주의적이며, 목회자의 높은 지위가 성서적인 지도력을 방해하고, 분열, 형식주의, 율법주의를 촉진한다는 것이다. 특히 교회지도자들이 십자가를 지기보다는 성공, 부, 학위를 추구하는 유혹에 빠지고 있다고 했다. 넷째는 윤리적 가르침이 소홀히 되고 있다는 점이다. 성서적 진리가 사회주제에 적용되지 못하고 낮은 윤리적 기준에 머물고 있다는 것이다.

한국의 교회가 교회답지 못하고, 목회자가 목회자답지 못하고, 교인이 교인답지 못하다는 사회적 인식은 교회, 목회자, 교인에 대한 신뢰도를 떨어뜨렸다. 한국교회에 대하여 부정적이고 비판적인 반개신교, 탈 개신교 분위기 조성에 결정적으로 작용했다고 하겠다. 이는 한국교회가 도덕성과 영성을 잃어버린 현실에 따른 것이다. 실제로 목회자 대상의 한 조사에 따르면 개신교가 정체되는 가장 큰 이유로 지적된 것은 첫째로 "한국교회가 도덕성을 상실함으로 사회적으로 존경과 신뢰를 받지 못함" (40%)이며, 둘째는 "교회가 사람들의 영적 문제에 해답을 주지 못함"(18%)으로 나타났다.[53] 따라서 도덕성과 영성을 잃어버린 한국교회에 대한 사회적 신뢰도 추락이 교회쇠퇴의 중요한 요인 중 하나라는 것이 자명해 보인다.

마지막으로, 전에 한국교회 성장에 기여했던 문화적 요인에 대하여 살펴보자. 앞에서 우리는 한국의 디오니소스적인 감성적 문화성향이 한국종교들의 성장에 긍정적으로 작용할 수 있었다고 했다. 그러나 사회경제수준 및 교육수준이 향상되고 인구학적 변화가 생겨나며 한국인의 가치관도 점차 합리적인, 현실적인 방향으로 변하기 시작했다. 이것은 한국인의 뜨거운 종교성을 약화시키는 결과를 초래했다. 대표적인 사례가 한국교회에서 성령의 열풍이 꺼져가는 것이라 할 수 있다.

한국교회에서 뜨거움이 사라지고 있다. 한때 교계 신문을 도배하다시피 했던 산상집회, 부흥집회 광고가 이제는 별로 눈에 띄지 않는다. 빌리 그레이엄(Billy Graham) 같은 세계적인 부흥사를 초청하여 여의도에서 열리곤 했던 대규모 부흥집회는 더 이상 볼 수 없게 되었다. 성령운동집회가 요즈음에는 흔하지 않지만, 그나마도 참여하는 교인들이 줄고 있다. 성령집회의 근거지 가운데 하나였던 기도원들이 줄줄이 문을 닫고 있다. 교회에서 '영성'이란 말은 들리지만, '성령강림', '성령체험', '성령세례'라는 말은 점점 듣기 어려워지고 있다. 한마디로 교회성장의 동력이 되었던 '성령운동'이 교회에서 매력을 잃어가고 있으며 설득력을 갖지 못하게 된 것이다.

왜 한국교회에서 뜨거운 성령운동이 사라지는 것인가? 이유는 간단하다. 한국의 경제·교육·과학·복지의 수준이 크게 향상되었기 때문이다. 이제 한국인은 성령의 도움 없이도 잘 먹고 잘 살고 있다. 한때 성령은 만병통치약이었다. 가난을 벗어나고 마음의 평안을 얻고 육체적 건강을 얻기 위해 성령은 꼭 필요한 것이었다. 그러나 오늘날 잘 사는 것은 좋은 직장 얻어 돈 잘 버는 것이다. 육체적 건강은 적당히 운동하고 병원에서 처방받고 맞춤형으로 체력을 단련시키는 헬스클럽에 나가면 유지할 수 있다. 재미있게 여가를 즐기며 취미생활을 하면 마음의 안정을 누릴 수 있다. 왜 뜨거운, 간절한 신앙적 열정이 필요하겠는가? 이렇게 '성령운동'을 이끌었던 종교적 뜨거움이 사라진 것도 한국교회 쇠퇴에 중요한 요인으로 작용하고 있다.

이와 같이 모든 여건은 한국교회의 미래를 어둡게 만들고 있다. 사회의 세속화, 종교의 세속화라는 다분히 서구적인 현상이 한국에서도 나타나고 있는 것은 돌이킬 수 없는 하나의 시대적 흐름으로 보인다. 한국교회가 이제는 양적 성장의 문제에 집착하기보다는 교회의 본질을 회복하면서 사회적 신뢰를 되찾아 건강하게 생존할 수 있는 길을 모색할 때가 아닌가 한다.

나가며

한국교회는 한때 가장 성공적으로 성장을 이루어낸 자랑스러운 역사를 가지고 있다. 이는 1960년대부터 적어도 몇십 년간 지속되었다. 정치적, 경제적으로 어려움을 겪었기 때문에 오히려 종교가 사람들에게 위로와 희망, 용기를 주면서 한국교회가 성장할 수 있었다. 출산율도 높았고 전통적인 가족가치를 가지고 있었던 것도 교회성장에 긍정적으로 작용했다. 뜨거운 종교문화를 가졌다는 것도 성장에 도움이 되었다. 그러나 무엇보다 한국교회의 적극적인 부흥운동, 신앙운동 등이 교회성장에 커다란 활력소가 되었다.

그러나 1990년대 이후 상황이 많이 바뀌었다. 정치적으로 안정을 찾았고 복지제도가 정착하기 시작했으며, 무엇보다 눈부신 경제성장이 이루어졌다. 이러한 변화는 사람들이 종교에 의존하는 동기를 크게 약화시켰고, 현실적이고 세속적인 가치관을 확산시켰다. 출산율은 세계최저수준으로 낮아졌고, 전통적인 가족가치는 무너져버렸다. 감성적인 문화 분위기는 점차 합리적이고 이성적인 형태로 바뀌면서 뜨거운 열정이 사라져갔다. 이렇게 인구학적, 문화적 변화 역시 교회성장의 발목을 잡았다.

문제를 더욱 어렵게 만든 것은 그동안 양적으로는 성장했지만, 그 과정에서 영성과 도덕성을 잃어버리면서 한국교회가 사회적 공신력을 잃어버렸다는 사실이다. 결과적으로 2000년대에 들어서 한국교회는 서서히 내리막길을 가고 있다. 그러나 이러한 빨간 불은 경고등일 수 있으며, 이대로는 안 된다고 하는 메시지일 수 있다.

이제 한국교회에는 새로운 패러다임이 요구되고 있다. 양적 성장보다는 내실을 기해서 한국교회가 참된 교회의 모습을 보이며 사회적 신뢰와 공신력을 회복하기 위해 전력을 기울여야 할 때가 된 것 같다. 교회의 본질은 무엇이며, 어떻게 갱신되어야 할 것인지에 대한 근본적인 물음에 대한 답을 찾아야 할 것이다. 사회와 종교의 세속화라는 현실 속에서 어떻게 영성을 재발견하고 도덕성을 실천할 수 있을지에 대한 논의가 어느 때보다 절실히 요구되는 시점이라 하겠다.

제2부
한국교회의 현실

제5장
한국의 교회문화
- 한국적인 기독교문화 -

1 들어가며

문화란 사회과학, 특히 인류학과 사회학 분야에서 인간과 사회를 설명하는 광범위하면서도 기본적인 현상을 나타내는 개념이다. 문화는 넓게 "사회의 구성원들에 의해 사회에서 배우고 공유되는 모든 것"으로 정의될 수 있다.[1] 가장 널리 알려져 있고, 자주 인용되는 문화의 정의는 인류학자 에드워드 타일러(Edward Tylor)에 의해 제시되었다. 그에 따르면 문화란 "사회의 구성원으로서 인간이 획득하는 지식, 믿음, 예술, 도덕, 법, 관습, 그리고 그 밖의 능력과 습관을 포괄하는 복합적인 총체"이다.[2] 따라서 모든 사회는 그 안에 문화라는 내용물을 담고 있으며, 이때 종교는 문화의 일부, 혹은 하나의 문화 현상으로 이해될 수 있다. 이것을 우리는 '종교문화'(*religious culture*)라고 부른다.

종교문화는 종교에 따라 다르다. 그래서 종교문화에는 기독교문화, 이슬람문화, 불교문화, 힌두문화 등 다양한 형태가 있다. 그러나 같은 종교문화라 하더라도 시대에 따라, 지역에 따라, 그리고 전체문화에 따라 다르게 형성되거나 표현될 수 있다. 예를 들어 기독교문화는 초대, 중세, 근세, 현대에 따라 그 특징이 다르다. 또한 같은 기독교라고 해도 서구사회와 동양사회, 유럽대륙과 아프리카대륙 사이에는 서로 다른 종교적 문화가 형성될 수 있다.

이 단원에서는 한국의 기독교문화, 교회문화에 대하여 분석한다. 한국의 기독교문화는 서구의 기독교문화, 그리고 지구의 남반구 기독교문화와 다르다. 그 차이는 한국의 문화 자체가 세계의 다른 지역, 국가, 사회의 문화와 다르기 때문에 주로 생겨난다. 문화는 크게 어떤 유형으로 구분될 수 있는지, 한국문화의 특징은 무엇인지, 그 문화 안에서 형성된 한국의 기독교문화는 어떤 성격을 가지고 있는지, 한국의 교회문화는 한국의 전통문화와 어떤 관계를 가지고 있는지, 한국의 기독교문화는 어떻게 변화되어 있는지 살펴보기로 한다.

2   문화의 유형

문화를 세분화하면 성격상 몇 가지 형태로 구분된다. 하나는 물질(*material*)문화로서 이것은 기구, 건물처럼 형체를 가지고 있는 문화형태이다. 또 하나는 규범(*normative*)문화로서 이것은 법, 가치, 규범과 같은 도덕적 근거가 되는 문화형태이다. 다른 하나는 인지(*cognitive*)문화로서 이것은 과학, 지식, 기술과 같은 지성적 성격을 가지고 있는 문화형태이다. 한편 예술이나 문학, 스포츠와 같은 영역은 심미(*aesthetic*) 문화로 분류된다. 이 가운데 가장 중요한 것은 규범문화이다. 규범문화는 한 문화의 도덕, 정신, 정서 경향을 나타내며, 지배적인 가치정향을 보여주는 것이기 때문에 특정 사회의 문화 성격을 규정하는 데 결정적으로 작용한다. 따라서 이제부터 우리가 다루는 문화, 종교문화, 기독교문화의 의미는 주로 규범적인 것에 초점을 맞출 것이다.

문화에 대하여 연구하는 학자들은 흔히 문화의 유형을 구분하며 그 성격을 비교하는 경향이 있다. 일찍이 인류학자 루스 베네딕트(Ruth Benedict)는 희랍신화에 나오는 신들의 이름을 따서 문화를 크게 아폴로형(*Apollon*) 문화와 디오니소스형(*Dionysian*) 문화로 구분한 바 있다.[3] 아폴로는 사색과 명상의 영역을 다스리는 신이며, 디오니소스는 정열과 감정의 영역을 다스리는 신이다. 따라서 아폴로형 문화가 이성과 질서, 자제와 균형을 강조하는 문화라면, 디오니소스형 문화는 박력과 열정, 생산과 황홀로 특징지어지는 문화이다. 아폴로형 문화에서 이성과 지성이 강조된다면, 디오니소스형 문화에서는 감성과 정열이 강조된다. 전자가 냉철한 '머리의 문화'라면, 후자는 뜨거운 '가슴의 문화'라고 하겠다. 이러한 문화적 성향은 의식과 태도, 행위와 관계 모두에 그대로 반영되어 있다. 서구문화가 아폴로적 성향이 강하다면, 비서구 문화는 디오니소스적 성향이 강하다. 그래서 분석적이고 비판적인 사고는 서구문화에서 발달한 반면에, 정(情)이나 공감(共感)의 정서는 비서구 문화에서 두드러지게 나타난다.

네덜란드 사회학자 헤르트 홉스테드(Geert Hofstede)는 동양과 서양의 문화적 특성을 여러 관점에서 분석하며 비교한다.[4] 그에 따르면 문화는 우선 '권력거리'(power distance)의 수준에 따라 평등문화와 불평등문화로 구분된다. '권력거리'란 한 나라의 제도나 조직의 힘없는 구성원들이 권력의 불평등한 분포를 수용하는 정도를 말한다.[5] 권력거리가 크지 않은 문화는 평등문화인 반면에, 그것이 큰 문화는 불평등문화이다. 평등문화는 민주적인 문화, 불평등문화는 권위적인 문화의 양상을 띠는데, 전자는 서양에서, 후자는 동양에서 흔히 볼 수 있다.

홉스테드는 문화를 또한 개인주의 문화와 집합주의 문화로 구분한다. 개인주의 문화는 집단의 이익보다 개인의 이익을 우선하는 문화이며, 집합주의 문화는 개인의 이익보다 집단의 이익을 우선하는 문화이다. 개인주의 문화는 자유와 자아실현의 가치를 중요시하는 반면에, 집합주의 문화는 평등과 조화 및 합의 가치를 중요시한다. 집합주의 문화에서는 개인이 소속집단에 잘 통합되어 있으며 그 집단에 대한 강한 충성심이 요구된다. 경제적인 측면에서 보면 개인주의 국가는 부유하고, 집합주의 국가는 빈곤한 것으로 나타난다. 개인주의 문화는 서양에서 강한 반면에, 집합주의 문화는 동양에서 강한 경향이 있다.

홉스테드에 따르면 문화는 남성적 문화와 여성적 문화로도 구분될 수 있다. 남성적 문화는 가부장적이고 권위주의적이며 통제, 힘, 투쟁이 강조되는 남성지배적인 문화이다. 여성적 문화는 평등주의적이고 복지 지향적이며 타협이나 협상이 중요한 남녀 보완적인 문화이다. 남성문화에서는 남성성(*masculinity*)이, 여성문화에서는 여성성(*femininity*)이 강조된다. '남성성'은 사회적 남녀 역할이 명확하게 구분되는 사회, 즉 남자는 자기 주장적이며 거칠고 물질적인 성공을 추구하는 반면에, 여자는 보다 겸손하고 부드러우며 삶의 질에 관심을 두는 사회에 해당된다.[6] '여성성'은 사회적 남녀 역할이 중첩되는 사회, 즉 남성과 여성이 모두 겸손하고 부드러우며 삶의 질에 관심을 두는 사회에 해당된다. 대체로 보면 남성적 문화 성향은 동양이 더 강하고, 여성적 문화성향은 서양이 상대적으로 더 강한 경향이 있다. 그러나 서양에서도 북유럽은 여성문화성향이, 남유럽과 미국은 남성문화성향이 상대적으로 강하다.

홉스테드가 구분하는 또 다른 문화유형은 불확실성 회피문화와 수용문화이다. '불확실성 회피'(*uncertainty avoidance*)란 문화의 구성원들이 불확실한 상황이나 미지의 상황으로 인해 위협을 느끼는 정도를 말한다.[7] 불확실성 회피문화는 불확실한 현실이나 진리를 거부하거나 회피하면서 절대주의 입장을 고수하려는 문화이며, 불확실성 수용문화는 불확실성 자체를 인정하고 수용하며 상대주의 입장을 취하는 문화이다. 전자는 서양문화에 가깝고 후자는 동양문화에 가깝다. 예를 들어 서양의 논리에서는 만약 A가 참이라면 A와 반대되는 B는 반드시 거짓이어야 하지만(불확실성 회피), 동양의 논리에서는 A가 참인 경우에도 A의 반대인 B 또한 참이 될 수 있으며, A와 B 중 어느 하나가 더 우월한 지혜가 될 수 없다(불확실성 수용).[8] 따라서 서양의 사고는 분석적인 반면에, 동양의 사고는 종합적이다.

세계의 문화를 비교하면서 그 성격을 '가치지향성'(*value-orientation*)이라는 개념으로 설명하는 학자도 있다. '가치지향성'이란 "자연에 대한, 그 안에 있는 인간의 위치에 대한, 인간과 인간의 관계에 대한, 그리고 그것들이 인간-환경, 인간-인간의 관계에 관련될 때 바람직한 것과 바람직하지 않은 것들에 대한 일반화되고 조직화된 개념"을 의미한다.[9] 클라이드 클룩혼(Clyde Kluckhohn)은 가치 지향의 다양성이 문화의 차이를 보여준다고 하며 다음과 같이 비교한다.[10]

우선 인간 대 인간의 관계에서는 종선, 횡선, 개인주의 지향성이 있다. 종선적 인간관계는 계급적이고 권위주의적인 문화에서, 횡선적 인간관계는 평등하지만 획일주의적인 문화에서, 개인주의적 인간관계는 개인의 자유와 개성을 존중하는 문화에서 흔히 발견되는 형태이다. 시간에 대한 태도는 과거지향, 현재지향, 미래지향문화로 구분될 수 있다. 과거지향적 문화는 전통과 역사를 절대시하는 문화, 현재지향적 문화는 현실과 체제에 집착하는 문화, 미래지향적 문화는 변화와 혁신을 강조하는 문화형태이다.

인간과 자연의 관계를 근거로 한 문화유형 구분도 있다. 하나는 자연을 숭배나 예배의 대상으로 보는 원시문화이며, 다른 하나는 자연과 조화를 이루며 자연을 인격화하는 동양문화이다. 또 다른 형태는 자연을 지배의 대상으로 여겨 다스리려는 서양문화이다. 활동에 있어 중요한 것으로 간주하는 것에 따라서도 문화는 행동지향문화 혹은 존재지향문화로 구분될 수 있다. "하는 것"이 중요한 행동지향문화가 다분히 서양적인 것이라면, "되는 것"이 중요한 존재지향문화는 동양적인 것이다.

문화적 성격에 따라서는 정신이나 물질 가운데 무엇이 더 중요하게 간주되느냐에 따라 정신문화 혹은 물질문화로 구분될 수 있다. 마음, 성품, 정신을 강조하는 정신문화가 동양문화에 가깝다면, 돈, 경제력, 소유물을 강조하는 물질문화는 서양문화에 더 가깝다. 인간의 본성을 보는 시각에 따라서도 문화는 구분된다. 인간의 본성은 선하거나(성선설) 악하다고(성악설) 규정할 수 있다. 전자의 경우에는 교화를 통해 인간의 문제, 사회의 문제를 해결할 수 있다고 보는 반면에, 후자의 경우에는 제도와 통제를 통해 인간과 사회의 문제가 해결될 수 있다고 본다. 성선설 문화는 동양문화에 가깝고 성악설 문화는 서양문화에 가깝다.

지금까지 살펴본 문화유형에 대한 비교분석은 한국의 문화, 한국의 종교문화, 한국의 기독교문화를 이해하는 데 도움이 된다. 물론 모든 유형론적 분석은 막스 베버(Max Weber)의 표현대로 비교분석을 목적으로 하는 하나의 이념형(*ideal type*)에 근거한 것이기 때문에, 실제로는 어떤 문화도 절대적으로 혹은 완벽하게 특정 문화유형에 속한다고 볼 수는 없다. 그러나 그러한 유형론적 분석은 한국의 문화와 기독교문화를 이해하는 데 커다란 도움이 될 것이다.

3   한국의 문화적 특성

앞에서 우리는 문화유형의 다양성에 대하여 알아보았다. 그러한 설명들을 적용하여 한국의 문화적 성격을 살펴보면 중요한 특성들이 분명하게 드러난다. 첫째로, 한국문화는 이성적인 아폴로형 문화보다는 감성적인 디오니소스형 문화에 가깝다. 한국인은 모든 사물에 있어 논리적이고 합리적인 판단을 하기보다는 즉흥적이고 감정적인 대응을 하는 경향이 있다. 차가운 머리를 가진 사람보다는 뜨거운 감정을 가진 사람을 좋아한다. "따지는 것"을 싫어하는 대신 "느끼는 것"을 좋아한다. 정(情)과 흥(興)이 한국인의 삶에서는 가장 중요한 정서요, 분위기이며, 모든 관계의 출발점이 된다.

윤태림은 한국인의 감성적인 성격의 원인을 지정학적인 데서 찾고 있다.[11] 즉 자연의 폭위가 가옥, 농작물의 황폐와 더불어 식량의 결핍, 인명의 피해, 교통의 마비, 흉년으로 인한 기근을 가져오면 사람은 저항력이 감소되고, 경제적인 빈궁은 자연에 대항하는 의지력을 감퇴시킨다는 것이다. 그리하여 계절의 추이에 대한 변화와 아울러 사람으로 하여금 감수성이 예민해지게 만들고, 감정을 풍부하게 하였다고 본다.

한국문화의 감정적이고 열정적인 성향을 유전학적 특징에서 설명하려는 시도도 있다. 한 민족의 공통적인 뇌의 구조가 사람들의 생각이나 태도에 영향을 미친다는 것이다. 이 설명에 따르면 사람들의 뇌는 좌뇌와 우뇌로 구성되어 있는데, 좌뇌는 이성, 언어 등과 같이 추리나 논리적 사고와 관계되고, 우뇌는 직관이나 사물을 전체로 파악하는 공간지각력 또는 감각 등을 관장한다. 그런데 한국인은 좌뇌보다 우뇌가 상대적으로 더 발달해서 차가운 논리보다는 뜨거운 감정을 좋아해 항상 감정에 치우치는 행동을 한다는 것이다.[12]

어쨌든 이성이나 지성, 합리성이나 논리성보다는 감성이나 감정, 정이나 흥을 더 중요하게 생각하는 한국의 문화적 정서는 한국인의 의식, 태도, 행위, 관계에 커다란 영향을 미쳐 왔다. 나중에 보겠지만 그러한 문화적 성향은 한국의 종교문화에도 그대로 반영되고 있다.

둘째로, 한국문화는 매우 현세적인 성격을 가지고 있다. 즉 한국인은 현세를 매우 중시하는 민족이다. 한국인의 현세중심성향에 대하여 정순목은 이렇게 말한다. "한국인은 시간으로는 현세중심이고, 인간으로는 자아중심이다. 현세는 과거, 현재, 미래의 삼상(三相)이, 그리고 현존에는 조상, 자신, 자손이라는 인간의 삼존(三存)이 포섭되어 있다."[13] 우리의 속담에는 내세주의 사상의 속담은 없는 반면에 현세주의 사상이 반영된 속담이 많다.[14] 예를 들면 "거꾸로 매달려도 사는 세상이 낫다." "말똥에 굴러도 이승이 좋다." "사후의 술 석 잔 보다 생전의 한 잔 술이 달다." 등의 속담이 그것이다.

한국의 고유전통사상에는 선험적인, 연역적인 형이상학 체계나 이상적 도덕주의 사상체계가 정비되어 있지 않다. 그 대신 한국인은 현세적인 삶에서 얻어지는, 생활의 경험에서 온 지식을 종합하는 귀납적인 사고구조를 가지고 있다.[15] 그래서 한국인은 앞날의 일도 내세관으로 다루지 않고 현세관으로 다루는 경향이 있으며, 숙명적인 인과응보를 믿고 자력갱생을 믿는다.[16] 한국인의 현세 중심적 사고와 삶의 태도는 자연히 공리적인 성격을 띠게 된다. 여기서 말하는 공리는 '공공의 이익'(公利)이라는 뜻이 아니라 '공명과 이득'(功利)을 추구한다는 의미이다.

셋째로, 한국문화는 조화적 혹은 혼합적 성격을 가지고 있다. 우리는 앞에서 원래 동양은 서양과 달리 사고구조나 문화에 있어 조화를 중요하게 여긴다는 사실을 밝힌 바 있다. 한국의 문화는 조화적이고 혼합적인 문화의 전형을 보여준다. 유동식은 이러한 조화적, 혼합적 한국문화를 '비빔밥' 문화라고 부른다.[17] 다양한 재료들이 함께 섞여서 독특한 하나의 음식으로 탄생하듯이 한국인은 다양한 요소들을 한 데 섞어 조화를 이루어내는 성향이 강하다. 단군신화는 한국인의 조화와 융합의 정신을 보여주는 좋은 예가 된다. 신(神) 환인(桓因)의 아들 환웅(桓雄)과 웅녀(熊女)의 결합은 서로 다른 두 개의 질서, 즉 하늘의 질서와 땅의 질서가, 신의 질서와 자연의 질서가 분리와 갈등이 아니라 균형 잡힌 일치와 조화로서 만나는 우주론과 존재론을 표현한 것이다.[18]

한국인에게 음(陰)과 양(陽)은 대립적인 관계가 아니고 보완, 조화적인 관계이다. 하늘의 길은 땅의 길이요, 신의 길은 곧 인간의 길이다. 이렇게 한국의 전통적인 사유 특징은 천(天), 지(地), 인(人) 삼재(三才)의 계층화 내지 종속화를 거부하며 그 합일(合一)을 이상으로 하였다.[19] 한국문화의 조화, 융합의 정신은 한국인의 의식구조와 생활방식에도 반영되고 있다. 예를 들면 한국사회는 조직체, 단체, 직장, 가족 등 공동체에서 그에 소속된 사람끼리 가급적 마찰을 없애고 서로가 서로에게 융합하는 '화'(和)를 제일 큰 가치로 여겼다.[20]

넷째로, 한국문화는 무교적인 성향이 강하다. 무속신앙(巫俗信仰)으로도 표현되는 무교(巫敎)는 선사시대로부터 있었던 한국 본래의 신앙이다. 그것은 역사적으로 가장 오래된 종교현상이요, 한국문화의 기층에 자리 잡은 종교현상으로서 한국인의 생활습관과 관행에 깊이 뿌리내리고 있는 민간신앙이다. 그러나 한국에서 무교는 하나의 종교적 현상이기 전에 하나의 문화라고 할 수 있다. 그래서 유동식은 무교가 한국인의 심성을 결정했다고 단언하며,[21] 정진홍도 무속신앙을 우리 민족의 근원적인 해답의 상징체계로 본다.[22]

무속신앙의 가장 두드러진 특징은 추구하는 가치가 이기적이고 현실적이고 기복적인 성격을 띠고 있다는 점이다. 바람직한 삶은 이승에서 장수하고 풍부한 삶을 사는 것뿐이다. 어떻게 모든 재액과 불안에서 안심입명(安心立命)하고 복된 생활을 즐길 수 있을까 하는 데에 모든 관심의 초점이 있다.[23] 따라서 무교에서 믿는 신은 역사나 심판이나 정의나 윤리적 책임과는 무관한 기능신들일 뿐이다. 그 신들은 재물, 성공, 건강, 수명, 자손번식을 가져다주는 기능을 하며, 그것들은 모두 복(福)으로 표현된다. 따라서 한국의 전통문화에서 인생의 목표와 가치는 '복 받는 것'으로 이해되었다.

이러한 기복적인 무속신앙은 한국인의 의식과 삶에 지대한 영향을 미쳤다. 예를 들면 숙명론적인 팔자타령, 어떤 종교를 믿든지 현실 세계에서 물질적 이득을 바라는 경향, "복이 있다, 없다"라고 하는 사상, 가장 많은 유사종교가 거의 앞으로 올 행운을 바라고 있는 점, 또 광신적으로 신자를 모으는 데에서도 대부분 이성적 이론전개보다는 신비적이고 다분히 위협적이고 불가사의한 어떤 마력의 존재를 강조하는 점들은 한국의 무교적 토양의 특징이라 할 수 있다.[24] 결국 무교는 한국인의 신앙이며, 종교로서 한국인의 심성의 기조를 이루고 있는 동시에 생활의 전부를 채색하고 있어 아무리 외래사상이 전래되어도 그 밑바닥에는 무교신앙이 혼합작용하지 않은 것이 없다고 해도 과언이 아니다.[25]

지금까지 우리는 한국문화의 규범적인 성격에 대하여 논의했다. 그러나 문화를 이해하기 위해서는 또한 그 사회의 지배적인 가치관을 살펴볼 필요가 있다. 가치관이란 가치지향성 혹은 세계관(worldview)이란 용어와 함께 쓰이는 개념이다. 가치관은 한 개인의 의식구조와 태도 및 생활방식에 영향을 미칠 뿐만 아니라 사회 전체의 정치적, 경제적, 사회적, 문화적 양상에 영향을 미치게 된다. 가치관은 개인에 따라 서로 다를 수 있지만, 일반적인 경향이란 측면에서 보면 문화에 따라, 사회에 따라서도 다를 수 있다.

가치관은 세 가지 내용으로 구성되어 있다. 지적인 지식을 뜻하는 인지적(cognitive) 가치관, 심미적이고 예술적인 평가를 나타내는 감상적(appreciate) 가치관, 그리고 인간관계와 사회생활에서의 윤리적인 의식과 태도를 말하는 도덕적(moral) 가치관으로 이루어져 있다.[26] 이 가운데 특히 중요한 것은 도덕적 가치관이다. 인지적 가치관이나 감상적 가치관은 서로 달라도 크게 문제될 것이 없다. 예를 들어 누구는 고전음악을 좋아하고 누구는 대중음악을 좋아한다고 해도 사회적으로 문제가 되지 않는다. 그러나 도덕적 가치관은 사람들의 태도나 행위를 윤리적으로 결정지어 주기 때문에, 그 내용이나 정도에 따라 사회에 순기능적 결과를 가져올 수 있지만 때로는 역기능적 결과를 초래하기도 한다. 따라서 한국문화의 한 특성으로서 전통적이며 지금도 중요하게 작용하고 있는 한국의 몇 가지 도덕적 가치관에 대하여 살펴볼 필요가 있다.[27]

한국문화의 특징적인 가치관은 무엇보다 집합주의(collectivism)이다. 이것은 개인보다는 집단을 위한 의무, 충성, 협동이 강조되는 가치관이다. 한국인은 자신이 속한 집단에 지나칠 정도로 집착하는 '우리주의'(Weness) 경향이 강하다. 우리나라, 우리 민족, 우리 지역, 우리 고향, 우리 학교, 우리 회사, 우리 가족 등 '우리'를 너무 좋아한다. 개인은 사라지고 그가 속해있는 집단이 개인을 대신하는 경우가 많다. 따라서 개인의 개성보다는 출신이 더 중요하게 받아들여진다. 이러한 집합주의는 자신이 속해있는 내집단(in-group) 안에서는 강력한 연대감과 소속의식을 만들어내지만, 자신이 속하지 않는 외집단 혹은 타집단(out-group)에 대해서는 거부감이나 배타성, 때로는 적대감을 조장하기도 한다. 혈연, 지연, 학연에 근거한 연고주의는 파벌을 조성하여 집단 간의 갈등을 야기하는 경우가 많다. 이것은 흔히 집단이기주의를 강화시키기도 한다.

집합주의 가운데는 특히 '가족주의'(familism)가 중요하다. '가족주의'란 일체의 가치가 가족집단의 유지, 지속, 기능과 관련을 맺어 결정되는 사회의 조직형태를 말한다. 한국에서는 인간관계의 기본단위를 개인에게 두지 않고 집(家) 혹은 가족에게 두는 경향이 강하다.[28] 개인의 문제는 가족의 문제이고, 개인의 성공은 가족의 성공이며, 개인의 실패는 가족의 실패이다. 개인의 명예, 지위, 재산이 모두 가족의 것이 되는 경우가 많다. 그래서 가족의 배경이나 출신이 개인의 출세나 성공에 지대한 영향을 미친다. 가문의 영광이니 가문의 수치니 하는 말이 한국만큼 흔하게, 그리고 중요하게 쓰이는 나라가 또 있을까? 그만큼 가족과 관계된 어휘가 무수히 많다. 예를 들면 가문, 가장, 가구, 가사, 가계, 가친, 가훈, 가산, 가정, 가풍, 가보, 친가, 외가, 처가, 종가, 상가 등 헤아릴 수 없을 정도이다.

제사, 족보, 종친회, 풍수지리 등도 모두 가족주의에 근거한 것이다. 이렇게 가족주의는 전형적인 집합주의, '우리주의' 가치관이라 할 수 있다.

한국문화의 또 다른 중요한 가치관은 '권위주의'(authoritarianism)이다.[29] 이것은 모든 인간관계, 사회관계를 위계서열에 근거한 지배-종속의 관계로 보는 가치관이다. 한국인에게는 상하서열의식이 매우 강하다. 우선 말부터도 경어, 평등어, 비어 등으로 구분된다. 손윗사람, 손아랫사람, 동등한 지위에 있는 사람에게 사용되는 칭호와 용어가 각기 다르다. 그리고 가문, 재산, 학벌, 직위, 성별, 나이 등의 외면적인 요인에 각기 다른 권위를 부여한다. 물론 이러한 권위주의 가치관은 인간관계를 서열로 보는 유교적 가르침(예를 들면 삼강오륜)의 영향이 컸다.

권위주의에서 나타나는 서열의식은 모든 집단에서 그대로 나타난다. 가정, 회사, 학교, 공공기관 뿐만 아니라 개인이 속해있는 모든 집단에서 서열이 엄격하게 매겨지고 있다. 당연히 높은 지위에 있는 사람은 명령하고 지배하는 권리를 가지고 있는 반면에, 낮은 지위에 있는 사람은 복종하고 종속되는 책임을 지니고 있다. 사람들의 이름은 모두 직위나 직책으로 불리며, 그것은 곧 힘이나 영향력이 있거나 없는, 혹은 많거나 적은 것을 나타내는 척도가 된다. 한국인이 유달리 감투욕이 강한 것도 그러한 권위주의의 산물이라 할 수 있다. 권력의 중요한 기준 하나는 나이이다. 한국만큼 나이를 따지고, 이에 따라 서열을 매기는 나라도 드물 것이다. 권위주의 성향이 강한 것은 가부장적인 남성문화의 특징이기도 하며, 그래서 한국에서는 여전히 여성에 대한 차별이 존재한다.

우리는 지금까지 한국의 문화적 특성에 대하여 살펴보았다. 그러한 문화적 성향은 종교에도 영향을 미쳐 한국에는 독특한 한국적 종교문화가 형성되었다. 따라서 한국의 모든 종교에는 공통적인 종교문화 특성이 나타나고 있으며, 여기에는 한국 기독교(교회)도 예외가 아니다. 이제부터

이 문제를 다루기로 한다.

4   한국의 종교문화와 한국교회

　기독교문화를 포함하여 한국의 종교문화는 어떤 특징을 가지고 있는가? 첫째로, 한국의 종교문화는 감성적이고 열정적인 특성을 가지고 있다. 앞에서 우리는 문화유형을 아폴로형과 디오니소스형으로 구분한 바 있다. 그 구분은 종교문화에도 그대로 적용된다.[30] 아폴로형 종교문화에서는 논리와 이성이 중요하게 취급된다. 따라서 인간은 합리적 존재로 이해되고, 종교에 대한 논리적 이해가 강조되며, 종교의례도 지성적이고 엄숙하게 진행된다. 때로는 종교적인 사색과 명상, 그리고 반성과 성찰이 요구되기도 한다. 반면에 디오니소스형 종교문화에서는 감정과 열정이 중요하게 생각된다. 합리적 신학보다는 비합리적이고 황홀한 경험이 종교의 본질로 이해된다. 의례에 있어서도 보다 즉흥적인 신앙의 표현이 중요한데, 경우에 따라서는 소리 지르고 춤추고 방언을 하며 접신(接神)하고 그 밖에 여러 감정적 표현이 수반되기도 한다.

　한국의 종교문화는 전형적인 디오니소스문화이다. 물론 한국인의 종교성에서 아폴로적인 유교 영향이 없었던 것은 아니지만, 보다 일반적인 대중성향은 디오니소스적인 무교 영향을 더 받았다고 할 수 있다.[31] 삶을 위한 종교가 아니라 삶 자체가 종교적인 성향을 띤 것이 전통적인 한국인의 종교적 정서였다. 그래서 한국에서의 종교적 행위는 '신들린' 혹은 '신나는' 일이 되어 왔다. 한국에서는 오랫동안 종교적 행사가 축제(festival)의 성격을 띠었다. 무교에서의 굿, 전통불교에서의 팔관회(八關會)나

연등회(燃燈會)가 모두 흥겨운 잔치요, 축제의 성격을 나타내는 것이었다.[32]

한국 기독교의 열광주의, 부흥운동, 성령운동이 크게 호응을 받는 것도 한국의 감정적인 종교성을 보여주는 것이다. 한국교회에서 통성기도를 하고 박수를 치며 열광적으로 찬송 부르는 분위기도 한국의 종교문화 정서를 반영하는 것이라 하겠다. 따라서 한국교회에서는 진지한 교리적, 신학적 탐구와 토론보다는 감성적인 의례적 수행과 감정적인 신앙표현이 더욱 강조된다. 한국교회의 뜨거운 종교적 열정은 종교성에 그대로 드러나 있다. 매일 새벽기도회를 여는 교회는 아마도 기독교 2천 년 역사를 통하여 한국 개신교 밖에 없을 것이다. 금요일 심야, 혹은 철야 기도회를 갖는 교회도 한국교회 뿐이다. 주일 낮과 오후(혹은 저녁), 그리고 수요일에도 예배를 드리는 교회도 한국교회 뿐이다. 이와 같이 한국교회문화의 특징은 열정적이고 감성적이며 적극적인 것이다.

둘째로, 한국문화가 현세적이고 공리적인 성향을 가지고 있듯이 한국의 종교문화 역시 현실적이고 공리적인 성격을 띠고 있다. 예를 들어 무속신앙은 현세적인 현실 관심, 현세를 사는 인간적인 기대, 욕구와의 관련에서만 기능한다는 의미에서 공리적이다.[33] 무속신앙에서 좋은 삶, 잘사는 인생이란 우환이 없고, 몸과 마음이 안락하고, 남들에게 부러움을 받는 그런 인생이다. 전통적으로 한국인이 생각해온 신 관념도 현세적 공리주의의 틀을 벗어나지 않는다. 즉 우리가 생각하는 하느님, 혹은 천(天)은 이 세상을 섭리하는 존재가 아니라 '운명'을 장악하고 있는 존재이고, 우리들이 하느님에 대하여 윤리적 행위와 보수로써 기대하는 것은 장수, 부귀, 강녕(康寧) 등 현세적인 것이며, 사후에 기대하는 것은 단순히 명예일 뿐이다.[34] 한국종교의 현실주의적 특성은 복을 받아야 할 곳도 이곳이고, 재앙을 물리쳐야 할 때도 지금이라는 믿음에서 잘 드러난다.

현세적 공리주의 신앙은 다른 전통종교들에서도 그대로 나타난다.

원래 불교는 현세적 가치를 근본적으로 부정하지만(諸行無常: 만물은 끊임없이 돌지만 모두 덧없고 무상하다. 諸法無我: 세상에 보이는 모든 것은 허상일 뿐이다.), 우리나라에 들어온 불교는 주술적, 기복적, 현세 중심적인 것으로 바뀌었다. 즉 현세적이고 공리적인 문화토양에서 한국불교는 현실 생활의 행복을 기원하는 데 중심을 두었고, 불심이라는 것도 현세에서의 일심의 안락을 위한 것이 되었다. 그리하여 한국불교는 돈, 자녀, 건강과 같은 현세적 축복에 대한 '자기 성취적 예언'으로 그 믿음이 변모되었다.[35]

조선 시대 한국의 지배적인 가치체계의 근거가 되었던 유교의 경우도 마찬가지이다. 유교는 내세에는 관심이 없고, 현세에만 관심을 갖는다. 거기에는 죄의식이나 구원의 문제가 없고, 단지 현세의 실천적 행동규범에 초점을 맞추고 있다. 따라서 조상봉사(祖上奉祀)도 조상 자신을 위한 것보다는 자손에게까지 영향력을 미치는 조상을 위로하지 않으면 어떤 화를 입을지 모른다는 것, 또 복을 받기 위해서라도 조상의 영혼을 위로하는 것이 효의 연장이요, 자손의 도리라고 생각하는 현실주의적 사고에 입각한 것이다.[36] 결국 유교가 가르치는 윤리적 행위의 목표는 종교적인 구원이 아니고 장수, 건강, 부 등 지극히 현실적인 것이다.

한국인이 종교적으로 현세 중심적인 가치관을 가지고 있다는 것은 한국갤럽의 조사결과에서도 드러난다. 즉 "극락이나 천국은 저세상에 있는 것이 아니라 이 세상에 있다"는 데 대하여 한국인의 63%가 "그렇다"("아니다" 24%)고 응답했다.[37] 이에 대하여 불교인의 75%, 천주교인의 72%, 개신교인의 42%, 비종교인의 66%가 동조했다. 특히 기독교가 내세의 천국에 대하여 가르친다는 사실을 고려해본다면 한국에서는 많은 기독교인이 현세적인 신앙을 가지고 있다는 것을 알 수 있다. 한편 극락이나 천당의 실재에 대하여는 한국인의 42%만 믿고 있다(불교인 51%, 개신교인 82%, 천주교인 65%, 비종교인 18%).[38] 분명히 한국인은 현세 중심적인 종교성을 가지고 있으며, 여기에는 개신교인도 예외가 아니다. 나중에 보겠지만 한국교회에서 강조되는 축복은 주로 현세적인 복(건강, 재물, 마음의 평안, 가족의 안녕 등)에 초점을 맞추고 있기 때문이다.

셋째로, 한국문화의 조화적 또는 혼합적 성격은 한국의 종교문화에도 그대로 반영되어 있다. 예를 들어 조화에 대한 관념은 천도교의 시천주(侍天主), 인내천(人乃天) 사상의 근원이기도 하다. 즉 한울님의 초월성과 내재성을 인정함으로 사람이 곧 한울님을 모신 존재이며, 따라서 사람은 곧 한울님처럼 존엄하다는 것이다.[39] 이러한 화합과 조화의 정신은 증산교의 해원상생(解冤相生) 교의에도 나타나 있으며,[40] 원불교의 일원(一圓) 사상에서도 분명히 드러나 있다.[41]

조화와 융합의 정신은 한국불교에서도 볼 수 있다. 한국불교는 화엄경(華嚴經)의 일승원융(一乘圓融) 사상에 바탕을 두고, 현실과 이상을 하나로 조화시키려는 이상을 갖고 있다. 이때의 '하나'는 단순히 수량적 의미라기보다는 조화, 통일성으로서의 염원성을 상징한다. 화엄 사상은 원래 하나가 여럿이고(一卽多), 여럿이 곧 하나(多卽一)라고 하는 원융 사상이다. "이도 없고 저도 없으며, 예토(穢土: 중생이 사는, 번뇌로 가득 찬 고해인 현실세계)와 정토(淨土: 아무런 번뇌도 고통도 없는 극락세계)가 본래 하나요, 생사와 열반이 결국 둘이 아니다."라고 하는 이른바 역(逆)의 합일(合一)을 나타내는 것이 그것이다.[42] 조선 시대의 유교 전통은 주로 성리학(性理學)의 이론에 기초해 있는데, 성리학에서는 우주와 인간의 관계는 곧 하늘과 인간의 본질을 일치시키는 이른바 천인합일론(天人合一論)을 핵심으로 하며, 자연과 인간의 관계는 조화를 지향하는 물아일체론(物我一體論)에 기초하고 있다.[43]

이러한 조화적인 종교문화는 쉬이 종교적 혼합주의 형태로 나타나게 된다. 즉 조화와 융합의 정신은 여러 종교의 사상과 이념들이 서로 섞이도록 하고, 또한 한국인이 동시에 여러 종교적 성향을 가질 수 있게 만든다. 한국의 가장 오랜 종교전통이라고 할 수 있는 무교의 경우를 먼저 살펴보자. 무교는 세월이 흐르면서 유교와 불교 및 도교와 혼합되는 양상을 보였다. 예를 들어 내세를 극락과 지옥으로 나누고, 죽은 영혼은 생전의 선악행위에 의해 심판받는다는 무교의 내세관과 심판 이해는 불교적인 것이다.[44] 무교에서 섬기는 제석(帝釋)이나 칠성(七星)과 같은 신들은 각각 불교와 도교의 전통에서 유래했다.[45] 무교가 불교와 혼합된 보다 실제적인 모습은 많은 무당들이 불상이나 보살상을 모시고 무업을 하고 있다는 사실에서 찾아볼 수 있다. 무교는 유교와도 혼합되었다. 예를 들어 원래 마을 굿은 무당과 같은 민간사제가 담당했던 것인데, 조선조로 오면서 유교적 요소가 침투하기 시작해 제사지내는 부분을 유교화 해버렸다.[46]

한국의 민족적인 종교들도 사실은 여러 종교전통에 담겨 있는 이상과 진리를 모두 종합하고 통합하려는 태도를 가져왔다. 대표적인 것이 최재우의 동학사상으로 유, 불, 선 삼교의 사상을 포함하고 있다. 여러 종교들이 지향하는 다양한 진리의 총화를 추구하는 소위 '통합진리론'이 한국에 나타나는 신흥종교들에서는 거의 예외 없이 반복된다.[47] 한국불교 역시 혼합주의적 색채를 띠고 있다. 예를 들면 사찰 안에는 거의 예외 없이 칠성(七星), 산신(山神), 독성(獨聖)의 신령들을 모시고 있는 삼성각(三聖閣)이 있다. 그런데 여기서 칠성신은 도교적, 산신은 무교적, 독성신은 불교적 존재로 알려져 있다.[48] 불교의 혼합적 성향은 의례에서도 나타난다. 불교의 대표적인 제례는 소재신앙의례(消災信仰儀禮), 사자신앙의례(死者信仰儀禮), 영혼천도의례(靈魂薦度儀禮)인데, 이것들은 한국의 전통적 종교성, 특히 무교적 전통과 화합하여 정형화된 것이다.[49]

이와 같이 고전적인 종교전통들은 우리나라에 들어와서 그대로 본래적인 성격을 유지하다가 오랜 시간이 경과하면 우리 문화와 혼합된 모습을 보인다. 따라서 우리 민족은 불교나 유교의 어느 특정 종교에 완전히 개종하지 못하고 있다. 즉 한국인은 유교, 불교, 무교, 심지어 기독교 성향을 함께 가지고 있는 것이다. 예를 들어 한국인의 인간관계에서 위계 질서는 분명히 유교적인 삼강오륜의 도덕률 영향 아래 있다. 하지만 삶의 현장에서 경험하게 되는 불안과 공포의 충격 앞에서는 이를 업보로 보는 등 불교적인 관념으로 그것을 해석하고 자신을 달랜다.[50] 뿐만 아니라 한 국의 모든 전통종교는 기복적인 성향을 가지고 있는데, 이것은 다분히 무 교와 혼합된 것이다. 나아가서 많은 한국인이 절대자에 대한 신앙을 가지 고 있는데, 이것은 기독교적인 것이다. 한국인은 동시에 여러 종교적 관 념이나 신앙을 가지고 살고 있다.

한국인의 혼합적인 종교성은 종교적 관념에 대한 의식에도 그대로 반영되고 있다. 2015년 한국 갤럽의 조사결과에서 몇 가지 예를 들어보 자.[51] "남편과 아내가 해야 할 일은 구분되어야 한다"(夫婦有別)는 유교적 성향에 43%가 동조했는데, 그 비율은 모든 종교인에게서(그리고 비종교인에 게서도) 비슷하다(불교인 53%, 개신교인 39%, 천주교인 36%, 비종교인 41%). 자식은 자 기 생각보다 부모의 뜻에 따라야 한다"(父爲子綱: 아들은 아버지를 섬기는 것이 근 본이다)는 데는 32%가 동조했으며, 그 비율은 종교별로도 비슷했다(불교인 39%, 개신교인 36%, 천주교인 31%, 비종교인 28%).

기독교적 성향의 경우는 어떤가? "이 세상은 그냥 만들어진 것이 아 니라 초자연적인 힘을 가진 누군가가 만들었다"는 '창조설'에 대해 34% 가 동조했다. 그런데 그 비율은 물론 기독교인(개신교인 59%, 천주교인 45%)에 게서 높았지만, 불교인(34%)과 비종교인(21%)의 경우에도 낮지 않았다. "앞으로 이 세상의 종말이 오면 모든 사람은 절대자의 심판을 받게 되어 있다"는 '심판설'에는 25%가 "그렇다"고 했지만, 이에 대해서 불교인의 16%, 비종교인의 12%가 동조했다(개신교인 61%, 천주교인 38%). 개신교인에 비해 천주교인 가운데 기독교의 가르침인 창조설과 심판설을 믿는 비율이 상당히 낮은 것이 특이하다. 이것은 천주교인의 종교성이 개신교인의 종교성보다 약하다는 일반적인 사실을 반영하는 결과이기도 하다.

불교적 성향 가운데 "사람이 죽으면 어떤 형태로든지 이 세상에 다시 태어난다"는 '윤회설'에 대하여는 한국인의 28%가 동조했으며, 그 비율은 종교별로 차이가 크지 않다(불교인 38%, 개신교인 34%, 천주교인 29%, 비종교인 21%). "누구나 진리를 깨달으면 완전한 인간이 될 수 있다"는 '해탈설'에 있어서는 한국인의 35%가 동조했는데, 역시 종교별로 차이가 거의 없다(불교인 42%, 개신교인 43%, 천주교인 36%, 비종교인 27%). 두 가지 특이한 사실이 드러난다. 하나는 불교적 성향이 불교인에게서도 그리 높지 않다는 것이다. 이것은 우리나라 불교인은 불교를 교리적 믿음의 태도로 접근하는 것이 아니라 현실적이고 공리적인 태도로 접근하는 경향이 있다는 것을 말해주는 것이라 하겠다. 다른 하나는 기독교인 가운데 불교적 믿음을 가지고 있는 경우가 상당하다는 사실이다.

이렇게 한국종교인의 경우, 겉으로는 특정 종교를 믿는 것으로 나타나 있으나 내면적으로는 혼합적인 종교성을 가지고 있어, 한국인의 조화적 혼합주의 성향을 드러낸다. 이것은 홉스테드가 말하는 동양적인 '불확실성 수용' 문화의 전형적인 사례가 될 수 있다. 한국의 혼합적인 종교문화의 가장 두드러진 현상은 한국의 모든 종교가 무교와 혼합된 양상을 띠고 있다는 것이다.

따라서 한국종교문화의 네 번째 성격은 무교적 기복주의 성향이 강하다는 것이다. 많은 한국인이 오늘날에도 무교적인 믿음을 가지고 있다. 예를 들어 한 조사에 따르면 한국인의 32%가 "부적이 행운을 가져다 준다"고, 38%는 "사주가 사람의 인생에 영향을 미친다"고 믿는 것으로 조사되었다.[52] 다른 조사는 한국인의 37%가 "궁합이 나쁘면 결혼하지 않는 것이 좋다"고, 52%는 "명당에 선조의 묏자리를 쓰면 자손이 잘 된다"고 생각하고 있음을 밝혔다.[53] 아직도 무교적 관념이 한국인의 의식에 남아 있는 것이다.

더욱이 한국문화의 혼합주의적 성향은 결국 무교적 종교성을 다른 종교들과 혼합시켜 무교화해버렸다. 즉 무속신앙이 한국에서 불교, 유교, 기독교와 혼합되면서 우리나라에 들어온 이 종교들은 모두 무교적인 기복종교의 성격을 띠게 된 것이다. 우선 불교의 경우를 보자. 앞에서 보았듯이 사찰 안에 있는 법당 삼성각은 칠성신, 산신, 독성신이라는 신령들을 모시고 있다. 그런데 칠성신은 인간의 수명과 자식의 생산을 관장하는 신으로, 산신은 수호와 생산, 사업의 성패를 관장하는 신으로, 그리고 독성신은 소원을 성취시키고 재복을 주는 신으로 이해되고 있다.[54] 이 신들에게 비는 것은 다분히 무교적인 기복신앙이다.

한국불교의 종교행사 가운데 가장 많은 것은 각종 기도인데, 대표적인 것은 관음기도(觀音祈禱), 칠성기도, 산신기도이다. 그런데 관음기도의 내용은 소원성취요, 칠성기도의 목적은 자식 발원과 연명기원(延命祈願)이며, 산신기도의 목적은 재복(財福)이다.[55] 그리고 가장 보편적인 신앙대상으로서의 아미타불(阿彌陀佛)과 관세음보살(觀世音菩薩)은 모두 현재불(現在佛)이요, 자비불(慈悲佛)로서 그들은 현세에서의 소원성취를 위한 신앙대상이요, 기도의 대상이다.[56] 결국 토착적인 신앙과 결부된 민간불교의 가치체계는 업인(業因)을 끊고 해탈(解脫)을 하는 것보다는 재(財), 수(壽), 녕(寧)에 있음을 알 수 있다.[57] 여기에서 우리는 타력신앙이며 기복신앙으로서의 한국불교의 모습을 보게 된다.

무교적인 기복성은 한국유교에서도 나타난다. 유교는 원래 유학으로 들어왔으나 무교의 의식과 제례를 도입하여 그 실천적 수행에 있어서는 무속화 되었다. 예를 들어 중국에서 전해진 오행설(五行說)은 음양(陰陽)오행의 이치를 가지고 천문, 의학 등을 연구하는 학문이나, 한국에 들어

와서는 계통적인 교리보다는 관상(觀相), 사주(四柱), 신수(身數) 등 미신으로 신봉되었다.[58] 유교의 무교적 기복성은 특히 유교문화가 구체적인 의례로 강조해온 조상에 대한 의례가 하나의 제례로 정착하는 과정에서 나타난다. 즉 조상에 대한 제사는 기일(忌日)의 기념에서 끝나지 않고, 농경의례의 곡신신앙(穀神信仰)과 관계를 맺고 있어 절기에 따라 행해진다. 따라서 조령제(祖靈祭)의 이 같은 양태는 기능화된 천신(天神)에 대한 기복적인 제의를 포함하고 있다.[59] 특히 효(孝) 개념은 유교의 중심적인 윤리 가운데 하나였고 이와 관계된 의례는 당연한 것이었으나, 이 의례 가운데서 조상의 혼을 부르고 음식을 대접하며 복을 비는 것은 분명히 무교적 기복주의 성격을 띠는 것이다. 이와 같이 유교의 여러 제례들도 타종교, 특히 무교와 혼합된 양상을 보일 뿐만 아니라 그 목적도 다분히 기복적이어서 현세복락을 추구하는 경향이 있다.

한국의 혼합적인 종교문화성향은 기독교에서도 드러난다. 특히 기독교에 커다란 영향을 미친 것은 무교의 기복성과 현실주의 및 의타성이다. 한국인은 불교와 유교의 수용 태도와 마찬가지로 기독교 역시 제재초복(除災招福)의 종교로 받아들였다. 많은 교회에서 흔히 행해지는 소위 3박자 축복(현세의 평안, 세상에서의 성공, 육체적 건강)은 다분히 무교적인 기복신앙을 닮았다. 이에 대하여 신학자 서광선은 '성령 믿는 교회' 교인들이 무속에서 바라는 현세적, 세속적 이득과 축복을 위해 재수 굿, 병 굿을 하는 대신 눈물 흘리며 열광하는 것이라 보고 양자는 신학적 구조면에서 동일하다고 설명한다.[60] 신앙의 목적은 축복이며, 축복은 현실 생활에서의 육체적 건강과 물질적 성공에 집중되어 있다는 것이다. 한국인의 무속신앙은 기독교를 받아들여 무속적으로 이해하도록 했다. 이것은 어떻게 하면 우선적으로 재난과 화를 면하고 소원성취하며 안락하게 살 수 있는가 하는 문제에 관심을 갖게 만들어 기독교 신앙을 이기적이고 기복적인 신앙으로 변질시켜 버렸다. 신학자 서정운도 적지 않은 교인들이 이른바 '예언'을 듣기 원하고 '예언기도'한다는 사람을 찾아다니는 것도 사람들이 점(占)을 치는 심리와 동일한 것이라고 지적한다.[61]

뿐만 아니라 일부 기독교 집단의 치병(治病) 현상도 신유집회나 치유 과정에서 보이는 것은 철저하게 무교적인 축사법(逐邪法), 축귀법을 그대로 이용하고 있다.[62] 이들 집단의 마귀론, 귀신론은 무교의 질병관 가운데 빙의(憑依) 개념이 주축을 이룬다. 참여관찰법으로 이 집단을 연구한 정신의학자 김광일에 따르면 기독교 치병 집단에서는 모든 질병의 원인을 무조건 밖에서 들어온 귀신 탓으로 돌리는데, 이것은 무교인의 질병관과 같은 것이다.[63] 게다가 질병을 일으키는 귀신 이름과 그 성격도 기독교 치병 집단과 무교의 그것이 동일하다는 것이다. 예를 들어 기독교에서 불리는 귀신 이름도 처녀귀신, 조상귀신, 장군귀신, 과부귀신, 거지귀신 등 무교의 잡귀들 이름 그대로이며, 그들은 억울하게 죽어서 그 분풀이로 사람 몸에 들어가 질병을 일으킨다는 것이 무교의 주장과 동일하다.

종교학자 유동식은 부흥회에서 기사이적(奇事異跡)을 기대하는 것도 어디까지나 즉석의 효과를 기대하는 무교적 기복주의에 기인하는 것이라고 지적한다.[64] 이러한 무교적 기복성은 기독교 성직자에게 무당적인 중재 역할을 하도록 기대하기도 한다. 무당은 원래 신명을 부리고 봉사하는 동시에 악령을 쫓아내서 질병과 재난을 몰아내고 길흉을 정복하며 치병책을 예언하는 자들인데, 교인들이 그런 기능을 목사에게 기대하는 경우가 적지 않다.[65] 이렇게 한국 기독교도 무속신앙과 혼합되어 있고, 따라서 기독교 신앙도 무교적인 기복주의 성향을 띠고 있다.

이와 같이 한국의 모든 종교들은 감정적이고 현세적이며 혼합적이고 기복적인 종교 문화적 성격을 가지고 있으며, 여기에는 한국의 기독교(교회)도 예외는 아니라는 사실을 알 수 있다.

5 한국교회의 사회적 가치관

앞에서 우리는 한국의 규범적 가치는 집합주의와 권위주의의 성격이 강하다고 했다. 이러한 가치관은 한국교회에서도 그대로, 때로는 더욱 두드러지게 나타나고 있다. 집합주의는 개인보다는 집단의 정체성을 강조하며 집단에 대한 소속의식을 강조하는 사회적 태도인데, 한국교회에는 이러한 경향이 매우 강하다. 몇 가지 예를 들어 보자. 개신교는 서로 다른 역사와 전통, 그리고 신학을 가지고 있는 다양한 교파로 구성되어 있다. 그러나 그 다양성이 한국교회에서는 '다름'이 아니라 '옳고 그름'의 잣대로 이해된다. 즉, 우리가 속해 있는 집단 혹은 교파에 거의 맹목적으로 충성하는 집합주의 때문에 한국의 많은 교회가 교파주의에 집착한다. 개교회의 이름에 교파 이름을 반드시 붙이는 것은 거의 한국적인 현상이다. 서구사회에서는 가능하면 교회 이름에 교파 이름을 함께 쓰지 않으며, 심지어는 교파소속 자체를 거부하는 경우가 증가하고 있다. 그러나 한국교회는 소위 '탈교파주의'(de-denominationalism) 혹은 '후기 교파주의'(post-denominationalism)로, 세계적인 교회의 흐름과 전혀 다른 길을 가고 있다.[66] 이 문제는 제7장에서 자세하게 다룰 것이다.

그러나 교파 집합주의는 다른 교파를 거부하고 배척하며, 심지어는 이단으로 몰아가는 독선적인 태도를 만들어낸다. 한국교회에서 교파는 다양성의 상징이 아니라 우열의 기준이 되고 있는 것이다. 한국교회에서 이단 시비가 유달리 많은 것도 '우리'와 '그들'을 선과 악, 의와 불의를 상징하는 집단으로 구분하는 집합주의적이고 이분법적인 사고의 영향일 것이다.

한국교회의 집합주의는 연고주의와 결합하여 여러 형태의 파벌을 조장한다. 학연, 지연, 혈연이 교회에서도 인맥과 정치 세력화에 중요하게 작용하고 있다. 모든 교파에서 예외 없이 권력과 지위를 위해, 영향력을 위해 교단 정치가 이루어지고, 여러 집단이 세력을 확장하며 주도권 다툼을 하는 것도 한국교회에서 흔히 보이는 현상이다. 한국교회에는 파벌 싸움이 심한데, 그것은 결국 한편으로는 신앙적, 교리적 입장의 차이 때문에, 다른 한편으로는 교권을 장악하려는 정치적 주도권 다툼 때문에 생겨나는 것이라 하겠다.

가족주의적 집합의식 또한 한국교회에서 흔히 볼 수 있는 현상이다.[67] 교회마다 강조되는 것은 "가족 같은 분위기"이며, 교인끼리 서로 부르는 호칭도 가족 안에서나 가능한 "형제자매"이다. '속회'나 '순'모임도 교회 안의 작은 가족과 같은 의미를 가지고 있다. 이러한 가족주의는 한국의 개교회에 친밀하고 상부상조하는 관계를 만들어내며, 강한 소속의식과 연대감을 조성하는 기능을 수행하기도 한다. 물론 교회를 세습하는 것도 한국교회의 가족주의적 집합주의 문화에서 쉽게 볼 수 있는 현상이기도 하다.

한국문화의 권위주의적 가치관은 한국교회에서 보다 현저하게 나타나고 있다. 권위주의의 특징은 인간관계에서 상하서열의 위계질서를 강조하는 것이다. 이에 따라 윗사람에게는 복종이 요구되고, 아랫사람에게는 일방적인 지시나 명령이 내려지는 것을 당연하게 여긴다. 한국의 모든 교파조직은 철저하게 수직적인 계급구조 형태를 띠며, 위로 올라갈수록 권위가 부여된다. 교단장에게는 권력, 지위, 명예가 부여되며, 인사권과 재정권 등 모든 권한이 집중된다. 이것이 모든 교단장 선거, 그리고 교회 연합단체장 선거가 과열현상을 빚는 이유이기도 하다.

개교회에서도 목회자는 거의 절대적인 권위를 가지고 있다. 평신도에게는 목회자에 대한 순종을 미덕으로 가르치기도 한다. 한국교회는 대개 성경적 권위를 절대적인 것으로 인식하고 있는데, 이 권위는 목회자에게로 이어진다. 즉 목회자는 성경에 대한 구체적인 해석, 그리고 성경을 현대생활의 문제에 적용하는 모델을 마련하는 지도자, 목자로 이해되면서 그의 권위에 복종할 것이 요구된다. 따라서 목사의 권위에 도전하는 것은 하나님의 뜻이 아니라고 본다. 이것은 근본주의 신앙구조의 전형적인 양상이기도 하다.[68] 한국교회는 다분히 성직주의(clericalism)에 근거하여 유지된다고 하겠다.

그렇다고 모든 목회자가 같은 권위를 인정받는 것은 아니다. 권위주의는 담임 교역자와 부담임 교역자의 관계에서도 분명히 드러난다. 한국교회 부교역자의 사역에 대하여 분석한 조성돈에 따르면 그들이 가장 힘들어 하는 것은 담임목사의 권위주의라는 것이다.[69] 한국교회 부교역자는 부족한 사례비나 과도한 업무량에 대해서도 어려움을 표시하고 있으나, 가장 큰 어려움은 담임목사의 부당한 언행과 권위주의라고 지적하고 있다. 그래서 조사결과 부교역자 가운데 자신의 삶이 '담임목사의 종, 하인, 하수인'이라고 응답한 비율이 상당히 높은 것으로 드러나 충격을 주고 있다.

한국교회의 권위주의적 계급구조는 담임-부담임-전도사로 이어지는 교역자 서열뿐만 아니라 장로-안수집사(혹은 권사)-집사-직분 없는 신도로 이어지는 평신도 서열에서도 중요하게 작용하고 있다. 교회의 직분은 책임에 근거한 것이라기보다는 권한과 권위에 근거하고 있다. 교회의 주요결정을 내리는 것은 목회자와 장로로 구성된 당회(혹은 기획위원회)이며, 그 결정은 아래로부터의 폭넓은 의견수렴보다는 위로부터의 지시 성격을 띠는 것이 보통이다. 젊은 층, 여성, 일반 신도의 여론이 반영되지 못하는 권위주의 구조가 대부분 한국교회의 모습이다.

한국교회의 권위주의는 여성차별적인 태도로 나타나기도 한다. 물론 기독교 역사에서 성차별적인 권위주의 태도가 오랫동안 교회의 전통으로 이어져온 것이 사실이지만, 오늘날에도 이것이 강하게 나타나고 있는 것은 한국교회뿐일 것이다. 300개(문화체육관광부에 등록된 교파는 232개)가 넘는 한국 개신교 교파 가운데 여성에게 목사와 장로 안수를 허용하는 교파는 10개도 안 된다. 아마도 한국에서 가부장적 권위주의가 가장 현저한 집단은 교회일 것이다. 여신도에게는 주로 복종(교회 결정에 대한, 그리고 목회자, 장로, 남신도에 대한)과 봉사(주방봉사, 안내, 행사동원 등)가 요구되는 것도 권위적인 한국교회의 특징일 것이다. 아직도 많은 근본주의 성향의 교회에서는 여성을 종속적이고 부차적인 존재로 간주하며 조용히 복종하라고 가르치고 있다.

한국문화의 영향을 받은 한국의 교회문화는 합리적이고 이성적이기보다 감성적이고 열정적이라고 했다. 그러나 합리성과 논리성이 결여된 한국교회에서는 반(反)지성주의(anti-intellectualism) 성향도 강하다.[70] 한국교회의 반지성주의는 여러 가지 형태로 나타난다. 무엇보다 문제가 되는 것은 광신성이다. 종교적 광신은 맹목적 신앙을 조장하여 정상적인 사고나 생활을 불가능하게 할 뿐만 아니라 때로는 폭력성을 나타내기도 한다. 예를 들어 1992년 사회적 물의를 일으켰던 다미선교회 등의 시한부 종말신앙은 수만 명의 신도를 미혹하게 하여 스스로 가정, 직장, 학교를 버리고 집단생활을 하게 했고, 사회적 불안을 조성하기도 했다.[71] 극단적인 경우, 1991년 구원파와 관계된 오대양 사건에서 보았듯이 신도의 광신적인 집단자살까지 생겨날 수 있다.

반지성주의는 합리적인 문제해결이나 민주적인 절차를 무시하게 만든다. "은혜스럽다"라는 이름으로 모든 불합리하고 비이성적인 형태를 은폐하거나 눈감아버리는 일이 많다. 심지어는 교리문제 때문에 현대판 종교재판이 벌어지기도 한다.[72] 치사, 사기 등의 비리를 만들어내는 치병, 축귀 현상도 반지성주의의 결과일 것이다. 신흥종교의 경우 교주를 신격화, 절대화하는 일도 흔히 일어나고 있다. 한국교회의 반지성주의 성향은 자유로운 신학적 탐구를 위축시킨다. 교회 혹은 교단이 정해놓은 엄격한 규정과 한계 안에서만 신학을 할 수 있기 때문에 학문의 자율성이 제한되는 경우가 적지 않다.

6 나가며

종교는 특정 사회의 문화 안에 있기 때문에 그 문화의 영향을 받으며 문화적 성격을 띠게 된다. 같은 종교라도 각기 다른 사회에 들어가고 발전하게 되면 상이한 종교문화가 형성된다. 한국의 모든 종교는 한국문화 안에서 용해되면서 한국적 성향을 지니게 되는데, 여기에는 한국의 기독교(교회)도 예외가 아니다.

한국의 다른 종교들과 마찬가지로 기독교(교회)도 한국적인 종교문화를 만들어냈다. 그래서 이성적, 지성적, 합리적인 종교성이 아니라 감성적, 감정적, 열정적 종교성이 한국교회에서 발견된다. 교회가 추구하는 가치는 공리적이고 현세적인 성격을 가지고 있다. 기독교의 종교적 이념이 다른 종교들, 심지어는 무교적인 이념과 혼합되는 경향을 보인다. 특히 무교의 기복주의 성향이 강하게 드러난다. 규범문화의 특성을 보면 한국교회의 지배적 가치관은 집합주의, 권위주의, 반지성주의의 영향을 많이 받았다.

모든 문화는 기능적인 면에서 양면성을 지니고 있다. 사회나 개인에게 순기능적인 작용을 할 수도 있고, 역기능적인 결과를 초래할 수도 있다. 한국문화의 영향을 받은 한국교회의 문화 역시 기능적으로 긍정적인 측면과 부정적인 측면이 모두 나타난다. 한국의 교회문화를 어떻게 승화시키고 발전시킬까 하는 것이 남겨진 과제라 하겠다.

제6장
한국교회의 인구학
- 교인분포의 불균형 -

1 들어가며

인구학(*demography*)이란 인구에 관한 종합적인 학문체계이다. 구체적으로 말하면 사회적, 인종적, 경제적, 지리적 요소와 연관 지어 출생률, 이주, 연령, 성별 등 인구의 세부내용을 통계적으로 분석하고 연구하는 학문이다. 인구학적 요인은 종교 및 종교성과 관계가 있다. 성별로 보면 여성이 더 종교적이며, 나이에 따라서는 젊은 층이 가장 비종교적이라는 것이 정설로 되어 있다. 지역별로도 종교성이 다를 수 있고, 각 종교는 특정 지역에서 강하거나 약할 수 있다.

이 장에서 우리는 성, 연령, 지역과 한국교회의 관계를 다룬다. 한국의 종교 및 교회 상황에서 성별 종교성은 어떻게, 왜 다른지, 연령별 종교성은 어떻게, 왜 다른지 알아본다. 이어서 지역별로 종교성이 어떻게 다르며, 종교별로는 지역에 따라 어떻게 강하고 약한 교세를 가지고 있는지 살펴본 후 교회 규모와 관계된 한국교회의 실태를 분석한다. 마지막으로 한국교회의 이러한 인구학적 특성, 그리고 그 미래 전망이 한국교회에 미칠 영향에 대하여 논의하려고 한다.

2 한국교회와 여성

여자가 남자보다 더 종교적인 것은 거의 보편적인 현상이다. 여성의 종교성이 남성보다 더 강하다는 것은 거의 모든 국가와 사회에서, 거의 모든 종교에서, 그리고 거의 모든 종교성 지표에서 나타난다.[1] 많은 경험적 연구가 여성이 종교를 더욱 중요하게 여기며, 개인적 신앙이 더 강하

고, 정통교리에 대한 믿음이 더 확고하며, 종교의례참여에 더 적극적이라는 사실을 입증하고 있다.[2]

한국에서도 한국갤럽의 조사결과를 통해 여성의 종교성이 강하다는 것을 일관성 있게 보여준다.[3] 주관적 평가에 있어 여자는 남자보다 "개인 생활에서 종교가 중요하다"고(남 45%, 여 60%), 그리고 "자신의 신앙이 깊다"고(남 31%, 여 40%) 생각한다. 객관적 기준에 있어서도 남녀 간 종교성의 차이는 두드러지게 나타난다. 여자는 남자보다 신, 천당, 영혼, 기적, 악마의 존재에 대하여 믿으며, 종교의례에 더 열심히 참여하고('주 1회 이상' 참여 남 40%, 여 47%)와 기도('하루 1회 이상' 기도 남 22%, 여 35%)나 경전 읽기('일주일 1번 이상' 남 30%, 여 37%)와 같은 개인적인 경건 수행에도 더 적극적이다.

여성이 더 종교적이라는 것은 한국교회의 상황에도 그대로 적용된다. 우선 종교인구 비율에서 남녀의 차이가 있다. 2015년 통계청의 인구 조사결과에 따르면 한국의 종교인은 2,155만 명인데, 그 가운데 남자가 44%이고 여자는 56%로 큰 차이가 있다. 남자 가운데는 39%만 종교인이지만, 여자 가운데는 48%가 종교인이다. 개신교인의 경우에도 전체 교인 가운데 남자의 비율은 45%, 여자의 비율은 55%로 여자가 백만 명 이상 많다. 통계적으로 보면 한국 남자의 18%가 개신교인이며(불교인 14%, 천주교인 7%), 한국 여자의 22%가 개신교인이다(불교인 17%, 천주교인 9%). 개신교와 가톨릭을 합치면 한국 남자의 25%, 한국 여자의 31%가 기독교인임을 알 수 있다. 이제 한국에서 기독교는 교세에 있어 가장 힘 있는 종교가 되었다.

여성의 종교성이 강한 것은 한국교회 조사에서도 나타나고 있다.[4] 매 주일 주일예배에 출석하는 교인 비율이 남자의 경우는 60%이지만, 여자는 74%로 차이가 크다. 그밖에 주일 저녁(오후) 예배(30% 대 35%), 수요예배(21% 대 36%) 구역예배(6% 대 19%) 새벽기도회(6% 대 12%) 철야기도회(5% 대

11%) 등 여러 예배 참석률에서도 여신도들의 참여가 훨씬 활발하다. 이것은 개인적인 경건 수행에서도 마찬가지이다. 예를 들어 지난 한 주간 성경을 읽은 적이 있다는 비율이 남자는 52%이지만 여자는 65%이다. 매일 기도하는 교인 비율도 남자는 67%인데 여자는 74%로 더 높다. 그리고 일주일간 성경을 읽은 평균시간이 남자는 40분이지만 여자는 55분이었고, 하루에 기도하는 평균시간도 남자는 22분인데 여자는 25분이었다. 기도나 성경읽기와 같은 수행적 종교성도 여성이 더 강하다는 것을 알 수 있다.

여성의 종교성은 항상 종교를 지탱하는 커다란 힘으로 작용해왔다. 비록 종교에서 지배적인 힘을 가진 것은 남자이고, 남성 우월주의적인 종교적 가치관을 만들어내는 것도 남자이지만, 여자는 제도화된 종교의 구성원 분포에서 다수를 점하고 있으며 종교 활동에서도 커다란 활약을 함으로써 종교조직에 활기를 불어 넣어주고 있다.[5] 그러나 종교는 여성에 대해 차별적인 입장을 취하고 있다. 성차별의 사회적 규범은 종교적으로 정당화되었고, 성차별에 대한 종교적 규범은 사회적으로 합리화되면서 모든 종교는 성차별의 가치와 규범을 뒷받침하는 도덕적 근거로 작용해왔다.[6] 여성을 열등한 존재로, 종속적인 존재로 보는 성차별은 가부장적 남성 중심의 문화에서 생겨난 종교적 상징과 신화, 종교적 교리와 신학, 종교적 의례와 믿음이 사회화되면서 대부분의 사회에서 강화되었다.[7]

여성에 대한 종교의 성차별적 가치와 규범에도 불구하고 여성이 남성보다 더 종교적이다. 종교를 갖는 비율도 여성이 높고, 모든 종교성에서 여성이 더 강하고 열성적이고 적극적이다. 왜 그럴까? 여성이 더 종교적인 이유를 설명하는 많은 이론들이 있다.[8] 사회심리학적 이론에서는 여성이 가지고 있는 심리적, 사회심리적 성향이 종교를 받아들이고 믿는 데 더 적합하다고 설명한다. 여자가 남자보다 상대적으로 복종적이고 수동적이고 의존적이며, 불안과 두려움이 많고, 동조적이며 감정적인 성향이 있다고 한다. 이러한 심성이 종교에 의지하고 종교 활동을 적극적으로 하게 만드는 동인으로 작용한다는 것이다.[9]

사회문화적 이론에서는 사회적, 문화적 요인 때문에 여성이 더 종교적이라고 주장한다. 성 역할이 구분되는 사회에서는 전통적으로 정치와 경제는 남성의 영역으로, 종교와 가족은 여성의 영역으로 구분되면서 여성이 종교에 더 관심을 갖고 참여한다는 것이다.[10] 특히 노동에의 참여는 종교 활동에 걸림돌이 되는 경향이 있다. 하지만 대개 가사에 종사해온 여성에게 종교는 하나의 중요한 사회적 역할을 제공하기 때문에 종교에 적극성을 띠게 된다는 설명도 있다.[11] 또한 가부장적 권위주의 문화에서는 여성으로 하여금 권위적인 종교구조에 쉽게 적응하게 만드는 분위기를 조성할 수도 있다.[12]

여성이 더 종교적인 이유를 가장 잘 설명하는 사회학적 이론은 박탈-보상이론(deprivation-compensation theory)이다. 이 이론은 종교가 수행하는 기능 가운데 하나가 사람이 경험하게 되는 박탈(감)에 대해 보상하는 일이며, 결과적으로 박탈을 심하게 경험할수록 보상이 필요하기 때문에 종교에 의존하게 된다는 것이다.[13] 물론 박탈은 사회적, 경제적, 정신적, 신체적 박탈 등 다양한 경우가 있을 수 있고, 박탈에 대한 보상을 종교 이외의 것에서 추구할 수도 있다. 그러나 종교가 그 보상을 약속하고, 종교 이외에는 보상의 수단이 제한적일 때, 박탈당한 사람이 종교를 찾아 의존하는 것은 흔한 일이다.

일반적으로 여성은 성차별로 인한 사회적, 경제적, 심리적 박탈감을 더 심하게 경험한다. 여성에 대한 편견과 차별은 오늘날의 사회에서도 여전하다. 여성은 정치참여의 문제나 법적인 문제는 말할 것도 없고, 교육·취업·가정의 영역에서도 커다란 불평등구조에 따라 심각한 불이익을 당하고 있다. 한마디로 여성은 남성보다 여러 면에서 더 많은 박탈을 경험하고 있다. 이에 따라 여성은 종교를 통해 보상을 추구하려는 경향이 남성보다 강해진다. 여성의 보다 큰 종교 활동은 보다 큰 좌절의 경험 때문일 것이다. 여성의 보다 강한 종교성은 그들이 사회에서 직면하게 되는 보다 큰 수준의 좌절에 대한 반응일 수 있다. 여성이 더 종교적인 것은 박탈로 인하여 종교적 위안을 더 찾게 되기 때문이다.[14]

여성이 종교를 통해 박탈감을 해소할 가능성이 남성의 경우보다 높다는 것은 의식조사결과에서도 밝혀졌다. 한 조사결과에 따르면 "종교생활이 내적 평화와 행복을 얻는 데 도움이 되는지"를 묻는 물음에 대하여 "매우 그렇다"는 응답이 남자는 28%이지만, 여자는 39%로 높게 나타났으며, "어렵거나 슬플 때 종교생활이 위안을 얻는 데 도움이 되는지"에 대하여 "매우 그렇다"는 응답 비율은 남자가 27%인 데 비하여 여자는 40%로 훨씬 높다.[15]

박탈의 수준은 단순히 개인 차원뿐만 아니라 국가나 사회 차원에서도 적용될 수 있다. 국가의 박탈 수준은 몇 가지 기준에서 측정된다.[16] 하나는 경제발전이다. 1인당 국민소득이 높은 개발국일수록 국가 수준의 박탈이 낮지만, 소득이 낮은 저개발국일수록 박탈의 수준이 높다. 다른 지표는 '인간발달지수'(HDI: *Human Development Index*)인데, 이것은 사람들이 오래도록 건강하게 창조적인 삶을 즐길 수. 있는 환경의 수준을 측정하는 것이다. 이 지수가 높은 나라는 박탈 수준이 낮지만, 그것이 낮은 나라는 박탈 수준이 높은 것으로 평가된다. 또 다른 지표는 '인간자유지수'(HFI: *Human Freedom Index*)로서 이것은 시민들이 향유하는 자유의 정도를 나타낸다. 물론 그 지수가 높은 나라의 박탈 수준은 낮은 반면에, 그것이 낮은 나라는 박탈 수준이 높은 것으로 본다. 박탈의 국가적 수준을 나타내는 또 하나의 기준은 성 평등 수준으로, 이것은 남녀 간에 성취수준이 얼마나 평등하게 이루어지고 있는지를 보여주는 '남녀평등지수'(GDI: *Gender-related Development Index*)와 여성이 정치, 경제 영역에서 얼마나 권한을 행사할 수 있는지를 보여주는 '여성권한척도'(GEM: *Gender Empowerment Measure*)를 통해 평가하게 된다. 특히 최근에 개발된 '성불평등지수'(GII: *Gender Inequality Index*)는 국가의 성불평등 수준을 측정하는 기준이 된다.

　　그러면 국가 수준의 박탈은 종교성과 무슨 관계가 있는가? 양자 사이에는 매우 중요한 상관관계가 있음이 밝혀졌다.[17] 경제적으로 발달된 나라(1인당 국민소득이 높은 개발국), 인간발달지수, 인간자유지수, 남녀평등지수, 여성권한척도에서 높은 수준을 나타낸(그래서 박탈의 수준이 낮은) 나라에서는 예외 없이 종교가 쇠퇴한 반면에, 그 모든 척도에서 낮은 수준을 나타낸(그래서 박탈의 수준이 높은) 나라에서는 대부분 종교가 성장한 것으로 드러난다. 기독교의 경우 이러한 현상이 더욱 두드러지게 나타난다. 이것은 왜 서구, 특히 유럽에서는 종교(기독교)가 눈에 띄게 쇠퇴한 반면에, 비서구 특히 아프리카와 아시아에서는 종교가 성장하고 있는지를 설명하는 중요한 이유이기도 하다.[18]

　　여성의 종교성은 특히 국가, 사회의 성 평등 수준과 깊은 관계가 있다. 버웨이지(J. Verweij)는 가부장적 권위주의 문화가 지배적인 나라에서는 여성의 종교성이 강해서 국가 전체를 종교적으로 활발하게 만든다고 주장했다. 반대로 성 평등 문화가 정착된 나라에서는 여성의 종교성이 약하며 그 결과, 종교가 전체적으로 침체된다는 것을 밝혀냈다.[19] 이것은 종교성과 여성이 경험하는 박탈의 수준이 관계가 있음을 보여주는 결과라 할 것이다. 또한 여기에는 '여성적' 관점(*feminine outlook*) 혹은 여성해방의식이나 성 평등의식과 같은 '여성의식'도 중요하다. 그래서 여성의식이 강할수록 종교성은 약해지며, 성 평등 의식이 강할수록 종교적 참여는 감소된다. 실제로 조사에 따르면 여성이 전통적인 성역할 태도를 거부할수록 종교적 참여는 낮아지고,[20] 여성이 페미니스트일수록 종교적 믿음과 행위가 약하고, 낮은 수준의 교회출석을 보인다는 것이 밝혀졌다.[21]

성 불평등의 사회에서는 여성의 종교성이 강하다. 여성해방운동은 차별당하는 여성을 택하고 있지만, 아이러니하게도 그들은 운동에 참여하기보다 종교에 참여한다. 페미니즘은 '여성의식'을 고양시킨다. 그러나 고양된 '여성의식'은 여성으로 하여금 교회를 떠나가게 만든다. 이것은 그들이 종교적 필요성을 느끼지 못하게 되거나 성 불평등이 제도화된 교회구조에 실망하기 때문이다.

여성 역할에 대한 평등주의 견해를 형성하는 데는, 그래서 여성의 교회출석을 감소시키는 데는 여성의 노동력 참여와 교육적 성취가 중요할 역할을 한다.[22] 여성의 교육수준이 높아질수록 여성의식 혹은 성 평등의식이 강해진다. 또한 합리적이고 비판적인 사고를 하게 된다. 결과적으로 여성의 교육수준이 높아지면 종교(더욱이 성차별적인 제도종교)에 대한 비판적 의식을 갖게 되고, 종교적 교리나 신학에 대해서도 회의적인 판단을 하기 쉽다. 교육수준이 향상되면서 여성이 직장생활을 하게 되면 종교 활동으로부터 멀어질 가능성이 많다. 무엇보다 두 가지 활동 모두에 시간과 관심을 쏟아 부을 여유가 없다. 두 활동 가운데서 성취감을 얻을 수 있는 것은 직업수행인 경우가 많다. 특히 전문적 여성의 경우에는 성공에 대한 열망으로 일에 매진하게 된다. 경제적 여유가 생기면 여가를 즐기거나 자기 개발에 몰두하기도 한다. 따라서 박탈감을 적게 느끼게 된다. 결과적으로 많이 배우고, 자신의 경력을 쌓고, 사회적으로 인정받으며 일하는 여성은 종교로부터 멀어지고 이에 따라 종교성은 약해진다.[23] 이것은 서구사회에서 여성이 많은 교육을 받고 가사로부터 벗어나 직장생활을 활발히 하면서, 그리고 성 평등의 문화가 정착되면서 왜 그들이 교회를 떠나기 시작했는지, 결과적으로 왜 교회가 전체적으로 쇠퇴하게 되었는지를 설명하는 하나의 이유가 될 것이다.

여성과 종교성의 관계에 대한 여러 이론들과 경험적 연구결과들은 한국교회에 시사하는 바가 크다. 우선 과거에는 한국이 전형적인 가부장적 권위주의 사회로, 성 불평등문화가 하나의 규범으로 이루어져 있었으나 이제는 달라졌다. 여전히 성차별적 구조가 남아있다 해도 교회 밖에서는 성 평등의 가치와 이념이 서서히 정착되어가고 있다. 이것을 보여주는 지표는 많다.[24] 우선 교육수준을 보면, 대졸자 비율이 1980년만 해도 남자 15%, 여자 7%로 남자가 여자의 두 배 이상이었지만, 2015년에는 남자 66%, 여자 67%로 비슷해졌다(고졸 남 93%, 여 94%). 여성의 경제활동 참가율은 1980년에는 38%였지만 2015년에는 52%(남성 74%)로 늘어났다. 2015년 문화예술 관람률이 남자 66%, 여자 68%이며, 휴가 경험률은 남자 64%, 여자 61%, 국내여행자 비율이 남자 65%, 여자 69%(해외여행 남녀 20%)로 비슷하다. 사회적 고립감을 알아보는 "외롭다고 느끼는 정도"에 있어 "그렇지 않다"는 응답이 남자는 75%, 여자는 73%였고, 삶의 만족도는 10점 만점에 남자 5.8점, 여자 5.9점이었다. 이러한 모든 지표는 오늘날 한국에서 여성이라는 이유로 여자가 남자보다 박탈감을 더 느낄 가능성은 적다는 것을 보여주는 것이라 하겠다.

2015년 유엔개발프로그램(UNDP) 조사에 따르면 인간발달지수(평가 기준은 지식획득 가능성, 보다 나은 영양과 건강 서비스, 보다 안전한 생계, 범죄 및 물리적 폭력으로부터의 안전, 만족할만한 여가시간, 정치적 문화적 자유, 공동체 활동에의 참여 정도 등이다.)에 있어 한국은 세계 188개국 가운데 18위로 최상위그룹에 속해있다.[25] 성불평등지수(평가 기준은 산모사망률, 10대 출산율, 임신 및 육아와 관련된 여성의 건강, 여성의 교육성취도, 여성의 노동참여도, 남성 대비 여성의 수입 정도 등이다.)는 한국이 10위로 역시 성불평등이 가장 없는 나라 최상위권에 속해있다.[26] 객관적 지표와 분석을 통해 볼 때, 한국은 이제 복지나 성 평등 수준에 있어 선진국 대열에 합류했다는 것을 알 수 있다.

　이러한 변화의 결과로 미래에는 서구국가와 마찬가지로 한국에서도 여성의 종교성이 약화되고, 이것은 한국교회 전체의 침체로 이어질 가능성이 있다. 왜냐하면 개신교의 인적 자원과 활력의 중심에는 여신도가 있기 때문이다. 여성의 활약이 상대적으로 약한 다른 종교들의 경우는 더욱 커다란 어려움을 겪을 것이 예상된다. 여성 학력의 상승에 따라 여성의 지위와 역할이 크게 향상되면서, 여성에게 독립성, 합리성, 성취감, 자신감 등에 기초한 자아실현의 가치관이 확산되었다. 예외 없이 여성의 종교성이 약화되었던, 그래서 교회가 쇠퇴하기 시작했던 선진국의 길을 한국교회도 그대로 따라가게 될 것인지, 아니면 한국교회가 예외적인 모델을 제시할 수 있을 것인지는 지켜볼 일이다.

3 　한국교인의 연령분포

　종교적 성향은 연령층에 따라 차이가 있다. 이것은 세대에 따라 각기 세계관이나 가치관이 다를 뿐만 아니라 사회생활의 범위나 내용, 활동영역의 특성이 다르기 때문이다. 우선 연령층에 따라 종교인구의 비율이 다르다. 〈표 6-1〉에 따르면 한국인의 44%가 종교인이지만, 연령별로 보면 종교인 비율에서 커다란 차이가 있다.

〈표 6-1〉 종교인구 비율과 나이(2015)

(단위: %)

나이	종교인구 비율	종교별 종교인구 구성비					계
		불교	개신교	가톨릭	기독교(계)	종교 없음	
10-19	38	8	22	7	(29)	62	100
20-29	35	10	18	7	(25)	65	100
30-39	38	12	19	8	(27)	62	100
40-49	43	16	20	7	(27)	57	100
50-59	51	22	19	9	(28)	49	100
60-69	58	26	20	10	(30)	42	100
70 이상	58	26	21	10	(31)	42	100
전체	44	16	20	8	(28)	56	100

출처: 통계청, 『인구주택총조사』(2015).

　　종교인 비율이 10대는 38%, 20대가 35%, 30대 38%, 40대 43%, 50대 51%, 60대 58%, 70세 이상이 58%이다. 20대의 종교인 비율이 가장 낮은 35%이고, 나머지는 나이가 많아질수록 계속 그 비율이 높아져 60대 이상은 58%로 그 차이가 현저하다. 종교별로 비교해보면 눈에 띄는 차이가 드러난다. 10대의 경우, 불교인 비율은 8%에 불과하지만 개신교인 비율은 22%로 개신교인 비율이 훨씬 높다. 20대에서도 불교인은 10%이고 개신교인은 18%, 30대 역시 불교인이 12%이며 개신교인은 19%로 개신교인 비율이 높다. 그 차이는 40대에서 줄어들다가(불교 16%, 개신교 20%), 50대부터는 역전된다. 50대에서는 불교인이 22%이고 개신교인은 19%, 60대에서는 불교인이 26%이며 개신교인은 20%, 70세 이상에서는 불교인이 26%이고 개신교인이 21%이다. 불교인은 어리거나 젊은 층에서는 많지 않고 노년층에 많다. 그러나 개신교인은 각 연령층에서 적게는 20대의 18%에서, 많게는 10대의 22%에 이르기까지 비슷한 비율의 분포를 보인다. 가톨릭도 연령별 신도 비율이 7-10%로 비교적 고른

　　　　　　　　　　　　　　　　　　　　　제2부 한국교회의 현실

분포를 보인다. 개신교와 가톨릭을 합치면 모든 연령층(노년층까지도)에서 기독교인 비율이 더 높다. 이 결과는 기독교보다 불교의 미래가 더 어둡다는 것을 말해준다.

그러나 개신교 안에서도 교인의 연령 분포는 다소 불균형을 이루고 있다. 〈표 6-2〉가 이것을 보여준다.

〈표 6-2〉 연령별 인구 비율(2015)

(단위: %)

나이 비율	10 미만	10-19	20-29	30-39	40-49	50-59	60-69	70 이상	계
전체인구비율	9	11	13	15	17	16	10	9	100
개신교인비율	10	13	11	14	17	16	10	10	100

출처: 통계청, 『인구주택총조사』(2015).

〈표 6-2〉에 따르면 전체인구 대비 교인 비율이 낮은 연령층은 20, 30대이다. 특히 20대는 전체인구의 13%이지만, 20대 교인 비율은 전체 교인의 11%이다. 반대로 10대는 전체인구의 11%이지만 10대 교인 비율은 전체 교인의 13%로 더 높다. 이것은 10대 때 교회에 나오던 청소년이 20대 청년이 되면서 교회를 떠나가는 경우가 많다는 것을 의미한다. 실제로 2005년에는 10대의 51%가 종교를 가지고 있었으나, 그들이 20대가 된 10년 후 2015년에는 35%만 종교를 가지고 있는 것으로 드러났다.

왜 20대 청년은 교회를 떠나가는 것일까? 청년이 교회를 떠나가는 이유는 이미 제3장에서 살펴보았다. 그러나 일반적으로 보면, 원래 이들은 종교성이 가장 약한 세대이기도 하다. 이것은 개신교인의 신앙 실태에서도 그대로 드러난다.

<표 6-3> 연령별 한국교인의 종교성

(단위: %)

종교성 나이 (세)	주일예배 참석 (매 주일)	성경 읽기 (1주일 한 번 이상)	기도 (하루 한 번 이상)
18-29	55	43	64
30-39	62	56	70
40-49	69	62	70
50-59	71	56	69
60 이상	78	72	80

출처: 한목협, 『한국기독교 분석리포트』(URD, 2013).

　　〈표 6-3〉에 따르면 교인 가운데 주일예배에 매주 참석하는 비율은 젊을수록 낮은 반면에 나이가 많을수록 높다. '18-29세' 연령층의 참석률은 55%이지만, '30-39세'는 62%, '40-49세' 69%, '50-59세' 71%로 계속 높아지고, '60세 이상'은 78%로 가장 높다. 일주일 '한 번 이상' 성경을 읽는 비율도 '18-29세' 연령층이 43%로 가장 낮은 반면, '60세 이상'은 72%로 가장 높다(30대 56%, 40대 62%, 50대 56%). 하루 '한 번 이상' 기도하는 교인 비율도 '18-29세' 연령층이 64%로 가장 낮고, '60세 이상'은 80%로 가장 높으며, 중간연령층은 비슷하다(30대 70%, 40대 70%, 50대 69%).

　　일반적으로 청년기 세대는 종교를 가진 비율이 가장 낮을 뿐만 아니라, 종교적 참여와 활동, 그리고 수행에서도 가장 소극적이다.[27] 젊은 층 가운데 종교인구 비율이 낮고 종교성도 약한 이유는 여러 가지이다.[28] 우선 이 연령층은 가장 자유분방한 세대이다. 취미, 오락, 교양, 지성을 위한 활동이 가장 활발하다. 특히 성인이 되면서 그동안 사회적으로 제한을 받았던 것을 자유롭게 누리고 즐기게 된다. 또한 청년기에는 학업, 취업, 친구나 연인과의 교제를 위해 많은 시간과 노력, 관심과 정력을 쏟는 시기이기도 하다. 그들은 종교에 헌신하기에는 너무 할 일이 많은 세대인 것이다.

청년은 또한 교육수준이 높을 뿐만 아니라 새로운 지식과 학문을 배운다. 그들은 대학에서 문화비평적이고 인본주의적이며 진보적, 합리적, 논리적 사고를 배우고 습득한다. 결과적으로 그들은 전통과 기성 제도에 대해 비판적이고 도전적인 성향이 강해진다. 그들에게 종교는 타파하거나 극복해야 할 구습의 하나로 비쳐질 가능성이 높다. 따라서 젊은 층 가운데 무종교인이 많고, 가지고 있던 종교를 포기하는 경우도 많으며, 반종교적 성향도 가장 강한 것은 당연한 일이라 하겠다.

젊은 세대 가운데는 미혼자 혹은 독신자가 많고, 학업이나 취업을 위해 고향이나 가족을 떠나 혼자 사는 경우도 많다. 이러한 상황은 모두 종교로부터 멀어지게 만드는 요인이 된다. 원래 종교성은 가족이라는 테두리 안에서 유지되거나 강화되는 경향이 있다.[29] 가족은 종교적 사회화가 이루어지는 원초적 집단일 뿐만 아니라 신앙을 통해 가족 구성원을 연대하게 만드는 통로가 된다. 따라서 가족으로부터 독립하여 사는 젊은 미혼자는 가족의 종교적 통제를 벗어나 자유롭게 세속적 삶을 누릴 가능성이 높아진다. 그래서 종교성은 온 가족이 함께 신앙생활을 할 때 가장 강하고, 혼자서 신앙생활을 할 때 가장 약한 것으로 드러난다.[30]

인구학적 측면에서 볼 때 한국이 직면한 심각한 문제는 낮은 출산율이다. 제5장에서 보았듯이 세계최저수준의 낮은 출산율(1.17)은 인구의 감소를 초래할 것이다. 그래서 현재의 출산율 수준이라면 2085년에는 전체인구가 절반으로 줄어들 것이라고 한다.[31] 이에 따라 한국에서의 교인 수 급감이 불가피해질 것이다.

낮은 출산율은 인구의 고령화로 이어진다. 물론 고령화는 경제가 성장함에 따라 충분한 영양섭취, 의학의 발달, 그리고 건강과 관련된 노인복지제도가 활성화되면서 평균수명이 과거보다 크게 늘어난 것도 관계가 있다. 하지만 전체인구 대비 비율에서 노인 인구의 비중이 커지는 것은 분명히 낮은 출산율과 관계가 있다. 〈표 6-4〉는 2015년과 2030년(추정)을 비교하는 연령별 인구분포를 보여준다.

〈표 6-4〉 연령별 인구분포 비교

(단위: %)

연도 ＼ 나이	20세 미만	20-39세	40-59세	60세 이상	계
2015	20	28	33	19	100
2030	17	22	28	33	100

출처: 통계청, 『인구주택총조사』(2015); 『한국의 사회지표』(2016).

〈표 6-4〉에 따르면 2015년과 비교해볼 때 2030년에 '20세 미만'의 인구는 20%에서 17%로, '20-39세' 인구는 28%에서 22%, '40-59세' 인구는 33%에서 28%로 낮아지는 반면에 '60세 이상' 인구는 19%에서 33%로 크게 늘어날 것으로 예상된다. 인구분포의 이러한 변화는 교인들의 연령별 분포에도 그대로 반영될 수 있다. 〈표 6-5〉가 그 결과를 보여준다.

〈표 6-5〉 연령별 교인 비율의 변화

(단위: %)

연도 ＼ 나이	20세 미만	20-39세	40-59세	60세 이상	계
2015	23	25	33	20	100
2030	19	19	28	35	100

주) 2030년 통계는 2015년 연령별 전체인구 및 교인인구 비율을 근거로 필자가 산출함.
출처: 통계청, 『인구주택총조사』(2015).

〈표 6-5〉에 나타난 대로 2015년에 비해 2030년에는 '20세 미만'의 교인 비율이 23%에서 19%로, '20-39세' 교인은 25%에서 19%로, '40-

59세' 교인은 33%에서 28%로 낮아지는 반면에 '60세 이상' 교인은 20%에서 35%로 크게 늘어날 것으로 예상된다. '50세 이상'으로 폭을 넓히면 그 비율은 전체 교인의 50%에 이르게 된다. 이렇듯 교회 안에는 더욱 두드러진 고령화 현상이 나타나게 될 것이다. 그렇지 않아도 어리거나 젊은 층이 교회에 상대적으로 적은데다 교회를 가장 많이 이탈하는 것도 이 연령층이다. 이 사실을 감안할 때, 이 현상이 지속되면 앞으로의 한국교회는 유럽의 경우와 마찬가지로 노인만 남은 고령교회가 될 가능성이 있다.[32] 물론 교인의 고령화는 미국의 주류교파 교회에서도 이미 나타나고 있는 현상이기도 하다.[33]

교인 수 감소와 함께 교회가 고령화되면서 한국교회는 앞으로 엄청난 재정적 압박을 받게 될 것이다. 교인 다수가 은퇴한 노인들로 구성될 때, 그들이 기여할 수 있는 재정적 몫은 훨씬 줄어들 수밖에 없다. 한마디로 헌금을 제대로 낼 수 있는 교인이 현저하게 줄면서 교회의 예산편성과 그 집행이 날로 어려워질 것이다. 이미 벌어지고 있는 일이지만 금융권의 융자를 받아 건물을 신축한 교회는 그 빚을 갚지 못해 부도가 나고, 교회건물이 경매로 넘어가는 일이 속출할 것이다. 실제로 2014년 한 해에만 경매에 나온 교회가 155건에 이른다.[34] 나날이 감소하는 헌금은 인건비 축소로 이어져 적지 않은 교역자들(특히 부교역자)이 교회 밖으로 내몰릴 수도 있다. 선교 지원은 물론 개교회 프로그램도 대폭 축소할 수밖에 없을 것이다. 이렇게 한국교회의 고령화는 교회의 미래를 어둡게 한다.

그러나 사회가 고령화된다고 교회도 무조건 침체되는 것은 아니다. 젊은 세대에 대한 종교적 사회화가 가정과 교회에서 활발하게 이루어지고, 세대 간 신앙의 대물림이 성공적으로 이루어진 경우에는 여전히 교회에 어리고 젊은 층이 많고, 각 연령층이 골고루 분포되어 있다. 그래서 앤드류 그릴리(Andrew Greeley)와 마이클 후트(Michael Hout)는 미국에서 주류교파 교회가 쇠퇴하는 것은 그 교회 교인의 낮은 출산율뿐만 아니라 다음 세대에 대한 종교적 사회화 혹은 신앙의 대물림에 실패했기 때문이라고 주장했다. 반대로 비주류 교회가 성장하는 것은 그 교회 교인의 출산율이 높을 뿐만 아니라 젊은 세대 혹은 자녀에 대한 신앙교육을 철저히 함으로 그 세대의 이탈을 억제하기 때문이라는 사실을 밝혀냈다.[35] 후자에 속하는 교회는 대개 신앙적으로 보수적인 교회이다. 교회가 보수적이라고 무조건 교회가 성장하는 것은 아니지만, 보수적인 교회에서는 어리거나 젊은 세대에 대한 종교적 사회화가 적극적으로 이루어지는 경우가 많은 것이 사실이다.

모태신앙인 경우가 아니면 교인의 다수가 20세 이전에 교회에 입문한다. 그러나 뿌리를 제대로 내리지 못해 그 가운데 60% 정도가 20대 때 교회를 떠난다. 한편 유소년, 청소년, 청년에 대하여 교회의 인적, 물적, 시설자원을 충분히 투자하여 그들의 신앙교육을 철저하게 하는 교회에는 어리고 젊은 층이 상대적으로 많다. 이것은 현재의 교회성장에 기여할 뿐만 아니라 교회의 미래도 밝게 해준다. 이를 성공적으로 이루어낸 교회의 대표적인 사례는 최근 급성장하고 있는 미국의 독립교회이다.[36] 안심하고 자녀를 교회에 맡길 수 있다고 생각하는 부모는 그 자녀와 함께 교회에 나오는 경향이 있다. 이는 모든 연령층의 교회생활을 활발하게 만들고, 이러한 교회가 가장 건강한 교회라고 한다. 이렇게 본다면 한국교회의 미래는 교회교육에 달려있다고 해도 과언이 아니다. 이것이 부흥하고 성장하는 교회일수록 교회학교에 관심과 지원을 아끼지 않는 이유이다.

4 한국교회와 지역

일반적으로 종교적 성향은 도시와 농촌 지역에 따라 다르다. 그 차이는 두 지역의 사회적, 경제적, 문화적 특성의 차이를 반영한다.[37] 전통적인 농촌사회는 사회적 통합성, 문화적 동질성의 특징을 갖는다. 구성원들 사이에 소속감과 연대감이 강하며, 의무와 역할이 강조된다. 비공식적 원초집단의 관계가 중요하고 공동체성이 강하다. 지방주의, 보수주의, 전통주의 성향을 띠며 공통된 가치와 규범이 요구된다. 이러한 상황에서 종교는 중요한 기능을 수행한다. 종교는 농촌공동체에 공통된 가치와 규범을 제공하면서 도덕성의 근거를 마련해줄 뿐만 아니라 개인이 정체성을 확립하고 소속감을 확인하게 하는 기능을 중요하게 수행한다. 농촌사회의 특성상 이 지역 사람의 종교성은 전통적이고 보수적이고 배타적인 경향이 상대적으로 강하다.

도시사회는 인구의 이질성, 기능과 행동의 전문화, 익명성과 비인격성, 규모의 거대화와 관료주의 등의 특성을 갖는다.[38] 문화적 이질성, 다원적 사고와 행위는 연대감이나 소속감을 약화시킨다. 개인주의적 생활방식은 사회 통제력을 약화시키고, 이에 따라 도덕성의 기초가 흔들린다. 이런 상황에서 많은 사람이 종교적 관심에서 멀어진다. 종교는 사회적 연대감이나 공동체적 기능을 제대로 수행하지 못하고, 그들은 종교적 가치보다는 정치적, 경제적, 오락적 가치를 중요시하게 된다.[39]

도시지역인의 종교성은 상대적으로 자유주의적이며 포용적인 경향이 있다. 감정적 요소보다는 지성적 요소가 중요하며 다분히 의례적이고, 이차 관계적 성격이 두드러지고 '이 세상적' 지향성이 강하다.[40] 도시지역의 종교조직은 대형화를 추구하면서 관료화되고, 신앙이 도구화되는 경향이 있다.[41] 그러나 도시인은 종교에서 익명성을 보장받고, 다원적 상황에서 종교적 선택의 폭이 넓어짐에 따라 종교적 자율성을 누릴 수 있다. 또한 도시의 비인간화된 상황에서 정체성이나 소속감을 회복할 수 있다.

지금까지의 연구는 사적, 경제적, 문화적 이유로 도시지역인보다 농촌 지역인이 더 종교적이라고 밝혔다.[42] 농촌인은 도시인보다 더 종교에 참여하고 보수적 신앙을 가지며,[43] 정통주의적 믿음을 확고하게 유지한다는 것이다.[44] 그러면 이러한 일반적인 주장이 한국의 상황에도 적용될 수 있는가? 〈표 6-6〉이 그 결과를 보여주고 있다.

〈표 6-6〉 종교성과 지역

(단위: %)

종교성	전체	대도시	중소도시	읍/면
종교적 믿음*	45	43	48	44
종교적 경험**	20	20	22	14
종교의례(주 1회 이상)	44	50	42	34
기도 빈도(하루 1회 이상)	30	29	30	30
경전 읽는 빈도(주 1회 이상)	34	35	34	31
믿음의 깊이(자기 확인)	36	38	36	32

주) * '종교적 믿음'은 절대자/신, 천당/극락, 죽음 후 영혼, 기적, 악마의 존재를 믿는다는 비율의 평균치.
　　** '종교적 경험'은 신의 계시, 천국/극락, 악마, 벌 받음, 병 나음, 다시 태어난 느낌 등 여섯 항목에서 "경험한 적이 있다"는 비율의 평균치.
출처: 한국갤럽, 『한국인의 종교』(2015). 필자 재구성.

다섯 가지 '종교적 믿음' 항목들에 대하여 "믿는다"는 응답의 평균비율을 보면 대도시 43%, 중소도시 48%, 읍/면 44%로 중소도시의 경우에 가장 높았다. 여섯 가지 '종교적 경험' 항목들에 대하여 "해본 적이 있다"는 응답의 평균비율은 도시인에게서 더 높게 나타났다(대도시 20%, 중소도시 22%, 읍/면 14%). 자신의 믿음이 "깊다"고 생각하는 자기 확인의 종교성도 도시인이 더 높다(대도시 38%, 중소도시 36%, 읍/면 32%).

'주 1회 이상' 종교의례에 참여하는 비율은 도시(특히 대도시)인의 경우 압도적으로 높았다(대도시 50%, 중소도시 42%, 읍/면 34%). '주 1회 이상' 경전을 읽는 비율은 도시인에게서 약간 높았다(대도시 35%, 중소도시 34%, 읍/면 31%). 그러나 '하루 1회 이상' 기도를 하는 비율은 비슷하다(대도시 29%, 중소도시 30%, 읍/면 30%).

전체적으로 보면 서구종교(주로 기독교) 상황을 분석한 기존의 경험적 연구들과 달리 한국에서는 농촌 지역보다 도시 지역인의 종교성이 더 강한 것으로 밝혀졌다. 왜 이런 결과가 나온 것일까? 우리는 앞에서 종교별로 보면 불교인의 종교성이 기독교인보다 훨씬 약하다는 것을 살펴본 바 있다. 그런데 이제부터 살펴보겠지만, 농촌 지역에는 불교인이 상대적으로 많다. 이것이 농촌 지역의 낮은 종교성으로 나타났을 것이다. 농촌 사람의 종교의례 참여도가 낮은 것은 일요일에도 농사일을 해야 하는 경우가 많기 때문일 수도 있다. 물론 조사방법론의 문제도 있다. 즉 종교성의 정도를 알아보는 척도의 대부분은 여전히 많은 농촌 사람이 믿고 있는 샤머니즘 혹은 민속신앙에 대해서는 측정하기 어렵기 때문에 그들의 종교성이 과소평가될 수 있을 것이다. 어쨌든 이 문제는 앞으로 더 연구되어야 할 과제라고 본다.

이번에는 도시와 농촌의 종교분포는 어떤지 알아보기로 한다. 〈표 6-7〉에 조사결과가 나와 있다.

〈표 6-7〉 지역과 종교분포(2015)

(단위: %)

지역＼종교	전체	불교	개신교	가톨릭	기독교(계)	없음	계
도시(동 부)	44	15	20	8	(28)	56	100
농촌(읍/면 부)	44	19	18	6	(24)	56	100

출처: 통계청, 『인구주택총조사』(2015).

〈표 6-7〉에 따르면 종교인 비율은 도시와 농촌 지역이 44%로 똑같다. 그러나 도시에서는 기독교인 비율이 28%로 불교 15%의 거의 두 배에 이른다. 개신교(20%)만 하더라도 불교 인구비율보다 높다. 그러나 농촌 지역에서는 불교인 비율(19%)이 개신교인 비율(18%)보다 높다. 다만 기독교 전체로 보면 기독교인 비율(24%)이 불교인 비율보다 높다. 여기서 분명히 드러나는 것은, 불교의 경우 종교인구 비율이 도시보다 농촌이 높은 데(도시 15%, 농촌 19%) 비하여, 기독교의 경우에는 종교인구 비율이 도시가 농촌보다 높다(도시 28%, 농촌 24%). 이것은 개신교와 가톨릭을 구분해도 마찬가지이다(개신교: 도시 20%, 농촌 18%; 가톨릭: 도시 8%, 농촌 6%). 한마디로 기독교인은 상대적으로 도시에 많고, 불교인은 상대적으로 농촌에 많다. 이에 대해서는 여러 가지 이유가 있을 것이다. 우선 사회경제적 배경을 보면 기독교인이 상대적으로 계층과 교육수준이 높은데, 이러한 사람들은 도시에 많이 살고 있다.[45] 연령에 있어서 기독교인은 상대적으로 젊은 층과 장년층이 많은데, 그들 역시 대개 도시에 살고 있다. 문화적으로 보면 농촌 지역은 전통적이고 보수적인 가치관과 규범을 고수하는 경향이 있다. 그래서 종교에 대해서도 전통적인 불교, 유교, 무교를 그대로 믿는 경우가 많다. 따라서 농촌에서 교회 형편이 어려운 것은 극심한 고령화 이외에도 사회경제적, 인구적, 문화적 요인이 복합적으로 작용하기 때문이라고 하겠다.

그러면 권역별로 종교인 분포는 어떻게 나타나고 있는가? 〈표 6-8〉이 그 결과를 보여주고 있다.

〈표 6-8〉 권역별 종교인 분포(2015)

(단위: %)

종교 권역	종교 있음						종교 없음
	계	불교	개신교	가톨릭	기독교(계)	기타	
서울	46	11	24	11	(35)	1	54
수도권	43	10	23	9	(32)	1	57
강원도	41	16	18	7	(25)	1	59
충청권	42	15	20	7	(27)	1	58
호남권	42	10	24	7	(31)	1	58
영남권	45	27	12	5	(17)	1	55
계	44	16	20	8	(28)	1	56

출처: 통계청, 『인구주택총조사』(2015). 필자 재구성.

한국을 크게 여섯 권역으로 구분했을 때 종교인구 비율이 높은 지역은 서울(46%)과 영남권(부산, 대구, 울산, 경북, 경남) (45%)이고, 그 비율이 상대적으로 낮은 지역은 강원도(41%), 충청권(대전, 세종, 충북, 충남) (42%), 호남권(광주, 전북, 전남) (42%)이다.

개신교의 경우 신도 비율이 전체인구의 20%이지만, 영남권에서는 개신교 인구가 12%에 불과해 교세가 매우 약하다. 반면에 서울(24%), 수도권(23%), 호남권(24%)에서는 강세를 보인다. 영남권에서는 불교 인구가 개신교인구의 2배 이상(가톨릭을 포함해도 기독교인 전체가 불교인보다 적다.)이지만, 서울, 수도권, 호남권에서는 개신교인 비율이 불교의 2배 이상이다(기독교 전체로 보면 3배에 달한다.). 특히 서울과 수도권에서는 인구의 1/3이 기독교인(서울 35%, 수도권 32%)인 것으로 드러났다. 불교의 경우 신도 비율이 전체인구의 16%라는 점을 감안할 때, 교세에서 강세를 보이는 지역은 영남권(27%)이며, 약세를 보이는 지역은 서울(11%), 수도권(인천, 경기) (10%), 호남권(10%)이다.

서울과 수도권에서 기독교 교세가 강한 것은 이 지역에 도시 거주자가 많고, 상대적으로 기독교를 더 선호하는 중산층, 고학력자, 청년과 장년층 인구가 많다는 사실을 반영한 결과라 할 수 있다. 영남권에서 불교의 교세가 강한 것은 그 지역이 역사적으로 신라시대부터 불교의 중심지였다는 점, 그리고 우리나라에서 가장 전통적이고 보수적인 지역이라는 점이 중요하게 작용했기 때문일 것이다. 그러나 호남권에서 기독교(특히 개신교)가 강세를 보이는 이유는 앞으로 연구되어야 할 과제라 하겠다.

영남권이 보수적이라는 것은 종교에도 적용될 수 있다. 그래서 그 지역에서는 보수적인 불교, 유교 등이 강세를 보이고 있을 뿐만 아니라, 개신교 안에서도 보수적인 교파가 교세를 지배하고 있다. 결과적으로 영남권에서는 예장(합동)이나 예장(고신)과 같은 보수적인 교파들이 감리교나 기장과 같은 진보적이거나 덜 보수적인 교파들을 압도하고 있다. 이와 같이 한국에서는 지역에 따라 종교별 교세나 개신교 교파별 교세에서 커다란 차이가 드러난다.

---

5 교회 규모의 인구학

한국에 약 8만 개의 교회가 있으나 그 규모는 교인 수가 10만 명이 넘는 교회로부터 10명도 안 되는 교회에 이르기까지 천차만별이다. 한국의 교회 규모에 대한 전수조사는 한 번도 이루어진 적이 없고, 심지어는 모든 교단을 포괄한 표본조사도 실시된 적이 없어 이에 대한 분석은 쉽지 않다. 그러나 한국 개신교회 대표적 교단 가운데 하나로, 교세가 세 번째로 큰 감리교(기독교대한감리회)에서는 전국 단위의 과학적 표본조사가 필자에 의해 이루어진 적이 있어 그 자료를 토대로 교회 규모에 대한 인구학적 분석을 하려고 한다.[46] 이것이 한국교회의 모든 것을 설명할 수는 없다 하더라도 그 실상을 파악하는 데 도움을 줄 수는 있다고 본다.

우선 교회의 지역별 위치를 보면 대도시(특별시와 광역시)에 32%, 중소도시에 35%, 농어촌(읍/면)에 33% 비율로 분포되어 있다. 목회자의 평균연령은 48세인데, 도시목회자 연령이 더 많다(대도시 51세, 중소도시 49세, 농어촌 46세). 교회 설립 연한을 보면 '50년 이상' 24%, '30-49년' 16%, '20-29년' 20%. '10-19년' 20%, '5-9년' 11%, '5년 미만' 9%로 나타났다. 이를 통해 많은 교회가 1980, 90년대에 세워졌지만, 2000년대에 와서는 교회 설립이 다소 주춤하고 있다는 것을 알 수 있다.

〈표 6-9〉 규모에 따른 교회비율

(단위: %)

초소형	소형	중소형	중형	중대형	대형	초대형	계
20명 미만	20-49명	50-99명	100-199명	200-499명	500-999명	1,000명 이상	
26	20	14	12	17	7	4	100 (N=543)

주) 규모 구분과 인원수는 필자가 임의로 구분한 것이다.

〈표 6-9〉에 따르면 주일 낮 예배에 출석하는 성인의 평균인원이 '20명 미만'인 초소형교회가 26%, '20-49명'의 소형교회는 20%이다. '50명 미만'의 교회 비율은 모두 46%에 이른다. '100명 미만' 교회를 모두 합치면 그 비율은 60%나 된다. 한마디로 한국교회의 다수는 규모에 있어 매우 영세하다는 것을 알 수 있다. 이것은 많은 교회가 미 자립교회라는 것을 말해주는 것이기도 하다. 한편 '100-199명'의 중형교회는 12%, '200-499명'의 중대형교회가 17%이다. '500-999명'의 대형교회는 7%, '1000

명 이상'의 초대형교회는 4%로 나타난다. 한국교회 교인 수의 규모에서 중간에 해당하는 중간값(median)은 65명이다. 따라서 전형적인 한국교회는 중소형교회라는 것을 알 수 있다.

교회의 규모는 물론 지역에 따라 다를 것이 예상된다. 〈표 6-10〉에 그 결과가 나와 있다.

〈표 6-10〉 교회 규모와 지역

(단위: %)

규모 \ 지역	대도시	중소도시	농어촌
초소형	21	22	35
소형	11	18	31
중소형	11	15	15
중형	12	12	11
중대형	24	21	6
대형	15	6	1
초대형	6	5	0
계	100	100	100
인원(중간값/명)	157	85	35

교회 규모에서 대도시의 경우는 초소형교회 21%, 소형교회 11%, 중소형교회 11%, 중형교회 12%, 중대형교회 24%, 대형교회 15%, 초대형교회 6%로 나타난다. 교인 수 '50명 미만'인 교회는 모두 32%, '100명 미만' 교회는 모두 43%이다. '500명 이상'의 교회는 모두 21%이다. 중소도시의 경우는 초소형교회 22%, 소형교회 18%, 중소형교회 15%, 중형교회 12%, 중대형교회 21%, 대형교회 6%, 초대형교회 5%로 나타난다. 교인 수 '50명 미만'의 교회는 모두 40%이고, '100명 미만' 교회는 모두 55%로 대도시의 경우보다 많다. '500명 이상'의 교회는 모두 11%이다.

농어촌교회의 규모는 훨씬 작다. 그래서 초소형교회 35%, 소형교회 31%, 중소형교회 15%, 중형교회 11%, 중대형교회 6%, 대형교회 1%, 초대형교회 0%로 나타난다. 농어촌교회의 2/3(66%)가 '50명 미만'의 교회이며, '100명 미만' 교회는 모두 합쳐 농어촌교회의 4/5(81%)에 이른다. '500명 이상'의 교회는 1%에 불과하다. 교인수의 중간값은 대도시교회가 157명, 중소도시는 85명인데, 농어촌교회는 35명밖에 안 된다. 농어촌교회는 대다수가 규모에 있어 작은 교회라는 것을 알 수 있다. 농촌교회의 열악한 형편이 그대로 드러나 있다.

교회학교 학생 수 비율은 어떤가? 〈표 6-11〉이 유초등부 학생 수 비율을 보여준다.

〈표 6-11〉 유초등부 학생 수 비율

(단위: %)

10명 미만	10-19명	20-49명	50-99명	100-199명	200명 이상	계
31	20	20	14	11	5	100(N=539)

교회들 가운데 교회학교 유초등부 학생 수가 '10명 미만'인 교회가 31%나 되며, '10-19명' 20%, '20-49명' 20%, '50-99명' 14%, '100-199명' 11%, '200명 이상'이 5%이다. 유초등부 학생 수가 모두 '20명 미만'인 교회가 절반(51%)에 이른다. '50명 미만'은 모두 71%나 된다. 유초등부 학생 수가 '100명 이상'인 교회는 모두 16%이다. 전체적으로 유초등부 학생 수는 많지 않은 편이다.

〈표 6-12〉에는 중고등부 학생 수 비율이 나와 있다.

〈표 6-12〉 중고등부 학생 수 비율

(단위: %)

10명 미만	10-19명	20-29명	30-49명	50-99명	100명 이상	계
48	16	12	10	10	5	100(N=535)

중고등부 상황은 열악하다. 중고등부 학생 수가 '10명 미만'인 교회가 거의 절반(48%)에 이른다. '10-19명'은 16%, '20-29명' 12%, '30-49명' 10%, '50-99명' 10%이며, '100명 이상'은 5%에 머물고 있다. 거의 2/3(64%)의 교회에서 중고등부 학생이 '20명 미만'이다. 아마도 대입준비로 시간적 여유가 없다는 것이 중요한 이유 중 하나일 것이다.

〈표 6-13〉은 청년부(대학부) 학생 수 비율을 보여주고 있다.

〈표 6-13〉 청년부 학생 수 비율

(단위: %)

10명 미만	10-19명	20-29명	30-49명	50-99명	100명 이상	계
58	16	11	6	7	4	100(N=538)

청년부(대학부) 실태는 더 열악하다. 청년부(대학부) 학생 수가 '10명 미만'인 교회가 58%나 되며, '10-19명' 16%, '20-29명' 11%, '30-49명' 6%, '50-99명' 7%이며, '100명 이상'은 4%에 불과하다. 청년부(대학부) 학생이 '20명 미만'인 교회는 모두 3/4(74%)에 이른다. 이것은 앞에서 본대로 여러 가지 이유로 젊은 층의 종교성이 가장 낮은 현실을 반영하는 결과라 하겠다. 지역별로 교회학교 학생 수는 커다란 차이가 있다. 그 결과가 〈표 6-14〉에 나와 있다.

〈표 6-14〉 교회학교 학생 수와 지역(중간값)

(단위: %)

구분　　　지역	전체	대도시	중소도시	농어촌
유초등부	20	40	29	10
중고등부	12	23	15	7
청년부(대학부)	8	21	9	5

〈표 6-14〉에 따르면 전체적으로 교회학교 학생 수의 중간값이 유초등부 20명, 중고등부 12명, 청년부(대학부) 8명이다. 그러나 지역별로 보면 유초등부 학생 수 중간값이 대도시는 40명, 중소도시는 29명인 데 비하여 농어촌은 10명이다. 중고등부 학생 수 중간값은 대도시는 23명, 중소도시는 15명, 농어촌은 7명으로 계속 줄어든다. 청년부(대학부) 학생 수는 대도시 21명, 중소도시 9명이며, 농어촌은 5명에 불과하다. 이러한 지역별 차이는 어리거나 젊은 층 인구가 도시에 집중되어 있는 반면에, 노년층은 농촌에 집중되어 있는 현실을 그대로 반영하는 결과일 수 있다. 그럼에도 전체적으로 볼 때, 교회학교 학생 수가 많지 않은 것은 고령화되는 인구학적 상황 때문에 불가피한 결과일 수 있다. 하지만 다른 한편, 그동안 한국교회가 교회학교 문제, 그리고 교회교육의 문제를 소홀히 해왔다는 사실을 보여주는 결과일 수도 있겠다.

6 　　　　　　　　나가며

일반적으로 여성은 종교를 수용하기에 더 적합한 인성을 가지고 있을 뿐만 아니라 사회적으로, 문화적으로 더 많은 박탈을 경험하는 계층이기 때문에, 이에 대한 보상으로 종교에 더 의존하는 것으로 알려져 왔다. 우리나라에서도 여성이 더 종교적이며, 종교인구 구성에서 다수를 차지하고 있다. 그러나 여성의 지위가 향상되고 사회활동을 적극적으로 하게 되면서 서구사회가 그랬듯이 여성의 종교성이 약화되는 경향을 보이고 있다. 이것은 교회 전체의 유지, 존속에 부정적인 영향을 미치게 될 것이다.

나이에 따라서는 젊을수록 종교성이 약한 반면에 나이가 많을수록 종교성이 강하다. 한국사회는 낮은 출산율과 노인복지의 확장으로 급속히 고령화되고 있다. 이러한 인구변화는 가뜩이나 취약한 젊은 층 교인 비율을 더욱 낮추고 있으며, 교회학교의 침체를 초래하며, 한국교회의 미래를 어둡게 한다. 따라서 여성 신도에 대한 관심과 교회학교에 대한 활성화 방안이 요구되고 있다.

지역적으로 보면 기독교인은 도시에 집중적으로 거주하고 있다. 특히 서울, 수도권, 호남권에서는 교세에 있어 기독교가 불교를 압도하고 있다. 그러나 영남권에서는 불교세가 기독교보다 훨씬 강하다. 이것은 문화적으로나 지정학적으로 불가피한 결과이겠지만, 기독교 입장에서는 균형적 발전을 위한 장기적인 정책이 필요해 보인다.

한국교회의 규모를 보면 심한 불균형이 나타나고 있다. 특히 작은 교회가 훨씬 많다. 작은 교회들은 성인뿐만 아니라 어리거나 젊은 층 교인도 많지 않다. 한국에는 현재에도 미 자립교회가 많지만, 미래 상황은 더할 것으로 보여 개신교 교단 차원에서, 교회 간 관계의 차원에서 심각한 고민을 해야 할 것이다. 인적, 물적, 시설자원의 열악성 때문에 문을 닫는 교회가 늘어나고 있는 현 시점에서 한국교회는 교회성장의 문제, 교회개척의 문제에 대한 근본적인 성찰이 요구된다.

제7장
한국교회의 조직구조
- 제도화된 교회구조 -

1 　　　　　　　　　들어가며

　　종교적 이념과 수행은 개인적으로 믿고 행해질 수 있는 것이지만 종교는 근본적으로 집단적인, 사회적인 현상이다. 이런 의미에서 종교는 정치, 경제, 교육 등의 영역과 마찬가지로 사회조직의 성격을 가지고 있다. '사회조직'(social organization)이란 특정 목표의 실현을 지향하는 집단적인 사회단위를 말한다.[1] 구체적으로 말하면 사회조직은 복수인이 집합을 이루어 하나의 인구라는 사회적 범주를 형성하여, 공통된 특성과 목표를 가지고 유형지어진 사회적 상호작용을 반복 지속하는 사람들의 묶음이라 할 수 있다.[2]

　　모든 종교는 생겨난 이후에 점차 조직의 형태를 띠게 되지만, 세월이 흐르면서 사라지거나 약해질 수도 있고 반대로 성장하고 발전할 수도 있다. 생존하는 종교들은 흔히 시간이 가면서 규모가 커지고 복잡해진다. 이러한 변화를 제도화(institutionalization)라고 부르는데, 이것은 종교조직에 여러 가지 기능적, 구조적 결과를 초래한다. 종교조직의 하나로 한국교회는 그동안 크게 성장해 왔다. 이 과정에서 한국교회는 한편으로는 제도화된 종교들이 겪는 일반적인 변화를 경험하고 있으며, 다른 한편으로는 한국의 사회적, 문화적 특성이 반영되면서 나름대로의 독특한 구조적 성격을 형성하게 되었다.

　　이 장에서는 한국교회의 구조적 성격과 문제에 대하여 살펴보려고 한다. 여기서 다루는 주제들은 종교의 제도화, 개신교의 교파주의, 한국교회의 개교회주의, 메가처치 문제들이다. 이 주제에 관련된 종교사회학 이론들이 간단히 소개되고, 미국교회의 사례와 한국교회의 현실이 분석될 것이다. 이를 통해 한국교회의 구조적 특성과 문제점을 밝혀보려고 한다.

2 종교의 제도화와 한국교회

일반적으로 사회조직은 몇 가지 특성을 가지고 있다. 우선 구성원들 사이에 공통된 목표와 목적이 있다. 이것을 성취하기 위한 합의된 규범들이 있다. 이 규범들이 실천될 수 있도록 다양한 방법이 활용되며, 이를 위한 역할 분담이 이루어진다. 구성원들은 자신을 집단과 동일시하며 그 집단에 헌신하는 경향이 있다. 이러한 특성은 종교조직의 경우에도 마찬가지다. 다만 그 내용이 다른 사회조직과 다를 뿐이다.

종교가 추구하는 목표나 목적은 여러 가지다. 사람들은 종교를 통하여 어떤 일들(사건, 죽음, 고통, 사회 부정의 등)이 일어나는 이유를 알기 원하고, 신과의 의존적 관계성(예배나 기타 의례적 활동)을 표현하기 원하며, 신으로부터 보상 얻는 방법(기도나 믿음이나 선행)을 터득하기 원하며, 삶의 마지막 목적(구원)을 성취하기 원한다.[3] 한마디로 종교는 초월적이고 초자연적이며 영적인 믿음과 가치를 추구하는 특별한 사회조직이라 할 수 있다. 그러나 이 조직을 유지하기 위해서는 네 가지가 필요한데, 첫째는 인적, 물적, 시설 등의 자원이며, 둘째는 조직의 성격과 기능을 규정하는 규범 혹은 법이고, 셋째는 조직을 이끌 수 있는 권위가 부여된 지도력이며, 넷째는 조직의 발전을 위한 정책과 전략이다. 이 점에서는 교회 역시 다른 사회조직과 많은 유사성을 가진다.

로날드 존스턴(Ronald Johnstone)에 따르면, 종교가 하나의 조직으로 작용하기 위해서는 몇 가지 조건이 충족되어야 한다.[4] 첫째로, 신참확보(recruitment) 혹은 재생산이 필요하다. 조직의 유지를 위해서는 개종이나 전도를 통해 조직원 수를 늘려야 한다. 둘째로 사회화 과정이 필요하다. 새로운 멤버와 자녀를 신앙적으로 훈련시키고 교육시켜야 한다. 셋째로, 조직 멤버의 기대나 요구를 충족시켜야 한다. 넷째로, 질서가 유지되어야 한다. 이것은 적절한 통제나 동기부여를 통해 멤버가 조직의 규범을 지키는 일이다. 마지막으로, 목적의 느낌(sense of purpose)을 유지해야 한다. 멤버가 조직에 대하여 헌신과 동일화의 느낌을 가질 수 있어야 한다. 이러한 조건들이 충족될수록 교회조직은 잘 유지되거나 발전할 수 있다.

물론 종교조직은 다양성을 가지고 있다. 조직의 규모, 신앙 및 교리의 특성, 의례 성격, 지도자의 특징 등에서 종교조직은 다양할 뿐만 아니라, 조직원의 자격, 사회와의 관계, 가치관과 세계관, 참여자의 사회경제적 배경에서도 종교조직은 다양할 수 있다.[5] 그래서 학자들은 종교조직의 유형을 교회(church), 종파(sect), 교파(denomination), 제의(cult) 등 다양하게 구분하고 있지만, 우리가 이 장에서 다루는 조직 형태는 기독교 조직이며, 그 가운데 특히 개신교 교파 조직이다.

종교조직은 또한 변화되는 특성을 가지고 있다. 종교조직은 사회 안에 존재하기 때문에 사회변화, 그리고 이 변화에 따른 구성원 자신의 변화에 따라 종교조직 자체도 변할 수 있다. 그 변화는 종교조직의 신앙, 교리, 의례 전통일 수도 있고, 구성원과 구성원 사이의, 구성원과 비구성원 사이의 관계성일 수도 있다. 이 주제는 종교의 제도화라는 용어로 설명되고 있는데, 여기서 우리는 교회조직의 제도화 문제를 다룬다.

현대사회는 다원화 사회이다. 관료사회이며 조직사회이다. 이차집단 관계가 중심이 되는 사회이다. 복잡하게 분업화되고 전문직과 서비스직이 발달한 산업사회이다. 인구가 도시에 집중되는 도시사회이다. 정보, 통신 기술이 생활을 지배하는 정보사회이다. 한국사회도 이러한 사회로 변해 왔다 이러한 사회상황 가운데서 한국교회는 점점 제도화되었고, 이에 따라 여러 가지 문제가 생겨나게 되었다. '제도화'란 조직이 단순하고 미분화되고 비전문화되고 비공식적인 형태에서 점차 복잡하고 분화되고 전문화되고 공식적인 형태로 변화되는 과정을 말한다.[6]

교회조직이 제도화되면서 나타나는 하나의 특징은 그 집단이 커지는 현상이 나타난다는 것이다. 개신교 전체와 각 교단의 규모가 커지고 있다. 아직 규모 작은 교회가 매우 많긴 하지만, 한편 대형화된 교회도 적지 않다. 그리고 대부분의 교회가 성장을 목표로 하고 있으며, 어느 정도 여건이 마련된 교회는 대형화를 추구하고 있다. 집단의 대형화는 몇 가지 문제를 야기할 수 있다.[7] 집단의 규모가 커지게 되면 멤버 가운데서 그 집단의 목표와 규범에 대한 합의(合意)의 정도가 감소된다. 멤버끼리의 상호작용이 점점 어려워질 뿐만 아니라 다양성이 증가되면서 정책 결정의 공통된 이해에 도달하기가 어려워진다. 이에 따라 집단의 통제가 그만큼 어려워진다. 이것은 대형화되는 교회가 직면한 어려움 중 하나이다. 결과적으로 카리스마적 권위를 가지고 있지 않는 한, 정책 결정과 수행에 있어 목회자의 리더십이 약화될 수 있다.

교회조직이 커지고 구성원들의 성격이 다양해지면 소위 '혼합된 동기의 딜레마'(the dilemma of mixed motivation)가 생겨나기 쉽다.[8] 예를 들면 교회의 규모가 커질수록 다양한 사람이 모이기 때문에 그들의 교회출석 동기 또한 다양해진다. 어떤 이는 위로나 도움을 받기 위해, 또 어떤 이는 복을 받기 위해, 다른 이는 치유를 받기 위해, 또 다른 이는 삶의 의미를 추구하기 위해 출석한다. 또 어떤 이는 사회에서 누리지 못하는 지위나 권력을 교회에서 대신 누려보려고, 다른 이는 사회운동의 기반이 필요하여, 심지어는 정치나 사업의 발판으로 삼기 위해 교회에 출석하기도 한다.[9] 교인의 교회출석 동기가 다양하다는 것은 교회에 대한, 목회자에 대한 그들의 요구도 그만큼 다양하다는 것을 의미한다. 다양한 이유로 교회에 나오고, 다양한 기대를 가지고 있는 교인을 상대로 목회를 해야 하기 때문에, 그들의 다양한 요구를 어떻게 충족시킬 수 있는가 하는 것이 목회자에게는 부담으로 작용할 것이다.

교회의 제도화는 또한 교회조직의 관료주의화(*bureaucratization*)를 초래한다. '관료주의'란 말은 원래 관직이나 관리에 의해 규정된 일의 규칙이란 의미로 사용되었다. 그러나 막스 베버(Max Weber) 이래로 그것은 매우 공식화되고 철저하게 합리적인 행정 체계를 의미하는 용어로 사용되고 있다.[10] 경영과 감독의 체계로서 관료주의는 조직의 관리자 및 종사자들의 의무와 책임의 합리적 협동을 마련하기 위해 기획된 것이다. 여기서 조직의 원리는 결정에서의 합리성, 사회관계의 비인격성, 과제수행의 일상화, 권위의 집중화이다.[11] 관료주의는 조직의 공정성, 합리성, 효율성을 기할 수 있도록 위계적 질서를 형성하는 전문적 관료의 체계로 긍정적인 측면이 있다. 그러나 관료주의는 규칙을 경직되게 적용함으로써 융통성이 부족해진다. 능률성을 겨냥한 획일성은 창의성을 말살시킨다. 통제력의 집중은 자발성과 자율성을 제약하기도 한다. 그래서 요즈음은 이 개념이 부정적 의미로 사용되는 경우가 많다.

조직으로서의 교회도 관료주의화되고 있다. 교회조직 안에서 기능적인 전문화가 생겨나고, 인간관계가 비인격적으로 규정되며, 보편적 규칙에 의해 조직이 운영되고, 위계적 질서에 의해 조직이 움직인다. 교회조직의 관리자는 점차 행정가로 변신하게 되며, 교회조직에는 기능적으로 분리되고 전문화된 행정부서가 나타난다. 관료주의화는 조직의 목표를 결정하고 조직의 수행을 평가하는 근거의 변화를 가져온다. 여기에는 더 큰 통제, 더 많은 계획, 정교한 조직 프로그램이 요구된다. 이와 함께 기독교의 원래 가치에 대한 충성보다는 교회유지나 멤버십 확장에 대한 공헌에 의해 조직의 성공 여부가 평가되는 경향이 있다. 그리하여 성장하는 교회일수록 성공적이라는 평가를 받게 된다.

관료주의화는 또한 '합리적 경제화'(*rational economizing*)의 체계와 관계가 있다.[12] 이것은 절약 등을 통한 합리적인 경제적 사용을 의미한다. 합리적인 행정은 예측할 수 있는 재원확보와 적절한 지출체계에 달려있다. 따라서 교회재정을 얼마나 충분히 확보할 수 있는지, 그리고 예산을 얼마나 적절하게 집행할 수 있는지의 문제가 교회의 운영과 유지에 매우 중요한 과제가 된다. 더욱이 교회가 커질수록 교회의 수입과 지출에 대한 투명성이 보다 더 요구된다. 그러나 한국교회 가운데 예산책정과 집행의 모든 내용과 과정을 모두에게 투명하게 공개하는 경우는 많지 않다. 그래서 교회의 재정 비리가 교회뿐만 아니라 사회의 문제가 되기도 한다. 나아가 점점 대형화하는 교회조직의 운영에는 재화를 더욱 필요로 하게 된다. 특히 예배당이나 부속건물들을 신축하거나 커다란 사업을 추진할 때는 더 많은 재정이 요구된다. 이에 따라 헌금이 강조되는데, 이는 교인에게 적지 않은 부담이 될 수 있다. 그래서 교회건물을 새로 짓기로 했을 때, 일부 교인이 건축헌금이 부담스러워 교회를 떠나는 일이 한국교회에서는 흔히 일어나고 있다.

교회조직의 관료주의화는 직책에서 지배-종속이라는 확고하게 배열된 체계를 만들어내는데, 이것은 권위주의 문화에 젖어있는 한국교회의 경우 특히 그러하다. 그리고 이러한 권위적 체계는 교단 차원이나 개교회 차원에서 모두 마찬가지이다. 권력의 '중앙집권화'(centralization)가 이루어지며, 결정권은 소수의 손에 집중된다. 교단사업은 교단장을 중심으로 한 소수의 교단 지도자가, 개교회의 사업과 예산집행은 담임목회자를 중심으로 한 소수의 교회 직분자가 좌지우지하는 경우가 한국교회에서 흔히 나타나고 있다. 그러나 중앙집권화 뒤에 있는 동기는 예산을 통제하려는 욕망, 교리에 대한 동의에 도달하고 그것을 강화시키려는 의지, 직원의 임명·배치·훈련을 결정하려는 욕망, 다른 교회조직 및 세속기관과의 관계를 확립하려는 열망이라고 할 수 있다.[13]

목회자는 대체로 자신의 영향력이 최대로 반영될 수 있는 권력의 중앙집권화를 선호한다. 이와 달리 평신도들은 권력이 분산되고 일이 분업화되는 권력의 '분권화'(decentralization)를 원한다. 교인들 가운데는 교회정책의 결정이나 수행에 개입하고 참여하기 원하는 이들이 증가하고 있다. 이것은 민주주의가 정착되고 지방자치제가 활성화되고 있는 사회의 경우 더욱 그러하다. 한국교회에서 권력의 분권화에 대한 요구가 증대되는 것은 당연한 결과라 하겠다. 따라서 성직자의 중앙집권화 전략과 평신도의 분권화 시도가 때로는 교단 차원에서, 그리고 개교회 내에서 권력구조의 갈등으로 이어지기도 한다. 특히 교인들이 교회정책 결정이나 수행 과정에서 소외감을 느낄 때, 교회나 목회자에 대하여 불만이 생겨날 수 있다.

교회조직이 제도화되면서 생겨나는 또 다른 결과는 목적전치(目的轉置: goal displacement) 현상이다.[14] '목적전치'란 어떤 목표에 도달하려는 방식으로 의도된 본래의 프로그램이나 과정 자체가 목적이 되는 것을 말한다. 조직의 규모가 커지고 관료주의화되면서, 또한 세상과의 동화와 동조의 과정을 거치면서 '숫자' 자체가 그 조직의 실제적인 목표가 되는 수가 있다. 한국교회는 각 교단마다 '언제까지 몇 교회, 몇 신도 확보'를 일차적인 목표로 내세우는 경우가 많았다. 개교회에서도 '교인 몇 명, 예산 얼마 확보'를 교회의 우선적인 목표로 삼는 경우가 흔했다. 물론 이런 일은 각 교단과 개교회에서 지금도 볼 수 있는 현상이다. 한국교회가 지나치게 물량주의, 양적 성장주의에 빠져있다고 비판을 받는 이유도 수단이나 과정이 아니라 '숫자'의 증가를 교회의 가장 중요한 목표로 삼는 목적전치 현상 때문이다.

목적전치는 교회의 가치체계에서도 나타날 수 있다. 때로는 전통적인 종교적 가치(궁극적인, 저 세상적 구원과 같은)가 변화되는 현대적인 가치에는 적합하지 않거나 중요하지 않아 보이게 된다. 그리하여 교회조직은 새로운 목표, 예를 들면 이 세상에서의 성공과 출세, 복락과 건강과 같은 세

속적 가치를 그 조직의 우선적인 목표로 삼는 경우가 적지 않게 생겨난
다. 심지어 교회조직이 그 우선적인 목표를 인권운동, 사회운동으로 삼아
교회를 사회적 활동의 근거로 삼는 극단적인 경우도 생겨난다.

교회조직의 제도화는 리더십과 관련이 있다. 교회조직의 리더십 유
형에는 세 가지가 있다.[15] 첫째는 '감독제 유형'(episcopal type)이다. 종교적 리
더십이 신적인 권위를 부여받는 통로를 거쳐 조직의 중심으로부터 흘러
나온다고 가정되는 중앙집권적 조직형태이다. 궁극적 권위는 감독(bishop)
의 위계질서에 있다. 비록 개체교회에 대한 책임은 담임자 자신에 있으
나, 감독은 목회자들을 개체교회에 파송할 권한을 가진다. 따라서 감독의
선택, 인가, 임명에 의해 개체교회의 담임자가 결정된다. 개체교회의 자
율성은 제한되고, 평신도는 이론상 교회지도자를 선택할 권한이 없다. 이
러한 유형의 교회조직의 예로는 감독교회, 미국연합감리교회(UMC) 등을
들 수 있다.

둘째로, '장로제 유형'(presbyterian type)이 있다. 여기서 리더십의 근원은
장로들 혹은 선택된 평신도 지도자들로 구성된 대표회의에 있다. 권위와
통제적 힘이 개체교회를 대표하는 이들 집단에 있다. 그들은 교회 담임자
의 임명을 요구할 수 있고, 일단의 후보자들 가운데 담임자를 선택할 수
있다. 이 유형의 조직에서는 담임자가 그의 능력 여하에 따라 교회를 떠
나거나 오래 머물 수 있기 때문에, 그는 자신의 능력을 입증하기 위한 노
력(예를 들면, 교회 성장)을 특별히 많이 한다. 이 유형의 교회조직의 대표적인
예는 장로교이다.

셋째로, '회중제 유형'(congregational type)이 있다. 이것은 조직의 리더십이
철저하게 일반회중 전체에 분산된 형태이다. 회중이 지도자를 고용할 뿐
만 아니라 원하면 해고할 수도 있다. 회중은 민주적으로 조직되며, 이에
따라 개인 멤버, 위원회, 그리고 다른 하위집단에 교회문제를 투표하고

그들이 바람직하다고 느끼는 행동을 주도할 권리를 준다. 교회 담임자는 아래 있는 이들에 대해 책임을 지지만 그의 힘은 제한되고, 그의 위에는 어떤 종교적 위계서열도 없다. 목회자의 선택과 통제, 모든 조직적 일들의 수행, 그리고 재정 등에서 목회자는 회중 멤버들에게 최대한 의존한다. 어떻게 보면 담임자는 회중의 민주적 지도자가 된다. 이 유형 조직의 대표적인 예로는 회중교(지금은 그리스도 연합교회, UCC)와 침례교를 들 수 있다.

그러나 한국 개신교의 거의 모든 교파는 장로제 유형의 조직구조와 리더십 형태를 따르고 있다. 따라서 한국 감리교는 감독제가 아니며, 한국 침례교는 회중제가 아니다. 한국의 모든 교파들이 장로제를 따르는 것은 그 제도가 교회부흥과 성장에 도움이 된다는 판단 때문이기도 하다. 하지만, 또한 한국의 감투지향적 문화성향이 평신도로 하여금 장로제를 선호하게 만든 부분도 있다. 한국에서는 장로, 안수집사, 권사, 집사 직분이 교회에서 하나의 계급으로 인식되고 있는 것이다. 미국에서는 장로교 외에 장로 직분을 평신도에게 부여하는 교파는 없다. 한국에서 장로제도는 명예와 위신을 중요시하는 한국인(교인)에 대한 하나의 유인책으로도 기능하고 있다고 하겠다.

다음에는 개신교 교회구조의 전형이라 할 수 있는 교파의 문제에 대하여 살펴보기로 한다.

---

3 교파주의의 메커니즘

기독교는 크게 세 분파로 나뉘어 있다. 그것들은 가톨릭(*Roman Catholic Church* 혹은 *Catholicism*), 정교회(*Orthodox Church*), 그리고 개신교(*Protestant Church* 혹은

Protestantism)이다. 이 가운데 교세가 가장 큰 가톨릭(전체 기독교인의 절반)이 단일조직 체계를 가지고 있는 데 비하여 개신교(전체 기독교인의 21%)는 수많은 하위분파들로 다시 나뉘는데, 이것을 교파(*denomination*)라고 부른다.[16] 로마 가톨릭에 도전하는 종교개혁운동으로 시작된 개신교는 마르틴 루터(Martin Luther)와 요한 칼뱅(John Calvin) 이래로 수많은 교파로 나뉘고 새로 생겨나기도 했다. 개신교 교파들은 가톨릭에서 강조되는 교회 · 전통 · 선행 · 성례전보다는 믿음 · 은총 · 성서 · 말씀을 강조한다는 공통점이 있다. 그러나 성서에 대한 해석, 믿음에 대한 이해, 의례에서의 강조점, 조직구조 등에서 교파 간에 다소 차이가 있다.[17]

〈표 7-1〉은 개신교 주요교파의 배경을 보여주고 있다.

〈표 7-1〉 개신교 주요교파의 배경(시대순)

교파 이름	설립자	발생 국가	근원	설립 연도
루터교	마르틴 루터	독일	가톨릭	1517
재침례교	울리히 쯔빙글리	독일	가톨릭	1519
영국교회	헨리 VIII세	영국	가톨릭	1534
개혁교회	요한 칼뱅	스위스	가톨릭	1536
장로교	존 녹스	스위스	개혁교회	1560
회중교	로버트 브라운	영국	영국교회	1582
침례교	존 스미스	네덜란드	영국교회	1605
감리교	존 웨슬리	영국	영국교회	1739

출처: 이원규, 『인간과 종교』(나남, 2006), p. 240.

〈표 7-1〉에 나와 있는 것처럼 개신교의 가장 오래된 교파인 루터교 (*Lutheran Church* 또는 *Lutheranism*), 재침례교(*Anabaptist Church* 또는 *Anabaptism*), 영국교회 (*Church of England* 또는 *Anglican Church* 또는 *Anglicanism*), 그리고 개혁교회(*Reformed Church*) 등은 가톨릭교회에서 떨어져 나온 1세대 종교개혁자들에 의해 세워졌다.

1560년에는 칼뱅의 종교개혁전통을 이어받은 존 녹스(John Knox)에 의해 장로교(*Presbyterian Church* 또는 *Presbyterianism*)가 스코틀랜드에서 시작되었다.

이후에는 다시 영국교회에서 회중교(*Congregationalism*), 침례교(*Baptist Church*), 감리교(*Methodist Church* 또는 *Methodism*)와 같은 교파들이 생겨났다. 영국교회는 성공회라고도 불리며, 학자에 따라서는 그것을 개신교 범주에 포함시키거나 기독교의 네 번째 분파로 분류하기도 한다. 성공회가 미국에서는 감독교회(*Episcopal Church* 또는 *Episcopalianism*)라는 이름으로 1789년에 독립적으로 설립되었고, 개신교 교파의 하나로 분류되고 있다.

교파라는 용어는 17세기 말 영국 왕실에 대한 충성심을 유지한 채 영국교회로부터 이탈했던 영국의 기독교 집단, 즉 장로교, 침례교, 회중교 신도들에 의해 생겨났다.[18] 그 용어는 통상적으로 일탈이나 바람직하지 않은 수행의 의미를 가진, 경멸적인 용어 '종파'(*sect*)와 구분하기 위해 도입되었다. 유럽에서 처음 생겨난 교파들이 종교적 다원주의 시대를 열었으나 각 신앙집단은 특정 지역에서 공식적으로 교회를 인정하는 정치적 힘과 동맹을 시도하였다.[19] 그래서 루터교는 스칸디나비아와 독일의 여러 지역에서 공식종교가 되었고, 칼뱅주의는 스위스, 네덜란드, 남부 독일에서 지배적이며, 가톨릭은 프랑스, 스페인, 이탈리아에서 계속 공식적인 지위를 누렸다. 정치권력과 결탁되어 있었기 때문에 분파 간, 교파 간, 평화적인 공존보다 갈등이 흔했고, 종교박해도 많았다.

개신교 조직으로서의 교파가 가장 활발하게 발전된 나라는 미국이다. 미국의 교파들은 유럽과는 다른 배경에서 생겨났고, 다른 환경에서 자라났다. 우선 미국은 건국 시절부터 헌법에서 정교분리를 규정함으로 유럽에서 흔히 볼 수 있는 독점적인 국가종교의 출현을 막았다. 다양한 이민자들로 구성된 미국은 신앙의 자유를 허용했고, 이것은 미국에 종교적 다원주의 토양을 마련해주었다. 종교적 자원주의(*voluntarism*)는 다원주의와 결합되어 미국을 최대 종교시장으로 만들었고, 여기서 가장 빛을 본 것은 교파들이었다.

미국 교파의 다양성은 신학적 차이와 논쟁, 종교조직에 의한 갱신뿐만 아니라 이민, 인종갈등과 같은 근본적인 사회적 과정의 결과이기도 하다.[20] 미국은 이민자의 나라이다. 정치적, 경제적, 종교적 이유로 처음에는 수많은 유럽 나라들로부터 이민자가 미국으로 들어왔고, 다음에는 라틴아메리카, 아프리카, 아시아에서 이민자가 몰려왔다. 이때 그들은 자신의 언어와 문화, 그리고 종교를 가지고 왔다. 결과적으로 미국은 종교적으로, 교파적으로 다원화되었다. 특히 유럽 이민자 가운데는 자신의 민족, 국가 정체성, 소속감을 종교를 통해 유지하려는 경향이 강했다. 예를 들면 독일 루터교, 덴마크 루터교, 핀란드 루터교, 노르웨이 루터교 등 다양한 루터교 교파들이 형성되었다. 물론 다른 교파들의 경우도 마찬가지이다.

미국에서 교파의 다양성은 인종과도 관련이 있다. 인종의 다양성, 그리고 인종차별에 대한 태도는 미국에서 교파가 인종에 따라, 혹은 인종적 주제에 따라 분열되거나 새로 생겨나는 일을 촉진했다. 그래서 미국에서 교파의 역사는 분리와 분열, 합병과 생성의 역사이기도 하였다.[21]

미국 교파의 다양성을 설명하면서 '교파주의'(denominationalism)라는 용어가 생겨났다. 이 용어는 리처드 니버(H. Richard Niebuhr)에 의해 사용되면서 종교사회학 연구에 중요한 주제가 되었다.[22] 그에 따르면 새로운 종교조직들(종파)이 사회적으로 '박탈당한' 사람들 가운데서 시작되지만, 미국에서는 이 집단이 높은 사회적 지위를 얻게 되면서 그들의 종교적 표현은 보다 존경받을만하게 되거나 혹은 사회적으로 용납된다고 주장했다. 그리하여 세월이 흐르면서 종파적인 종교생활이 교파적인 것으로 변한다는 것이다. 이후에 교파에 대한 많은 연구가 이루어지면서 '교파주의'라는 용어는 두 가지 의미로 사용되고 있다. 하나는 다양성 가운데서 경쟁적인 집단들과 상호존중, 관용의 관계를 갖는 교파의 특징을 나타내는 의미이고, 다른 하나는 교파의 분열을 뜻하는 의미이다.

오늘날 세계적으로 전통적인 개신교 교파의 수는 11,830개에 이르고 있으며, 비전통적인 교파까지 합치면 그 수는 34,000개나 된다.[23] 비전통 교파에는 신흥종교들, 그리고 여호와의 증인, 안식교, 모르몬과 같은 소위 '주변적'(marginal) 교회가 모두 포함되어 있다. 때로는 새로 생겨나고 때로는 분열하면서 500년 개신교 역사 가운데 많은 교파가 생겨났다. 그 대부분은 개신교의 확산과 선교에 힘입어, 토착화 신앙의 발달로 인해, 그리고 이념 혹은 교권갈등의 결과로 20세기 이후에 생겨난 것이다. 세계에서 개신교인이 가장 많은 미국에만 2,400개의 전통적인 교파(비전통적인 교파들까지 합치면 4,700개)가 있다.[24] 교파주의가 가장 두드러진 미국은 '교파사회'(denominational society)라고도 불린다.[25] 오늘날 미국에서 교파는 다양성과 관용을 나타내는 보편적인 종교현상에 대한 상징적 표현이다.

미국의 교파주의는 종교적 다원주의 상황의 전형적인 모델이 되고 있다. 미국에는 세계의 거의 모든 교파가 있으며, 미국에만 있는 교파도 수없이 많다. 물론 교인 수가 백만 명이 넘는 대표적인 교파는 20개 정도이다.[26] 워낙 교파가 많다 보니 신학과 실천성향도 매우 다양하다. 그래서 사회학자들은 미국의 다양한 교파를 몇 가지 유형으로 구분하기도 한다. 대표적인 학자는 찰스 글락(Charles Y. Glock)과 로드니 스타크(Rodney Stark)이다.[27] 그들은 신학과 실천 노선에 따라 미국의 교파들을 크게 자유주의(liberals), 중도주의(moderates), 보수주의(conservatives), 근본주의(fundamentalists)로 구분했다. 대표적인 자유주의 교파로는 회중교('그리스도 연합교회'), 감독교회, 감리교 등이 있으며, 중도주의 교파로는 장로교, 그리스도의 제자 등이 있다. 보수주의 교파로는 루터교와 미국 침례교 등이 있으며, 근본주의 교파로는 남침례교와 성령강림파 군소교파들이 있다.

글락과 스타크의 조사에 따르면 교파에 따라 믿고 있는 교리신앙의 수준이 현저하게 다르다. 뿐만 아니라 의례에 대한 태도와 참여, 경건한 신앙적 수행, 종교적 경험, 종교적 지식 등 모든 차원의 종교성이 교파에 따라 크게 다르다. 그 차이는 도덕적, 윤리적 가치관에서도 두드러지게 나타난다. 물론 자유주의적인 교파 교인의 종교성은 약하고 보수주의적인 교파 교인의 종교성은 강하다. 전자의 도덕적 가치관은 진보적인 반면에 후자의 가치관은 보수적이다. 글락과 스타크는 "하나의 종교조직 유형으로서의 교파가 신학, 교리, 사회성향에서 매우 다양하고 다르기 때문에 교파의 성격을 일반화시키는 것은 잘못된 것"이라고 지적하면서, 미국에서의 다양한 교파 성격을 '새로운 교파주의(new denominationalism)라고 불렀다.[28]

한편 미국에 있는 수많은 교파는 사회정치적 입장에 따라 두 진영(party), 즉 '진보주의' 기독교인과 '보수주의' 기독교인으로 크게 나뉘고 있다는 사실을 강조하는 학자도 있다. 로버트 우스노우(Robert Wuthnow)는 이제 미국 개신교인은 교파소속을 통해서라기보다는 진영 논리로 자신의 정체성을 드러내는 경향이 강하다고 주장한다.[29] 이것이 분명히 드러나는 것은 대통령 선거 때라고 할 수 있다. 대통령 후보의 정치, 경제, 도덕적 입장에 따라 개신교인은 극명하게 두 진영으로 나뉜다. 이렇게 교파는 신앙적 주제뿐만 아니라 사회적 주제에 따라서도 입장이 분명히 갈린다. 사람들이 밝히는 교리적 '진영'이 특정 교파의 명칭보다 그들의 영적인, 도덕적인 삶에 더욱 중요한 것이다.

이제부터는 한국 개신교의 교파주의에 대하여 살펴보기로 한다. 한국의 개신교 복음화는 19세기 말부터 시작되었다. 한국에 복음을 전한 서양의 선교사들은 대부분 교파 배경을 가지고 있었고, 특히 미국 교파교회의 선교 활동이 두드러졌다. 1885년 미국의 북장로회가 호레이스 언더우드(Horace G. Underwood) 선교사를, 미감리회가 헨리 아펜젤러(Henry G. Appenzeller) 선교사를 파송하면서 본격적인 한국선교가 시작되었다. 이후 미국의 남장로회, 캐나다 장로회, 호주 장로회, 미국의 남감리회, 성공회, 구세군, 동양선교회(성결교회의 모체), 러시아 정교회, 침례교회 등이 잇따라 한국에 진출했다.[30] 한국에서 선교 활동을 시작한 미국의 북·남 장로회, 호주 장로회, 캐나다 장로회, 미감리회, 남감리회 등은 과열된 경쟁을 피하기 위하여 선교지를 분할하여 선교를 담당하였다. 이러한 분할 선교가 마찰이나 재정 낭비를 줄일 수 있었으나 선교부 배경에 따라 세분되는 분파적 현상이 나타나게 되었고, 나중에는 지방색에 의한 교권분쟁의 원인이 되기도 했다.[31]

1887년 장로교회의 첫 교회인 새문안교회가, 그리고 감리교회의 첫 교인인 정동교회가 설립되었지만, 한국에 독립적인 교파가 확립된 것은 이후의 일이었다.[32] 1908년 완전한 감리교회 조직으로 한국연회가 정동교회에서 조직되었고, 1912년에는 '조선예수교장로회 총회'라는 이름으로 장로회 총회가 결성되었다.[33] 이때부터 한국에서는 여러 교파들이 독립적으로 형성되기 시작했다. 그러나 불행하게도 한국의 교파 역사는 분열의 역사라고 할 만큼 심각한 갈등을 겪게 된다. 이러한 분열의 중심에 한국 개신교 최대의 교파인 장로교가 있다. 한국에서 장로교는 성장의 주역인 동시에 분열의 주역이라 할 수 있다.

한국교회는 해방 이후에 극심한 분열상을 보이기 시작했다. 일제 치하에서의 신사참배 여부 문제로 한국 개신교 최대의 교파인 장로교가 갈라져서 출옥 성도를 중심으로 한 예장(고신)이 생겨났고(1951), 이어서 신학문제로 인한 갈등의 결과로 한국기독교장로회가 생겨났다(1953). 고신파와 기장이 떨어져 나가고 남은 대한예수교장로회 안에서는 이념문제

(특히 WCC에 대한 입장)로 예장(합동)과 예장(통합)의 분열이 일어났다(1959). 1979년 예장(합동) 안에서 다시 분열이 일어나 합동 진보 측(주류)과 합동 보수 측(비주류)으로 갈라졌다. 이렇게 한국 개신교의 분열이 가속화되어 2011년 현재 교파는 232개로 늘어났다.[34] 이 가운데 '대한예수교장로회' 이름을 가진 교파가 177개로 전체 교파의 76%에 이른다. 예장의 교세는 모두 합쳐 전체 개신교의 62% 정도이다. 문화체육관광부에 등록되지 않은 교파까지 더하면 한국의 장로교 교파만 300개에 이를 것이라는 추정도 있다.[35]

개신교의 이러한 분열은 신학과 신앙 유형의 차이에 기인하기도 하지만, 권력 및 재산과 관련된 이해관계, 지역갈등과 주도권 다툼에서 생겨난 경우가 훨씬 많다.[36] 특히 예장의 경우 분열된 거의 모든 교파의 신학적, 교리적 근거가 대동소이하다. 즉, 예장의 모든 교파들은 엄격한 칼뱅주의(Calvinism)에 입각하여 웨스트민스터(Westminster) 고백을 그대로 따르고 있다. 그들은 웨스트민스터 신앙고백의 골자인 성경무오설, 하나님의 절대성, 삼위일체설, 하나님의 창조, 인간의 창조, 인간의 타락, 그리스도의 속죄, 성경의 말씀, 예정론, 성례, 신자의 본분, 부활과 심판이라는 12개 신조를 그대로 받아들이고 있다. 따라서 예장 분열의 원인은 다분히 세속적인 것이라 할 수 있다. 그래서 장로교 분열을 연구한 노치준은 그 분열의 근원은 교회(교회 지도자)의 세속화에 있다고 지적한다.[37]

한국교회의 분열은 교회의 영성과 도덕성에 치명적인 상처를 주었고, 교회 에너지를 내적 갈등이나 교권 다툼에 쏟아 부어 사회발전을 이끌어낼 역량을 발휘하지 못하게 했다. 그래서 한국 개신교의 분열은 사회적 공신력을 약화시키는 결과를 초래했다. 그리고 한국교회를 보수-진보의 양극화 구도로 만드는 데 결정적인 구실을 하게 되었다.

미국 교파들의 경우처럼 한국의 교파들도 신학적으로, 이념적으로 다양한 입장을 취하고 있다. 그래서 개신교 교파 가운데 기독교장로회(기장)를 자유주의 교파로, 기독교대한감리회(기감)과 대한예수교장로교(통합)를 중도적 교파로, 기독교대한성결교(기성), 대한예수교장로회(합동), 기독교한국침례회(기침) 등을 보수교파로, 그리고 예수교대한성결교(예성)와 예장(합동 비주류), 예장(고신) 등은 근본주의 교파로 분류한다.[38] 한국의 교파들은 신앙적으로 뿐만 아니라 사회적으로도 매우 이질적인 성향을 띠고 있으며, 흔히 서로 배타성을 드러내면서 양극화 현상을 보여주고 있다. 이와 같이 한국의 교파주의는 상호존중의 다양성이라는 의미보다는 교파분열과 대립이라는 의미에 더 가깝다.

4 탈교파주의와 개교회주의

교파주의가 대세였던 개신교 안에서 20세기 중반부터 새로운 흐름이 나타났다. 그것은 교파에 소속되기를 거부하여 교파를 탈퇴하거나 교파와 거리를 두는 교회가 늘어나는 현상이다. 이것을 '탈(脫)교파주의'(de-denominationalism) 혹은 '비교파주의'(non-denominationalism)라고 부르는데, 교파주의의 산실이었던 미국에서 이런 추세가 확산되고 있는 것은 흥미로운 일이다. 탈교파주의가 성행하는 근본적인 이유는 전통적인 교파교회가 보여주고 있는 전근대적인 모습 때문이다. 교파교회는 여전히 제도, 관료주의, 형식, 조직의 규율, 교리와 신학, 전통에 집착하는 경향이 있는데, 이런 것들은 현대인의 정서에 맞지 않다.[39] 교파교회에는 현대적 삶과 가치관에 대한 문화적 적합성이 결여되어 있을 뿐만 아니라 신앙의 본질인 '성스러움'마저 잃어가고 있다고 생각하는 교회(목회자, 교인)가 늘어났다.

그렇기 때문에 교파를 떠나거나 처음부터 교파에 소속하지 않는 탈교파주의가 확산되고 있는 것이다.

탈교파주의의 전형이 독립교회(*independent churches*)인데, 개신교 안에서 점점 그 비중이 커지고 있다. 그리하여 독립교회 교인 수는 1900년 전체 기독교인의 1.5%였으나 2005년에는 19%로 늘어나서 개신교 교파 기독교인의 비율과 비슷해졌다.[40] 전체 기독교인 가운데 독립교회 교인 비율이 가장 높은 것은 아시아 대륙으로 41%에 이르며, 개별 국가로는 미국이 36%로 가장 높다. 독립교회는 그 교인 수와 증가율에서 주목할 만하며, 이를 근거로 데이비드 바레트(David Barrett)는 21세기를 '후기교파주의'(*post-denominationalism*) 시대라고 부른다.[41]

지난 몇십 년간 미국에서 두드러지게 성장해온 독립교회를 분석한 도널드 밀러(Donald E. Miller)는 그 교회와 교인의 특징에 대하여 다음과 같이 설명한다.[42] 그 교회는 무엇보다 '감성을 추구하는' 경향이 강하다. 종교적 회심과 경험을 중요시한다. 성경을 열심히 배우고 그대로 살려고 노력한다. 교인 사이의 관계가 매우 친밀하다. 사랑을 적극적으로 실천한다. 기쁨이 충만한 교회생활, 가정생활을 한다. 소그룹 모임이 매우 활성화되어 있다. 사람들의 다양한 요구를 수용하는 다양한 프로그램을 가지고 있다. 평신도를 사역의 파트너로 삼아 그들을 최대한 활용한다. 권위주의나 관료주의를 배격한다. 하나님에 대한 지식이나 믿음보다는 하나님과의 만남과 관계를 중요하게 생각한다. 하나님에 대하여 찬양하는 것이 아니라 하나님을 찬양한다. 이러한 특성들은 전통적인 교파 교회에서는 부족하거나 상실된 것들이다.

독립교회들의 다른 공통점은 전통적인 방식의 예배, 프로그램, 조직, 운영을 포기하거나 근본적으로 바꾸었다는 것이다. 예배는 대개 개조된 창고나 체육관 같은 건물에서 드렸으나, 음향과 조명시설은 첨단의 것으

제2부 한국교회의 현실

로 갖췄다. 예배순서는 대개 찬양과 설교, 두 부분으로 되어 있다. 전문적인 밴드와 찬양 팀이 찬양을 인도하고 난 뒤에 목사가 설교를 하는 것이 순서의 전부이다. 묵도, 찬송, 교독, 대표기도, 성경봉독, 특별찬송, 목회기도, 헌금, 광고 등의 순서는 거의 없다. 옛 찬송가 대신에 경쾌하고 아름다운 선율의 CCM(현대 기독교음악 혹은 복음송가)을 찬양 팀, 그리고 모두가 함께 부른다. 교인은 거의 정장을 하지 않으며, 목사도 정장을 하지 않은 채 단 위에서 설교를 하는 경우가 많다. 주보를 보면 예배순서가 없는 대신에, 다양한 프로그램 및 여러 모임에 대한 광고가 실려 있다. 예배는 엄숙하고 무겁고 형식적인 것이 아니라 비공식적이며 경쾌하고 축제적인 분위기에서 진행된다.

전통적인 교회행정학, 목회학, 예배학, 설교학 관점에서 보면 독립교회의 모든 양태는 일탈적인 것일 수 있다. 그러나 밀러는 오히려 독립교회의 모습이 새로운 시대의 새로운 교회와 목회 모델이 될 수 있을 것이라고 보았다. 그래서 그는 그러한 독립교회를 '새로운 패러다임 교회'(new paradigm churches)라고 부르며, 주류 교파 교회를 대신하는 새 천년의 기독교 형태가 될 것이라고 했다.[43] 대표적인 교회로는 갈보리교회(Calvary Chapel), 빈야드교회(Vineyard Community Fellowship), 새들백교회(Saddleback Church), 매리너스교회(Mariner's Church), 도상교회(Church on the Way) 등을 들 수 있다. 이 가운데 일부는 교파 소속이긴 하지만 실제로는 교파와 관계하지 않으며, 교파 이름도 사용하지 않는다는 점에서 독립교회에 가깝다고 할 수 있다. 대부분의 주류 교파 교회들이 쇠퇴하고 있는 반면에, 많은 독립교회들은 성장하고 있다.

탈교파주의와 관계가 있는 또 다른 교회 형태로는 소위 '구도자 교회'(seeker church)로 불리는 교회가 있다. 윌로우크릭교회(Willow Creek Community Church)나 레우크우드교회(Lakewood Church)가 그 예가 될 것이다. 이 교회들

은 다른 독립교회들과 유사하지만, 차이가 있다면 구도자 교회는 종교적
으로 소외된, 그러나 종교적 관심이 있는 '구도자들'에게 매력을 주도록
기획되어 있다는 점이다. 교회에 안 나가는 사람은 전통적인 종교적 분위
기보다 기업이나 소비자 분위기에 더 편안함을 느낀다. 따라서 이 교회들
은 그들을 흡수하기 위해 종교적 분위기를 최소화하려고 한다. 윌로우크
릭교회의 목표는 "종교적 영역과 교외 중산층 미국인들이 일하고 쇼핑하
는 세계 사이에 있는 인지적 부조화를 감소시키거나 최소화하는 것"이
다.[44] 사람들이 종교상징 때문에 불편해 할까봐 교회에 십자가를 설치하
지 않는 교회도 적지 않다. 전통을 낡은 패러다임으로 보며 거부한다. 예
배는 표적 집단의 문화 취향에 맞도록 기획된다. 또한 광범위한 여흥과
사회적 기회를 제공하기도 한다. 주중에 이루어지는 이런 방식은 사람을
교회로 인도하는 전통적인 '정문'(*front door*)(주일 아침 교회 예배)이 아닌 신규
모집의 '옆 문'(*side door*)이라고 불린다.[45] 그러나 키몬 사전트(Kimon Sargeant)는
이 교회들은 그들이 접근하는 인구, 현대 매체의 채택, 낙관적인 메시지
의 강조, 메시지 전달 방법에 주의를 기울임으로 신앙을 마케팅하려는 생
각을 가지고 있다고 주장했다. 또한 소비자 요구를 충족시키기 위하여
신앙의 양상을 기꺼이 수정하고, 혁신적이지만(그러나 흔히 신학 훈련을 받지 못
한) 기업가 같은 종교적 리더십 등을 요구하고 있는데, 그것은 종교를 마
케팅화 하는 것이라고 비판했다.[46] 이 점에서 구도자 교회는 성서적 설교
를 하고 신앙의 본질에 충실하려는, 밀러가 말하는 '새로운 패러다임 교
회'와 구분된다.

　　미국에서는 교파주의의 약화 혹은 탈교파주의 경향이 분명히 나타
나고 있다. 독립교회나 구도자 교회가 아니더라도 많은 교파 교회가 교
파의 이름을 강조하거나 내세우지 않는다. 교파 조직에 속해 있고 이와
관련된 활동을 하지만 교파가 교회의 정체성을 드러낸다고 보지도 않는

다. 그래서 대부분의 개교회에서 정문 교회 간판에 교파를 표시하지 않는다. 교파 이름이 일종의 분파적 성향을 드러낸다고 보면서 의도적으로 교파의 명칭을 사용하려고 하지 않는 교회도 많다.

한국의 교회는 철저하게 교파주의에 매여 있다. 교회들은 거의 예외 없이 그 이름에 교파 이름을 붙이고 있다. 한국에서 교파주의는 극심한 교파 분열의 상징이기도 하고, 교파에 대한 충성심을 나타내는 것이기도 하다. 한국교회는 교파 자체에서 소속감과 정체성을 강하게 느낀다. 교파 소속을 강조하는 것은 내집단(*in-group*: 교회가 소속된 교파 집단)에 대한 연대감과 자부심을 갖게 만들지만, 한편 타집단(*out-group*: 다른 교파 집단)에 대해서는 배타성과 적대감을 만들어낸다. 한국교회가 교파 소속을 강조하는 것은 집합주의 의식이 강하고 명분(이름)을 중요시하는 한국문화의 정서를 반영하는 것일 수 있다.[47] 그러나 한국교회의 지나친 교파주의는 교파 간 상호존중과 관용이 아닌 갈등과 분열을 만들어내고 있다. 한국에서 교파는 교회의 어떤 특징을 나타내는 것이 아니라 우월의식의 상징으로 작용하는 경우가 많다.

한국인은 집합의식과 소속의식이 강하기 때문에 한국의 교회문화 풍토에서는 독립교회가 생기기 어렵다. 할렐루야 교회와 같이 주목받는 독립교회가 있기는 하지만, 전체적으로 보면 한국에서 독립교회는 극소수에 불과하다. 독립교회가 성장하기 어려운 이유로는 한국교회가 보수성이 강하여 전통으로부터 벗어나는 것에 대해 느끼는 거부감도 중요하게 작용하는 것으로 보인다. 그래서 미국의 독립교회에서 보여주는 자유분방한 예배 형식은 청년을 대상으로 한 '열린 예배'의 경우 외에는 한국의 주일예배에서 찾아보기 힘들다.

탈교파주의와 관계되어 있는 다른 개념으로 '개교회주의'(*congregationalism*)가 있다. 원래 '개교회주의'란 교파 혹은 종교적 전통 안에 있는 권위

중심적 구조에도 불구하고, 개체 교회가 자체의 일을 하는 데 상당한 정도의 자율성을 가지고 있는 것을 의미한다.[48] 비록 권위 구조는 감독제, 장로제, 회중제 등으로 다를 수 있지만, 개교회는 대개 교회운영, 정책설정, 목회방향 등에 있어 상부 기구나 외부 조직의 통제나 간섭을 받지 않는다. 또한 독립적이며 자율적인 권한을 가지고 있는 것이 미국 교파 교회의 특징이다. 물론 독립교회의 경우에는 개교회주의 성향이 더욱 분명하게 드러난다. 따라서 탈교파주의는 개교회주의를 강화시키는 결과를 가져온다.

한국에서는 개교회주의가 매우 부정적인 의미로 사용되고 있다. 예를 들어 노치준은 개교회주의를 "교회가 그 목표를 설정하고 활동을 전개하며 교회 내의 인적, 물적 자원을 사용하는 데 있어서 개별교회 내부의 문제, 특히 개별교회의 유지와 확장에 최우선권을 부여하는 태도 또는 방침"이라고 정의하고 있다.[49] 그에 따르면 개교회주의는 한국교회의 전형적인 현상이며 또한 문제적인 현상이기도 하다. 교회 예산의 대부분을 개교회 유지와 확장에 사용하며, 인적 자원이 주로 교회 내에서만 활용되고 있다는 것이다. 이런 의미에서 개교회주의는 집단 이기주의, 배타주의, 성장제일주의, 양적 팽창주의 등 한국교회의 고질적인 병폐의 중요한 요인으로 작용하고 있다고 하겠다.

비록 개교회주의가 개교회의 신도 증가, 교회 내 공동체성의 확립, 대형화에 기여하기도 하지만, 교회 간 불균형이나 목적전치, 그리고 교회 연합운동의 부진과 같은 부작용이 한국교회 안에 생겨날 수 있다.[50] 개교회주의는 또한 물질주의, 경쟁주의에 빠지게 만들고 사회적 관심을 약화시켜 사회 불신을 초래하기도 한다. 한국교회에 개교회주의 성향이 강한 요인은 여러 가지가 있을 것이다.[51] 우선 가족주의, 집합주의 성향을 조장한 유교 문화의 영향이 크다. 교회 지도자나 신도 가운데 성공과 성장에 대한 공명심이 작용하기도 한다. 한국교회는 개교회 중심의 장로제 조직이 지배적인 형태이다. 다원주의 상황은 교회 간 경쟁을 조장해서 개교회에 집착하게 했다. 빠른 경제성장을 추구했던 사회 분위기는 교회에도 개교회주의적 성장주의 가치관을 만들어냈다. 보수적인 신앙 풍토는 개인구원 문제에 집착하게 만들어 교인 확보에 노력과 관심을 집중하게 했다. 그래서 한국교회는 개교회주의 성향이 매우 강하다. 오늘날 한국교회는 부정적 의미의 개교회주의를 극복해야 할 과제를 안고 있다.

개교회주의는 교회의 대형화와 관계가 있다. 따라서 이제 마지막으로 대형교회 혹은 메가처치에 대하여 다루기로 한다.

5   메가처치의 메커니즘

대형교회 혹은 거대교회를 '메가처치'(Megachurches)라고 부른다. 메가처치의 원조는 미국이다. 미국에서는 메가처치를 "주일 교회출석 인원이 아이들을 포함해서 2천 명 이상인 개신교 교회"로 정의내리고 있다.[52] 미국의 메가처치는 1970년 50개에서 2010년 1,200개로 크게 늘어났다.[53] 전반적으로 미국에서 교세는 답보 상태, 혹은 쇠퇴의 길로 접어들었지만,[54] 메가처치가 많아졌다는 것은 중요한 의미를 가지고 있다. 첫째로, 주류 교파 교회는 모두 쇠퇴하고 있지만 비주류 교회 가운데는 급성장하는 교회가 많다는 것이다. 그래서 독립교회와 구도자 교회 가운데 메가처치가 많다. 둘째로, 메가처치 가운데 상당수는 수평이동에 의해 교회가 커졌다는 것이다. 즉 메가처치 교인 가운데 많은 이들이 다른 교회로부터 옮겨 왔다.

약 30만 개에 이르는 미국 교회의 주일 교회출석 인원의 중간값은 75명이지만(이 말은 미국교회의 절반은 교회출석 인원이 75명 미만이라는 의미이다.), 메가처치 출석 평균 인원은 4,142명에 이른다.[55] 메가처치의 49%가 비 교파 교회이며, 65%가 신학적으로 복음주의적이다. 교파에 관계없이 거의 모든 메가처치가 보수주의 신학을 가지고 있다.[56] 대부분의 교회에서 비공식적이고 즉흥적이며 표출적인 현대 형식으로 예배를 드리며, 96% 이상이 예배 때 전자 기타와 드럼 등의 타악기, 그리고 영상 장비를 사용한다.

세계에서 메가처지가 가장 많은 10대 도시 가운데 8개가 미국에 있으며, 그 중 서울은 메가처치가 세 번째로 많은 도시로 조사되었다.[57] 그러나 메가처치 출석자가 가장 많은 도시는 서울로 825,000명에 이른다. 한국에서는 통상적으로 10,000명 이상의 등록교인을 가진 경우를 메가처치의 범주에 포함시킨다.[58] 그러나 필자는 미국의 기준에 따라 교인 수 2천 명 이상의 교회를 메가처치로 보기로 한다. 더 구분해보자면 2천 명 이상 교회는 '대형교회', 1만 명 이상의 교회는 '초대형교회'라고 부를 수 있겠다.

홍영기는 한국의 메가처지(1만 명 이상 교회)를 세 가지 유형으로 구분하고 있다.[59] 첫째는 전통적 유형으로, 영락교회, 충현교회 등이 있으며 한국전쟁 이후 1950-60년대에 메가처치로 성장했다. 둘째는 카리스마적 유형으로, 여의도순복음교회, 은혜와 진리교회, 숭의감리교회, 온누리교회, 금란교회, 주안장로교회, 명성교회 등이 이에 속한다. 이들은 1970년대 이후 한국의 경제 발전기를 배경으로 성장한 교회가 많고 오순절적인 특성을 보이는 교회들이다. 셋째는 중산층 유형으로, 소망교회, 광림교회, 사랑의 교회 등이 여기에 속한다. 이들 교회의 성장은 1970년대 후반 이후 본격화된 서울의 강남 지역 개발로, 한국의 산업화가 어느 정도 완성된 이후에 등장한 중산층의 증가와 관계가 있다. 그러나 시대적으로나 성격상 온누리교회, 명성교회 등을 두 번째 유형으로 분류한 것은 무리가 있어 보인다.

한편 이성우는 메가처치를 시대적 세대의 특징에 따라 구분하고 있다.[60] 첫째는 해방 후, 특히 한국전쟁 전후에 월남한 세대를 중심으로 1950, 60년대에 성장한 교회로, 대표적인 것이 영락교회이다. 둘째는 산업화, 도시화 과정에서 소외된 계층인 '잊혀진 세대'를 중심으로 1970, 80년대에 성장한 교회로, 대표적인 것은 여의도순복음교회이다. 셋째는 신도시 개발과 경제성장의 혜택을 본 소위 '황금세대'를 중심으로 1980, 90년대에 성장한 교회로, 대표적인 것이 광림교회와 소망교회이다. 넷째는 변화되는 시대상황에 발맞추어 상대적으로 젊은 도시세대를 중심으로 1990년대 이후에 성장한 교회로서 대표적인 것은 온누리교회이다.

한 조사에 따르면 세계 10대 교회 가운데 4개가 한국에 있으며, 가장 큰 교회는 여의도순복음교회이다.[61] 한국에는 1만 명 이상 출석교회가 서울에 12개(여의도순복음교회, 온누리교회, 평강제일교회, 광림교회, 사랑의 교회, 만민중앙교회, 금란교회, 명성교회, 성락교회, 소망교회, 영락교회, 충현교회), 수도권에 5개(은혜와 진리교회, 수원중앙교회, 숭의감리교회, 주안장로교회, 순복음인천교회) 등 모두 21개로 보고되고 있다. 한국교회의 신앙적 열정과 적극성이 여기서도 드러난다.

메가처치는 규모가 거대하다는 것 외에 어떤 특성을 가지고 있는가? 리처드 치미노(Richard Cimino)와 돈 라틴(Don Lattin)은 메가처치 현상을 소비자 중심주의(consumerism), 절충주의(eclecticism), 그리고 보수주의(conservatism)가 혼합된 현상이라고 지적한다.[62] 메가처치는 시장 기반의 소비자 친화적 목회 방식을 따르며, 경영학 이론의 영향 하에 종교 소비자의 욕구를 만족시키는 온갖 생활 서비스를 제공한다. 메가처치가 비판을 받는 결정적 이유는 교회가 사회를 하나의 시장으로, 교인(혹은 잠재적 교인)을 소비자로 보며 마케팅하고 있다고 보기 때문이다. 더 많은 사람을 교회로 끌어들이는 데 성공해야 한다는 압력 때문에 적지 않은 교회가 교세확장을 위해 기업경영 방식의 접근법을 사용하고 있다.

신도 경쟁이 치열해지면서 일반 기업의 소위 마케팅 전략(*marketing strategy*)이 교회에 도입되기 시작했다. 이러한 마케팅 전략의 목적은 분명하다. 더 많은 신도를 확보하며 교회를 성장시키는 것이다. 그 전략의 핵심은 다음과 같은 것들이다.[63] 첫째는 사람들을 조사하는 것이다. 양적 성장을 위해 교회는 신자, 교회 방문자, 심지어 일반 대중에 대한 조사를 통해 신자와 잠재적 신자(선교 대상) 실태를 파악한다. 둘째, 프로그램을 개발한다. 교회는 신자와 잠재적 신자의 요구와 관심에 기초하여 특별 프로그램과 목회를 발전시킨다. 셋째, 교회는 다양한 방법으로 신자, 잠재적 신자와 소통한다. 신문, 잡지, 편지, TV, 라디오, 인터넷에 광고를 하고, 전화, 이메일, 개별 방문을 통해 개별적으로 사람들과 접촉하는 프로그램을 발전시킨다.

마케팅 전략이 신앙적으로 바람직한 것인지는 신학적으로 판단할 일이지만, 사회학적으로 보면 그것은 분명히 교회성장의 한 동력이 된다고 하겠다. 세속화 이론 가운데 '수요 측 이론'에 따르면 종교는 사람들의 요구와 기대에 부응해야 성장할 수 있다. 즉 만족할만한 해답을 주거나 욕구를 충족시키면 종교적 수요는 늘어난다는 것이다. 이런 의미에서 메가처치는 마케팅 전략을 통해 사람들의 종교적 요구와 기대에 효과적으로 대응하는 방법과 내용을 실제적으로 적용하는 데 성공한 사례라 할 수 있다. 물론 이에 대하여 종교의 문제, 신앙의 문제를 양적 성장의 문제로 환원시키고 있다는 비판은 나름대로 일리가 있다.

메가처치는 지정학적인 측면에서도 특징이 있다. 우선 그것은 대개 대도시의 현상이라는 점이다. 미국에서는 메가처치가 신앙적으로 보수적인 텍사스 주, 조지아 주, 플로리다 주 등 남부지역과 캘리포니아 주에 많지만, 한국은 수도권에 밀집되어 있다. 특히 급격한 도시화가 이루어지며 인구가 급증한 상황이 교회의 대형화에 기여했다. 이러한 도시화는 사람들에게 정체성과 소속감의 상실이라는 문제를 야기하는데, 교회가 이 문제를 적절하게 해소할 메시지와 프로그램을 갖게 되면 사람이 몰리게 되는 것이다. 한국의 경우에는 1980년대 이후 신도시 개발로 신흥 주택단지가 대거 생겨나면서 주변 사람들을 끌어들일 여건이 마련되어 교회의 대형화가 이루어진 경우가 많았다.

메가처치의 다른 특징은 소위 '밴드왜건 효과'(bandwagon effect)를 톡톡히 보고 있다는 점이다. '벤드왜건 효과'란 경제 분야에서 주로 사용하는 용어로 유행에 따라 상품을 구매하며 소비하는 현상을 말한다. 교회에서도 마찬가지로 밴드왜건 효과가 일어나고 있다. 이것은 일종의 쏠림 현상이라고도 하겠다. 메가처치에 대한 소문은 빨리 퍼진다. 그리고 각 교회는 나름의 특징이 있다. 따라서 종교적, 사회적 동질감을 느끼려는 사람들이 그 메가처치를 찾아가는 것이다. 이때 그들이 동조하려는 이유는 군중심리, 권위에 대한 복종, 책임감의 분산, 집단 압력과 같은 것도 있지만, 다른 한편 소외, 고립, 뒤처짐에 대한 불안도 작용하게 된다. 특히 한국과 같이 '우리'라는 인식과 공감대 형성을 강조하는 집단주의 문화에서는 밴드왜건 효과가 더 용이하다. 좋다고 소문난 제품을 꼭 구입하려 하는 것처럼 '좋다고' 소문난 교회에 소속되기를 원하는 사람이 많아 그들은 대개 메가처치를 찾게 된다. 이젠 거리가 문제되지 않는다. 처음에는 지역주민이 주로 교회 멤버가 되는 지역교회였지만, 이후에는 멀리서도 찾아오면서 광역교회가 됐다.

밴드왜건 효과는 교인의 수평이동(교회를 옮기는 것) 현상을 조장하기도 한다. '수평이동'은 종교사회학에서 흔히 '성도의 순환'(circulation of the saint)

이라는 용어로 사용되고 있다. 이 문제를 심도 있게 다룬 레지널드 비비(Reginald W. Bibby)와 멀린 브린커호프(Merlin B. Brinkerhoff)에 따르면 보수적인 복음주의 교회 성장의 이유는 다른 복음주의 교회로부터 교인이 옮겨오기 때문이라는 것이다.[64] '성도의 순환'(혹은 수평이동)은 메가처치로의 쏠림 현상과 관계가 있다. 메가처치는 대체로 명망 있는 목회자, 좋은 시설과 다양한 신앙적, 사회적 프로그램을 가지고 있고, 사회적으로 유명하다는 평판을 가지고 있다. 그리고 자신을 드러내지 않고 교회에 나올 수 있는 익명성이 보장되어 있다. 그 교회에 소속한다는 것이 자부심을 만들어내기도 한다. 이러한 여러 이점이 사람들로 하여금 메가처치로 옮겨가게 하는 요인으로 작용할 수 있다. 실제로 한국의 대형교회에서는 새 신자의 48%가 수평이동으로 들어온 교인이다.[65]

한국의 메가처치는 미국의 메가처치와 몇 가지 점에서 다르다. 첫째로, 한국의 메가처치는 대부분 교파에 소속되어 있다. 미국의 메가처치는 절반만 교파에 소속되어 있다. 그러나 교파 소속 교회도 교파를 드러내지 않고 거의 독립적으로 교회를 운영한다. 둘째로, 한국의 메가처치는 주일 예배에서 여전히 전통적인 방식을 고수하고 있지만, 미국의 메가처치는 대부분 고전적인 분위기, 공식적이고 제도적인 예배 형식의 틀을 벗어나 있다. 한국 메가처치에서는 대예배 때 록밴드와 찬양 팀이 30분씩이나 찬양을 인도하는 것을 용납하지 않는다. 셋째로, 미국의 메가처치는 교회 건물의 외형에 집착하지 않는 경향이 있다. 그래서 겉으로 보면 대형 창고나 체육관처럼 보이기도 한다. 실내 분위기도 실용적이긴 하지만 화려하지 않다. 강단도 대개 매우 단순하게 만들어져 있으며 꽃장식 같은 것도 보기 힘들다. 한국의 메가처치는 교회당의 외관이나 실내, 강단 모두 최대한 화려하게 꾸며져 있다.

메가처치에 대한 인식은(특히 한국에서는) 별로 좋은 편이 아니다. 가장 중요한 이유는 그 교회들이 대개 지나치게 기업화, 상업화되어 있기 때문이다. 종교학자 존 드레인(John Drane)은 이 현상을 교회의 '맥도날드화'(McDonaldization)라고 부르면서 이것이 근본적인 신앙을 위협하고 있다고 비판한다.[66] 복음이 상품화되고 교회가 마케팅 전략에 의존하게 되면, 교인을 확보하는 데 도움이 된다. 그러나 패스트푸드가 편리하고 맛있어도 건강에는 좋지 않은 것처럼 '인스턴트' 신앙은 영적 성장에 도움이 되지 않는다는 것이다. 그래서 쉽게 교인을 만드는 능률 위주의 목회 전략은 바람직하지 않다고 본다. 알리스터 맥그래스(Alister McGrath)도 신앙의 여정은 일종의 순례의 여정과 같은 것이지, 불편을 최소로 줄이면서 가능한 한 빨리 여행 목적지에 도달하는 관광산업과 같은 것은 아니라고 지적한다.[67]

메가처치에 대한 다른 비판도 있다. 메가처치는 인적, 물적, 시설자원이 풍부한 만큼 개교회주의에 빠지기 쉽다. 교회가 가지고 있는 에너지가 주로 개체교회 안에서, 그 교인들을 위해서만 사용되면서 집단 이기주의 조직이 될 위험이 있다는 것이다. 메가처치는 이미 충분히 크지만 더욱 커지기를 열망하는 양적 성장주의, 팽창주의의 유혹을 받을 수도 있다. 이것은 교회의 우선적인 목표 자체를 성장에 두는 목적전치 현상이라고 하겠다. 메가처치의 발달은 교회의 양극화를 가속화시키기도 한다. 작은 교회의 입장에서는 메가처치가 교인을 독점하고 있다고 느낀다. 특히 한국의 경우 그러하다. 한국교회의 60% 정도가 미 자립교회임을 감안할 때, 그리고 한국교회 교인 수의 중간값이 65명에 불과하다는 사실을 감안할 때, 메가처치의 성장 전략은 많은 다른 교회에 박탈감을 조장하고 있다고 하겠다.

노블레스 오블리주(noblesse oblige)라는 말이 있다. 높은 신분에는 그만큼 도덕적인 의무가 따른다는 말이다. 한국의 메가처치에는 어떤 도덕적 요구가 있는 것일까? 우선 풍부한 자원을 베풀고 나누는 일에 더욱 사용해야 한다. 지금도 많은 일을 하고 있지만 개교회를 위한 일보다는 세상을 섬기는 일을 더 열심히 해야 한다. 그리고 그 교회가 대형화됨으로 인해 상대적으로 어려움을 겪고 있는 작은 교회를 배려해야 한다. 성장에 대하여 더 이상 욕심을 내지 말아야 한다. 메가처치는 이미 클 만큼 컸고, 가질 만큼 가지고 있다. 그 교회가 커질수록 주변의 개척교회, 작은 교회가 문을 닫게 된다는 사실을 직시해야 한다. 이미 매년 1천 개에 이르는 작은 교회가 사라지고 있다. 생존을 위해 몸부림치는 주변의 수많은 미 자립교회를 생각하며 자신이 가지고 있는 물적, 인적 자원을 나누어줄 수 있는 아량을 가져야 한다. 이것은 상생의 길이고 공동체 회복의 길이기 때문이다.

신광은은 메가처치가 탐욕주의에 물들어 있다고, 업적주의에 물들어 있다고, 피라미드 꼭대기에서 군림하고 있다고, 제국이 되어버렸다고, 거룩성을 잃어버렸다고, 천박한 자본주의 논리에 물들어 있다고, 한마디로 구제불능의 세속화에 빠져 있다고 신랄하게 비판하고 있다.[68] 이러한 비판은 일리가 있지만 우리는 두 가지 점에 유의해야 한다. 하나는 모든 메가처치를 동류로 보고 한데 묶어 '문제'라고 하는 것은 '지나친 일반화'(overgeneralization) 혹은 '생태학적 오류'(ecological fallacy: 부분을 보고 전체를 판단하는 잘못)를 범하는 것이다. 우리는 앞에서 밀러 교수가 분석한 '새로운 패러다임 교회'의 긍정적인 측면을 보았지만, 그 교회들은 대개 메가처치이다. 문제적인 교회, 교회의 일부 문제만을 보고 모두를 비판하고 부정하는 것은 사회학적으로 볼 때 타당성이 결여된 것이라 할 수 있다.

다른 하나는 모든 현상은 기능적으로 양면성을 가지고 있다는 사실이다. 순기능이 있다면 역기능도 있다. 따라서 메가처치에 대한 평가를 할 때는 양면성을 모두 감안해야 한다. 지금까지는 교회 안팎에서 대개 메가처치의 부정적인 면, 역기능적인 면에 대한 비판이 이루어져 왔다.

그러나 메가처치는 나름대로 매우 중요한 순기능을 수행했다는 점을 간과해서는 안 된다. 예를 들면 메가처치가 없었다면 교회에 나가지 않았을 많은 사람을 메가처치는 교회로 이끌었다. 또한 메가처치는 이 시대 사람들이 종교에서 무엇을 찾고 무엇을 요구하고 있는지에 대하여 새롭게 탐구하며 그 대안을 제시하고 있다. 메가처치는 엄청난 자원(인적, 물적, 시설 등)을 가지고 있기 때문에, 이것들이 바르게 사용될 수 있다면 매우 건설적이고 긍정적인 사회 결과를 가져올 수 있다.

메가처치가 신학적으로 어떤 문제가 있는지는 신학자가 다루어야 할 주제이지만, 사회학적으로 보면 메가처치는 시대의 산물이고 사회구조 내 불가피한 상황의 결과 중 하나일 수 있다. 그리고 역기능 못지않게 개인과 사회에 긍정적인 역할과 기능도 수행하고 있다. 그러나 메가처치 입장에서도 교회적, 사회적 거부감이나 비판의 근원은 무엇인지 스스로 성찰하는 것이 중요한 과제임에는 틀림없다. 특히 작은 교회와의 상생, 사회에 대한 기여 등의 문제에 대해서는 다시 한 번 숙고할 필요가 있다.

---

6 나가며

하나의 조직으로서 한국교회는 제도화되어 왔다. 규모가 커지면서 교회의 구조는 관료주의화되는 경향을 보이고 있다. 조직 운영의 합리성과 효율성이라는 긍정적인 측면이 있지만, 한편으로는 권력구조의 경직성과 목적전치라는 부작용이 생겨나기도 한다. 개신교의 특징 하나는 교파주의로, 한국에서는 이것이 다양한 교파들이 서로 존중하며 공존한다는 의미보다는 교파와 교회의 분열이라는 의미가 더 강하다. 이러한 분열이 신학적인, 이념적인 차이에 기인하는 경우도 있지만, 대개는 집단 간에 돈과 권력에 근거한 이해관계, 그리고 지역갈등 및 교권과 관련된 주도권 다툼 때문에 생겨난 것이라는 점에서 한국의 교파주의는 하나의 병폐가 되고 있다.

미국에서 탈교파주의 경향이 강해지는 것과는 달리 한국에서는 교파에 대한 충성심이 강하다. 그러면서 한국교회는 교회의 모든 자원을 개체교회의 발전에 집중 투자하는 개교회주의 성향이 두드러지게 나타나고 있다. 이것이 개교회 성장에는 도움이 되겠지만 성장제일주의, 집단이기주의, 배타성이라는 부작용을 만들어낸다.

한국교회가 눈부시게 성장하면서, 그리고 급격히 도시화가 이루어지면서 많은 메가처치가 생겨났다. 메가처치는 이 시대 사람들이 필요로하는 것을 적절하게 제공했고, 교회의 풍부한 자원은 더욱 많은 이들을흡수하는 데 도움이 되었다. 교회 지도자의 탁월한 지도력, 교회가 마련해주는 쾌적하고 편리한 시설과 다양한 프로그램, 그리고 사회적, 교회적평판 등으로 인해 메가처치로의 쏠림 현상이 가속화되고 있다. 그러나 지나치게 마케팅 전략에 의존함으로 상업화되고, 양적 팽창주의 때문에 교회의 양극화가 나타나고 있는 것은 문제이다.

구조적인 면에서 한국교회는 변화가 필요해 보인다. 제도화되는 과정에서 어떻게 공동체성을 유지할 수 있을까, 교파들이 어떻게 상호이해와 신뢰의 관계를 회복할 수 있을까, 메가처치는 어떻게 노블레스 오블리주 정신을 실천할 수 있을까 하는 문제들은 시급히 해결되어야 할 과제라 하겠다.

제2부 한국교회의 현실

제8장
한국 목회자의 현실
- 멍에를 지고 가는 목회자 -

1   들어가며

　　한국교회는 한때 뜨겁고 열정적이며 부흥하고 성장했을 뿐만 아니라 사회적으로 존경과 신뢰를 받았다. 그러나 이제 한국교회는 열정이 식었고 부흥도 안 되며 사회적으로도 공신력을 잃어 비판의 대상이 되고 있다. 한국교회의 이러한 영욕(榮辱)의 중심에 목회자가 있다. 모든 조직에서 지도자의 역할은 매우 중요하다. 그의 지도력에 따라 그 조직은 성공하기도 하고 실패하기도 한다. 이것은 특히 종교조직의 경우에 더욱 그러하다. 왜냐하면 종교조직은 종교지도자가 거의 독점적으로 종교적 가치와 규범을 조직 구성원에게 가르치고 그들을 이끌기 때문이다. 그런 의미에서 한국교회에 자랑스러운 면이 있다면 그 공은 특히 교회 지도자로서 목회자에게 돌려질 수 있지만, 반대로 한국교회에 문제가 있다면 그 책임은 누구보다 목회자에게 있다고 하겠다.

　　교회의 수준, 그리고 교인의 수준은 목회자의 수준을 넘지 못한다. 성직자의 높은 영적, 도덕적 수준은 교회와 교인의 수준을 높이겠지만, 만일 성직자의 영적, 도덕적 수준이 낮다면 교회와 교인의 수준도 낮아질 것이다. 따라서 목회자는 한국교회의 공과(功過)에 대하여 우선적으로 책임을 지고 있다고 하겠다. 물론 한국교회의 모든 문제에 대한 책임을 목회자에게만 돌리는 것은 지나친 것일 수 있다. 사회 상황이 변하면서 불가피하게 교회 혹은 교인들에게 문제적인 결과가 생겨날 수도 있다. 그러나 교회가 사회적으로 지탄받고 있는 교회 내적인 문제는 교회 지도자로서 목회자의 책임이 크다.

　　다수의 목회자가 자신의 목회 현장에서 묵묵히 성실하게 사역을 감당하고 있다. 그리고 많은 한국 목회자가 교회의 물적, 인적, 시설자원이 열악하여 경제적으로, 정신적으로 어려움을 겪고 있다. 그럼에도 불구하고 한국교회가 직면하고 있는 양적, 영적 위기에 대하여 목회자에게 나름의 책임이 있음을 부인할 수 없다. 아울러 그들은 미래 한국교회의 변화와 갱신에 대한 무거운 과제를 안고 있다. 이 장에서는 목회자의 역할갈등 문제를 소개한 후 한국 목회자의 실태와 의식, 그리고 그들에 대한 평가를 살펴보려고 한다.

2 　목회자의 역할갈등과 긴장

목회직은 일종의 전문직이다. 그러나 교수나 의료인이나 법조인의 직분과는 다른 특별한 전문직이다. 물론 다른 전문직 종사자처럼 목회자는 일반인에게는 허용되지 않는 전문적인 지식과 기술을 소유하고 있는, 훈련받은 사람이다. 다른 전문직처럼 목회직도 지위와 영향력이 부여된 권위를 가지고 있다. 그러나 다른 전문직과는 달리 목회직은 금전적 수입이나 인정에 대한 갈망으로부터가 아닌, 종교적 동기로부터 부여받은 직책이다.[1] 그리고 그들의 권위는 지적인 능력뿐만 아니라 영적이고 도덕적인 우월성에 근거하고 있다. 목회직은 다른 전문직과는 달리 집단이나 조직의 구성원에 의해 고용되고, 그 멤버로부터 도움을 지속적으로 받는다. 물론 일부 복음주의나 성령운동 교회에서는 목회직을 전문직으로 보지 않는 경우도 있다. 왜냐하면 이러한 교회에서는 많은 설교자가 전문적인 신학대학 훈련을 받지 않으며 그것이 필요하다고 보지도 않기 때문이다. 따라서 목회직을 전문직으로 보는 것은 주류 개신교 교파 교회의 경우에 해당되는 것이다.

한국교회 목회자의 실태와 의식을 알아보기 전에 일반적으로 목회자가 겪을 수 있는 역할갈등(role conflict)과 긴장(stress)의 문제에 대하여 살펴본다. '역할갈등'이란 주어진 역할을 수행하는 데 생겨날 수 있는 긴장과 불안, 그리고 어려움을 의미한다. 일을 수행하는 사람에게서 생겨나는 역할갈등과 긴장의 원인은 여러 가지이다.[2] 심리학적으로는 어떤 역할을 감당해야 할 때, 그 역할이 요구하는 성격과 역할 수행자의 인성이 너무 다를 경우 갈등이나 긴장이 생겨날 수 있다. 그러나 사회학적으로는 역할 수행자에게 그 역할을 감당할 준비가 부족하거나, 서로 상충하는 역할들을 동시에 수행해야 하거나, 혹은 너무 많은 역할을 수행해야 할 때 갈등이나 긴장이 생겨날 수 있다.

역할갈등이나 긴장은 목회자에게서도 생겨나기 쉽다. 우선 목회자들에게는 다른 전문직에서는 찾아보기 힘들 정도로 다양한 역할이 요구되고 있다. 목회자는 설교자, 교사, 의례수행자, 상담자, 행정가, 지역사회 지도자 등이 되어야 한다. 이 주제를 연구한 선구자 새뮤얼 블리짜드(Samuel Blizzard)는 크게 세 종류로 목회자 역할을 구분했다.[3] 기능적이고 신학적인 대가(master) 역할, 집단과 조직을 목회자가 하는 일과 조화시키려는 통합적 역할, 그리고 목회의 여섯 가지 과제에 대한 수행자 역할이 바로 그것이다. 이때 긴장의 원인이 되는 것은 여섯 가지 수행자 역할(설교자, 목자, 교사, 사제, 행정가, 조직자)이다. 왜냐하면 그것들은 매우 다양하고 어려워서 모두를 잘해내는 것이 쉽지 않기 때문이다.

글렌 버논(Glenn Vernon)은 보다 다양하게 목회자의 역할을 구분하고 있다.[4] 그 역할은 크게 네 가지로 나뉜다. 첫째는 초자연적인 힘을 활용하고 요청하는 역할이다. 여기에는 세 가지 하위 유형이 있다. 우선 의례 수행자(ritualist)의 역할이다. 목회자는 교회의 공식적 의례를 집례하고 수행해야 한다. 이것을 통해 교인이 초자연적인 근원으로부터 힘과 능력을 부여받을 수 있게 된다. 목회자는 또한 목자(pastor) 혹은 상담자(counselor)의 역할을 수행해야 한다. 이것은 어려움 가운데 있는 개인을 지도하고 도움을 주는 것이다. 여기에는 병자를 방문하고 유가족을 위로하며, 문제 있는 사람과 상담하는 일 등이 포함된다. 치유자(*healer*)로서의 역할도 있다. 이 것은 초자연적인 도움을 받아 사람의 몸과 마음의 병을 고치거나 그에 적응할 수 있게 하는 역할이다.

목회자의 두 번째 역할은 가르치는 일이다. 여기에도 세 가지 하위 유형이 있다. 우선 그는 교사(*teacher*)로서의 역할을 수행해야 한다. 그는 교 인에게 교회가 받아들인 신앙적 규정을 가르치는 데 관심을 가져야 한다. 목회자에게는 또한 설교자(*preacher*)로서의 역할이 주어진다. 그는 교사로 서 지식을 주입할 뿐만 아니라 교인의 헌신을 유발하기 위하여 기획된 설교를 해야 한다. 목회자에게는 학자(*scholar*)로서의 역할도 기대되고 있 다. 이것은 신앙의 지적 양상과 관계가 있는 것으로, 그는 서로 다른 유형 의 지식을 조화시키거나 교리적 갈등을 해소시키는 노력을 해야 한다.

목회자의 세 번째 역할은 집단을 유지하도록 기획된 활동에 종사하 는 일이다. 그는 행정가(*administrator*)로서 조직을 이끌어가기 위해 계획하고 그것을 집행할 책임을 가지고 있다. 그는 또한 교구 책임자(*rector*)로서의 역할도 수행해야 한다. 그는 교회조직을 대표하는 최고의 책임자인 것 이다.

목회자의 네 번째 역할은 다른 집단과 접촉하고 그 집단을 위해 봉 사하는 역할이다. 이것은 성직자(*cleric*)의 역할이라 부른다. 종교와 국가가 분리되어 있는 사회에서는 국가가 흔히 법적 중요성을 갖는 어떤 의식을 집례하도록 종교적 수행자에게 권한을 부여한다. 이 경우 성직자는 결혼 식이나 장례식 등을 집례하고, 국가적 행사의 의례를 집전한다. 또한 목 회자는 지역사회에서 지도력을 발휘해야 할 때도 있다.

이와 같이 목회자에게는 다양한 역할이 동시에 요구되고 있다. 목회자는 의례수행자, 설교자일 뿐만 아니라 상담자, 치유자가 되어야 하고, 또한 행정가도 되어야 한다. 교인은 목회자가 모든 역할을 잘 감당할 수 있는 만능선수가 될 것을 기대한다. 교인의 이러한 기대와 요구는 목회자에게 부담이 될 수 있다. 목회자는 수많은 역할을 감당하기에 부족한 시간과 체력 때문에 어려움을 겪기도 한다. 실제로 한국교회의 목회자가 일주일 동안 가장 많은 시간을 보내는 일에 대한 조사결과(세 가지 복수응답) 그 일은 '설교준비'(82%), '기도와 명상'(53%), '성경연구'(48%), '심방'(34%), '행정과 사무'(26%), '목회자들과의 만남과 비공식 회의'(10%), '애경사 참여와 각종 의례집례'(8%), '교단, 연회, 지방회 일'(7%), '상담'(7%) 순이었다.[5] 이렇듯 목회자가 하는 일이 너무 많아 모든 일을 잘하는 것이 쉽지 않으며, 이것은 하나의 스트레스가 되기도 한다.

대부분의 목회자는 어떤 역할이 가장 중요한지 알고 있으나 그 일에만 집중하는 것이 쉽지 않다. 블리짜드의 연구에 따르면 목회자는 목자, 설교자, 교사의 일에 많은 시간을 쓰기 원하지만, 현실적으로는 행정가, 목자, 조직자의 일에 많은 시간과 에너지를 쓸 수밖에 없다고 한다. 원하는 역할과 실제로 수행해야 하는 역할 사이의 부조화가 클수록 목회자의 만족도는 낮게 나타난다.[6] 목회자의 사기는 그가 반드시 해야 하는 일을 즐길 때, 특히 목자와 설교자의 역할을 잘 감당할 수 있을 때 높은 것으로 드러난다. 그러나 오늘날 목회자는 교회 멤버 및 잠재적 멤버와의 상호작용, 병자 방문, 행정, 시민 지도자들과의 만남과 같은 부차적인 일에 점점 더 많은 시간을 빼앗기고 있다.[7]

목회자의 역할갈등은 교회 혹은 목회자의 역할이나 목회자의 지도력에 대한 교인의 기대가 목회자의 생각과 다를 때도 생겨날 수 있다. 예를 들어 교인은 목회자가 정치적인 발언 하는 것을 좋아하지 않지만 목회자는 정치적인 설교를 한다든지, 반대로 교인은 목회자가 사회정의를 말하기 원하지만 목회자가 그런 주제에 대하여 침묵하는 경우 목회자에게는 갈등이 생겨날 수 있다. 어떤 교인은 목회자에게 강력한 지도력을 기대하는 반면에, 다른 교인은 그에게서 민주적인 지도력을 요청할 수도 있는데, 교인 사이의 이런 상반된 요구나 기대도 목회자에게는 부담이 된다. 목회자는 신앙의 목적이 진리를 깨닫고 영혼이 구원받는 것이라고 생각하고 가르치는데, 교인은 종교를 통하여 물질적 복이나 성공, 출세와 같은 사사로운 이익을 얻는 데 더 관심을 가지고 목회자의 축복을 강하게 요구한다면 목회자는 당혹스러울 것이다.

목회에서 경험하게 되는 긴장의 가장 흔한 경우는 개인적이고 이념적인 차이에서 생겨나는 회중과의 갈등, 특히 평신도 지도자와의 갈등이다.[8] 목회자는 교회 멤버들, 특히 평신도 지도자에 의해 비판을 받을 때 긴장을 심하게 경험한다. 또한 목회자는 도움이 필요할 때 부르면 언제든지 달려올 수 있다고 보는 교인 때문에도 스트레스를 받는다. 그 외에도 목회자는 교단 지도자와의 갈등, 그리고 과도한 직무로 인한 탈진으로 긴장을 겪을 수 있다.

역할갈등은 목회자 역할과 가족 역할의 충돌에서도 생겨날 수 있다. 목회는 대개 총체적인 삶의 방식으로 보여진다. 즉 목회자에게는 교회생활과 분리하여 가족과의 시간이나 여가시간을 보내는 것이 쉽지 않다. 이것을 '역할 주도권'(role hegemony)이라고 부른다.[9] 흔히 목회자의 역할은 그의 삶에서 그 어느 것보다 우선되어야 하며, 따라서 주 7일, 하루 24 내내 일할 수밖에 없는 경우도 생기는 것이다. 목회자는 원하는 때에, 그리고 정기적으로 가족과 함께 휴가를 가거나 여가를 즐기는 것이 쉽게 용납되지 않는다. 따라서 어느 직종의 일보다 목회에는 가족의 희생이 따를 수밖에 없으며, 이것은 목회자에게(그리고 그 가족에게) 갈등이나 긴장의 원인이 될 수 있다. 특히 목회자 가족의 경우 그러하다. 왜냐하면 그들은 모범적인 가족생활을 사람들에게 보일 것이 기대되는, 유리어항에 들어 있는 것과 같은 존재로 살아가기 때문이다.[10]

목회자는 신학, 가치관, 이념 문제 때문에 긴장과 갈등을 경험할 수 있다. 우선 신학과 목회현장 사이의 괴리 문제가 있다. 신학대학에서 가르치는 신학이 목회에는 쓸모없다는 얘기가 목회현장에서 나오는가 하면, 반대로 신학 영역에서는 목회가 신학적으로 볼 때, 비기독교적인 방향으로 가고 있다는 비판이 제기되기도 한다. 그러나 신학이 신앙과 교회의 본질을 규명하는 학문이라는 점에서, 신학적 규정과 평가를 무시하는 목회현장은 맹목적일 수밖에 없다. 신학 없는 신앙은 무교화되기도 하고, 신학을 무시하는 교리는 이단으로 빠지기 쉽다. 신학 없는 목회현장이 문제인 동시에 교회 혹은 목회와 동떨어진 신학도 문제이다. 목회현장에 대한 이해도 없고, 교회 현실에 대한 고려도 없이 이념에만 사로잡혀 공허한 논쟁이나 현학적인 이론으로 끝나는 신학은 목회에 도움이 안 될 뿐만 아니라, 때로는 교회현장과 갈등을 일으킬 수밖에 없다.[11] 신학과 목회의 괴리에서 생겨나는 신학자와 목회자의 갈등도 해소되어야 할 과제다.

가치관과 관련된 목회적 갈등의 양상은 도덕규범에 대한 교회의 보수적이며 엄격한 성향과 사회의 개방적이고 자유적인 성향 사이의 괴리에서도 보인다.[12] 물론 윤리의식에 있어 개신교인과 비개신교인 사이에 여전히 상당한 차이가 있지만, 오늘날 한국 개신교인들의 윤리의식은 과거보다 개방적인 방향으로 변하고 있다. 그리고 다음에 보게 되겠지만 윤리의식은 목회자가 평신도보다 보수적이다. 도덕적인 가치관이 더욱 개방화, 자유화되는 것이 현대적 추세임을 감안한다면, 이것을 인정할 것인가 거부할 것인가, 만일 인정한다면 어디까지 허용할 것인가 하는 문제도 목회자의 고민거리가 아닐 수 없다.

이와 같이 목회자는 역할 수행과 관련하여 많은 갈등과 긴장을 경험할 수 있다. 이러한 문제들을 염두에 두고 다음에는 한국 목회자의 실태와 의식 및 그들에 대한 평가에 대하여 살펴보기로 한다.

3 목회자의 실태와 의식

한국교회의 성격과 교인의 신앙을 형성하는 데 결정적인 역할을 하는 것은 교회 지도자로서의 목회자이다. 목회자가 바로 서면 교회와 교인도 바로 설 수 있는 것이며, 목회자가 흔들리면 교회와 교인도 흔들릴 것이다. 한국교회의 목회자, 그들은 누구인가? 먼저 한국교회 목회자의 실태와 의식에 대하여 알아본다. 한국의 개신교회 수는 약 8만 개이며, 목회자 수는 14만 명 정도이다.[13] 그러나 교인 수와 예산에 근거한 교회의 규모는 천차만별이며, 목회자의 성향과 배경도 매우 다양하다. 따라서 한국교회 목회자의 실태와 의식을 일반화하는 것은 쉽지 않다. 그럼에도 우리는 표본조사를 통해 목회자의 현실에 대하여 어느 정도 파악할 수 있다. 여기서 소개하는 한국 목회자의 실태와 의식에 대한 조사결과는 주로 한국기독교목회자협의회의 『한국기독교 분석리포트』(2013)에 근거한 것이다.[14] 다만 조사 대상 목회자는 담임목사로 한정되어 있다.

성별로 보면 목회자의 절대 다수(94%)가 남성이다. 이것은 대다수의 한국 개신교 교단이 여성 목사 안수 제도를 거부하고 있는 현실을 반영하는 결과라고 할 수 있다. 또한 종교가 사회에서 가장 보수적인 집단이라는 사실도 여기서 드러난다고 하겠다. 실제로 목회자의 37%가 여전히 여성에게 목사 안수를 허용해선 안 된다고 생각하고 있다. 교인의 2/3가 여신도라는 점을 감안해본다면 교회 안에 만연해 있는 남성 중심적이고 가부장적인 문화는 시정되어야 하리라고 본다. 목회자의 평균연령은 51세이다(30대 6%, 40대 40%, 50대 44%, 60대 이상 10%). 조사대상이 담임 목회자이기 때문에 평균연령이 다소 높을 수 있지만, 한편 목회자의 정년이 70세인 점을 감안한다면 다른 직종에 비해 목회자의 평균연령이 높은 것은 당연한 결과라 하겠다.

목회자의 신앙 시기는 대부분 '모태신앙'(51%)이거나 '초등학교 이전'(25%)이었다. 목회 계기는 부모나 본인의 '서원기도' 때문인 경우가 가장 많았고(39%), 다음은 '소명'(24%), '자원'(21%) 순이었다. 평신도의 경우에도 신앙에 있어 부모의 영향이 크지만, 목회자가 목회의 길로 가게 되는 데 끼치는 부모의 영향은 훨씬 크다는 것을 알 수 있다. 절대 다수(95%)가 목사로서의 자부심을 가지고 있으나, 다시 태어나도 목회자가 되겠다는 응답은 86%로 낮아졌고, 자녀가 목사 되기를 희망하는 비율은 68%로 더 낮아졌다. 이것은 목회자 본인은 소명에 의해 목사가 되었고 이에 대해 자부심을 갖고 있지만, 목회의 일이 워낙 고되고 힘들어 자녀에게는 부담을 주고 싶지 않다는 의식이 반영된 결과가 아닌가 한다. 실제로 목회자의 34%가 목회자가 된 것에 대해 후회한 적이 있다고 응답했다.

현재 시무하는 교회가 부임교회인 비율은 48%, 개척교회인 비율은 52%이다. 개척교회 비율이 높은 것은 매해 수천 명이 신학대학원을 졸업하여 과다한 목회자가 배출되고 있는 한국교회의 현실이 반영된 결과일 것이다. 지금의 교회에서 시무한 연수는 평균 9년이다. 그렇다면 한국 목회자는 평생 3-4회 정도 목회지를 옮기는 셈이 된다. 이것은 아마도 목회 경력이 쌓이면서 다른(때로는 조금 큰) 교회로 옮겨가거나, 목회자가 교회나 교인과 맞지 않아 교회를 옮기는 경우가 많기 때문일 것이다.

시무 교회의 교인 수는 평균 167명이다(대도시 214명, 중소도시 146명, 읍면

111명). 그러나 이것을 한국교회의 대부분이 중소형 교회라는 식으로 이해해서는 안 된다.[15] 왜냐하면 한국교회의 다수가 교인 수 '50명 미만'(43%)의 작은 교회이기 때문이다(50-300명 미만 42%, 300명 이상 15%). 교회 1년 예산은 평균 1억 8천만 원 정도이다. 이 역시 한국교회의 일반적인 경제적 현실을 정확하게 설명하는 것이 아니다(주 15번 참조). 왜냐하면 한국교회의 2/3가 미 자립교회이기 때문이다. 실제로 1년 예산이 5천만 원 미만인 교회가 21%나 된다(5천만-1억 미만 24%, 1억-4억 미만 29%, 4억 이상 14%).

목회자는 하루 평균 2시간 40분 정도 기도하며, 1주 평균 8시간 50분 정도 성경을 읽는다. 한국 목회자의 설교 횟수는 1주일 평균 7.5회이며, '10회 이상'인 경우도 40%에 이른다. 규모가 작기 때문에 부담임자가 없는 교회가 많아 담임 목회자의 설교 부담이 매우 크다는 것을 알 수 있다. 더욱이 한국교회는 주일 낮 예배 이외에도 여러 예배가 있기 때문에 더욱 그러할 것이다. 그리고 그 횟수에는 새벽 기도회 설교가 포함되어 있는 경우가 많다. 주일 낮 설교를 위해 목회자는 평균 4시간 40분 준비를 하며, 참고 자료는 신앙서적, 주석, 기독교신문, 신앙잡지 등 주로 신앙과 관련된 것이다. 평균 설교 시간은 46분으로 긴 편이다. 설교 내용은 신앙성숙(46%), 위로와 축복(22%), 결단과 소명(19%), 죄와 회개(13%) 순이었다. 설교 당 예화는 평균 2.1편이었다.

목회자는 한 주 평균 6.5명을 상담하고 있다. 그들은 장년 기준으로 평균 88%의 교인 얼굴과 이름을 인지하고 있다. 그들이 가장 비중을 두는 목회는 예배(46%), 전도(17%), 교육(14%), 봉사와 친교(각각 11%) 순이다. 교회의 미래를 위해 가장 많이 투자해야 할 영역이 교육임에도 불구하고 목회자는 대개 그 부분을 소홀히 하는 경향이 그대로 드러나고 있다. 교회의 중요 안건에 대한 결정은 주로 중직자와 담임이 함께 결정한다(49%). 담임 혼자 결정하는 경우도 12%나 되는 반면에, 전체 교인의 의사가 반영되는 비율은 21%에 머물고 있다. 이와 같이 교회에서의 의사결정 과정은 다소 비민주적인 형태를 띠고 있다고 하겠다. 이것은 특히 크리스천 여론 선도층 인사들이 비판하는 내용이기도 하다.

목회자의 시무교회 만족도(매우+약간)는 72%인 것으로 밝혀지고 있다(보통 27%, 불만 2%). 그러나 이 가운데 "매우 만족"이라는 비율은 10%에 머물고 있다. 생각보다 만족도는 높지 않은 편이다. 물론 이것은 목회 자체라기보다는 시무교회라는 구체적 상황에 대하여 크게 만족하지 못하고 있는 것으로 봐야 할 것이다. 관계 만족도를 보면 '일반 성도와의 관계'(85%), '제직과의 관계'(84%), '부교역자와의 관계'(74%), '당회(기획위원회)와의 관계'(62%) 순으로 나타나고 있다. '당회(기획위원회)와의 관계' 만족도가 가장 낮은 것은 목회자가 장로들과 소통이 잘 안되거나 그들을 불편하게 생각하는 경우가 적지 않다는 사실을 반영하는 결과라 하겠다. 또한 목회자의 목회 철학이나 교회운영방식에 제동을 걸 수 있는 힘을 가진 집단이 바로 당회나 기획위원회라는 현실도 작용했을 것이다. 목회자의 ¼이 부교역자와의 관계에 "만족하지 못하고 있다"는 사실 역시 우려스러운 부분이다.

목회자가 힘들어하는 것은 무엇일까? 바로 무엇보다 열악한 교회 현실이다. 그들이 목회의 어려움으로 지적하는 것은 첫째, "성장이 더디다는 것"(28%)이었고, 둘째, "재정 부족"(22%)이었으며, 셋째, "교인의 영적 성장이 안 된다"는 것(18%)이었다. 물론 현실적으로 중요한 문제이기는 하지만 목회자가 가장 힘들어하는 것이 "물량적인 것"(교인 수, 교회 재정)과 관계가 있다는 것은 시사하는 바가 크다고 하겠다. 목회자는 나름대로 고민이 있고, 스트레스도 많이 받고 있는 것으로 드러나고 있다. 가장 큰 고민은 무엇보다 "성장의 어려움"(46%)과 "경제적 어려움"(16%)으로 지적되었다. 교회가 양적, 물적으로 성장하지 못하는 것이 그들에게는 가장 큰 스트레스로 작용한다는 것을 알 수 있다. 실제로 "증가하고 있다"는 비율이 '주일예배 참석자(장년)'의 경우 25%, 대학/청년부가 14%, 교회학교(영유아/중고등부)가 15%에 머물고 있어 이에 대한 목회자의 고민이 클 수밖에 없다. 또한 가장 우선적인 헌금의 사용처에 대하여는 '교회운영/유지'가 50%로 가장 높게 나타났고, 다음은 '사회봉사, 구제'(20%), '국내외선교'(14%), '교회교육'(13%) 순이었다. '교회운영/유지'에 헌금이 가장 많이 사용되고 있다는 것은 교회의 재정적 형편이 어려워 다른 부분에는 제대로 예산을 반영하지 못하고 있음을 보여주는 것이라 하겠다. 교회성장이 한계에 이르러 경제적 불경기가 지속되고 있는 현실을 감안한다면 이제 목회의 패러다임도 양적 성장보다는 영적 성장에 초점을 맞추는 방식으로 변해야 할 때가 된 것 같다.

교회 예산을 떠나 목회자의 열악한 경제적 형편도 그들에게 부담이 되고 있다. 목회자의 월 사례비는 평균 213만 원이다(150만 원 이하 34%, 151-250만 원 34%, 250만 원 이상 24%). 이것은 2012년 기준 일반 국민 가구당 평균 소득 337만 원에 훨씬 못 미치는 수준이다. 특히 월 사례비가 150만 원 이하인 목회자 비율도 34%나 된다. 목회자의 1/3이 극빈자 수준인 것이다. 농어촌 목회자의 경우 경제적 형편은 더욱 어렵다(대도시 243만원, 중소도시 202만원, 읍면 163만원). 그리고 부임교회 목회자(251만원)보다 개척교회 목회자(176만원)가 경제적 형편이 더 어렵다. 물론 많은 목회자가 교회를 개척하여 목회를 하기 때문에, 그리고 작은 교회에서 목회를 하기 때문에 교회의 재정 형편이 열악할 수밖에 없다. 그러나 목회자에게 소명과 청빈만을 기대하는 것은 지나친 요구가 아닐까? 실제로 목회자의 거의 절반(48%)이 사례비가 "부족하다"고 응답하고 있다(적당 40%, 충분 12%). 그래서 목회자의 42%가 "목회자는 상황에 따라 목회 외에 다른 직업을 가질 수 있다"고 생각한다.

제2부 한국교회의 현실

목회자의 어려운 형편은 일상생활 만족도에서도 그대로 드러나고 있다. 즉 일상생활에서 "만족한다"는 비율이 가족관계에서는 91%로 높지만, 사역에는 73%, 친구관계에는 64%로 다소 낮으며, 살림살이(경제적 형편)의 경우에는 49%, 문화/취미 생활은 45%에 불과하다. 할 일 많고 바쁜 일상의 사역과 열악한 경제적 형편은 목회자에게 여가를 즐길 여유를 주지 않는다. 그래서 63%의 목회자가 지난 한 달간 문화생활을 "전혀 하지 못했다"고 응답했다. 지난 월요일을 어떻게 보냈는지 묻는 물음에 대하여는 복수응답 결과 '집에서 휴식'(59%), '기도와 묵상'(53%), '설교 준비'(30%), '교회 사역'(21%), '기독교 행사 참여'(13%), '모임/경조사 참여'(12%), '가족과 놀러감/나들이'(9%), '부모/친척 방문'(8%), '취미 활동'(8%) 순으로 나타났다. 대개 월요일은 목회자가 쉬는 날이지만 이 날마저도 여가 및 문화생활 대신 목회 사역과 관계된 일을 계속하고 있는 것이다. 게다가 목회자의 72%는 "노후 준비가 되어 있지 못하다"고 했고, 39%는 노후가 "불안하다"고 했다.

교회가 성장하지 않고 재정적으로는 열악하여 생계에 어려움을 겪고 있는 목회자이기에, 그리고 일주일 내내 사역으로 지치고 피곤한 목회자이기에 그들 가운데 55%가 스트레스가 "심하다"고 응답하고 있다. 스트레스는 30, 40대 목회자에게, 대도시 목회자에게서, 교인 수가 감소하는 교회 목회자일수록 더 심한 것으로 드러나고 있다.

목회자에게 한국교회의 문제점으로 지적된 것은 '신앙실천 부족'(31%), '지나친 양적 추구'(28%), '목회자 자질 부족'(15%), '교회 양극화'(8%), '개교회주의'(7%) 순이었는데, 모두 한국교회가 직면해 있는 심각한 문제들이다. 한국교회의 문제적인 현실에 대한 목회자들의 인식은 정확하다고 할 수 있다. 그러나 많은 목회자가 한국교회의 문제는 내 교회가 아니라 다른 교회, 한국 목회자의 문제는 내 문제가 아니라 다른 목회자의 문제라고 생각하고 있다는 사실이다(이 문제는 다음 절에서 구체적으로 보게 된다.). 그리고 그 문제들을 어떻게 극복할 수 있겠는가 하는 것도 목회자에게 주어진 과제의 하나라고 하겠다.

목회자 자신의 부족한 점에 대해서는 '신학적 깊이'(39%), '리더십'(22%), '목회 경영' (14%), '현실 이해'(13%), '전문 지식'(12%) 순으로 지적되고 있다. 목회자 스스로 신학적 깊이가 부족하다고 인정한 것은 높이 평가할만한 일이지만, 그 책임은 분명히 신학자와 신학에도 있다. 어렵거나 재미없는, 혹은 교회 현실을 외면한 상아탑 신학이 지배적인 상황에서 목회자가 신학을 거부하거나 비판하는 것은 당연한 결과일 수 있다.[16]

목회자의 다수가 교단 연합사업(89%)과 교파연합(90%)의 필요성에 공감하고 있다. 그러나 교파연합이 KNCC, 한기총, 한교연 등으로, 연합이 아니라 분열로 나아가고 있는 현실은 매우 안타까운 일이다. 교회세습에는 71%가 "반대"(나머지 29%에는 "경우에 따라 할 수 있다"는 '조건부 용인'과 "문제될 것이 없다"는 '무조건 용인'이 모두 포함되었음.), 목회자 납세에는 49%가 '찬성'하고 있다.

목회자는 이념적으로나 윤리적으로 보수적인 경향이 강하다. 예를 들어 이념적 성향이 '보수적'이라는 목회자는 56%(교인 47%, 비교인 41%)나 되는 반면에, '진보적'이라는 목회자는 13%에 불과하다('중도' 31%). 일반적으로 종교가 보수적 성향을 지니고 있는 것은 이러한 종교 지도자의 보수성에 크게 기인한다는 것을 알 수 있다. 외도, 동성애, 혼전 성관계, 인공유산, 흡연, 음주, 이혼 등 윤리적 항목들에 있어서도 "안 된다"는 응답 비율은 비개신교인보다 개신교인의 경우 더 높지만, 특히 목회자에게서 훨씬 더 높게 나타나고 있다. 예를 들어 "안 된다"는 비율이 '혼전 성관계'에 있어 목회자는 86%나 되지만 평신도는 49%(비교인 26%)이며, '음주'에서는 목회자가 73%인 데 비하여 평신도는 28%(비교인 7%)로 그 차이가 크다. '이혼'에 대해 목회자의 53%가 반대하지만 평신도는 그 비율이 39%(비교인 26%)이며, '인공유산'에 대해서는 목회자의 82%가 반대하지만 평신도의 경우 그 비율은 59%(비교인 34%)로 이 역시 차이가 크다. 목회자의 이러한 보수적 윤리관과 평신도(비교인들은 말할 것도 없고)의 개방화되는 윤리관 사이의 괴리는 교회 안에서 갈등을 만들어낼 소지가 많다. 윤리적으로 개방적인 교인은 교회, 혹은 목회자의 보수적인 윤리관 때문에 양심의 가책을 받으며 교회생활을 하든가, 이중적인 생활을 하든가, 아니면 교회를 떠나갈 가능성이 있기 때문이다. 실제로 개방적 윤리관을 가진 교인의 일부는 상대적으로 개방적인 가톨릭으로 옮겨가는 일이 생겨나고 있다.[17] 특히 젊은 층이나 지식인의 경우에 그러하다. 따라서 교회와 사회 사이에, 목회자와 평신도 사이에 존재하는 윤리적 가치관의 괴리를 어떻게 극복할 수 있을지가 하나의 과제로 남아 있다.

이와 같이 한국의 목회자는 그들이 지니고 있는 성직자로서, 교회 지도자로서의 이상, 소명, 보람에도 불구하고 냉혹한 현실세계에서 직면해 있는 많은 어려움으로 고뇌하고 씨름하고 있다. 그러나 문제는 여기서 그치지 않는다. 한국교회의 실추된 공신력과 신뢰에 대한 우선적인 책임이 그들에게 돌아가 있다. 이에 따라 한국교회 목회자는 많은 비판을 받고 있다. 그들은 어떤 평가를 받고 있는지 이제 알아본다.

4 　　　　　　목회자에 대한 평가

한국교회 목회자의 다수는 자신이 영적으로나 도덕적으로 건강하다고 본다. 그리고 그들은 헌신적으로 목회 사역에 최선을 다하고 있다고 본다. 따라서 한국교회와 목회자에 대한 부정적 평가는 일부의 문제가 확대 재생산된 측면이 있을 수 있다. 그러나 한편으로 적지 않은 목회자가 사회적으로나 교회적으로 세속화되고 부도덕하여 교회 전체의 이미지를 흐려놓고 있음을 부인할 수 없다. 우리가 이 문제에 주목하는 것은 그러한 인상이 불식되지 않고는 한국교회에 미래가 없기 때문이다. 목회자를 어떻게 보고 있는지 목회자 자신, 크리스천 여론 선도층, 일반 교인, 그리고 비신자의 평가를 차례로 살펴본다.

목회자는 목회자의 역할 수행에 대하여 어떻게 평가할까? 먼저 목회자 대상 조사결과를 본다. 우선 한국교회 목회자가 자기 역할을 얼마나 잘하고 있다고 생각하는지 묻는 물음에 대하여 "잘하고 있다"(매우+약간)는 응답 비율은 목회자 전체에 대해서는 64%, 자기 자신에 대해서는 76%로 나타나고 있다. "매우 잘 하고 있다"는 비율은 목회자 전체는 9%, 자기 자신이 10%였다. 5점 척도로 평점을 환산하면 목회자 전체 점수는 3.70(100점 만점으로 하면 74점), 자기 자신은 3.85(77점)이다. 이 결과를 어떻게 이해해야 할까? 한마디로 목회자 자신도 목회자의 역할을 썩 잘하고 있다고 생각하지 않는다. 일종의 겸양일 수도 있겠지만, 이보다는 한국 목회자의 현실을 그대로 보여주는 것이 아닌가 한다. 목회자 스스로 생각했을 때도 역할을 제대로 수행하지 못했다는 자책의 의미도 있을 것이다. 특이한 점은 목회자의 목회자 평가는 어느 정도 이중성을 띠고 있다는 사실이다. 즉 자신에 대해서는 약간 후하게 평가하는 반면에, 목회자 전체에 대해서는 다소 비판적인 시간을 가지고 있다. 〈표 8-1〉의 결과가 이것을 보여주고 있다.

한국교회 목회자 전체에 대한 목회자 자신의 평가를 보면 "잘하고 있다"는 데 대한 7가지 항목 평균이 56%에 머물고 있다. 구체적으로 보면 "신앙생활에 있어 솔선수범 한다"(65%), "지도력(리더십)이 있다"(65%),

<표 8-1> 목회자들의 목회자 평가

평가 항목	목회자 전체		목회자 자신	
	긍정률(%)	평균(점)	긍정률(%)	평균(점)
신앙생활에 있어 솔선수범하다	65	3.73	77	3.96
지도력(리더십)이 있다	65	3.70	64	3.73
설교와 행동에 믿음이 간다	60	3.66	78	3.94
정직하다	59	3.65	71	3.90
도덕적 · 윤리적으로 모범적이다	54	3.58	74	3.88
권위주의적(가부장적)이다	49	3.48	44	3.31
개인적인 물질에 욕심이 없다	42	3.35	64	3.76
평균	56	3.59	67	3.78

출처: 한목협, 『한국기독교 분석리포트』, p. 360.

"설교와 행동에 믿음이 간다"(60%)는 항목에서만 겨우 60%를 넘을 뿐이다. "정직하다"는 데는 59%, "도덕적, 윤리적으로 모범적이다"는 것에는 54%만 긍정적으로 평가했다. "개인적인 물질에 욕심이 없다"는 것에 대해서 긍정적으로 평가한 비율은 42%에 불과하다. 7개 항목 가운데 단 하나도 평점이 5점 만점에 4점을 넘은 것이 없다. 한마디로 말하면 목회자는 전체적으로 볼 때 한국 목회자에게 문제가 많다고 보는 것이다. 그들은 "나도 목회자이지만 한국 목회자들 문제야"라고 말하는 듯하다.

그러나 목회자는 목회자로서의 자신에 대해서는 보다 긍정적으로 평가하고 있다. "잘하고 있다"라는 긍정적 평가 비율이 "설교와 행동에 믿음이 간다"(78%), "신앙생활에 있어 솔선수범 한다"(77%), "도덕적, 윤리적으로 모범적이다"(74%), "정직하다"(71%)는 항목들에서는 70%를 넘고 있다. 그러나 이 역시 기대만큼 높은 비율은 아니다. 왜냐하면 목회자에게는 매우 높은 영성과 도덕성이 요구되기 때문이다. 7개 항목 평균은 67%였다.

이와 같이 목회자 자신이 한국 목회자들에 대하여 내리는 평가는 상당히 비판적이라 할 수 있다. 즉 신앙의 솔선수범, 설교와 행동, 정직성, 윤리적 모범성, 물욕, 권위주의 등에서 한국교회의 목회자들은 성직자로서의 탁월한 모습을 보여주지 못한다고 목회자는 생각하고 있는 것이다. 그래서 그들은 한국 목회자들이 물욕을 버리고 윤리적으로 모범을 보이며 권위주의를 버려야 할 필요가 있다고 지적한다. 물욕은 세속화의 전형으로 영성을 잃어버렸음을 의미하며, 정직하지 않고 모범이 되지 못한다는 것은 도덕성을 상실했다는 것을 의미하는 것이다. 바로 이러한 것들이 한국교회, 그리고 목회자가 직면하고 있는 가장 큰 유혹이며 도전이라고 할 수 있다. 이것은 또한 목회자들이 한국 목회자의 문제가 무엇인지 정확하게 알고 있다는 것을 의미하는 것이기도 하다. 그래서 한국교회에 대한 목회자의 평가를 회귀분석(regression analysis)한 결과 한국교회 신뢰도를 결정하는 데 가장 중요한 요소는 '목회자의 자질'이라는 것이 밝혀졌다. 다음은 '사회 영향력', '개인 영적 문제 해결', '율법주의', '대사회적 역할', '성장 제일주의', '시대 변화 적응' 순이었다.

크리스천 여론 선도층은 한국교회 목회자에 대하여 어떤 평가를 하고 있는가?[18] 조사결과에 따르면 목회자에 대한 그들의 평가도 매우 비판적이다. 그들이 한국교회의 내부 문제점으로 가장 중요하게 지적한 것은 '목회자 자질과 리더십'이었고(33%), 다음은 '세속화'(물질주의, 성장주의)(26%), '개교회주의'(22%) 순이었다. 구체적으로 목회자의 문제에 대해서도 그들은 여러 가지를 지적하고 있다. 무엇보다 목회자는 권위주의와 교권주의를 버리고 물질주의와 기복신앙을 극복해야 한다고 했다. 지적 능력을 향상시키고 지도력을 갖추어야 한다고 했다. 말씀과 삶의 일치에 모범이 되고 인격적 성품을 갖추어야 한다고 했다. 복음의 목적을 교회성장이 아니라 신앙성숙에 두어야 한다고 했다. 그래서 존경받는 목회자상을 정립하는 일이 중요하다고 했다. 비록 그들이 한국 목회자의 긍정적인 측면을 과소평가하는 것은 아니지만 그들의 비판에는 귀를 기울일 필요가 있다고 본다.

교인은 목회자에 대하여 어떻게 평가하고 있을까? 그들에게도 약간의 이중적 태도가 나타나고 있다. 교인 대상 조사결과에 따르면 소속교회 목회자에 대한 평가는 다소 후한 편이지만, 목회자 일반에 대한 평가는 이에 미치지 못하고 있다. 이것은 당연한 결과일 것이다. 왜냐하면 소속교회 목회자에 대하여 불만이 많으면 그 교회를 떠날 가능성이 많기 때문이다. 실제로 기독교인이면서 현재 교회에 다니지 않는 이유 가운데 첫 번째가 "목회자에 대해 좋지 않은 이미지가 있어서"(20%)였다. 그리고 교회를 옮긴 교인의 6%가 그 이유를 "이전 교회 목회자가 안 좋아서"라고 응답하고 있다. 〈표 8-2〉는 소속교회의 담임 목회자에 대한 한국교회 교인들의 평가 결과를 보여주고 있다.

〈표 8-2〉 교인들의 소속교회 담임 목회자 평가

평가 항목(N=1,000)	만족(긍정률 %)	평균(점)
설교를 잘 한다	88	4.11
지도력(리더십)이 있다	78	4.00
신앙생활에 있어 솔선수범하는 편이다	78	4.00
교인관리나 행정적 관리를 잘 한다	75	3.96
권위주의적이지 않다	77	3.90
개인적인 물질에 관심이 없다	70	3.88
나에 대해 잘 알고 있다	67	3.78
평균	76	3.95

출처: 한목협, 『한국기독교 분석리포트』, p. 145.

교인들이 소속교회 담임 목회자에 대하여 "만족한다"(매우+약간)는 평가 비율은 "설교를 잘한다" 88%, "리더십이 있다" 78%, "신앙생활에 솔선수범 한다" 78%, "권위주의적이지 않다" 77%, "교인/행정 관리를 잘한다" 75%, "물질적 욕심이 없다" 70%, "나에 대해 잘 알고 있다" 67%로 나타나고 있다. 7개 항목의 평균이 긍정평가 비율은 76%, 평점은 5점 만점에 3.95점(100점 만점으로 환산하면 79점)이다. 물론 이 비율들이 압도적으로 높지는 않지만, 한국교인들은 소속교회 담임 목회자에 대해서 어느 정도 긍정적인 평가를 하고 있다. 그러나 '물욕 없음'과 '나를 잘 알고 있음'의 항목에서는 그 비율이 상대적으로 낮은 것이 주목할 만하다. 담임 목회자에 대한 만족도를 회귀 분석한 결과, 그것에 가장 영향을 미치는 변수는 '권위주의적이지 않음'(26%)이며, 다음은 '나에 대한 이해'(17%), '설교력'(17%), '지도력'(12%), '물욕 없음'(11%), '교인/행정 관리'(9%) 순으로 나타나고 있다. 즉, 목회자에 대한 교인들의 만족도를 높이려면 무엇보다 목회자가 권위를 내세우지 않고 교인들을 잘 이해하며 설교를 잘해야 한다는 것을 알 수 있다.

문제는 1998년 이래로 담임 목회자에 대한 교인들의 만족도가 계속 낮아지고 있다는 사실이다.[19] 예를 들어 1998년과 2012년의 5점 만점으로 환산한 점수를 비교했을 때, '설교력'은 4.38에서 4.11로, '지도력'은 4.30에서 4.00으로, '솔선수범'은 4.36에서 4.00으로, '물욕 없음'은 4.16에서 3.88로 크게 낮아졌다. 담임 목회자에 대한 만족도는 목회자의 위상과 관계가 있을 뿐만 아니라 교회에 대한 교인의 충성심, 그리고 교인의 신앙 성숙에 결정적으로 중요한 요소이기 때문에, 이 결과는 매우 심각한 것으로 받아들여야 한다. 특히 그 항목들이 목회자의 영적 수준과 관계가 있다는 점에서 목회자들의 각성이 요구된다.

교인은 현 교회의 담임 목회자에 대하여 어느 정도 만족하고 있을까? 소속교회 담임 목회자에 대한 교인들의 만족도를 보면 '만족'(매우+약간)이라는 응답이 82%로 높다. 그러나 이 가운데 '매우 만족'이라는 응답 비율은 11%에 머물고 있다('약간 만족' 71%). 더욱이 그 비율('매우 만족')은 1998년 40%, 2004년의 33%에 비해 계속해서 현저하게 낮아지고 있다. 목회자가 더 이상 현실에 안주할 수 없는 이유가 여기에 있다.

한국 목회자 일반에 대한 교인들의 평가 역시 긍정률이 높은 편이기는 하지만 담임 목회자에 대한 평가보다는 낮다. 〈표 8-3〉이 그 결과를 보여주고 있다.

〈표 8-3〉 교인들의 목회자 일반에 대한 평가

평가 항목(N=1,000)	만족(긍정률 %)	평균(점)
신앙생활에 있어 솔선수범하다	77	3.90
개인적인 물질에 욕심이 없다	57	3.65
권위주의적(가부장적)이지 않다	52	3.48
지도력(리더십)이 있다	72	3.84
도덕적 · 윤리적으로 모범적이다	69	3.78
정직하다	70	3.80
전체적으로 한국교회 목회자를 신뢰한다	72	3.77

출처: 한목협, 『한국기독교 분석리포트』, p. 171.

한국교회 목회자에 대하여 교인들이 "만족한다"(매우+약간)는 긍정적 응답 비율은 "신앙생활에 있어 솔선수범 한다" 77%(5점 만점에 3.90), "개인적인 물질에 욕심이 없다" 57%(3.65), "권위주의적이지 않다" 52%(3.48), "지도력(리더십)이 있다" 72%(3.84), "도덕적, 윤리적으로 모범적이다" 69%(3.78), "정직하다" 70%(3.84)로 나타나고 있다. 단 하나의 항목에 있어서도 5점 만점에 4점을 넘지 못하고 있다. 특히 목회자의 '물질 욕심'과 '권위주의'에 대한 긍정 평가 비율이 상대적으로 낮다. "전체적으로 한국교회 목회자를 신뢰한다"는 비율은 72%(3.77)에 머물고 있다. 교인에게 목회자의 위상과 역할이 결정적으로 중요하기 때문에, 위에 나타난 목회자 신뢰도 수준은 결코 높은 것이 아니라고 하겠다. 목회자가 교인에게 마저 절대적인 신뢰를 받지 못한다면 한국교회의 미래는 어두울 수밖에 없다. 한편 한국교회 목회자 만족도에 대한 회귀분석 결과, 그것에 영향을 미치는 가장 중요한 변수는 '정직'(36%), '윤리적 모범'(25%)이었다. 다음으로는 '솔선수범'(16%), '지도력'(10%), '권위주의'(8%), '물욕'(4%) 순이었다. 교인의 목회자 신뢰에 있어 목회자의 도덕성이 얼마나 중요한 것인지 다시 한 번 확인하게 된다.

한국교회 목회자에 대한 한국인 일반, 특히 비신자의 평가는 매우 부정적이다. 그래서 "개신교 목회자의 설교와 행동에 믿음이 간다"는 응답 비율은 비개신교인 가운데 24%로 매우 낮게 나타나고 있다. 그들 가운데 "목회자의 자질이 낮다"고 평가한 비율은 75%에 이르고 있다. 비록 교회 안에서 이루어지는 교인의 목회자 평가는 그다지 나쁘지 않지만 교회 밖에서 보는 목회자상이 매우 부정적이라는 것은 심각한 문제가 아닐수 없다. 목회자는 교회를 대표하는 얼굴이기 때문에 목회자에 대한 사회적 인상이 개선되지 않는다면 한국교회는 앞으로 더욱 커다란 어려움을 겪게 될 것이다.

목회자에 대한 부정적인 평가는 다른 여론조사에서도 드러나고 있다. 몇 가지 예를 들어 본다. 2014년 한국장로신문이 전국장로수련회에 참석한 예장(통합) 장로 852명을 대상으로 "한국교회의 현실"과 관계된 설문조사를 수행했는데, 그 결과 '한국교회의 위기의 원인'에서 첫 번째로 지적된 것이 '목회자의 부족한 영성과 인성'(34%)이었다(다음은 '신앙 및 교회의 세속화'로 29%).[20] 한국교회가 대사회적 '신뢰도를 회복하기 위해 가장 시급히 개선해야 할 점'에 대해서도 '교회 지도자들의 도덕성'이라는 응답이 압도적으로 높은 1위(53%)를 차지했다(다음은 '교인들의 삶의 변화'로 18%).

한국교회의 위기의 근원도, 위기를 극복할 수 있는 대안도 목회자이며, 결국 그들의 영성과 도덕성이 한국교회에서 결정적으로 중요하다는 인식이 교회의 평신도 지도자들의 지배적인 견해라면, 목회자가 이를 뼈아프게 받아들여야 할 것이다.

2014년 교회언론회에서 교계 기자 대상으로 실시한 "교회연합 관련" 설문조사 결과에 따르면 '교회연합단체 분열의 이유'로 1위를 차지한 것은 '교회 지도자들의 명예와 욕심, 공교회를 사유화하려는 시도 때문'(35%)이라는 것이었다.[21] '한국교회를 이끌 지도자의 부재 때문'(18%)이라는 응답까지 합치면 절반 이상(53%)이 '지도자가 문제'라고 답을 한 셈이다. '교회 연합의 걸림돌'이 무엇인지 묻는 물음에는 65%의 응답자가 '지도자들의 교권과 명예에 대한 욕심'이라고 응답했다. 결국 교계 기자들은 교회연합의 방해 주범이 바로 교회 지도자라고 본 것이다. 이 역시 목회자, 특히 교계지도자에게는 '비움의 영성'이 부족하다는 예리한 비판이라 하겠다.

2017년 기독교언론포럼이 전국 주요 언론사 기자 225명을 대상으로 한국교회에 대한 인식조사를 실시한 결과, '한국교회가 해결해야 할 가장 시급한 과제'로 '세속화/물질주의'(44%)와 '목회자의 자질부족/사리사욕/이기심'(34%)을 꼽았다.[22] 한국교회가 신뢰성을 회복하기 위해 가장 필요한 덕목은 여기서도 교회와 목회자의 영성(세속화/물질주의 극복)및 도덕성(목회자의 사욕 포기)이라는 사실을 확인하게 된다.

이러한 모든 조사결과를 통해 분명하게 드러나는 것은, 한국교회는 목회자가 바로 서야 교회도, 평신도도 바로 설 수 있다는 것이다. 목회자의 진지한 자기성찰이 필요한 이유가 여기에 있다.

나가며

지도자는 어느 집단이나 조직에서도 중요하지만 종교는 영적이고 도덕적인 문제를 다루는 제도이기 때문에 특히 지도자의 리더십이 결정적으로 중요하다. 이런 의미에서 교회에서의 목회자의 역할과 책임은 막중하다. 목회자는 전문적인 지식과 능력뿐만 아니라 소명과 헌신이 요구되는 성스러운 전문직이다. 오늘날 목회자는 다양한 역할을 감당해야 하고 그 일에 많은 시간과 에너지를 쏟아야 하기 때문에 목회 사역은 고된 일이다. 더욱이 많은 목회자가 교회의 침체와 재정적 어려움으로 힘들어하고 있다. 개인적으로는 열악한 경제적 형편과 역할갈등 등으로 스트레스를 받기도 한다.

그동안 한국교회의 성장과 교인에 대한 신앙 양육에 결정적으로 기여했던 목회자의 위상이 추락하고 있다. 비록 소속교회 담임목사에 대한 교인의 신뢰도와 만족도는 높은 편이지만 이러한 긍정적인 평가 비율은 지난 20년간 계속 하락하고 있다. 그리고 목회자 일반에 대한 그들의 평가는 다소 비판적이었다. 크리스천 여론 선도층은 목회자에 대하여 더 비판적인 것으로 나타나고 있으며, 비신자는 매우 부정적인 시각으로 목회자를 바라보고 있다. 목회자의 문제로 지적된 것은 그들이 권위주의, 교권주의, 물질주의 등에 빠져 있으며, 윤리적으로도 모범이 되지 못한다는 것이었다. 한마디로 오늘날 한국 목회자는 영성과 도덕성이 부족하다는 것이다.

그동안 성장해왔던 한국교회가 쇠퇴의 길로 접어들었고, 교인들의 신앙적 열정도 식어가고 있다. 교회에 대한 사회적 인식은 매우 부정적으로 바뀌고 있고, 이로 인해 한국교회에 대한 위기의식이 고조되고 있다. 목회자의 수고와 헌신에도 그의 권위와 영향력은 약화되고 있다. 그럼에도 불구하고 한국교회의 미래는 목회자에 크게 달려있다. 왜냐하면 교회의 발전과 교인의 양육에서 목회자의 역할은 지대하기 때문이다. 세속화되는 사회 속에서 교회를 지켜내야 하고, 교인이 바로 설 수 있게 이끌어야 할 책임이 주로 목회자에게 있기 때문이다. 이것이 오늘날 위기를 맞고 있는 한국교회 상황에서 한국 목회자가 짊어져야 할 십자가요, 멍에인 것이다.

제3부
한국사회와 교회

제9장
한국교회의 기능
- 영혼을 치유하는 교회 -

1 　　　　　　들어가며

　　종교는 사회 안에 있다. 따라서 종교는 사회와 밀접한 관계를 갖는다. 종교가 사회에 영향을 미칠 수도 있고, 또한 사회로부터 영향을 받을 수도 있다. 종교가 사회에 영향을 미친다는 것은 사회에, 그리고 그 구성원들에게 어떤 역할이나 기능을 수행한다는 것을 의미한다. 종교는 사회의 통합에 기여할 수도 있고, 사회변동을 주도할 수도 있으며, 사회통제의 힘으로 작용할 수도 있다. 개인의 수준에서는 그에게 여러 가지 심리적 도움을 줄 수 있다. 필요할 때 용기, 희망과 위안을 줄 수 있고, 실존과 관련하여 의미를 제공할 수도 있으며, 소속감이나 공동체성을 마련해줄 수도 있다. 이러한 주제를 다루는 사회학적 이론을 '종교기능론'이라고 한다.

　　종교기능론 관점에서 보면 한국교회도 사회나 개인 수준에서 다양한 기능을 수행하고 있다. 이 장에서는 과거와 현재 한국교회는 어떠한 사회적, 심리적 기능을 수행했고, 또 하고 있는지 살펴보려고 한다. 우선 종교기능론을 소개하면서 일반적인 종교 기능의 유형과 내용을 알아본다. 다음에는 구체적으로 한국 상황에서 교회(개신교)는 어떻게 사회와 개인을 위해 기능적 작용을 해왔는지 논의하기로 한다.

2 　　　　종교 기능에 대한 이론

　　'종교기능론'은 종교에 대한 기능이론 혹은 기능주의 접근방법을 의미한다.[1] '기능이론'(*functional theory*)은 사회를 설명하는 하나의 이론 또는 사회를 이해하려는 하나의 접근방법을 말한다. 기능이론은 사회 안에 있는 모든 요소들이 상호 관계되고, 그 각각은 어떤 식으로든 개인적, 그리고 집합적 목표의 성취에 공헌하며, 그 각각이 적응과 조정에 의하여 서로의 변화에 반응하는 것으로 사회를 이해한다. 기능이론에서는 종교가 인간 그리고 사회의 요구에 따라 생겨난 하나의 제도로서 그 요구를 만족시키기 위한 기능을 수행하는 것으로 설명한다.

종교기능론에 따르면 종교는 심리적, 사회적 기능을 수행한다. 종교의 '심리적 기능'(psychological function)이란 종교가 개인의 사적이고 심리적인 문제를 해결하고 극복하도록 도움을 주고 작용하는 것을 말한다. 종교의 심리적 기능은 인간의 본성 혹은 본질에 근거한 기본적 요구(needs) 혹은 욕구(desires)와 깊이 관계되어 있다. 즉 인간은 기본적으로 여러 가지 생리적, 심리적, 사회적 요구와 욕구를 갖는데, 이러한 것들이 충족되지 못하는 일종의 한계상황 가운데서 종교를 찾게 된다.

인간이 종교를 필요로 하는 것은 인간의 능력의 한계와 가변적인 환경 요소들 때문에 그의 기본적인 요구와 욕구가 충족되지 못하거나 실현될 수 없는 현실 상황 때문이다. 이러한 '한계상황'(limit situation)과 종교 기능을 토머스 오데아(Thomas O'Dea)는 세 가지로 설명한다.[2] 첫째는 우연성(contingency)이다. 이것은 인간이 불확실성의 상황에서 산다는 것을 의미한다. 인간은 자신의 안전과 복지에 관계된 미래의 일을 예측할 수 없으며, 이에 따라 불안과 긴장을 경험한다. 그래서 인간은 주어진 일이나 사건에 의미가 있으며, 미래에는 좋은 결과가 있기를 기대한다. 이때 종교는 미래에 대한 희망을 주며 긴장과 불안을 해소하는 데 중요하게 작용한다는 것이다.

둘째는 불가능성(impossibility)이다. 자신의 삶의 조건을 통제하고 영향을 미칠 수 있는 인간의 능력은 제한되어 있다. 인간은 자신이 갈망하는 것이 모두 실현될 수 있는 것이 아니라는 것을 안다. 많은 경우, 그것은 자신의 능력 밖에 있음을 발견한다. 이에 따라 무력감이나 좌절감을 느끼게 된다. 종교는 용기와 자신감을 주어 이러한 무력감이나 좌절감을 극복하는 데 도움이 된다는 것이다.

셋째는 희소성(scarcity)이다. 인간이 보편적으로 원하는 가치는 대개 재화나 지위, 권력과 같은 희소가치이다. 이 가치는 희소하기 때문에 소유하기가 어렵고, 흔히는 불평등하게 분배되어 있다. 이에 따라 원하는 희소가치를 소유하지 못할 때, 인간에게는 박탈감이 생겨나기 쉽다. 이때 종교는 그러한 박탈감에 대한 보상기제로 작용할 수 있다는 것이다. 이렇듯 인간의 한계상황에 따른 심리 문제들을 해결하기 위해 종교가 중요한 기능을 수행할 수 있다.

종교가 수행하는 기능은 크게 개인에게 작용하는 심리적 기능과 사회 수준에서 이루어지는 사회적 기능으로 구분된다. 먼지 심리적 기능에 대하여 살펴본다. 종교는 무엇보다 '의미'를 제공하는 기능을 수행한다. 이것은 일찍이 막스 베버(Max Weber)에게서 강조되었는데, 그는 종교를 '의미의 문제'(the problem of meaning)로 보았다.[3] 여기서 말하는 '의미'는 사회적, 역사적, 자연적 사실이나 사건을 말하는 것이 아니다. 베버가 말하는, 그리고 종교사회학자들이 말하는 '의미'는 합리적 사고와 과학적 능력으로는 해결될 수 없는 죽음, 고통, 부정의(不正義)와 같은 인간의 무질서적이고 비합리적인 정황에 대한 의미이다.

인간은 자신에게 고통을 가져다주는 사건이나 일에 대하여 실존적인 물음을 묻는 존재이다. 내가 왜 고통을 겪어야 하는지, 왜 죽어야 하는지, 왜 사랑하는 사람을 잃어야 하는지와 같은, 생사와 관계된 고통에 대하여 근원적인 대답을 원한다. 근본적으로는 도대체 왜 인간에게는 죽음이나 고통이라는 것이 있는지 물을 수도 있다. 주변에서 선한 사람이 고통을 당하는 반면에 악한 사람은 잘 사는 것을 보며 왜 이러한 모순이 있는지 묻기도 한다. 이 모든 물음은 결국 의미에 대한 물음이며, 실존적이고 종교적인 물음일 수 있다. 이러한 물음에 대하여 분명히 대답할 수 있는 것이 종교이다. 예를 들어 죽음의 의미에 대하여 종교는 그것이 죄 값이라고, 혹은 더 좋은 세계에 들어가는 관문이라고, 혹은 새로운 삶의 시작이라고, 혹은 영혼이 자유를 얻는 것이라고 설명할 수 있다. 이렇게 의미를 제공함으로 종교는 사람들로 하여금 자신이 겪는 고통이나 죽음을 이해할 수 있고 견딜 수 있게 한다.

종교가 의미를 제공하는 것은 죽음과 고통에 대한 것뿐만이 아니다. 종교는 나아가서 존재의 의미, 인생의 의미를 보여주는 설명과 해석의 틀을 제공하여 인간 존재, 그리고 세계 구조가 의미 있고 질서 잡혀 있다는 것을 일깨워주기도 한다. 이것은 정체성(*identity*)의 문제이다. 인간에게는 다음과 같은 실존적인 물음이 끊임없이 생겨난다. 나는 누구인가? 인생이란 무엇인가? 인생은 무엇으로 사는가? 종교는 인간의 본성과 숙명에 대한 가치를 심어주고, 인간의 자의식과 자기규정을 분명하게 함으로 정체성을 확립하도록 돕는다. 종교는 개인에게 그가 어떤 '종류'의 사람인지, 그가 수행하는 역할의 중요성, 그가 참여하는 사건의 목적, 그리고 그 존재의 중요성을 알려줌으로 정체성을 밝혀준다.[4] 나아가서 종교는 개인에게 집단의 가치와 규범을 알려줄 뿐만 아니라, 그의 과거 행동에 대하여 평가하고 미래 행동의 동기를 부여함으로써 자신에 대한 정체성을 확립하는 데 도움을 준다.

종교는 개인에게 사회적 존재로서의 역할과 책임에 대한 의식을 불어 넣어줄 뿐만 아니라 때로는 어떤 지위를 부여함으로써 종교적, 사회적 정체성을 갖게 하기도 한다. 이렇게 종교는 존재의미와 관계된 자아확립에 기여한다. 정체성의 확립은 성숙에 도움이 될 수도 있다. 즉 종교는 개인이 삶의 위기에 직면할 때, 이 도전에 대하여 성숙하게 대처할 수 있는 확신과 자신감을 갖게 도와줄 수 있다.

확립된 정체성은 소속감으로 이어진다. 정체성을 확립한 개인은 함께 모여 공동체를 형성한다. 더욱이 사회이동이 활발한 도시사회에서는 정체성을 확립하는 일만큼 소속의식을 갖기도 힘들다. 비슷한 정체성을 가진 이들은 쉽게 연대감을 가지며 공동체의식을 느낄 수 있다. 공동체 감정은 '우리-감정'(we-feeling), '역할-감정'(role-feeling), '의존-감정'(dependency-feeling)을 만들어낸다.[5] 종교는 개인에게 이러한 공동체 감정을 심어주는 기능을 한다. 이렇게 종교는 개인이 '우리-감정'(구성원들이 하나 됨을 느낌), '역할-감정'(역할과 책임의식을 느낌), '의존-감정'(공동체에의 신뢰감)을 가질 수 있도록 돕는다. 소속감을 마련해주는 것은 심리적인 동시에 사회적인 기능이라 할 수 있다.

종교는 또한 박탈(deprivation) 혹은 박탈감에 대하여 보상하는 기능을 수행하기도 한다. '박탈감'이란 원하는 희소가치를 소유하지 못할 때, 그리고 남보다 불리한 조건이나 상황에 처할 때 생기는 좌절감과 무력감을 의미한다. 종교는 그러한 박탈감에 대하여 보상하는 기능을 수행할 수 있다. 그러나 박탈감의 종류는 다양하며, 이에 따라 종교적 보상의 방식도 다양할 수 있다.[6] 경제적 박탈(재화를 소유하지 못함)과 사회적 박탈(명성, 권력, 지위를 소유하지 못함)에 대해서는 종교가 주로 내세에서의 구원을 약속하거나 현세의 부와 권력을 무상한 것으로 가르쳐 보상심리를 가질 수 있게 해준다. 때로는 현세에서 신앙을 통해 그것을 성취할 수 있다는 축복의 약속을 해주기도 한다. 육체적 박탈(건강을 상실함)에 대해서는 위로와 용기를 불어넣어 줌으로, 윤리적 박탈감(사회에서 가치혼란을 느낌)에 대해서는 확고한 규범적 근거를 마련해줌으로, 그리고 정신적 박탈감(정신적으로 공허함)에는 희망과 믿음을 심어줌으로써 종교가 보상의 길을 제공할 수 있다.

박탈에 대한 종교적 보상의 가장 두드러진 방식은 위안(comfort)이다. 물론 종교가 박탈에 대하여 그 현실을 극복하기 위한 도전적 힘이 될 수도 있으나, 보다 지배적인 현상은 종교가 주로 위로하는 식으로 박탈에 대하여 보상하는 길이다.[7] 종교는 박탈에 따른 시련과 고난에 대하여, 그리고 이에 수반되는 좌절감과 무력감에 대하여 위로하고 격려하고 희망을 줌으로써 종교적인 방식으로 보상한다. 그러나 종교적 보상은 현실을 바꾸기보다는 현실을 인정하고 적응하게 하는 경우가 많다. 예를 들어 종교가 가난한 사람을 부자로 만들 수는 없으나 가난 때문에 절망하고 분노하는 것을 막을 수는 있다. 물론 때로는 종교가 가난한 사람의 의식을 바꾸고 성취동기를 부여함으로 스스로 가난을 벗어날 수 있게 하기도 한다. 18세기 영국에서 감리교 운동이 빈민들에게 자립, 자조의 정신을 심어주어 그들이 점차 중산층으로 신분 상승하게 된 것이 좋은 예가 될 것이다.[8]

종교는 사회 수준에서도 몇 가지 중요한 기능을 수행한다. 첫째는 '사회통합'(social integration)의 기능이다. 이것은 종교가 사회적 연대감, 합의, 응집력을 마련하는 중요한 역할을 하는 것을 의미한다. 에밀 뒤르켐(Emile Durkheim)의 사상에서 그 근거를 찾을 수 있는 이 기능은 종교가 사회의 지배적인 가치와 규범을 정당화하면서 사회 구성원들 사이에 공통된 집합의식을 마련해주고, 이에 따라 사회질서와 안정에 기여할 수 있다는 것이다.[9] 종교는 한 사회를 결속시키는 가치와 이상, 그리고 희망에 대한 상징적인 찬양과 완성이라고 설명하면서 뒤르켐은 종교의 '통합하는', 그리고 '강화시키는' 기능을 강조한다.

종교는 사회적인 가치와 규범을 정당화함으로써 사람들로 하여금 현존하는 사회질서에 순응하게 하는 기능을 수행할 수 있다. 종교는 사회의 전통, 역사와 문화에 대하여 긍정적인 의미를 부여하는 경우가 많

제3부 한국사회와 교회

다. 이를 통해 사회구성원이 사회에 동조하고 적응하도록 돕는다. 나아가서 종교는 집단 안에서 개인을 타인과의 의미 있는 관계성 안으로 이끌어줌으로, 때로는 위기에 직면한 개인으로 하여금 그 위기를 극복할 수 있게 도와줌으로, 때로는 사회에서 소외당한 계층에 대한 사회복지 역할을 감당함으로써 그들로 하여금 사회생활에 적응할 수 있게 해준다.[10] 종교는 또한 서로 다른 여러 계층 사이의 갈등을 조정하면서 일치와 조화를 만들어내기도 한다.

중세기 유럽사회를 통합시킨 강력한 힘은 가톨릭이었고, 과거 우리나라의 통일신라나 고려시대 사회를 통합시키는 데 불교가 기여했던 것은 종교가 제공하는 사회통합 기능의 좋은 예가 될 것이다. 물론 오늘날에도 종교의 사회통합 기능 수행이 가능한가 하는 문제가 제기되고 있다. 그래서 피터 버거(Peter Berger)는 다원화된 현대사회에서 종교가 사회 전체를 보호하는 거룩한 덮개(the sacred canopy)의 역할을 하는 것이 불가능하다고 주장한다.[11] 다만 이슬람교가 지배적인 아랍 국가들처럼 종교가 일원적인 사회에서는 여전히 종교가 사회통합의 결정적 역할을 하고 있다.

오데아는 종교의 사회통합 기능을 '사제적 기능'(priestly function)이라고 부른다.[12] 이것은 사제의 역할이 대개 믿음과 가치에 대한 권위적인 가르침을 통하여 현존하는 질서를 뒷받침해주고, 이렇게 함으로써 사회 안정에, 현상(現狀: status quo)의 유지에 공헌할 수 있기 때문이다. 이와 같이 사회통합의 기능은 대체로 체제를 유지하게 하는 보수적 기능이라 할 수 있다.

종교가 수행하는 두 번째 사회적 기능은 '사회통제'(social control) 기능이다. 모든 사회는 구성원들이 지켜야 할 규범을 가지고 있다. 이 규범이 지켜질 때 사회의 질서가 유지될 수 있다. 반대로 그것이 지켜지지 않으면 사회는 무질서, 혼란의 아노미(anomie) 상태에 이르게 된다. 사회적 규범에서 벗어나는 행위를 '일탈(逸脫) 행위'(deviant behavior)라고 부르고, 규범을 준수하게 하며 사람들의 일탈행위를 억제하는 것을 '사회통제'라고 한다.

종교는 사회통제의 강력한 수단이 될 수 있다. 종교는 개인적인 바람이나 욕망, 본능이나 요구에 대하여 집단적인, 사회적인 목표의 우월성을 강조하기 위하여 사회의 지배적인 규범을 성화(聖化)시킨다.[13] 종교는 집단의 목표와 이상을 위하여 개인의 목표와 이상을 통제하며, 여기서 일탈하는 행위에 대하여 도덕적인 제재를 가하게 된다. 그리고 개인이 이기적인 욕심을 충족시키려고 정당하지 못한 방법을 사용하는 것을 예방하기 위하여 윤리적 가르침을 제공하기도 한다. 그래서 모든 종교는 사람들이 올바른 행위에 대한 지침이나 규정, 그리고 계명을 지키도록 지시한다.

종교가 지향하는 규범적 가치는 대체로 그 사회에서 질서를 유지하는 데 도움이 되는, 사회가 개인에게 지키도록 요구하는 바람직한 가치와 일치하는 경우가 많다. 종교적 규범이 힘이 있는 것은 여기에 궁극적이고 초월적인 준거가 있기 때문이다.[14] 그리하여 종교는 사회적 무질서와 무규범을 예방하고 억제하면서 사회의 도덕성 확립을 도와주는 기능을 수행하는 것이다.

종교가 수행하는 세 번째 사회적 기능은 '사회변동'(social change)의 기능이다. 종교는 때로 사회통합과 같은 보수적 기능과 달리 사회를 변화시키는 진보적 기능을 수행하기도 한다. 이것은 특히 새로운 질서로의 전환을 촉구하는 종교지도자들의 카리스마(charisma)에 대한 연구, 개신교윤리가 근대 서구 자본주의 형성에 미친 영향에 대한 연구 등에서 베버가 밝힌 것처럼, 종교가 사회변형 혹은 변동에 중요하게 작용하는 힘이 될 수 있음을 강조하는 종교의 기능이다.[15] 종교는 또한 사람들의 의식 변화를 초래하여 태도와 행위의 변화를 유발하기도 한다. 개신교가 근대 서구의 계몽주의 사상과 과학의 발전, 자본주의 경제구조, 민주주의와 같은

제3부 한국사회와 교회

근대 정치이념에 크게 영향을 미쳐 서구 근대화에 공헌했다고 평가받은 것을 예로 들 수 있다.[16]

종교는 사회비판의 기능을 수행하기도 한다. 종교는 때때로 사회적 부조리, 경제적 불평등과 부정의, 정치적 부패와 타락에 대하여 비판하고 그 질서에 도전하면서 사회변혁을 촉구하기도 한다. 예를 들어 20세기 초 미국의 사회복음운동(*social gospel movement*)은 급격한 산업화와 도시화 과정의 부작용으로 인한 노동자 착취, 낮은 임금, 열악한 노동환경과 조건, 빈곤과 같은 경제문제의 개선을 위해 힘썼다. 이는 결과적으로 복지 자본주의(*welfare capitalism*)의 발달에 기여했다.[17] 다른 예로는 1960년대 이후 민주화 운동에 앞장서서 라틴아메리카의 군부 독재정권들을 무너뜨리는 데 크게 기여했던 일부 진보적 가톨릭 집단의 저항 활동을 들 수 있다.[18] 여기에는 '해방신학'(*liberation theology*) 이념이 그 운동의 배경이 되었다.

이러한 사회변동의 기능은 베버가 명명한 이래로 종교의 예언자적 기능(*prophetic function*)이라고 불리고 있다.[19] 예언자적 기능은 흔히 기존의 사회적 조건이나 형태에 대한 사회적 저항의 한 근원이 될 수 있다. 이렇게 동시대의 사회적 형태를 초월하고 기존의 파당적 이익을 무시하는 윤리적 이상이나 명령을 세움으로써 종교는 파괴적인 그릇됨을 바로잡아 보다 안정된 사회에 공헌할 수 있고, 또는 혁명의 후원자나 주도자가 될 수도 있다.[20] 이제부터는 종교의 기능이 한국교회에는 어떻게 수행되었고, 지금 어떻게 수행되고 있는지 살펴보기로 한다.

3   한국교회의 사회적 기능

역사적으로 사회적 기능을 가장 잘 수행해온 종교는 기독교이다. 이 것은 한국의 상황에도 그대로 적용된다. 19세기 말 한국에 들어온 개신 교는 여러 방면에서 한국사회의 변화를 주도했다. 구한말, 무능하고 부패한 정치질서의 몰락과 봉건주의 경제 질서의 붕괴, 그리고 가치갈등과 계급갈등으로 인한 사회적 혼란과 무규범이 조선사회를 위기상황으로 몰아가고 있었다. 그때, 무지와 미신, 빈곤과 질병, 계급차별과 성차별이 만연한 사회에 들어온 개신교는 한국사회를 변화시키는 하나의 원동력이 되었다.

선교 초기 한국교회의 교세는 미약했지만, 한국사회의 개화와 근대화에 커다란 공헌을 했다.[21] 한국교회는 문맹퇴치운동과 계몽운동에 앞장섰고, 의료, 교육, 복지 문제에서도 개선과 향상에 중요한 공헌을 했다. 근대화된 많은 학교들이 기독교에 의해 세워졌고, 이 학교에서의 공식교육을 통해 현대적이고 새로운 지식과 학문이 소개되었다. 또한 초기의 현대식 병원과 복지기관들이 대개 기독교에 의해 시작되었다. 기독교는 또한 농민운동, 여성해방운동, 절제운동, 물산장려운동에서도 공헌을 했다. 성서의 번역과 복음은 국민 계몽에 크게 기여했다. 평등주의, 개인주의(이기주의라는 의미보다는 개인의 가치와 인격을 존중한다는 의미로 집합주의에 대한 대칭 개념), 보편주의 가치관을 확산시켜 계층갈등, 성 갈등, 세대갈등의 문제 해결에 공헌하기도 했다. 나아가서 개인의 존엄성, 인간의 권리와 자유, 평등과 정의와 같은 근대화 가치를 제공했다. 또한 기독교(주로 개신교)는 민족의식을 고취시키고 독립운동을 전개하기도 했다. 이렇게 한국교회는 사람들에게 사회의식과 역사의식을 일깨워주며 개화와 계몽의 역할을 담당했다.

이를 통해 한국교회는 선교 초기에 사회통합, 사회변형, 사회통제의 기능을 적절히 수행함으로써 바람직하게 사회적 공헌을 했다고 하겠다.[22] 물론 전통 가치, 특히 유교적 가치와의 갈등이라든가, 불교와 민속종교에 대한 배타성으로 인한 긴장과 같은 역기능적 결과가 초래되기도 했다.[23] 그러나 전체적인 분위기, 지배적인 성향은 선교 초기 한국교회가 조화와 일치를 위한 한국사회의 통합, 근대화를 향한 한국사회의 변형, 청교도적인 윤리를 통한 도덕성 회복에 있어서 긍정적인 역할을 했다고 하겠다.

그러나 일제 치하 36년은 한국교회의 암흑기라고 할 수 있다. 일제의 탄압이 심해지면서 한국교회는 사회적 기능을 더 이상 제대로 수행할 수 없게 되었다. 뿐만 아니라 한국 기독교는 점차 종말 지향적, 말세 지향적, 내세 지향적 성격을 띠면서 교회는 일종의 도피처나 안식처로 바뀌었고, 신비주의에 빠져들었다.[24] 심한 좌절의식, 무력감, 패배의식은 한국교회를 탈사회적이고 몰역사적인 집단으로 만들어버렸다.

1945년 해방을 맞이하며 가장 기뻐한 것은 기독교인들이었다. 독립운동, 민족운동, 사회운동에 앞장섰던 관계로 일제로부터 가혹한 탄압을 받았던 만큼 한국교회 교인들은 해방을 특히 감격스럽게 받아들였다. 해방 후 남한 단독 정부가 수립되자 많은 정치 지도자가 기독교인으로 충원되었다. 그러나 집권층이 기독교를 비호했기 때문에 한국교회는 부정, 부패의 독재정권을 옹호했다. 이에 따라 점차 한국교회는 비민주적이고 반민족적이라는 비판을 받기 시작했다.[25] 게다가 해방 후 교회는 신앙문제로, 지역갈등과 주도권 문제로 심한 분열을 일으키며 사회적 공신력을 잃어버렸다. 이렇게 한국교회는 이념문제, 민족문제 등으로 심한 갈등을 일으켰던 한국사회를 하나 되게 응집시키는 힘이 되지 못했고, 한국전쟁으로 초토화된 국가와 사회를 재건하는 변형의 원동력이 되지도 못했다.

한국교회가 다시 사회적 기능을 수행하기 시작한 것은 1960년대 이후부터였다. 본격적인 근대화, 산업화 과정이 이루어지면서 한국사회는 두 가지 중요한 사회적 과제를 안게 되었다. 하나는 정치적 민주화의 문제이고, 다른 하나는 경제발전의 문제였다. 1960년대 이후 쿠데타로 정권을 장악한 군사정부가 출현하면서 한국사회는 경제성장과 안보라는 명분 아래 정치권력이 집중화, 절대화, 장기화되어갔다. 특히 유신체제에서 의회 민주주의, 언론·집회·결사의 자유와 인간의 기본권 등이 반공과 안보이데올로기와 같은 정치적 이념과 여건 속에서 유보되었다. 이에 저항하는 세력에는 물리적인 억압이 가해지면서 정치적 불안과 공포, 긴장과 갈등의 상황이 심화되었다.

이러한 정치적 상황에서 자체의 역량을 재정비한 한국교회에는 두 가지 흐름이 형성되기 시작했다. 하나는 보수 성향을 가진 다수의 교회들에 의해 사회통합의 역할이 수행된 것이었다. 이들은 국가재건과 경제성장을 주도한 군사정부의 정치적, 경제적 노선을 뒷받침하여 사회질서의 안정과 통합을 이루어내는 데 중요한 역할을 담당했다. 특히 냉전시대에 반공의식을 강화하는 데 한 몫 함으로 보수 집단은 사회 안정에 기여했다.[26] 이러한 종교성향은 안정 속의 발전을 기대했던 많은 사람으로 하여금 종교에 관심을 갖도록 만들어 전례 없이 이 시기에 교회가 성장했다. 그러나 이 흐름은 체제 유지와 안정에 집착한 나머지 군사정권의 독재에 대해 암묵적으로 동조함으로 정치적 민주화에 걸림돌이 되는 부작용을 초래했다.

한국교회 안에서 생겨난 또 하나의 흐름은 정치적인 비판세력의 태동이었다. 한국교회의 일부 진보집단은 비민주적인 정치 상황에 대하여 비판하고 도전하기 시작했다.[27] 그들은 장기집권의 독재체제 근거를 마련해준 3선 개헌과 유신헌법 제정에 반대했다. 1970년대 이후에는 유신체제에 저항했다. 노골적인 정치적 탄압에도 불구하고 이들은 여러 민주화 세력과 연대하여 민주주의를 확립하기 위한 운동을 폭넓게 전개했다.

1980년 광주 민주화운동을 무력으로 집합한 신군부세력은 유신체제의 정치적 성향을 이어받아 권위주의적인 독재정권을 재창출했다. 여전히 한국교회의 보수집단은 그 체제에 대해서도 수호자 역할을 했다. 그러나 진보집단은 정치적 민주화를 위해 투쟁을 지속했다. 개헌과 인권문제가 주요 정치문제로 등장함에 따라 그들은 1987년 민주화와 직선제 개헌을 위한 6월 민주항쟁을 주도하는 하나의 중심적인 세력이 되었다. 이를 위해 성명서 발표, 기도회, 집회, 시위 등의 모든 평화적인 방법이 동원되었고, 마침내 직선제 개헌이라는 목적을 달성할 수 있었다. 따라서 정치적 민주화를 이루어내는 데 있어 그들의 공헌은 매우 크다고 할 수 있다.[28] 이와 같이 사회통합과 사회변동이라는 두 가지 사회적 기능이 한국교회의 서로 다른 집단에 의해 주도적으로 이루어졌다.

한국사회의 경제발전에는 한국교회가 어떻게 기여했을까? 경제발전은 두 개의 축으로 이루어진다. 하나는 성장이고 다른 하나는 분배이다. 먼저 성장의 문제에 대하여 알아본다. 한국경제는 1960년대 이후 눈부시게 발전해왔다. 비록 박정희 군사정권이 정치적으로는 비민주적인 독재의 전형을 보여주었지만, 경제성장에는 크게 기여했다. 새마을운동의 확산이나 경제개발 5개년 계획의 수행 등 일사불란하게 경제성장을 위한 정책을 펴왔고, 온 국민이 이에 참여할 수 있도록 독려했다. 국가재건이라는 거시적 목표에 국민적 공감대가 형성되었고, 모든 국민은 "잘 살아보자"는 일념으로 열심히 일했다. 그 결과 기적과 같은 고속 경제성장이 이루어졌고, 이것은 오늘날 한국이 경제대국의 대열에 합류할 수 있게 만든 밑거름이 되었다. 그래서 1인당 국민소득이 1961년에는 83달러에 불과했으나 2017년에는 3만 달러에 육박하게 되었다.

지금까지 한국경제가 성장이라는 측면에서는 성공한 것이 사실이지만, 분배라는 측면에서는 실패했다. 1960년대 이후 국가가 선(先)성장 후 (後)분배 정책을 채택해왔으나, 성장이 이루어진 후에도 그 열매는 골고루 돌아가지 못했다. 우리나라가 외형적으로는 '기적적인 고도성장'을 이루어냈지만, 관주도형 수출중심 경제성장 정책은 저임금, 저곡가 정책을 기조로 한 노동집약적 수출산업을 택하게 했다. 이에 따라 농촌의 낙후와 이농, 도시빈민의 증가, 열악한 노동조건에 따른 양극화의 심화, 엄청난 외채의 누적, 해외 의존도의 심화 등 어려운 문제들에 봉착했다.[29] 또한 노동자문제, 도시빈민문제, 농민문제가 심화되었는데, 문제의 핵심은 경제적 불평등이었다.

한국교회의 진보 집단은 1960년대부터 경제적 불평등의 문제에 주목했다. 그들은 노동자, 농민, 도시빈민과 같은 소위 민중계층의 편에 서서 그들을 위해 투쟁했다.[30] 그리하여 그들은 1970, 80년대 도시산업선교회, 기독교농민회, 민중교회 등을 통하여 노동운동, 농민운동, 도시빈민 운동을 주도하는 역할을 담당했다. 사실상 경제적 모순과 부조리를 시정하기 위하여 몇십 년간 투쟁한 사회운동의 중심 세력은 한국교회의 진보 집단이었다. 많은 탄압에도 굴하지 않았던 이들의 수고와 노력으로 노동자, 농민, 도시빈민의 권리와 자유의 폭이 상당히 넓어졌으며, 극단적인 경제적 불평등의 구조도 많이 개선되었다.

비록 진보집단 중심으로 이루어진 것이기는 하지만 1960-80년대 정치적 민주화와 경제적 평등화를 추구하며 한국사회 변동에 기여한 한국교회의 역할은 주목할 만한 것이었다. 그들이 이러한 사회운동을 하는 데는 해방신학이 중요한 이념적 토대가 되었다. 정통교의(ortho-doxy)보다는 정통실천(ortho-praxis)을 강조하는 해방신학은 해방이 복음화의 본질이다. 이때 해방은 경제적인 면(물질적 가난에서의 해방), 정치적인 면(사회적 억압에서의 해방과 새 인간의 형성), 종교적인 면(죄로부터의 해방과 인간의 새 창조, 하나님 안에서의 인간의 실현)을 모두 포괄하고 있다고 본다.[31] 물론 아시아신학, 제3세계 신학과 같은 급진신학도 사회변동의 이데올로기로서 중요한 구실을 했다.

특히 1970, 80년대 한국의 사회변동에 가장 결정적인 영향을 미친 신학은 우리나라에서 태동한 민중신학일 것이다. 다른 신학들이 대체로 수입된 신학이라면 민중신학은 한국적 토양에서 생겨난 상황신학이라고 할 수 있다. 민중신학은 노동자, 농민, 도시빈민과 같은 기층 민중이어야말로 역사의 주인이요, 변혁의 주체라고 하면서 사회구조는 이들 중심으로 재구성되어야 한다고 주장함으로 이들의 역량을 한 데 묶어 체제변화를 꾀한 행동신학이다.[32] 이러한 모든 급진신학은 한국교회가 노동자운동, 농민운동, 도시빈민운동을 할 때 이념적, 정신적 토대가 되었다.

그러나 직선제 개헌이 이루어진 1987년 이후 1990년대부터는 상황이 달라졌다. 이때부터 경제적 평등화, 그리고 정치적 민주화 문제를 위한 노력은 경실련이나 참여연대와 같은 시민단체들, 그리고 그 밖의 많은 NGO(비정부기구) 단체들로 그 주도권이 넘어갔다. 결과적으로 한국교회는 정치, 경제 영역의 변화를 이끌어갈 중심 세력권에서 밀려나게 되었다. 점차 노동자, 농민이 스스로의 힘으로, 그리고 전문적인 시민단체의 도움으로 자신들의 권리를 찾게 되면서 더 이상 교회의 도움은 필요 없게 되었다. 뿐만 아니라 이제 그들은 더 이상 민중이 아니다. 특히 대기업 노동자 집단은 '귀족노조'라고 불리는 거대 노조를 만들어 힘 있는 집단이 되었다. '해방'이란 의미 없는 개념이 되어버렸다. 오늘날 해방신학이나 민중신학이 자취를 감추게 된 것도 무리는 아닌 것이다. 자유 민주주의의 틀 안에서 정의사회, 복지사회를 건설하는 것이 사회적 과제이긴 하지만, 이를 위해 한국교회가 할 수 있는 일은 별로 없어 보인다. 왜냐하면 그 일들은 커다란 목소리를 내고 강력한 힘을 가진 전문적, 직업적인 시민단체나 이익집단이 보다 적극적으로 수행하고 있기 때문이다.

한국교회가 사회적 기능을 수행하기 어렵게 된 것은 교회 내부의 갈등 때문이기도 하다. 한국교회는 진보집단과 보수집단이 사회문제에 대하여 한 목소리를 내기는커녕 양극화되어 사사건건 대립하면서 서로 반대 입장을 내세우고 있다. 개신교 두 집단의 교리적, 신학적 차이는 매우 크다.[33] 기독론, 구원론, 교회론, 선교론 등 교리와 실천 영역, 그리고 성서 이해에서도 서로 상당히 다른 견해를 가지고 있다. 두 집단은 나아가서 정치적, 경제적, 사회적 문제에서도 상극의 입장을 견지하고 있다. 예를 들어 한국교회의 보수 진영은 항상 우파 정권을 지지했지만, 진보 진영은 언제나 좌파 정권에 우호적이었다. 이러한 입장 차이는 통일문제, 외교문제, 복지문제, 노사문제, 여성문제, 환경문제 등 모든 정치, 경제, 사회 주제에서도 분명히 드러난다. 이렇게 양극화된 가치체계는 우리 사회의 변동을 주도해나갈 동력을 처음부터 무력화시키는 작용을 하고 있다. 따라서 한국교회는 이제 더 이상 거시적 수준에서는 사회적 기능을 하지 못하고 있다고 하겠다.

물론 오늘날에 종교가 사회적 기능을 수행하기 어렵다고 하는 것은 일반적인 사회학적 설명이기도 하다. 종교의 세속화 이론이 그것이다. 브라이언 윌슨(Bryan Wilson)으로 대표되는 종교쇠퇴론(decline theory)에서 현대사회는 모든 제도가 분화(differentiation)되어 정치, 경제, 교육, 오락, 법, 복지 제도 등이 과거 종교가 수행했던 모든 사회적 기능과 역할을 대신하게 되면서 종교의 기능과 역할은 약화될 수밖에 없다고 주장한다.[34] 한편 피터 버거로 대표되는 종교사사화론(privatization theory)에서는 현대의 다원주의 상황이 매우 다양한 종교적, 사회적 동기를 만들어내기 때문에 특정 종교가 단일한, 통일된 사회적 기능을 수행할 수 없다고 설명한다.[35]

오늘날 한국교회가 사회적 기능을 수행하지 못하고 있다는 것은 더 이상 우리나라에는 사회적으로 기대되거나 요구되는 교회의 역할이 없다는 것을 의미하는 것은 아니다. 한 조사에 따르면 우리 사회의 행복을 저해하는 요인으로 물질만능주의(33%), 극단적 이기주의(20%), 사회 양극화(16%), 저질문화(11%) 등의 순으로 지적되고 있다.[36] 따라서 천민적 자본주의와 집단 이기주의에 물들어 있는 한국사회에서 도덕성을 회복하도록 하는, 양극화된 분열 사회에서 조화와 일치를 추구하는 일은 매우 중요한 사회적 과제이다.

문제는 그러한 사회적 역할을 하기에는 한국교회의 도덕성 수준이 낮고, 교회 내에서조차 하나 되지 못하고 갈등을 보이고 있어 한국교회가 사회적 기능을 수행하지 못하고 있다는 점이다. 실제로 기윤실의 조사결과가 이것을 보여준다.[37] "한국교회는 사회문제 해결이나 사회통합에 기여하고 있다"는 데 대하여 "그렇다"고 응답한 비율이 33%에 불과하다(개신교인 56%, 천주교인 48%, 불교인 35%, 비종교인 23%). "최근 우리나라의 어려운 시국에서 한국교회가 역할을 잘하고 있다"는 데는 22%만 "그렇다"고 했다(개신교인 36%, 천주교인 28%, 불교인 21%, 비종교인 17%). "한국교회는 교회 밖 세상과 잘 소통하고 있다"는 데 있어서 "그렇다"는 응답 비율 역시 39%로 낮다(개신교인 63%, 천주교인 42%, 불교인 34%, 비종교인 31%). 한국교회의 사회적 역할에 대한 평가는 비기독교인, 특히 비종교인의 경우 매우 부정적이다. 이렇게 세상의 빛과 소금의 역할을 제대로 수행하지 못하고 있는 한국교회의 현실에 대한 성찰이 필요해 보인다.

사회적 역할에 있어서 한국교회가 예외적으로 긍정적 평가를 받은 부분이 있는데, 그것은 사회봉사 활동에 대한 것이다. 역사적으로나 전통적으로 기독교는 다른 종교들보다 사랑의 실천, 봉사라는 활동을 적극적으로 해온 것이 사실이다. 이것은 한국의 경우에도 마찬가지이며 이에 대해서는 많은 사람이 인정하고 있다. 예를 들어 기윤실의 조사결과, 우리나라에서 사회봉사 활동을 적극적으로 수행하는 종교 중 71%가 기독교

(개신교 36%, 가톨릭 35%)라고 했다(불교 8%).[38] 그러나 실제 조사에서는 모든 사회봉사 영역에서 사람들이 생각하는 것보다 압도적으로 높은 비율로 개신교가 이를 실천하고 있는 것으로 드러났다.[39] 예를 들면 종류에 따라 이타적인 박애활동의 60-80%를 개신교(교회 및 교인)가 담당하고 있다. 사회복지 활동, 구휼 활동, 자원봉사 활동 등이 모두 기독교(특히 개신교)에서 가장 활발하게 이루어지고 있다는 점이 한국교회로서는 그나마 희망적인 부분이라 하겠다.[40] 그러면 종교의 심리적 기능은 어떤가? 이제부터 그 문제에 대하여 살펴본다.

4 한국교회의 심리적 기능

사회적 기능과 달리 종교의 심리적 기능은 삶에 대한 인간의 기본적인 요구에 일종의 해답을 제공하는 것이기 때문에 보다 보편적으로 수행될 수 있다. 해들리 칸트릴(Hadley Cantril)에 따르면 인간에게는 종교를 필요로 하는 열한 가지 요구가 있다고 한다.[41] 우선 생존에의 요구가 있고, 가진 것을 보호하기 위한 안전감에 대한 요구가 있다. 그리고 인간은 생활에서 변화를 판단할 수 있는 질서감과 확실성을 원하고, 지속적으로 만족을 확대시키기 원한다. 인간은 세계가 그의 비전에 상응하기 바라고, 선택의 능력과 자유를 요구한다. 그는 자신의 정체성을 확립하고, 자신이 가치 있다고 느끼기 원한다. 인간은 자신이 헌신할 가치나 믿음체계를 추구하며, 그의 사회가 지탱되리라는 확신을 바란다. 이러한 요구들이 수용될 수 있는 하나의 수단이 종교라는 것이다.

인간의 기본적인 요구와 이를 만족시키는 종교의 기능을 잘 대비시킨 학자는 멜포드 스피로(Melford E. Spiro)이다.[42] 그는 개인 혹은 집단이 충족되기를 기대하는 세 기본적 요구를 인지적(*cognitive*), 현실적(*substantive*), 표출적(*expressive*) 요구로 보고, 이러한 요구들을 충족시키는 종교의 기능을 각각 조정적(*adjustive*), 적응적(*adaptive*), 통합적(*integrative*) 기능이라 부른다. 첫 번째로, 인간은 인지하고 이해하고 의미를 찾으려는 욕망을 가지고 있다. 종교적 믿음체계는 인간에게 그렇지 않으면 의미 없고 이해할 수 없을 현상에 대한 의미와 설명을 마련해준다는 것이다. 즉, 종교는 궁극적 질서의 개념을 제공하여 합리적인 사고방식과 과학적 능력으로도 해결될 수 없는 죽음, 고통, 부정의와 같은 인간의 무질서적이고 비합리적인 정황에 의미를 부여할 수 있다.

두 번째, 인간의 기본적 요구는 현실적 요구이며, 이에 상응하는 종교의 기능은 적응적 기능이다. 인간은 그의 현실적 열망(예를 들면 자연의 통제, 병의 회복, 전쟁의 승리, 천국의 추구 등)을 만족시키기 위하여 초월적 존재를 믿고 의례를 수행하며, 이를 통해 약속이 성취될 것이라고 믿는다. 이러한 믿음은 절망과 불안을 감소시키는 데 중요한 심리적 작용을 하며, 이것을 적응적 기능이라고 한다. 박탈에 대한 보상도 이에 속할 것이다.

세 번째로 표출적 요구는 인간이 가지고 있는 '고통스러운 충동', '고통스러운 동기'와 관계되어 있다. 전자는 정신분석학에서 말하는 공포와 불안(자아파괴에 대한 공포, 제거됨에 대한 불안, 격변기의 환상, 유아기적 자아느낌 등)이고, 후자는 문화적으로 금지되어 있기 때문에 — 공격, 의존성, 성의 금기 등 — 생겨나는 수치, 부적합성, 도덕적 불안의 느낌이다. 이때 종교는 그러한 것들이 상징적으로 순화되고 표출될 수 있는 통로가 되어 심리적으로 통합될 수 있게 하기 때문에 통합적 기능이라고 한다.

이와 같이 종교는 개인에게 심리적인 안정과 적응력을 마련해주고 삶에 만족감을 느낄 수 있게 하는 긍정적인 기능을 수행할 수 있다. 따라서 종교는 심리적 복지감(*psychological wellbeing*)을 제공하고,[43] 삶의 질(*quality of life*)을 향상시키며,[44] 인성의 안정(*stability of personality*)에 기여하고,[45] 영적 복지감(*spiritual well-being*)을 마련해주고,[46] 정신건강(*mental health*)에 도움을 주는 것으로[47] 이해되고 있다. 이때 이러한 기능의 기준을 측정하는 지표로 주로 사용되는 것이 '삶의 만족'(*life satisfaction*)과 행복감(*happiness*)이다.[48] 대부분의 경험적 연구는 종교 혹은 종교성이 심리적으로 긍정적인 영향을 미쳐 사람들의 삶의 만족도를 높이고 행복감을 증진시킨다는 사실을 밝혀냈다.

맥칸(Richard McCann)은 교회 출석이 적응, 행복, 만족의 다양한 지표들과 긍정적으로 관계되어 있다는 것을 발견했다.[49] 클레멘트(Frank Clement)와 사우어(William Sauer)도 교회 출석은 삶의 만족과 긍정적으로 관계되어 있어서 종교적인 사람이 보다 행복하고 생활에 만족한다고 밝히고 있다.[50] 윌슨(W. R. Wilson)은 종교성과 종교적 활동이 모두 주관적 복지감과 긍정적으로 관계되어 있음을 보여주었다.[51] 윌릿츠(Fern Willits)와 크라이더(Donald Crider) 역시 종교적 믿음 혹은 태도와 종교적 참여가 남녀 모두의 전체적 복지감, 공동체 만족 등에 긍정적으로 관계되어 있다는 연구결과를 제시하였다. "종교성은 고양된 전체적 복지감과 관계되어 있으며, 전통적인 종교적 믿음은 삶, 공동체, 결혼, 직업 영역에서의 복지감과 지속적이고 긍정적인 상관관계를 가지고 있다"고 결론지었다.[52] 헤이더웨이(Christopher Hadaway)와 루프(Wade C. Roof)도 '의미'와 '소속감'으로 개념화된 종교적 헌신이 삶의 만족도와 긍정적 관계가 있음을 증명했다.[53] 경험적 연구를 통해 종교적 신앙(의미 차원)에 중요성을 부여하는 사람은 삶이 보다 가치 있다고 느끼는 경향이 있다고 주장했다. 그리고 삶에 대한 만족감을 강화하는 데는 종교적 의미가 사회경제적 지위, 건강, 수입, 결혼, 인종보다 강한 변수임을 밝혀냈다. 또한 종교집단에 소속되어 참여하는 사람은 그의 삶이 더욱 가치 있다고 느낀다는 사실도 알아냈다. 다른 연구에서 헤이더웨이는 보다 강한 종교 신앙이 보다 큰 개인적 복지의 느낌과 관계가 있음을 밝히면서 종교가 개인에게 희망, 의미, 안전감, 낙관주의를 마련해준다고 설명하고 있다.[54]

한국의 상황에서도 종교 및 종교성이 삶의 만족도와 관계가 있다는 연구결과가 있다.[55] 이 연구는 세 가지 사실을 밝혀내었다. 첫째로, 종교를 가진 사람의 삶의 만족도가 약간 높기는 하지만 그 차이는 유의미한 것이 아니었고, 따라서 종교를 가지고 있다는 것 자체는 삶의 만족도에 별로 영향을 마치지 않는다. 둘째로, 종교적 믿음, 종교적 수행, 종교적 경험, 종교의 중요성 인식 등으로 표현되는 종교성이 강할수록 삶에 대한 만족도는 높았다. 셋째로, 삶의 만족도는 종교 간에 차이가 있어 불교보다 기독교(특히 개신교)의 경우, 그것이 더 높게 나타났다. 이것은 예배 등 정기적으로 자주 모임을 가지고 집단의식과 집단감정을 확인함으로 서로 위로와 도움이 될 수 있는 기회가 기독교에 더 많기 때문인 것으로 보인다. 다른 연구도 종교성이 정신건강에 직접적으로 영향을 주기도 하고, 건전한 생활습관이나 자아구조에 영향을 주어 정신건강에 간접적으로 영향을 미친다는 사실을 밝혀냈다.[56]

한국교회는 선교 초기부터 다양한 형태의 심리적 기능을 적절하게 수행해왔다. 특히 정치, 경제, 사회, 문화 영역에서 빈곤, 억압, 차별 때문에 박탈과 좌절을 경험하며 무력감과 소외감을 느끼던 사람에게, 삶의 의미와 정체성을 찾으려는 사람에게, 가치 혼란으로 갈등을 느끼는 사람에게 한국교회가 때로는 위로와 용기를, 때로는 희망과 목적의식을, 때로는 마음의 평화와 안정을 제공하는 역할과 기능을 효과적으로 수행했다. 그 결과 교회가 성장할 수 있었고, 사회적으로도 긍정적인 평가를 받을 수 있었다.[57] 오늘날 한국교회가 사회적 기능과 역할을 제대로 감당하지 못하고 있으나, 각 개인에게는 중요한 심리적 기능을 수행하고 있다고 하겠다. 이제부터 이 문제를 밝혀보기로 한다.

　비록 한국교회에 대한 한국인의 평가는 대체로 부정적이고 비판적이지만, 종교 자체의 심리적 및 사회심리적 기능에 대해서는 긍정적인 생각을 가지고 있는 것으로 드러난다. 한국종합사회조사 결과가 이것을 보여주고 있다.[58] "귀하가 종교생활을 하는 것은 내적 평화와 행복을 얻는 데 도움이 된다는 의견"에 대하여 "동의한다"는 응답 비율은 80%에 이른 반면에 "반대한다"는 비율은 6%에 머물고 있다. "귀하가 종교생활을 하는 것은 친구를 사귀는 데 도움이 된다는 의견"에 대하여 "동의한다"는 응답은 63%인 데 비하여, "반대한다"는 비율은 14%이다. "종교생활을 하는 것은 어렵거나 슬플 때 위안을 얻는 데 도움이 된다는 의견"에 대해서는 84%가 "동의한다"고 했으나, "반대한다"는 비율은 5%에 불과하다. "귀하가 종교생활을 하는 것은 나와 잘 맞는 사람들을 만나는 데 도움이 된다는 의견"에 대하여 "동의한다"는 응답 비율은 61%이지만, "반대한다"는 비율은 14%로 나타났다.

　종교인 비율이 44% 정도인 것을 감안해보면 종교를 가지고 있든 가지고 있지 않든 많은 한국인이 종교의 심리적 기능과 역할을 인정하고 있다는 것을 알 수 있다. 종교는 내적 평화와 행복을 가져다주고, 친구 사귀는 데 도움이 되며, 어렵거나 슬플 때 위안이 되고, 뜻이 맞는 사람을 만나는 데 도움이 되는 경험을 대부분의 종교인이 겪었을 것이다. 또한 비종교인이라 하더라도 종교가 그러한 기능을 수행할 수 있을 것을 기대하고 있는 것으로 보인다.

　종교가 심리적 기능을 수행하고 있다는 사실은 삶의 만족도나 행복감 지표에서 드러난다. 만일 종교가 개인의 박탈에 대해 보상해주고(주로 정신적이거나 영적인 것이겠지만), 삶의 의미와 정체성을 마련해주며, 마음의 평화와 안정을 제공해준다면 종교인의 삶의 만족도나 행복감은 무종교인보다 높을 것으로 예상된다. 〈표 9-1〉이 그 결과를 보여주고 있다.

〈표 9-1〉 한국인의 삶의 만족도와 종교

(단위: %)

만족도 \ 종교	전체	개신교	불교	천주교	무종교
가족(결혼) 생활	39	46	43	48	34
친구 및 동료관계	40	49	39	47	35
일에 대한 보람	24	33	16	35	22
전반적 만족도	27	34	25	32	25

주) 백분율은 "높다"는 응답 비율.
출처: 글로벌리서치, 『국민 행복/힐링 관련 전국민 여론조사 보고서』(2012).

　　〈표 9-1〉은 두 가지 중요한 사실을 말해준다. 첫째로, 전체적으로 보면 한국인의 삶에 대한 만족도 수준이 상당히 낮다. 만족도 수준이 "높다"고 응답한 비율이 '가족(결혼) 생활' 39%, '친구 및 동료관계' 40%로 보통 수준이지만 '일에 대한 보람'에 있어서는 24%에 불과하다. 삶에 대한 전반적 만족도에서 "높다"는 비율은 27%에 머물렀다. 한편 2010-12년 '세계가치관조사'(World Values Survey)에서도 한국인의 '삶에 대한 만족도'는 10점 만점에 6.6점으로, 조사대상 37개국 가운데 28위인 것으로 나타나고 있다. 전체적으로 한국인은 삶에 별로 만족하지 못하고 있는데, 이것은 아마도 정치 수준이 낮고 경제적 형편이 어려우며, 도덕성 수준 또한 낮은 한국사회의 현실을 그대로 반영하는 결과가 아닌가 한다.[59]

　　둘째로, 삶의 만족도와 종교 사이에는 관계가 있으나 그것은 기독교의 경우에만 해당된다. '가족(결혼) 생활' 만족도가 높은 비율이 개신교인 46%, 천주교인 48%이지만 무종교인은 34%로 차이가 크다. '친구 및 동료관계' 만족도 역시 "높다"는 비율이 개신교인 49%, 천주교인 47%인 데 비하여 무종교인은 35%로 낮다. '일에 대한 보람' 만족도가 높은 비율도 개신교인 33%, 천주교인 35%이지만 무종교인은 22%에 불과하다. '전반적인 삶의 만족도'는 개신교인 34%, 천주교인 32%인 데 비하여 무종교인은 25%로 여전히 차이가 있다. 한마디로 기독교인(특히 개신교인)의 삶의 만족도가 상대적으로 높다. 이것은 그 종교가 심리적인 측면에서 긍정적인 기능을 나름대로 적절하게 수행하기 때문이라고 할 수 있겠다.

그러나 불교의 경우는 다르다. 비록 불교인의 '가족(결혼) 생활'과 '친구 및 동료관계' 만족도는 무종교인보다 높지만(그래도 개신교인, 천주교인에 비해서는 상당히 낮다), '일에 대한 보람' 만족도는 무종교인보다도 낮다. 그래서 전반적인 삶의 만족도는 불교인과 무종교인의 경우 상대적으로 똑같이 낮다. 따라서 종교가 심리적 기능을 수행하는 것은 특히 기독교의 경우 그러하다는 것을 알 수 있다.

이번에는 심리적 상태로서의 행복감과 종교의 관계에 대하여 살펴본다. 일반적으로 보면 '삶의 만족도' 경우와 마찬가지로 한국인의 행복도 수준 역시 높지 않다. 한 연구에 따르면 OECD 34개 국가의 삶의 질과 관계된 19개 지표의 가중 합계인 행복지수에서 한국은 10점 만점에 4.2점으로 32위에 머물렀다.[60] 글로벌리서치 조사에서는 한국인의 행복 정도가 100점 만점에 61점이었다.[61] 그러나 종교별로 보면 그 점수가 개신교인 68점, 천주교인 64점, 불교인 56점, 무종교인 61점으로 차이가 있다. 기독교인(특히 개신교인)의 행복 점수가 상대적으로 높게 나타나고 있다. 이것은 개인의 행복감 수준 향상에 한국교회가 어느 정도 긍정적으로 작용하고 있음을 보여주는 것이라 하겠다.

글로벌리서치 조사는 종교인에게 종교가 행복을 높여주는지에 대해서도 알아보았다.[62] 이 물음에 대해 "그렇다"는 비율은 45%인 데 비하여 "그렇지 않다"는 비율은 13%로, 긍정적인 응답 비율이 3배 이상 높았다. 그러나 종교별로 보면 "그렇다"는 비율이 개신교인 51%, 천주교인 48%,

불교인 36%로 차이가 있다. 기독교인(특히 개신교인)의 경우 종교가 삶의 행복에 적지 않게 영향을 미친다는 것을 알 수 있다. 또한 "개인의 행복, 정신적 건강과 관련하여 종교로부터 실질적인 도움을 받은 적이 있는지"의 물음에 대해 60%가 "그렇다"고 응답함으로 종교가 행복감, 정신 건강에 도움이 된다는 것이 드러났다. 그러나 여기서도 종교 간에 커다란 차이가 있다. "그렇다"는 응답 비율이 개신교인 74%, 천주교인 65%, 불교인 46%로 기독교인(특히 개신교인)의 경우 매우 높다. 분명히 한국교회는 신자들에게 의미 있는 심리적 기능을 수행하고 있다고 하겠다. 이때 종교가 행복감이나 정신적 건강을 위해 주는 도움은 주로 '위로 및 심리적 안정'(74%)이며, 다음은 '긍정적 마음가짐'(9%), '자기반성과 성찰'(7%), '삶의 지침'(5%) 순이었다.

이렇게 종교, 특히 기독교는 '삶의 질' 향상에 도움을 준다. 한국갤럽의 조사결과 "종교를 믿는 것은 개인 삶의 질 향상에 도움을 준다"는 데 대하여 한국인의 59%가 "그렇다"고 응답했는데("아니다" 29%), 여기서도 개신교인의 경우 매우 높은 응답률을 보이고 있다(개신교인 84%, 천주교인 73%, 불교인 67%, 무종교인 43%).[63]

이상의 모든 결과는 오늘날에도 종교는 개인에게 심리적인 기능을 수행하고 있다는 것을 보여준다. 그러나 이것은 주로 기독교, 특히 개신교의 경우에 해당된다. 한국교회는 사람들에게 박탈에 대한 보상을 하든가, 의미나 정체성을 부여하든가 하면서 행복감이나 삶의 만족도를 높여주는 심리적 기능을 적절하게 하고 있는 것이다. 따라서 종교가 삶의 질을 향상시키고 인성의 안정, 영적 복지감, 정신건강에 긍정적으로 작용한다는 종교기능 이론은 한국교회의 경우 그대로 적용되고 있다고 결론을 내릴 수 있겠다.

나가며

전통적으로 종교는 심리적, 사회적 기능을 수행해왔다. 인간이 지니고 있는 여러 가지 한계상황 때문에 종교는 개인에게 의미를 제공하고, 정체성을 마련해주며, 박탈에 대하여 보상하는 기능을 수행한다. 사회적으로는 사회가 필요로 하는 가치의 실현을 위해 종교가 사회의 통합을 이루어내고, 사람들의 부도덕한 행위를 통제하는 역할을 하며 정치, 경제 영역 등에서 사회의 변화를 이끌어낼 수도 있다.

한국교회는 선교 초기 계층 간의 갈등을 해소하면서 사회통합에 기여했고, 사람들의 일탈행위를 억제하는 사회통제의 작용을 했으며, 한국의 개화와 근대화를 주도하는 사회변형의 역할을 담당했다. 근대화된 한국사회에서는 정치와 경제 영역에서 민주화 운동에 앞장서기도 했다. 그러나 최근에는 한국교회가 더 이상 사회적 기능을 제대로 수행하지 못하고 있다. 이것은 현대사회에서는 제도적 분화 때문에 종교의 사회적 역할이 축소될 수밖에 없는 일반적인 상황을 반영하는 결과이기도 하지만, 내부적 분열과 세속화로 인해 그러한 기능을 수행할 역량이 부족해진 것에 기인하기도 한다.

그러나 한국교회는 오늘날에도 박탈을 경험하는 사람들에게 위로와 희망과 용기를 주고, 의미를 찾는 사람들에게 정체성과 소속감을 마련해주는 역할을 잘 수행하고 있다. 그래서 그들에게 상대적으로 높은 행복감과 삶의 만족도가 나타나고 있다. 이것은 오늘날 경제성장에도 불구하고 한국인의 삶에서 불안과 불만의 수준이 높다는 현실을 반영하는 것이기도 하다. 하지만 한편으로는 그동안 한국교회가 상처받은 개인 영혼의 치유에 상당한 노력을 기울여왔다는 사실을 보여주는 것이기도 하다.

제10장
사회상황과 한국교회
- 다원화 사회 속의 교회 -

1   들어가며

　　현대사회를 흔히 다원주의 사회라고 부른다. 이것은 오늘날 많은 나라에서 사회의 가치와 규범뿐만 아니라 사회조직과 구조에 있어서도 다원화(*pluralization*)가 두드러진 현상으로 나타나고 있기 때문이다. 원래 다원화란 사회학적으로 볼 때 개인이나 사회에 영향을 미치는 제도적, 의식적 근원이 다양해지는 것을 의미한다. 다원화를 만들어내는 요인은 제도적인 분화, 정치적인 민주화, 이념적인 합리화, 경제적인 산업화, 사회적인 도시화 등이기 때문에 대체로 선진국일수록 다원화 경향이 두드러지게 나타난다.

　　다원화 현상은 종교에도 그대로 적용된다. 따라서 '종교 다원주의'란 "서로 다른 여러 종교집단들이 경쟁적 상황에서 공존하는 것"을 의미한다. 물론 아직도 어떤 특정 종교가 한 사회에서 지배적인 영향을 미치고 있는 경우도 있지만, 적어도 민주사회에서는 종교적 다원주의가 당연한 것으로 여겨지고 있다. 한국은 종교적으로 매우 다원화되어 있는 사회이며 수많은 종교, 수많은 교파, 수많은 교회가 법적인 보호를 받으며 공존하고 있다.

　　종교 다원주의 상황은 종교문제에 있어 개인적으로나 사회적으로 중요한 결과들을 초래하고 있다. 그 결과들은 사회적으로나 종교적으로 기능적일 수도, 역기능적일 수도 있다. 이 단원에서는 종교적 다원주의 상황에 대하여 사회학적인 설명을 하고, 종교적 다원화의 기능에 대하여 살펴본 후에 한국교회의 종교적 배타성에 대하여 논의하려고 한다.

2   다원주의 상황과 종교시장

다원주의(*pluralism*)란 용어는 사회학과 신학에서 각각 다른 의미로 사용된다. '다원주의'가 신학에서는 구원이나 진리의 근거가 여럿 있다는 주관적 가치관을 뜻하는 것이지만, 사회학에서는 가치나 규범, 제도가 다양하다는 객관적 현상을 나타내는 것이다. 따라서 사회학에서는 '다원주의 상황'(*pluralistic situation*)이라는 표현을 선호한다.

다원주의 상황에 대한 사회학적 분석은 일찍이 사회학의 선구자 막스 베버(Max Weber)에게서 나타나고 있다. 그는 진리 혹은 과학, 미 혹은 미학, 선 혹은 도덕성의 영역들이 분화되면서 윤리적 일원성(一元性)의 가정이 현대성 가운데서 가치 다원주의로 대체되고 있다고 보았다.[2] 즉 기능적 합리성(*functional rationality*)으로 특징지어지는 근대사회에서의 합리화 과정은 제도적인, 그리고 인지적인 분화를 초래했고, 이것이 가치 다원주의를 낳게 했다는 것이다. 다시 말하면 근대 이전의 사회에서는 가치가 일원적 세계관 안에서 표현되었으나, 현대의 세속적이고 분화된 질서 안에서는 가치가 모든 것을 포괄하는 일원적 가치가 아닌 다원주의적 가치로 나타나게 된다는 것이다.[3] 특히 전에는 모든 가치의 객관성을 획득했던 초월적인 근거가 상실되면서 현대사회에서는 다양화된 가치로 대체되는데, 대표적인 경우가 종교라고 본다.

베버의 영향을 받아 현대의 종교 다원주의 상황에 대하여 가장 폭넓고 의미 있게 사회학적으로 분석한 학자는 피터 버거(Peter Berger)이다. 그에 따르면 현대 생활과 사고의 상황은 현대의 외부적 조건과 세력에 의해서만 형성되는 것이 아니라, 개인의 내부 세계를 형성하는 현대의식의 힘에 의해서도 역시 형성된다.[4] 현대의식은 모든 세계관을 아주 강력하게 상대화시키는 효과가 있는데, 이것은 현대인이 가능한 행동과정의 다양한 기회 앞에 서 있는 것을 스스로 발견할 뿐만 아니라 또한 세상에 대하여 사고하는 방식의 여러 가지 가능성 앞에 놓여있기 때문이다. 결과적으로 현대의식은 숙명(fate)에서 선택(choice)으로 바뀌게 된다.[5] 근대성은 사회제도와 '설득력 구조'(plausibility structure) 영역을 다양화하기 때문에 현대인은 일상생활의 무수한 상황에서 선택해야 하며, 그 선택의 필요성은 신념과 가치와 세계관의 영역까지 미친다. 전통사회에서는 숙명적으로 주어진 하나의 강력한 '설득력 구조'에 의해 영향을 받지만, 현대사회에서는 다양한 '설득력 구조들' 가운데 개인이 원하는 것, 필요로 하는 것을 자유롭게 선택할 수 있게 된다. 이것이 바로 다원주의 상황의 특징인 것이다. 이렇게 다원주의 상황은 모든 경쟁적인 세계관을 상대화하고 그것의 당연시되는 지위를 빼앗아간다. 다원주의 상황은 종교에도 커다란 영향을 미친다.

오랜 인간의 역사를 통해서 종교는 개인적, 집단적 생활에 대한 궁극적인 정당화 체계로서 독점적인 지위를 차지해왔다. 종교는 행위와 사고를 규제하는 기관이었다. 버거에 따르면 종교적으로 규정된 세계 밖으로 벗어나는 것은 카오스적인 암흑의 세계로, 아노미의 세계로, 정신병의 세계로 들어가는 것과 다를 바 없는 것이었다.[6] 그러나 다원주의 상황은 종교적 전통의 탈독점화(demonopolization)를 초래하여 종교 간의 정당화 경쟁을 불가피하게 만들었다. 우선 종교 자체도 다원화되었다. 다양한 종교, 수많은 종교 분파가 공존 혹은 갈등을 일으키는 종교 다원주의 상황이 초래되었다. 뿐만 아니라 종교(들)은 세계를 규정하는 기획에 있어서도 고도로 조직화되어 있거나(가령 혁명이나 민족주의, 이데올로기 운동), 제도적으로 훨씬 더 확산되어 있는(가령 '개인주의'나 성해방과 같은 근대적인 가치체계) 여러 가지 비종교적 적대자와 경쟁하지 않으면 안 되게 되었다.[7] 이로 인한 중요한 결과 중 하나는 버거가 '시장상황'(market situation)이라고 부르는 상황의

출현이다.[8]

종교적 다원주의 상황의 중요한 특징은 세부적인 역사적 배경이 어떠하든 간에 탈독점적인 종교적 기업들이 고객 집단의 충성을 이제는 당연한 것으로 생각할 수 없게 되었다는 점이다. 결과적으로 이전에는 권위 있게 부과될 수 있었던 종교적 전통을 이제는 시장에 내놓고 더 이상 "구매"하도록 강요받지 않는 고객에게 "판매"되어야 한다.[9] 이러한 시장상황에서는 종교제도가 매매 기관이 되며, 종교적 전통은 소비자 상품이 된다. 이제 종교집단은 동일한 목적을 가지고 있는 다른 집단과 경쟁 속에서 소비자 인구에게 호소할 수밖에 없는 '경쟁상황' 가운데 있다.

그러나 버거는 다원주의 상황의 영향이 종교의 사회구조적 측면에만 국한되어 있는 것이 아니라 종교적 내용, 즉 종교적 시장 기관의 상품에도 뻗쳐있다고 말하고 있다. 그래서 다원주의 상황은 종교 영역에 '소비자 선호'(consumer preference)의 역학을 가져오게 된다는 것이다.[10] 이제 사람들은 다양한 종교에 대하여 백화점에서 물건 고르듯이 종교를 선택할 수 있게 되었고, 각 종교는 자신의 제품(종교)이 최고라는 것을 소비자(사람들)에게 설득하여 고객(신도)이 되도록 하지 않으면 안 되게 되었다. 모든 종교집단은 자신의 종교적 제품을 시장에 내놓고 사람들이 선택해주기를, 즉 경쟁에서 이기기를 기대하며 이를 위해 다양한 전략을 마련하고 있다. 그리하여 각 종교집단은 고객(신도)의 기호나 취향에 맞추어 제품을 생산하려는 노력(예를 들면 신도들의 기본적인 욕구나 기대를 충족시켜줌 - 물질 축복이나 건강 축복), 여러 가지 서비스 활동(물질적, 정신적으로 도와줌), 유행에 따라 새로운 모델을 참신하게 제시하려는 노력(새로운 시설 확보와 프로그램 개발) 등을 하게 된다.

버거는 종교적 내용에 대한 소비자 역학의 두 가지 경향을 소개하고 있다. 하나는 어떤 계층의 고객 혹은 잠재적 고객의 종교적 욕구가 유사한 한 이러한 욕구에 대응하는 종교제도도 또한 그들의 제품을 적절히 표준화(standardization)시키는 경향이 있다는 것이다.[11] 이것은 유행에 따라, 고객의 취향에 따라 제품의 내용이 점차 유사성을 지니게 된다는 것을 의미한다. 결과적으로 한 종교집단은 다른 종교집단의 장점을 수용하거나 모방하게 된다. 결국 자신만의 특성을 독점적으로 유지하기가 점점 어려워지게 되며 서로 비슷한 구조와 내용을 갖추게 된다. 예를 들어 성공적으로 성장하는 교회들은 개성이 있기보다는 모든 면에서, 즉 예배 형식, 메시지 전달방식, 교인확보 전략, 프로그램 내용 등에서 서로 비슷한 성향을 보이게 된다. 종교적 내용 또한 표준화되면서 유사해진 집단 간의 연대가 이루어지기도 한다. 경제제도에서와 마찬가지로 종교집단들 가운데서 심한 경쟁은 경쟁자들을 하나의 공통된 형태로 향하여 움직이게 한다. 그리하여 각각이 시장 몫을 보장받도록 하는 경향이 있는데, 이 증가된 유사성과 경쟁의 결과로 경제제도에서는 카르텔(cartel), 종교제도에서는 에큐메니즘(ecumenism)이라고 부르는 조직의 구성을 촉진하게 된다.[12]

종교적인 소비적 역학의 두 번째 경향은 첫 번째와 반대되는 것이다. 만일 매우 비슷한 생산품의 생산자들이 개방된 시장에서 같은 고객에 대하여 경쟁하고 있다면, 그리고 만일 그 상품이 일상생활에 별로 중요한 것이 아니라면 포장에서의 차이가 매우 중요하게 된다. 그리하여 다원주의 상황은 표준화와 반대되는 '고백적 유산의 재발견'이라는 결과를 가져올 수도 있다. 이것을 '주변적 분화'(marginal differentiation)라고 부르는데, 그것은 일반적인 사회계층에 따른 소비자 욕구의 차이에 따라 생겨나는 것이다.[13] 즉 상품이 표준화되는 가운데 특화된 개성을 강조하는 것처럼 종교집단 역시 정체성을 앞세워 우월성 입증을 시도하게 된다.

다원주의 상황은 또한 종교의 '사사화'(私事化: privatization)를 초래했다.[14] 종교의 사사화란 종교제도가 공적 영역의 다른 제도들로부터 분리되어 사적인 영역으로 퇴거하는 과정을 말한다. 다원주의 상황은 상호 경쟁하는 설득력 구조의 수를 증가시켜서 설득력 구조의 종교적 내용들을 상대화시켜 버리는데, 이것을 버거는 종교적 내용이 '탈객체화'(de-objectiva-tion) 혹은 '주관화'(subjectivation)되는 것이라고 표현하고 있다.[15] 이제 종교적 내용은 사람들의 의식 안에서 당연시되던 객체적 실재의 지위를 박탈당하고 주관적인 선택의 문제가 된다. 한마디로 종교는 공적인 지위와 기능을 잃어버리면서, 사적인 지위를 가지고 개인적인 심리적 기능을 할 뿐이다. 종교는 개개인의 '사적인 일'(a private matter)이 되어 버린다.

종교의 사사화는 두 가지 결과를 가져온다. 하나는 종교가 사적인 일이 되면서 종교와 관련된 문제는 모두 '선택'의 문제, '선호'의 문제가 되어 버린다는 것이다. 종교는 이제 개인의 자유로운 취사선택의 대상이 되었다. 종교를 갖거나 갖지 않는 것, 종교들 가운데 어떤 종교를 갖는 것, 같은 종교 안에서도 어떤 분파를 택하는 것, 같은 분파라도 어떤 교회에 나가는 것이 모두 개인이 선택할 수 있는 사적인 일이 되었다. 종교를 갖고 있다가 포기하거나 종교(혹은 교파 혹은 교회)를 바꾸는 것도 개인의 자유이다. 따라서 종교 이동이 매우 용이해졌고, 실제로 그것이 활발하게 이루어지고 있다. 어떤 취미를 갖는 것, 어떤 자발적 결사체 모임에 나가는 것이 개인의 취향에 달려 있듯이 어떤 종교를 갖는 것, 어떤 종교 집단에 참여하는 것 역시 개인의 취향에 따르는 것이 되었다.

종교적 사사화의 두 번째 결과는 종교의 기능에 관한 것이다. 종교 신앙이 사적인 일이 되면서 종교는 전통적으로 공적인 제도 영역에서 수행할 수 있는 사회적 기능을 상실하게 되었다. 그래서 종교는 이제 코스모스(cosmos)나 역사와 관계되어 있는 것이 아니라 개개인의 실존이나 심리와 관계될 뿐이다.[16] 종교의 기능은 정치, 경제, 교육, 가족과 같은 사회적 영역에서 퇴거하면서 심리적인 기능(예를 들면 긴장해소, 의미제공, 박탈에 대한 보상 등)을 주로 하게 된다. 물론 오늘날에도 여전히 종교가 공적 영역에서의 기능을 수행하고 있다는 주장도 있다.[17] 하지만 분명한 것은 이제 더이상 종교가 전통사회에서 해왔던 사회통합, 사회변동, 사회통제와 같은 기능을 수행하기에는 역부족이라는 사실이다. 나아가 의미를 제공하고 소속감을 마련해주는 심리적 기능조차도 오늘날에는 독점적인 것이 아니라 다양한 수단들 가운데 하나로써만 작용하고 있다.

이렇게 다원주의 상황은 종교에 커다란 영향을 미치고 있다. 한국은 전형적인 다원주의 사회이며, 이것은 종교의 경우에도 마찬가지이다. 한국은 철저한 다종교, 다교파, 다종파, 다교회 상황을 보여주고 있다. 우선 크게는 불교, 기독교(개신교, 가톨릭), 유교, 원불교, 천도교, 증산교, 대종교, 그리고 최근에 들어온 이슬람교 등의 종교가 공존하고 있다. 이들 종교 가운데도 수많은 교파(종파)들이 나뉘어져 있다. 예를 들어 문화체육관광부에 보고된 종교단체만 하더라도 2011년 개신교에는 예장(합동), 예장(통합), 기감, 기성, 기침, 기장, 예장(고신) 등 232개의 단체가 있고, 불교는 조계종, 태고종, 천태종 등 265개의 단체를 가지고 있다.[18] 교당 수는 개신교 77,966개, 불교 26,791개, 가톨릭 1,609개, 유교 234개, 천도교 105개, 원불교 550개, 대종교 22개 등 모두 109,668개에 이른다. 뿐만 아니라 수많은 신흥종교가 있으니 그것들은 동학계(17개), 정역계, 중산계(30개), 단군계(30개), 각세도(11개), 유교계(1개), 물법계(20개), 무속계(30개), 기독교계(60개), 불교계(70개), 외래계(70개), 연합계(23개), 계통불명(30개) 등으로 나뉘지는데, 그 숫자는 조사된 것만으로도 393개나 된다.[19] 이렇게 한국은 종교적으로, 교단(종단)적으로, 교회적으로 매우 다원화된 사회라는 것을 알 수 있다.

다원주의 상황에서 종교가 사사화된다는 것은 종교이동이 용이하다는 것을 의미한다. 종교 문제가 사적인 일이 되기 때문에 사람들은 자유롭게 종교(교파 혹은 종단, 교회 혹은 사찰)를 선택할 수도 있고 포기할 수도 있고 바꿀 수도 있다.[20] 2015년 한국인의 44%(2,200만 명)는 종교 갖는 것을, 56%(2,800만 명)는 종교 갖지 않는 것을 선택했다. 종교가 없는 사람의 1/3(940만 명)은 종교를 갖고 있다가 포기하는 길을 택했다. 종교인의 1/10(220만 명)은 종교를 바꾸었다. 개신교인의 46%(450만 명)가 다니던 교회를 떠나 다른 교회를 선택했다.

한국에서 종교가 사사화되는 경향이 있음을 보여주는 증거가 있다. 한국갤럽의 조사결과[21] "종교를 믿는 것은 좋다고 생각하지만 종교 단체에 얽매이는 것은 싫다"고 응답한 한국인이 67%에 이르고 있다. 개신교인 가운데서도 52%가 이에 동조하고 있다. 비슷한 물음이지만 "개인은 종교 단체에 얽매이기보다는 본인이 옳다고 생각하는 종교적 믿음을 실천하면 된다"는 데 대해서는 83%가 "그렇다"고 응답했다. 개신교인 가운데 73%도 이에 동조했다. 그리고 한국인의 33%가 "종교보다 개인적인 성찰과 수련에 관심이 많다"고 했다(개신교인 가운데는 25%). 이러한 결과들은 이제 한국에서도 종교를 공적인 제도와 조직의 문제로 보기보다는 사적인 신앙이나 신념, 가치로 보는 사사화 현상이 중요하게 나타나고 있다는 것을 말해주고 있다.

한국의 종교 다원주의 시장 상황에서는 버거의 용어대로 '표준화'와 주변적 분화가 있었다. 표준화의 몇 가지 예를 들어 본다. 우선 종교 간에 표준화가 이루어졌다. 가톨릭은 한국어로 미사를 드리고 강론을 하는 등 개신교를 닮아가고 있다. 개신교에서는 종교의식(특히 성례전을 강조하는 것)과 건축양식이 가톨릭 식으로 변하고 있다. 불교에서는 도심에 포교당을 지어 일요일에 정기적으로 예불을 드리고, 설법을 하며, 찬불가를 부르고, 새벽기도회를 하며 여름어린이 불경학교, 평신도 불경 아카데미 등을 운영하는 등 개신교를 따라가고 있다. 이것은 종교시장의 상황에서 경쟁에 뒤쳐지지 않기 위한 방편의 하나일 수 있다. 흥미롭게도 불교는 산에서 내려오려고 하는 반면에, 기독교는 산 속으로 진출(기도원, 수양관 등)하는 현상이 나타났다.

개신교 안에서도 표준화가 이루어지고 있다. 한때 성령운동, 신유운동, 카리스마운동이, 그리고 부흥성회, 산상기도회, 절기에 따른 대형 종교연합 집회, 총동원주일 행사 등이 유행이 되다시피 했다. 교회성장에 도움이 된다는 이유로 소위 3박자 기복신앙(물질축복, 건강, 영혼축복)이나 '적극적 사고방식'의 분위기가 유행처럼 퍼져나가기도 했다. 대형교회 가운데는 교육관, 복지관, 수양관, 기도원 건립이 유행이 되었고, 경쟁적으로 해외 선교사 파송과 개척교회 설립을 추진했다. 벧엘, 트리니티, 크로스웨이 성경연구가 수많은 교회에서 비슷하게 이루어졌다. 교회성장에 관심이 있는 목회자에게 소위 풀러 학파(Fuller School)의 '교회성장론'(church growth theory)은 배워야 할 필수 코스였고, '교회성장 세미나'는 목회자들에게 가장 인기 있는 프로그램이었다.[22] 이제 교회 홈페이지를 만들고 SNS를 통해 교인과 소통하는 것, 그리고 프로젝트를 이용해 예배 때 영상을 띄우는 것도 웬만한 교회에서는 흔히 볼 수 있는 모습이 되었다.

표준화의 다른 양상으로 교파연합 활동도 활발하게 이루어지고 있다. 대표적인 것으로는 한국기독교교회협의회(KNCC), 한국복음주의협의회(한복협), 한국기독교총연합회(한기총), 한국교회연합(한교연) 등이 있다. 그러나 나중에 보겠지만 문제는 이 단체들 사이에 조화와 존중보다는 긴장과 갈등이 있다는 점이다.

한국에서는 '주변적 분화' 현상도 흔히 발견되고 있다. 각 종교는 자체의 특별한 우수성을 드러내려고 노력하고 있다. 개신교와 가톨릭은 공통점을 찾아 공감대를 형성하기보다는 차이점을 부각하려고 한다. 그래서 서로 우호적이지 않다. 개신교의 각 교파는 자신의 교파가 전통에 있어서나, 교리에 있어서 특별하다는 점을 강조하는 경향이 있다. 이 역시 다른 교파 집단에 대한 배타성을 조장한다는 점에서 부정적 결과를 초래하고 있다.

한국의 종교, 교회는 분명히 다원주의 상황 아래서 여러 가지 결과가 생겨나고 있다. 기능적인 측면에서 그 결과는 어떻게 평가될 수 있는가? 다음에 이 주제를 논의해보려고 한다.

3 종교 다원주의 상황의 결과

종교 다원주의 상황은 사회학적으로 볼 때 여러 가지 순기능과 역기능을 수행한다. 먼저 순기능의 경우를 살펴본다. 다원주의 상황으로 종교들은 시장상황, 경쟁상황을 맞게 된다. 이것은 종교에 활력을 불어넣고 성장에 기여할 수 있다. 이 주제를 설득력 있게 다루는 이론이 '종교시장 이론'(religious market theory) 혹은 '공급 측 이론(supply-side theory)이다.[23] 종교시장이론의 핵심적 명제는 종교 교파들 사이의 활발한 경쟁이 종교 참여에 긍정적인 영향을 미친다는 생각이다. 교파, 종파, 교회가 한 지역사회에서 경쟁하면 할수록 경쟁적인 종교 지도자는 회중을 확보하고 유지하기 위하여 더욱 열심히 노력할 필요를 느끼게 된다. 종교적 다원주의 상황은 더 나은 서비스를 증진하고 종교적 참여를 촉진하는 경향이 있다는 것이다. 그것은 종교시장에서 다원적인 경쟁이 생산자들로 하여금 소비자의 요구에 부합하는 광범위하고 다양한 신앙을 능률적으로 만들어내게 하기 때문이다.

로저 핑크(Roger Finke)와 로드니 스타크(Rodney Stark)는 유럽에 비해 미국에서 종교적 믿음과 수행이 훨씬 더 지속적으로 활기가 있는 것은 매우 다양한 미국의 신앙 조직, 종교제도 가운데 강한 다원주의적 경쟁, 종교의 자유, 교회와 국가의 법적 분리로 설명될 수 있다고 주장한다.[24] 교회가 신앙적 선택과 경쟁을 극대화함으로써 대중을 동원하는 데 더욱 효과적이라는 것이다. 확실히 경쟁은 다양성을 만들고, 혁신을 자극하며, 교회로 하여금 대중적 요구에 반응하며 활발하게 회중을 찾게 하는 동인(動因)이 된다.[25] 윌리엄 스와토스(William Swatos)와 케빈 크리스티아노(Kevin Christiano)는 이 원리를 이렇게 요약한다. "메뉴에 따라 음식을 주문할 때, 고정된 메뉴만 있는 경우보다 다양한 메뉴가 있으면 더 많은 사람이 더 다양한 음식을 원하는 것처럼, 종교적 경쟁이 있는 다원주의 상황에서는 종교적 동원이 증가될 수 있다."[26]

대조적으로 유럽의 경우, 대부분의 나라에서 법적으로 신앙의 자유가 허용되고 종교의 다원성을 인정하지만, 실질적으로는 특정 종교가 국가종교의 형태를 띠거나 독립적 지위를 누리고 있다. 대부분의 유럽 국가는 국가교회에 국가 보조금을 제공하며, 그 교회는 독점적 지위를 차지하는데, 이러한 종교적 독점은 덜 혁신적이고 덜 책임적이고 덜 효과적이다. 성직자가 능력에 관계없이 안전한 수입과 종신 재직권을 누리는 곳에서는 사제가 자기만족적이고, 나태하고, 해이해지기 쉽다. 그래서 핑크와 스타크는 "일할 필요나 동기를 적게 가질 때 사람들은 일하지 않는 경향이 있으며, 따라서 보조금을 받는 교회는 게을러질 것"이라고 말한다.[27] 그들의 결론은 "조직이 열심히 일하는 만큼 더욱 성공한다"는 것이다.

종교에 대한 국가의 규제 또한 교회성장에 걸림돌이 된다. 유럽의 여러 나라에서 정부가 종교 지도자를 임명하거나 승인하는 것과 같은, 종교에 대한 국가의 규제는 종교 제공자의 효율성을 감소시키고, 따라서 낮은 출석률을 초래한다.[28] 왜냐하면 국가 규제는 사람의 흥미를 약화시키고, 선택과 관심의 동기에 부정적인 영향을 미치기 때문이다. 종교에 대한 국가 규제나 간섭의 독점적인 영향은 대중종교를 덜 능률적으로 만들고, 소비자를 위한 서비스 관리를 허용하지 않으며, 관료적인 이익 때문에 소비자의 선택을 방해하고, 신앙의 다양성과 주도권을 감소시킬 것이다.[29] 종교시장이론은 이러한 상황이 유럽 기독교의 쇠퇴를 초래한 주요 인이라고 주장한다.[30]

결국 종교시장이론은 종교적인 공급이 활발한 다원주의 상황에서는 생존을 위한 경쟁을 하면서 서비스의 질이 높아질 뿐만 아니라 전체적으로 시너지 효과가 일어나며 종교가 성장할 수 있음을 주장한다. 이 이론은 한국의 종교상황, 교회 상황에도 적용될 수 있을 것이다. 한국의 종교 다원주의 상황은 버거가 지적한 경쟁상황, 시장상황을 초래하고 있다. 이러한 상황은 분명히 경쟁적으로 고객을 유치하려는 각종 노력을 유발했고, 그 결과 각 종교마다, 각 교파마다, 각 교회마다 교세확장에 도움을 주었다. 종교별로, 교단별로, 교회별로 신도를 확보하기 위한 온갖 전략과 계획, 수고와 노력이 있었고, 이것은 분명히 종교의 성장에 기여했다.[31] 특히 매 주일 정기적으로 모여서 상황을 점검할 수 있고, 풍부한 인적, 물적, 시설자원을 가지고 있는 기독교의 경우 더욱 유리한 입장에 있었다. 한국의 종교적 다원주의 상황은 앞에서 소개한 종교시장이론이 적용될 수 있는 대표적인 사례의 하나라 하겠다.

한국의 다원주의 상황은 개인 수준에서도 종교적 선택의 폭을 넓힘으로써 사람들의 다양한 종교적 욕구를 다양한 형태로 충족시킬 수 있었다. 자율성에 의해 마음껏 종교의 자유를 누릴 수 있게 된 것이다. 이것은 개신교의 경우 가장 두드러지게 나타나고 있다. 예를 들어 도시에 사는 어떤 사람이 교회에 나가려고 할 때, 그에게는 선택의 여지가 매우 많다. 아마도 30분 내의 거리에 교회가 적어도 10개 이상 있을 것이다. 대형교회, 중형교회, 소형교회 등 규모에서 다양한 교회들이 있다. 성령운동 교회, 복음주의 교회, 자유주의 교회 등 신앙 성향에서 다양한 교회들이 있다. 감성적인 교회, 이성적인 교회 등 교회문화에서 다양한 교회들이 있다. 목회자가 카리스마적인 교회, 민주적인 교회 등 목회자 리더십에서도 다양한 교회들이 있다. 중산층 교회, 민중교회 등 계층 배경에서 다양한 교회들이 있다. 목회자 설교가 좋다는 교회, 성가대의 음악이 좋다는 교회, 교회학교가 활발하다는 교회, 청년층 정서에 맞는다는 교회, 유용한 프로그램이 많다는 교회 등 특별한 장점이 있는 다양한 교회들이 있다. 이제 교인은 마음먹기에 따라 자신에게 가장 어울리는, 자신이 가장 소속하고 싶은 교회를 자유롭게 선택할 수 있다. 한국 개신교인의 소속교회 충성도와 신뢰도가 매우 높은 것도 자신이 좋아서 선택한 교회에 나가기 때문일 것이다.[32] 한국이 종교적으로 다원주의적이라는 것이 한국 교인에게는 일종의 축복과도 같은 것일 수 있다.

다원주의 상황이 한국교회에 주는 또 다른 이점은 경쟁을 통해 질적 수준이 향상될 수 있다는 점이다. 양적인 측면에서 교회는 두 가지 문제에 민감하게 반응하고 있다. 하나는 새 신자가 늘고 있는가 하는 것이고, 다른 하나는 기존 신자가 떠나가고 있지는 않는가 하는 것이다. 선택의 폭이 넓기 때문에 비신자가 교회에 나오려고 할 때 그들은 교회의 질적 측면을 고려하게 된다. 그리고 기존 신자는 출석 교회에 문제가 있거나 마음에 들지 않으면 언제라도 다른 교회로 옮겨갈 수 있다. 따라서 교회는 교회의 질적 수준을 높이기 위해 노력하지 않으면 경쟁에서 뒤쳐질 수 있다는 위기의식을 가지며, 교인(혹은 예비신도)의 종교적, 사회적 요구를 충족시키기 위해 무엇을 어떻게 해야 할지 진지하게 숙고하고 실천하게 된다. 그래서 한국의 교회는 끊임없이 다양한 시도를 하고 있으며, 이것은 교회발전에 긍정적으로 작용할 수 있게 한다.

종교적 다원주의 상황은 한국교회를 매우 적극적이고 활발하게 만드는 데도 일조했다고 하겠다. 예를 들어 다른 교회가 모두 새벽기도회를 하는데 우리 교회만 안 할 수 있는가? 목회자 입장에서 다른 목회자는 교인심방을 열심히 하는데 자신만 그것을 외면할 수 있는가? 다른 교회에서는 성경공부 프로그램이 활발히 이루어지는데 우리 교회에서 그것을 소홀히 할 수 있는가? 대형교회의 경우 다른 교회가 해외 선교사를 파송하고, 교회를 개척하며, 경로대학을 운영하고 있는데 우리 교회라고 그 일들을 도외시할 수 있는가? 이런 이유로 한국교회의 목회자와 교인은 매우 부지런하다. 앞에서 보았듯이 한국의 목회자는 하는 일이 매우 많다. 서구교회에는 없는 주일 오후(저녁) 예배, 수요일 저녁 예배, 새벽기도회, 금요심야 기도회, 심방 등이 모두 한국 목회자의 몫이다. 이 일들을 소홀히 하면 금방 다른 교회 목회자와 비교된다. 부지런한 것은 교인도 마찬가지이다. 주일성수는 기본이고 여러 예배와 기도회에 참석하고, 교회봉사에 참여하며, 성경 읽고 기도하고 전도하고 헌금하는 일에 열심을 기울이도록 독려 받는다. 그래서 다른 교회 교인보다 믿음이 더 좋고 더 열심이라고 평가받기를 모두(목회자와 교인들)가 원한다. 결국 종교 다원주의 상황은 한국교회의 체질을 열성적이고 적극적인 것으로 만드는 데 크게 기여했다고 할 수 있다.

그러나 한국의 다원주의 상황은 한국교회에 여러 부작용을 만들어내기도 한다. 종교 간의, 교파 간의, 교회 간의 지나친 경쟁은 성장제일주의 의식을 심어주었다. 교회 입장에서 성장 자체는 바람직한 것이지만, 문제는 교회성장 자체가 교회의 최상의 목표로 되어버려 수단과 목적이 뒤바뀌는 목적전치 현상이 나타난다는 데 있다.[33] 결과적으로 교회의 외형적 성장에 치중되어 교회의 내실을 기하지 못하고, 사회적으로 인정받고 신뢰받을 수 있는 성숙한 교인을 만들어내지 못하는 문제가 생겨나고 있다. 성장이라는 목적을 달성하기 위해 수단, 방법 가리지 않고 치열한 경쟁을 하는 경우도 흔히 보게 된다. 즉 다른 교단, 다른 교회에 대한 비방을 서슴지 않고, 지역사회에서 다른 교회와 무리하게 교인 쟁탈전을 벌이기도 한다.

성장제일주의에 빠져들면서 교회의 모든 에너지와 노력은 양적인 팽창에만 쏟아붓고, 교회의 성공 척도는 철저하게 수량화된 결과로 평가하는 풍조가 만연하게 되었다. 성장에 집착하면서 소위 "복음의 상품화"라는 현상이 생겨났다.[34] 즉 복음을 원래의 의미대로 전하기보다는 사람들을 끌어들이기 위해 온갖 비성서적, 비신앙적 포장을 하고, 지나친 광고와 선전을 하면서 복음을 상품화하여 세상에 내어놓는 일이 벌어지기도 하는 것이다. 복음 상품화의 가장 전형적인 모습은 신앙의 기복화이다. 신앙생활의 목적을 축복받는 것(물질, 영혼, 건강)으로 가르친다. 그래서 믿음은 복 받기 위한 수단이 되어버린다. 따라서 종교 다원주의 상황에서 필요한 경쟁은 신도 경쟁이 아니라 신앙의 본질에 얼마나 더 충실한가 하는 경쟁이어야 할 것이다.

또한 다원주의 상황 가운데서의 지나친 경쟁은 무인가 신학교의 난립을 초래했다. 교수진, 시설, 적절한 커리큘럼도 없이 단기간에 학위를 주고 목사 안수를 허용하는 신학교가 1980, 90년대에 수없이 생겨나 한때 300개나 되었다. 신학교를 장사가 되는 사업이라 여겨 학위증, 안수증을 남발하여 무자격 저질 목회자를 양산해온 무인가 신학교들은 한국교회의 수준을 크게 끌어내린 주범 가운데 하나이다. 물론 개신교 교파가 300개 이상으로 분열한 것도 무인가 신학교 난립과 관계가 있다.

광범위한 종교 다원주의, 교파 다원주의, 교회 다원주의 상황은 적지 않은 교인을 뿌리 없는 떠돌이 신앙인으로 만들기도 한다. 즉 유행 따라, 소문 따라 이 교회에서 저 교회로 떠돌아다니는 신앙인이 늘어나고 있다. 이들은 이중, 삼중으로 교회에 등록하게 되고, 이는 교단별 교인 수 통계를 크게 과장되게 하여 믿지 못할 것으로 만들기도 한다. 사실상 교단별 교인 수 통계는 실제보다 두 배 정도로 부풀려 있다.

그러나 종교 다원주의 상황에서 생겨나는 가장 커다란 부작용은 종교적 배타성에 근거한 종교갈등의 문제이다. 한국에서의 종교갈등은 특히 개신교와 관계가 있으며 그것은 지나칠 정도로 심각한 수준에 이르고 있다. 이제부터 이 문제를 다루기로 한다.

4 한국교회의 종교적 배타성

오늘날의 한국사회는 다원주의 사회이다. 그러나 전통사회는 대체로 일원주의(一元主義) 사회였다. 일원주의 사회란 정치적으로나 사회적으로, 그리고 문화적으로 하나의 힘이나 세력이 지배적인 영향을 미치는 사회를 말한다. 예를 들어 정치 영역에서 으뜸은 하나(君)였고, 가정에서도 으뜸은 하나(父)였으며, 부부 사이에서도 으뜸은 하나(夫)였고, 연령층 사이에서도 으뜸은 하나(長)였던 것이다. 그러나 오늘날의 사회에서 으뜸은 하나가 아니고 여럿(多元)이다. 그 누구도, 그 무엇도 홀로 지배적인 위치에 있을 수가 없는 것이다.

사람들의 사고방식 또한 일원적일 수도 있고 다원적일 수도 있다. 일원적 사고는, 으뜸은 하나뿐이라고 생각하기 때문에 모든 관계를 지배-종속의 관계로, 우열 관계로 본다. 또한 일방적인 관계(예를 들면 忠이나 孝)가 요구된다. 하나라는 '같음'에 기초하고 있기 때문에 '다른' 것을 용납하지 못한다. 반면에 다원적 사고는 으뜸이 여럿 있다고 보기 때문에 일방적인 지배나 통제는 있을 수 없고, 횡적인 유기적 관계가 중요하다. 서로가 다르다는 것을 인정하고 존중하게 된다.

한국인은 전통적으로, 그리고 지금도 일원적 사고방식을 가지고 있다. 여기에는 몇 가지 이유가 있다. 첫째로, 우리 민족이 단일인종이기 때문이다. 다인종 사회에서는 일찍부터 서로 다른 종류의 사람들, 그리고 서로 다른 문화, 언어, 관습, 규범이 있다는 것을 보고 배우면서 자라기 때문에 '다름'에 익숙해 있고, 또 이에 대한 적응력을 가지고 있다. 그러나 한국과 같은 단일인종은 태생적으로 '같음'에만 익숙해져 있었기 때문에 '나'(우리)와 다른 것을 용납할 수 있는 능력이 뒤떨어진다.[35]

둘째로, 한국사회의 오랜 농경생활 전통이 한국인의 일원적 사고를 강화시켰다. 떠돌아다니면서, 혹은 외부 세계로 진출하면서 다양한 문물을 접하게 되는 무역이나 유목 중심의 사회와는 달리 농경사회는 한곳에 정착해 살기 때문에 문화적으로 매우 폐쇄적이다. 외부인을 경계하며, 다른 것을 수용하지 못한다. 제한된 공간에서 동질적인 사람들과 살아왔기 때문에 '다름'에 대해 거부감을 갖는 경향이 있다.

셋째로, 한국사회의 유교 전통이 한국인으로 하여금 일원적 사고를 하도록 조장했다. 유교적 가치관의 특징은 지배와 종속의 위계서열적인 사회관계를 중요시하는 것이다. 여기에서 평등적이고, 상호적이며, 다원적인 관계나 의식은 허용되지 않는다.

이렇듯 한국인은 매우 배타적인 민족이었고, 지금도 그러하다. 전통적으로 일원적 사고를 해왔지만, 문제는 오늘날에도 한국인의 의식구조는 여전히 일원적인 성향이 강하다는 것이다. 일원적 사회에서 일원적 사고를 하거나, 다원적 사회에서 다원적 사고를 한다면 별 문제가 생기지 않는다. 종교의 예를 들면 이슬람교가 지배적인 이슬람 국가(종교적 일원주의)에서 일원적 사고를 하는 것은 문제가 되지 않는다. 오히려 다원적 사고를 하면 용납되지 않을 것이다. 반면에 미국에서는 종교 다원주의 상황에서 사람들이 다원적 사고를 하기 때문에 이 역시 사회적으로나 문화적으로 문제가 되지 않는다. 그러나 한국의 경우에는 사회가 다원주의 상황이 되었으나, 사람들의 의식구조는 여전히 일원적이기 때문에 많은 부작용이 생겨난다. 사회구조와 의식구조의 부조화가 종교를 포함한 모든 제도 영역에서, 관계 영역에서 나타나는 갈등의 주요인이 되고 있다. 이것은 왜 같은 다원주의 사회인데 '다름'을 미국에서는 관용과 상호 존중의 태도로 받아들이는 데 반하며, 한국에서는 거부감과 적대감의 태도로 대하는가 하는 차이를 설명해준다.

나 또는 '우리'와 다른 사람이나 집단에 대한 배타적인 태도는 모든 인간관계와 사회관계, 그리고 제도 영역에서 나타난다. 그래서 '내집단'과 '타집단'의 관계를 선과 악이라는 이분법적인 흑백논리로 접근하는 경향이 강하다. 이러한 배타성은 종교에서도 나타나고 있다. 종교적 배타성이란 타종교에 대한 거부감과 적대감을 말하는 것인데, 한국에서는 유독 개신교에서 그러한 성향이 매우 강하다.

한국갤럽의 조사에 따르면,[36] "여러 종교의 교리는 얼핏 생각하면 서로 달라 보이지만 결국은 같거나 비슷한 진리를 말하고 있다"는 데 대하여 "아니다"라는 배타적 태도를 보인 비율은 불교인, 천주교인, 비종교인 모두 똑같이 18%에 머물고 있지만, 개신교인의 경우에는 46%로 높게 나타나고 있다. 또한 "아무리 선한 사람이라도 종교를 믿지 않으면 극락이나 천국에 갈 수 없다"는 데 대하여 "그렇다"는 배타적 입장을 보인 비율도 개신교인의 경우 49%로 월등히 높은 것으로 드러나고 있다(천주교인 32%, 비종교인 20%, 불교인 19%). 이렇듯 다른 종교를 인정하지 않으려는 배타성이 개신교인에게서 강하다는 것을 알 수 있다.

타종교에 대한 개신교의 배타적인 성향은 종교지도자들의 의식에 대한 조사에서도 여실히 드러나고 있다.[37] 타종교에 대하여 "철저히 배격해야 할 대상"이라고 본 응답자의 비율이 목사의 경우 31%이지만, 신부와 승려의 경우는 각각 0%와 3%로 커다란 차이를 보이고 있다. 반면에 타종교가 "인류 사회를 위해 공존해야 할 대상"이라고 응답한 비율은 목사의 경우 30%에 불과하지만 신부와 승려의 경우에는 각각 86%와 82%나 되고 있어 목사의 종교적 배타성의 경향이 매우 강하다는 것을 알 수 있다. 즉 신부와 승려는 타종교에 대하여 공존, 상생(相生)의 입장을 보이는 반면에, 목사는 타종교에 대하여 배척하고 거부하는 입장을 보이고 있다.

타종교에 대한 개신교의 배타적인 태도는 감리교 목회자 대상의 조사에서도 드러나고 있다.[38] 전국 단위의 표본조사 결과 타종교를 "인류사회를 위해 공존해야 할 대상"이라고 응답한 목회자 비율은 40%에 머물고 있지만, "철저하게 배척해야 할 대상"이라는 응답이 23%였고, 다음은 "별로 관심 없음"이 22%, "나의 종교와 경쟁관계"가 15%였다. 이 조사에서는 보다 구체적으로 불교에 대한 태도에 관해서도 알아보았다. "성탄절에 불교 방송에서는 예수님 탄생을 축하하는 메시지를 내보내고 있습니다. 만일 초파일에 기독교 방송에서 석가탄신을 축하하는 메시지를 방송하려 한다면 어떤 입장을 취하시겠습니까?"라는 물음에 대하여 "반대한다"는 응답 비율은 62%(철저하게 반대 42%, 어느 정도 반대 20%)나 되었지만 "찬성한다"는 응답 비율은 20%(매우 찬성 8%, 어느 정도 찬성 12%)에 머물고 있다. 한국 개신교에서 가장 열려져 있는 교파 가운데 하나라는 감리교조차도 타종교에 대한 배타성이 강하게 나타나고 있는 것이다.

타종교에 대한 개신교의 배타적 성향은 개신교에 대한 타종교의 비호감이라는 결과를 초래하고 있다. 〈표 10-1〉이 이것을 보여준다.

<표 10-1> 신봉 종교별 각 종교에 대한 호감도

(단위: %)

구분		전체	신봉종교			
			무종교	불교	개신교	가톨릭
불교에 대한 호감	부정적	13	9	1	33	8
	반반	36	47	15	39	30
	긍정적	51	43	84	28	63
	계	100	100	100	100	100
	(사례)	(1,466)	(588)	(358)	(386)	(134)
개신교에 대한 호감	부정적	29	37	39	6	39
	반반	34	46	43	8	27
	긍정적	37	17	18	86	34
	계	100	100	100	100	100
	(사례)	(1,463)	(584)	(354)	(391)	(134)
가톨릭에 대한 호감	부정적	12	12	13	16	0
	반반	35	45	41	25	9
	긍정적	53	44	46	59	91
	계	100	100	100	100	100
	(사례)	(1,466)	(586)	(356)	(389)	(135)

출처: 한내창, "종교성과 종교적 배타성 간 관계", 『한국사회학』 제44집 1호(2010), p. 194.

신봉 종교별 각 종교에 대한 호감도를 나타내는 〈표 10-1〉은 많은 것을 보여주고 있다. 우선 전체적으로 보면 종교에 대한 호감도가 개신교의 경우 가장 낮다. 부정적인 태도를 보인 비율이 가톨릭에 대해서는 12%, 불교에 대해서는 13%로 비슷하게 낮지만, 개신교에 대해서는 29%로 높다. 반대로 긍정적인 평가 비율은 가톨릭에 대해서는 53%, 불교에 대해서는 51%로 비슷하게 높지만, 개신교에 대해서는 37%로 낮다. 이것은 개신교에 대한 사회적 신뢰도 수준이 매우 낮다는 앞(제4장)의 결과와도 일치하는 것이다. 무종교인의 종교 호감도는 종교별로 현저한 차이를 보이고 있다. 무종교인이 부정적 태도를 보이는 비율은 불교에 대해서는 9%, 가톨릭에 대해서는 12%로 비슷하게 낮지만, 개신교에 대해서는 37%로 훨씬 높게 나타나고 있다. 반대로 무종교인이 긍정적 태도를 보이는 비율은 가톨릭에 대해서는 44%, 불교에 대해서는 43%로 비슷하게 높지만, 개신교에 대해서는 17%로 현저하게 낮다. 무종교인의 태도에서 불교와 가톨릭의 경우는 긍정 비율이 부정 비율의 4배에 이르지만, 개신교의 경우에는 반대로 부정 비율이 긍정 비율의 두 배 이상이다.

종교 간에는 어떤 호감도를 보이고 있는가? 개신교에 대한 불교인의 평가를 보면 부정적인 비율이 39%로 긍정적인 비율 18%보다 훨씬 높다. 불교에 대한 개신교인의 평가를 보면 부정적 비율이 33%로 긍정적인 비율 28%보다 높다. 이렇게 개신교인과 불교인은 서로를 별로 좋아하지 않는다. 그러나 가톨릭과 불교의 관계는 다르다. 불교에 대한 가톨릭 신도의 평가를 보면 부정적 비율은 8%에 불과한 반면에 긍정적 비율은 63%로 훨씬 높아 8배나 된다. 가톨릭에 대한 불교인의 평가 비율을 보면 부정적 비율은 13%지만 긍정적 비율은 46%로 높게 나타나고 있다. 가톨릭 신도와 불교인 사이는 매우 우호적이라는 것을 알 수 있다. 개신교와 가톨릭 사이의 호감도는 어떨까? 개신교에 대한 가톨릭 신도의 평가는 부정적 비율이 39%로 긍정 비율 34%보다 높다. 그러나 가톨릭에 대한 개신교인의 평가는 부정적 비율은 16%지만 긍정 비율은 59%나 된다. 요약하자면 개신교와 불교 사이에는 서로 비호감, 가톨릭과 불교 사이에는 서로 호감의 태도가 나타나고 있다. 개신교와 가톨릭 사이에는 다른 결과가 나타나서 개신교인은 가톨릭에 호감을 가지고 있으나 가톨릭 신도는 개신교에 호감을 보이지 않고 있다.

불교와 가톨릭 사이의 관계가 좋은 것은 무엇보다 두 종교가 서로를 존중하며 신뢰하기 때문이다. 이 두 종교는 서로를 비난하거나 비방하는 경우가 거의 없다. 즉 배타적인 것이 아니라 포용적인 태도를 가지고 있다는 공통점이 그들을 서로 우호적으로 만드는 것이다. 개신교가 불교와 가톨릭으로부터 호감을 받지 못하는 중요한 이유는 타종교를 인정하지 않으려는 배타성 때문이라 하겠다.[39] 특히 불교에 대한 개신교의 공격적인 적대감과 개신교에 대한 불교의 방어적인 거부감이 두 종교 사이에 갈등을 만들어내는 것이다.[40]

왜 한국 개신교는 그렇게 종교적으로 배타적인 것일까? 한국인의 문화 정서가 배타적이라는 것을 우리는 앞에서 살펴본 바 있다. 그러나 한국교회가 유별나게 배타적인 것은 신학적, 신앙적 관점에서 설명될 수 있다. 기독교 신학의 입장에서 볼 때, 구원의 문제를 이해하는 입장은 크게 세 가지로 나눠진다. 하나는 "교회(혹은 기독교) 밖에는 구원이 없다"는 폐쇄적 입장이고, 다른 하나는 "예수 그리스도 안에 나타난 구원 계시의 최종성, 독특성, 규범성을 주장하지만 다른 종교를 통한 신의 은총과 구원의 행위를 인정"하는 식으로 기독교의 우월성을 말하면서도 타종교에 대하여 포용적인 입장이며, 또 다른 하나는 "만약 다른 종교에서도 구원 또는 해방이 가능한 것이라면 궁극적인 신적 존재에 대한 인간의 구원적인 호응이 다양할 수 있다"고 인정하는 상대적인 입장이다.[41] 흔히 신학에서는 첫 번째 입장을 배타주의(exclusivism), 두 번째 입장을 포용주의(inclusivism), 세 번째 입장을 다원주의(pluralism)라고 부른다. 종교적 배타성은 분명히 신학적인 배타주의에 근거하고 있다.

그러면 종교적으로 배타적인 성향이 강한 이념적 조건은 무엇인가? 그것은 무엇보다 신 관념이다. 한 마디로 유일신 사상을 가진 종교가 일반적으로 배타성이 강하다.[42] 유일신 사상은 절대자 한 분만을 섬겨야 한다는 신앙을 가지고 있기 때문에 그 신을 믿지 않는 모든 종교가 적대감과 공격의 대상이 된다. 유대교, 이슬람교, 기독교가 타종교에 대하여 배타적인 경향이 강한 것은 바로 이런 이유에서이다. 불교나 힌두교처럼 유일신 사상이 없는 종교의 경우에는 종교적 배타성이 상대적으로 약하여 신학적으로 포용주의나 다원주의 입장을 취하고 있다. 따라서 한국의 개신교가 불교보다 종교적 배타성이 강한 것은 놀랄 일이 아니다. 같은 기독교이면서도 오늘날 가톨릭이 개신교보다 종교적으로 덜 배타적인 것은(19세기까지는 가톨릭이 개신교보다 더 배타적이었다) 단일한 조직체계와 통제된 신학체계를 가지고 있는 가톨릭의 경우, 제2바티칸공의회(The Second Vatican Council, 1962-1965)에서 종교적 배타주의 노선을 포기하고 그 대신 포용주의 입장을 공식적인 가톨릭 신학으로 채택했기 때문이다. 그 이후 가톨릭은 개신교와 정교회 등 기독교의 다른 분파뿐만 아니라 이슬람교, 힌두교, 유대교 등 다른 종교들과도 화해하여 대화를 하고 있다.

한국교회가 유독 배타성이 강한 이유는 보수성 때문이라고 할 수 있다. 자유주의 신학의 한 특징은 종교적 다원주의 입장을 취한다는 것이다. 다원주의 신학이 주목을 받게 된 것은 힌두교나 불교와 같은 동양종교, 이슬람교와 같은 강한 종교에 대한 종교학적 연구가 활발해지고, 기독교 중심적인 서구 문화적 제국주의에 대한 제3세계의 반발과 서구 지성인의 반성이 일어나게 된 20세기 후반이라 할 수 있다. 존 힉(John Hick), 레이문도 파니카(Raimundo Panikkar), 폴 니터(Paul Knitter) 등으로 대표되는 다원주의 신학의 핵심은 '그리스도 중심'(Christ-centric)에서 '신 중심'(theo-centric)으로의 코페르니쿠스적 전환이 요구된다고 하면서 타종교들과의 협력과 교류, 상호이해의 필요성을 역설하는 것이다.[43] 다원주의 신학은 그동안 기독교가 보물처럼 지켜왔던 '예수-구원'의 본질적 신앙을 무력화한다고 보기 때문에 보수적인 신앙의 입장에서는 용납될 수 없는 것이다. 그런데 한국교회의 지배적인 신학은 근본주의적이거나 보수적이기 때문에 종교적 배타주의 성향이 매우 강하다.[44]

타종교에 대한 적대감이나 거부감은 개신교 안에서도 소위 보수적인 교파들(예를 들면 예장 합동, 예장 고신, 침례교 등)의 경우 더욱 심하다.[45] 뿐만 아니라 교인들의 종교성이 강할수록 종교적 배타성도 강하다.[46] 즉 개신교인 가운데 정통주의 교리를 잘 믿는 교인일수록, 스스로 믿음이 깊다고 생각하는 교인일수록, 교회에 열심히 출석하는 교인일수록, 기도를 많이 하고 성경을 많이 읽는 교인일수록, 종교적 체험을 자주 하는 교인일수록 타종교에 대한 배타성이 더 강한 것으로 드러났다. 바로 여기에 딜레마가 있다. 한국사회에서 종교갈등, 나아가서 사회갈등을 조장하는 것은 정통주의 신앙을 고수하고 있는 교파, 이른바 믿음이 좋다는 사람이라는 사실이다.

일부 광적인 신도들이 저지르는 일이기는 하지만 사찰에 방화를 하거나 불상을 훼손하고, 사찰 내에서 공격적인 선교활동을 함으로 종교갈등을 끊임없이 유발하는 것은 종교적 배타주의로 무장한 근본주의 개신교인이다.[47] 2010년에는 보수 신앙을 가진 몇몇의 교회 청년들이 봉은사에 들어가 '땅 밟기'(그 땅을 기독교가 점령하게 해달라는 기원을 담은 상징적 행위)를 한 것이 밝혀져 사회적으로 지탄을 받은 바 있는데, 이와 비슷한 일이 다른 여러 사찰에서도 일어났다. 자신과 다른 종교나 신앙을 가지고 있다는 이유로 타종교나 타종교인을 공격하는 행위는 다원주의 사회에서는 법적으로나 윤리적으로 용납될 수 없는 일이며, 심각한 종교 분쟁이나 충돌을 야기할 수 있는 불행한 일이기도 하다.

한국교회의 종교적 배타성은 타교파나 타교파연합조직에 대해서도 드러나고 있다. 대표적인 예가 세계교회협의회(WCC)에 대한 보수교파, 그리고 보수 교파연합단체의 비판이라 할 수 있다. 그들은 WCC가 진보적인 성향을 가지고 있기 때문에(구체적으로는 종교 다원주의를 인정하기 때문에) 반 기독교적이라고 공격한다. 특히 2013년 한국기독교교회협의회(KNCC)

가 유치하여 부산에서 열린 'WCC 10차 총회'에 대하여 대부분의 보수 교단들, 그리고 한국기독교총연합회(한기총)과 같은 보수교회연합단체들은 그 개최 자체에 대해서도 결사적으로 반대했다. 그들은 물론 대부분 WCC에 가입해 있는 교단들로 구성된 KNCC에 대해서도 심한 거부감을 보인다. 그러나 2014년 한기총이 보수 성향의 세계복음주의연맹(WEA) 12차 총회를 한국(서울)에 유치했을 때 KNCC는 환영의 뜻을 표했다.

한국교회의 배타성은 교파 간, 교파연합조직 간의 갈등을 만들고 있다. 그래서 오랫동안 진보적인 KNCC와 보수적인 한기총은 부활절 예배나 광복절 기념예배조차도 따로 드리고 있다. 2012년에는 한기총을 탈퇴한 개신교 교단들이 한국교회연합(한교연)을 만들어 이제는 보수 단체끼리도 분열하고 대립하고 있다. 물론 개신교의 진보 진영과 보수 진영 사이에는 신학적인 문제뿐만 아니라 모든 사회적, 도덕적 주제에 있어서도 대립 구도가 형성되고 있다. 이 두 집단은 국제관계, 통일문제, 경제문제, 복지문제, 환경문제, 교육문제, 윤리문제에 이르기까지 사사건건 반대의 입장을 표방하면서 대치하고 있다. 이렇게 한국교회의 배타성은 타종교와의 관계뿐만 아니라 개신교 자체 내에서의 관계에서도 교파 간에, 진영 간에, 통합이나 상생이나 조화나 일치가 아닌 갈등, 대립, 분쟁, 분열을 조장하고 있다. 그래서 종교적 다원주의 상황을 축복이 아닌 불행으로 만들고 있는 것은 문제가 아닐 수 없다.[48]

5 나가며

　　한국은 전형적인 다원주의 사회이다. 이러한 상황 속에서 한국의 모든 종교, 교파, 교회는 경쟁하면서 함께 성장하고 함께 발전해왔다. 비록 종교의 기능과 지위가 사사화되고 있기는 하지만 다원주의 상황은 종교 선택의 폭을 넓혀주고 시대의 요구에 부응할 뿐만 아니라 종교에 활기를 불어넣어주고 있다. 그러나 지나친 경쟁은 성장제일주의, 개교회주의라는 부작용을 초래했고, 교회 간 불균형을 만들어내기도 했다.

　　종교적 다원주의 상황에서 야기되는 가장 심각한 문제는 종교갈등이다. 한국의 문화 정서가 일원적이고 배타적인 성향을 띠고 있는 것이 사실이고, 기독교가 유일신 관념에 토대를 두고 있기 때문에 종교적 배타성이 강할 수밖에 없는 것도 사실이다. 그러나 한국종교, 특히 개신교의 배타성은 심각한 수준이라 할 수 있다. 타종교에 대해서 뿐만 아니라 타교파나 타 교회연합 조직에 대해서도 공격적인 적대감을 보이고 있는 보수적인 교회, 교파, 교파연합 단체의 배타성은 한국 사회에, 종교 간에, 그리고 교회 내적으로도 심한 갈등을 유발하고 있다. '우리'와 '그들'을 선-악의 이분법적 구도로 보는 것이 아니라, 우리와 다름을 '틀림'으로 보는 것이 아니라, 민주적인 다원주의 상황에서 서로 이해하고 존중하면서 화합과 통합의 사회를 만들어갈 수 있는 지혜가 필요하다고 하겠다.

제11장
한국교회와 정치
- 정치에 참여하는 교회 -

1 　　　　　　　들어가며

　종교는 종교가 지향하는 방향에 따라 사람들을 감화시키고 사회를 변화시킬 책임을 지고 있으며, 결과적으로 이런 저런 모양으로 사회에 참여하게 된다. 종교의 '사회참여'란 종교가 종교의 정신에 따라 사회를 개선하거나 사회문제를 해결하기 위하여 다양한 사회활동에 참여하는 것을 의미한다. 여러 사회참여 형태 가운데서 정치참여가 가장 중요하다. 왜냐하면 정치제도는 특히 현대사회에서 사람들의 일상생활에, 그리고 사회의 유지와 발전에 영향을 미치는 가장 강력한 기제이기 때문이다.

　그러나 종교가 정치적 일에 개입해야 하는가 하는 문제는 간단한 것이 아니다. 그 대답은 '정치'와 '참여'라는 말의 정의에 따라 달라질 수 있다. 넓게 규정하면 '정치'란 사회와 인간생활 전체와 관련된 국가적 행위일 수 있다. 좁게 규정하면 정치는 정부에 대한 통제력을 획득하고 유지하는 이론과 수행을 의미한다. 정치에 대한 좁은 의미에서의 종교의 정치참여가 역사에서 흔히 발견되고 있으며, 오늘날에도 여러 나라에서, 여러 종교에 의해 그것이 시도되기도 하지만, 이것은 자칫 종교의 본래 역할과 기능을 벗어날 위험이 있다. 정치에 대한 넓은 의미에서의 종교의 정치참여는 세상을 바꾸기 위한 종교의 사회적 책임으로 이해되고 있다.

　'참여'라는 용어는 암묵적으로 혹은 명시적으로 규정할 수 있다. 암묵적인 정치참여는 의도했든 하지 않았든 종교가 현존하는 사회, 정치 질서를 뒷받침하고, 현재의 사회, 정치, 경제 체제를 정당화하는 것을 의미한다. 한편 명시적 참여는 종교의 이름으로, 혹은 종교적 신앙에 근거하여 보다 구체적으로 사회 실재 안에서 정치적, 사회적 활동을 하는 것을 의미한다. 명시적 참여는 다시 소극적 참여와 적극적 참여로 구분될 수 있다. 소극적 참여는 자신의 정치적 견해를 표현하거나 상황개선을 위한 프로그램 활동에 참여하는 것이라면, 적극적 참여는 체제와 질서 자체를 바꾸기 위해 비판, 도전, 개혁을 추구하는 개인적, 집단적 행동을 말하는 것이다.

이 장에서는 종교와 정치의 관계를 한국교회와 사회라는 상황에서 살펴보되, '정치참여'의 주제에 초점을 맞추어 살펴보려고 한다.

2 종교와 정치제도의 관계

종교와 정치의 상호작용에서 중요한 요소 중 하나는 힘(power)이다. 종교조직이나 정치적 통치 모두 인간에 대한 영향력을 확립하고 유지하는 데 관심이 있다. 양자가 똑같이 사람들을, 사회를, 세상을 지배하기 원한다. 지배하는 힘을 획득하거나 유지하기 위하여 그 두 제도는 서로의 힘에 대하여 흔히 거래하거나 싸우거나 타협해야 한다. 특히 정치적 힘이 보다 막강한 사회에서는 종교가 자체의 생존을 위하여 가장 도움이 될 정치체제에 동조하는 경우가 많다. 이것은 왜 종교집단이 때로는 민주주의를 뒷받침하고 때로는 반대하며, 왜 하루는 파시즘에 동조하고 다른 날에는 그것을 반대하는지의 이유가 될 것이다. 만일 어떤 특별한 형태의 정부가 종교적 이상의 성취를 위협 또는 방해하지 않든가, 그 이상에 도달하도록 종교집단을 돕는 데 협조를 한다면 종교는 그 통치를 반대하지 않을 것이다. 반면에 정부 혹은 국가는 정치적 목적을 위해 도움이 되는 종교형태를 일반적으로 선호한다.

종교가 정치제도와 유지할 수 있는 관계의 유형은 크게 세 가지 형태로 구분할 수 있다.[1] 첫 번째 유형은 종교가 정치제도를 강화시키는 경우이다. 이때 종교적 규범은 정치적 규범과 대체로 일치하기 때문에 종교는 정치적 통합에 기여할 수 있다. 종교는 절대자가 힘과 권위를 세상 통치자에게 위임한 것으로 해석함으로써 그것에의 복종을 사람들에게 요구할 수 있다. 이 경우 종교는 정치제도로부터 보호와 혜택을 반대급부로 보장받을 수 있다. 이 관계성은 동반자의 관계로서 상호 강화나 보완의 관계라고 할 수 있다. 우리나라를 포함하여 많은 나라에서 가장 흔히 발견되는 것이 이 유형이라 할 것이다. 두 번째 유형은 정치적 힘이 너무 강하여 강제적으로 종교를 통제하는 경우이다. 이것은 전체주의 사회에서 발견되는 것으로, 이 상황에서 종교는 독립된 지위나 목소리를 빼앗기며 정치적 엘리트에 종속된 하나의 도구가 된다. 세 번째 유형은 종교와 정치 사이에 긴장(tension)이 있는 경우이다. 종교의 요구와 규범이 정치체계의 그것과 모순될 수 있고, 이에 따라 종교가 정치에 도전할 수 있다. 긴장과 갈등은 흔히 종교지도자와 정치지도자 사이에서의 권력에 대한 투쟁에서 유래한다. 그 투쟁은 세속제도와 조화될 수 없는 종교적 주장이나 가치, 혹은 종교적 관념의 출현에서 비롯될 수도 있다. 이때 종교는 정치체제에 대한 비판세력으로 나타나게 된다. 이것은 급격한 정치, 경제 변화상황을 겪는, 이에 따라 정치적, 경제적 모순이 드러나는 사회에서 흔히 보이는 관계성 유형이다.

　　종교와 국가의 관계유형도 크게 보면 세 가지 형태가 있을 수 있다.[2] 첫 번째 유형은 종교가 국가보다 우위에 있는 경우이다. 이것은 흔히 신정정치(神政政治: theocracy)라는 용어로 설명되는 것이다. 종교적 이념과 가치가 나라를 다스리는 근본적인 원리로 생각되며, 어떤 의미에서 국가는 종교적 이상을 시행하는 기관일 수 있다. 중세 유럽의 국가들과 가톨릭의 관계, 오늘날 많은 아랍 국가들과 이슬람의 관계가 그 예가 될 것이다. 종교와 국가의 두 번째 관계 유형은 힘의 소유와 행사에 국가가 종교보다 우위에 있는 경우이다. 특히 전체주의 국가에서 나타나는 형태로 여기서는 종교의 자율성이나 궁극적 권위와 영향력이 허용되지 않는다. 종교는 단지 국가의 한 도구, 혹은 시행 장비로 사용될 뿐이며, 경우에 따라서는 국가가 통제하기 쉬운 하나의 종교를 택하고 국가종교로 육성하여 국가의 목적을 위해 이용할 수도 있다. 종교와 국가 사이의 세 번째 관계 유형은 분리(*separation*)의 형태이다. 여기서는 종교의 영역과 국가의 영역, 종교제도의 기능과 정치제도의 기능이 각기 다르다는 전제 아래서 각각의 역할 분화가 중요하게 생각된다. 이 입장의 핵심은 종교는 영혼의 문제를 다루는, 전적으로 주관적이고 내면화된 현상인 반면에, 정치와 국가는 집단에 봉사하고 생존과 관계된 외면적 일을 다루는 세속적 기구라는 것이다. 물론 완전한 분리란 실제로 불가능한 일이며, 양자 사이에는 어느 정도 상호보완이나 상호긴장이 있을 수 있다. 그러나 이 유형은 법적으로, 제도적으로 정교분리(政敎分離)가 이루어진 형태라 하겠다. 이 유형은 오늘날 종교적으로 다원화(多元化)되어 있는 민주국가에서 흔히 발견된다. 우리나라도 이 경우에 해당할 것이다.

국가적 정책에 의하여 정부 혹은 통치권은 그 사회의 종교에 대하여 상이한 태도를 취할 수 있으며, 여기서도 세 가지 유형이 있을 수 있다.[3] 첫 번째 유형은 정부가 하나의 종교를 뒷받침하고 모든 다른 종교(들)에 대하여는 거부하거나 차별하는 경우이다. 이 하나의 종교는 흔히 기성종교(*established religion*) 혹은 국가종교(*national religion*)로 간주되는 경향이 있다. 유럽의 가톨릭 국가나 개신교 국가, 중동의 이슬람 국가가 이에 속할 것이다. 하나의 종교 이외의 종교들에 대한 태도는 사회에 따라 다를 수 있다. 철저한 법적, 정치적, 도덕적 배격과 차별, 그리고 권리의 제한으로부터 상대적인 차별과 제한에 이르기까지 상이할 수 있다. 국교를 가지고 있는 사회에서 종교의 힘은 증진되기 쉽다. 왜냐하면 국가종교는 정부의 도움을 가지고 그 규범을 강화할 수 있기 때문이다. 종교가 부도덕한 것으로 규정하는 것은 흔히 사회적으로도 불법적인 것이 되기 쉽다. 그러나 국교 상황에서는 얼마나 많은 힘을 종교와 정부가 각각 행사할 것인가 하는 문제가 생겨날 수 있다. 예를 들어 정부가 종교보다 강하다면 종교의 열 망은 국가에 의해 박탈되기도 하고, 반대로 종교가 더 강하다면 국가의 권리는 종교에 의해 제한되기도 한다. 여기서 종교의 가르침과 정부의 정 책이 심각하게 갈등을 일으킨다면 종교는 딜레마에 빠질 것이다.

종교와 정부 관계의 두 번째 유형은 정부가 종교 일반을 뒷받침하지 만, 어느 한 종교에 대하여 두드러지게 우호적인 취급은 하지 않는 형태 이다. 이것은 종교적으로 다원화되어 있고 사회로서 법적인 정교분리가 공식적으로 이루어진 국가에서 찾아볼 수 있는 유형이다. 여기에서 정부 가 종교를 뒷받침한다는 것은 종교의 자율성과 신앙의 자유를 보장할 뿐 만 아니라, 어느 정도의 사회적 혜택도 부여하는(예를 들면 성직자의 세금감면이 나 종교적 헌납금의 세금혜택 등) 제도적 장치를 말한다. 우리나라는 이 유형에 속할 것이다. 그러나 이 경우 종교들은 정부가 부여하는 혜택을 두고 서 로 경쟁하며 갈등이 생겨날 수 있다.

종교와 정부 관계의 마지막 유형은 정부가 모든 형태의 종교를 거부 하고 그것을 사회로부터 제거하려고 계획된 활동을 하는 경우이다. 이것 은 초기 공산주의 국가에서 보였던 유형이다. 그러나 전적인 통제가 불가 능하다는 것을 알게 되면 정부는 점차 제한된 통제만을 가하게 된다. 예 를 들면 오늘날 중국의 경우처럼 예배는 공인된 방식으로는 허용하지만 종교의 정치적 활동이나 참여는 금하는 식이다.

이와 같이 종교는 정치와 밀접한 관계를 가지고 있지만, 그 관계 유 형은 다양하다. 이 다양성은 종교, 그리고 교회의 정치참여의 성격과 내 용에 있어 중요하게, 그러나 서로 다른 형태로 작용할 수 있다.

3   종교와 정치참여

종교는 흔히 특별한 정치체제나 정치적 이념, 혹은 정치적 행동을 정당화하는 경향이 있다. 그렇게 하는 것이 종교적 신념과 가치에 부합한다고 믿기 때문일 수도 있고, 그렇게 함으로써 국가 혹은 정부로부터 상당한 이득을 취하거나 특혜를 얻을 수 있기 때문일 수도 있다. 종교는 일반적으로 권위주의적인 정치형태, 정부형태를 선호하는 경향이 있다. 전통적으로 종교집단은 군주정치를 옹호해왔다. 그렇게 함으로써 종교집단이 자신의 특권을 유지하는 데 결정적으로 유리하기 때문이다. 뿐만 아니라 종교 자체가 지니고 있는 권위주의적인 구조(성직자의 특권적 지위, 종교 조직 내에서의 위계서열적 관계 등에서 유래하는)는 종교적 관념이나 수행을 매우 권위주의적인 것으로 만들었다. 이러한 성향은 권위주의적인 정치체제를 선호하고, 또 그것을 뒷받침하는 데 효과적으로 작용했다. 종교가 권위주의적인 정치체제에 대하여 우호적이었던 사례는 한국에서 독재적인 제1공화국(이승만 정권), 제3공화국(박정희 정권), 제5공화국(전두환 정권) 시절에 대부분의 종교가 일반적으로 그러한 체제를 옹호하고 그 정당성을 뒷받침해왔다는 사실에서도 쉽게 찾아볼 수 있다.[4]

물론 종교가 권위주의적인, 독재적인 정치체제에 대하여 무조건, 그리고 항상 동조하는 것은 아니다. 정치체제 혹은 정부가 종교의 자율성이나 신앙의 자유를 억압할 때, 종교는 정치체제에 반발하고 저항할 수 있다. 그리고 종교가 권위주의적 정부에 의해 억압을 당하고 있지 않다 하더라도 종교의 일부 예언자적인 전통은 반민주적인 정치체제에 대하여 비판적으로 도전하기도 한다. 그러나 이것이 종교의 지배적인 현상이나 주류의 경향은 아니며, 종교의 비판세력은 항상 소수인에 위치해왔다.

비록 소수 종교집단은 정치성향에서 진보적이고 비판적인 성격을

제3부 한국사회와 교회

보이는 경우가 많지만, 일반적으로 종교는 정치적으로 보수적인 성향을 띠고 있다. 이것은 무엇보다 종교 자체가 대개 변화를 꺼려하고 전통을 중시하는 보수적인 성향이 강하기 때문이다. 현 체제에서 확고한 기반을 가지고 있는 종교가 정치 질서에 도전하는 것은 비현실적이다. 이런 이유에서 기성종교는 흔히 현재의 정치권력 구조의 후광을 업기 쉽다. 기성종교가 현존하는 정치질서를 뒷받침하는 보수적인 입장을 취하게 되면 정치권력으로부터 종교제도를 유지하는 데 공식적, 비공식적으로 도움을 받는다. 체제를 인정하려는 정치적 보수성은 거의 모든 나라, 모든 종교에서 지배적인 성향으로 비슷하게 나타나고 있다.

때로는 종교가 탈정치화(脫政治化: de-politicization)의 수단이 될 수도 있다.[5] 종교는 종교의 모든 이념이나 가치를 영화(靈化: spiritualization)시킴으로 정치적 갈등이 생겨날 수 있는 경제적 가치를 무가치한 것으로 만드는 경우가 있다. 탈정치화에 대한 종교적 정당화는 두 가지 근거에 의해 마련될 수 있다. 하나는 초가치화(超價値化: transvaluation)의 과정이다. 초가치화는 영적 가치로 물질적 가치를 대체하고, 내적이고 영적인 평등이 경제적, 정치적 평등보다 중요하다고 강조하는 것을 말한다.[6] 초가치화는 물질, 지위, 권력에 기초한 위계서열을 영적인 보상과 지위에 기초한 위계서열로 대체함으로써 비특권계급을 위로하고 보상한다. 결과적으로 정치적 투쟁의 초점이 되는 희소가치들(물질, 권력, 지위 등)은 가치 없는 것이며, 정치세계는 부적절한 것으로 가르치면서 불평등한 권력이나 경제 구조에 대한 불만을 잠재우게 된다. 이것은 종교를 '민중의 아편'으로 보는 마르크스적인 관점이다.

종교의 탈정치화를 조장하는 또 하나의 정당화는 개별화(個別化: individuation)이다. 개별화란 종교적 믿음에서 개인적인 신앙을 중요시하고, 사회구조적 용어보다 개인적 용어로 변화를 규정하며, 행위의 주요 결정자로 사회 환경의 영향보다는 개인의 의지를 강조하는 경향을 말한다.[7] 종교는 흔히 신앙의 문제를 개인의 문제라고 보기 때문에 사회구조나 정치구조에 대한 무관심을 조장하는 경향이 있다. 종교는 사람들 개인의 신앙과 도덕성을 추구하면 되는 것이지, 정치적 참여나 관심은 부질없으며 바람직하지도 않다고 가르치는 경우가 많다. 결국 종교는 구원의 문제를 개인의 문제로 한정시킴으로써 정치로부터 이탈하게 만드는 데 공헌할 수 있다.

초가치화나 개별화는 모두 일종의 분리주의(separationism) 입장이라 할 수 있다. 초가치화가 성(聖)과 속(俗)의 분리를 의미하는 것이라면, 개별화는 개인과 사회의 분리를 의미하는 것이다. 어떤 형태이든 분리에 대한 종교적 정당화는 종교의 탈정치적 성향을 조장한다. 많은 경우 종교는 이러한 입장을 고수함으로써 종교인의 정치참여를 불가능하게 만든다. 그러나 이 역시 현재의 정치체제 유지를 가능하게 한다는 점에서 의도하지 않은 암묵적 정치참여라고 볼 수 있다.

종교의 탈정치화와는 반대로 종교가 정치화(politicization)되는 경우도 있다. 이것은 종교가 의도적으로 정치에 개입하거나 관계하는 것으로 명시적인 정치참여의 양상을 띠는 것이다. 종교의 정치화는 두 가지 형태로 나타날 수 있다. 하나는 종교집단이 어떠한 정치적 이익(그리고 이것을 통해 종교적 이익)을 얻기 위해 조직적으로 정치에 참여하는 경우이다. 이때 종교집단은 흔히 종교적 정당을 만들기도 하고, 이를 통해 종교적 이념을 정치 영역에서 실현시키거나 어떤 반사이익을 획득하려고 한다. 유럽의 경우 여러 나라에서 기독교의 이름을 내건 정당이 활발하게 활동하고 있다.[8] 이것은 제3세계의 여러 나라(예를 들면 인도의 힌두교당, 수단의 무슬림당, 칠레의 기독교당)에서도 찾아볼 수 있다.[9] 그러나 종교정당이 활성화되어 있는 것은 그 국가에 하나의 종교가 국가종교의 성격을 띠고 있거나 혹은 지배적인 다수가 그 종교를 믿고 있는 종교적 독점 사회인 경우가 대부분이다.

종교의 정치화가 이루어지는 두 번째 형태는 종교가 자체의 이익을 추구하기보다는 정치질서를 변화시키기 위한 목적에서 의도적으로 정치에 참여하거나 관계하는 경우이다. 이러한 입장은 흔히 변형주의(transforma-tion)라고 불린다.[10] 여기서 종교는 사회의 개혁이나 개선을 위하여 의도적으로 정치에 참여한다. 특히 문제적인 정치, 사회 질서를 변화시키기 위한 하나의 압력수단으로 작용하려는 목적을 가지고 종교가 사회운동 혹은 정치운동을 전개한다. 이러한 종교의 비판적인 정치참여는 예언자적인 역할을 하는 것으로 받아들여지기도 한다. 이러한 운동의 예는 독재정권 아래서 민주화 운동을 한다든지, 불평등 구조에서 인권운동을 전개한다든지, 혹은 국가가 전쟁에 참여하는 가운데 반전(反戰)운동을 하는 것 등을 들 수 있다. 흔히 진보주의라는 이름이 뒤따르는 이러한 종교의 비판적 정치참여는 개혁이나 변형에 커다란 공헌을 해왔다.

이와 같이 종교와 정치의 관계, 종교의 정치참여 형태는 시대에 따라, 지역에 따라, 종교에 따라, 상황에 따라 다양하다. 그리고 한 사회 안에서도 종교나 신앙성향에 따라 다를 수 있다. 이제부터는 종교의 정치참여 문제를 한국적 상황에서, 기독교(특히 개신교)적 맥락에서 살펴본다.

---

4 한국교회의 정치참여

한국교회의 정치참여 문제를 논의하려면 먼저 한국에서의 종교와 국가, 혹은 정치의 관계에 대해 알아볼 필요가 있다. 첫째로, 종교와 국가의 관계를 보면 한국은 힘이나 영향력에서 절대적인 우위에 있어 지배하는 것이 아니라 법적으로나, 제도적으로 분리되어 있는(정교분리) 형태라 할 수 있다. 둘째로, 종교에 대한 국가적 정책은 특정 종교를 선호하거나 특혜를 주는 것이 아니라 모든 종교의 권리를 동등하게 인정하는 것이다. 이러한 정책은 정치적으로나 종교적으로 우리나라가 다원주의 사회이기 때문에 당연한 결과라고 할 수 있다. 정치적으로 한국은 다당제로 구성되어 있는 민주국가로서 정치적 이념의 다원화가 이루어지고 있다. 종교적으로도 한국은 여러 종교가 공존하고 있는 종교적 다원주의 사회이다. 특히 기독교와 불교는 비슷한 교세를 가지고 있어 특정 종교가 정치나 사회에 지배적인 영향을 끼칠 수 있는 상황이 아니다. 국민이 자유롭게 종교를 선택하거나 바꿀 수 있으며, 정치는 종교가 실정법을 위반하는 경우가 아니면 종교를 통제하거나 종교문제에 개입하지 않는다. 그러나 종교는 정치에 대하여 나름대로의 입장이 있으며, 이것은 같은 종교 안에서도 상이한 정치적 태도로 나타나고 있다.

　　전체적으로 보면 종교인이 이념적으로 더 보수적인 것으로 드러난다.[11] 한국갤럽 조사에 따르면 자신이 이념적으로 '보수적'이라는 응답이 종교인 가운데는 37%이지만 무종교인 가운데는 27%였다. 반대로 이념적으로 '진보적'이라는 응답은 종교인의 16%, 무종교인의 26%로 나타났다. 종교인이 더 보수적인 것은 종교 자체가 가지고 있는 보수성 때문일 것이다. 그러나 정치적 이념성은 종교에 따라 차이가 있다. 자신이 이념적으로 '보수적'이라는 응답 비율은 불교(44%), 개신교(32%), 가톨릭(31%) 순인데 반하여, '진보적'이라는 비율은 가톨릭(23%), 개신교(17%), 불교(14%) 순이었다.

　　일반적으로 보면 정치문제에 있어 불교가 기독교보다 더 보수적인 경향이 있다.[12] 이것은 이 세상일에 몰두하는 것을 꺼리는 불교적인 달관

(達觀)의 종교적 이념과도 관계가 있고, 불교인의 높은 연령층, 낮은 교육 수준과도 관계가 있을 것이다. 오랜 호국불교의 전통도 중요하게 작용했다고 본다. 그러나 기독교의 경우에는 처음부터 상반된 정치적 경향이 있어 왔다. 물론 기독교인의 다수는 정치적으로 보수적이다. 그러나 기독교 안에서 진보의 흐름이 이어져 오기도 했다. 따라서 우리는 한국교회를 보수적 전통과 진보적 전통으로 구분하여 정치참여 문제를 다루어야 한다.

한국교회는 지금까지 어떠한 정치참여를 했으며, 이에 따라 어떤 순기능 혹은 역기능을 수행해왔는가? 보수집단과 진보집단은 다른 방식으로 정치에 참여해왔고, 다른 방식의 기능을 수행해왔는데, 그 차이는 현저하다. 종교와 정치제도의 관계라는 측면에서 볼 때 이념적, 실용적 이유에서 종교는 정치체제에 동조하거나 긴장관계에 있을 수 있다고 했다. 또한 종교는 탈정치화 될 수도 정치화될 수도 있다고 했다. 이 주제들을 한국교회(주로 개신교)에 적용해보도록 한다.

정치체제에 대한 한국교회의 입장은 어땠는가? 한국교회의 보수집단은 항상 우파 정권을 지지했다. 제1, 제3, 제5 공화국과 같은 권위주의 독재정권에서 그러했고, 김영삼, 이명박, 박근혜 정권에서도 그랬다. 반면에 김대중, 노무현, 문재인 좌파 정권에 대해서는 부정적 입장을 취했다. 좌파 정권이 진보적임을 감안하면 이것은 당연한 결과라고 하겠다. 한편 한국교회의 진보집단은 항상 좌파 정권을 지지했다. 반면에, 보수적인 우파 정권에 대해서는 항상 비판적이었다.

대통령의 종교는 유권자의 선택에서 중요한 영향을 미쳤을까? 흔히 생각하는 것과는 다르게 대부분의 유권자는 종교를 보고 대통령을 뽑지 않았다. 그의 정치적 이념과 정책, 그리고 출생지(지방색)가 더 중요하게 작용해왔다. 한 여론조사 결과를 보면 "귀하는 다른 종교를 가지고 있는 사람이 귀가 선호하는 정당의 후보가 되는 것에 대해 허용하시겠습니까?"라는 데 대하여 "허용한다"는 응답이 83%에 이른 반면, "허용하지 않는다"는 응답은 15%에 불과한 것으로 드러났다.[13] 역대 대통령의 종교를 보면 이승만, 김영삼, 이명박은 개신교, 전두환과 노태우는 불교, 김대중과 문재인은 가톨릭, 박정희, 노무현, 박근혜는 무교로 알려져 있다. 직선제 개헌 이후 일곱 대통령에 대한 유권자의 선택은 대통령의 종교가 아니라 그의 정치적 이념과 노선에 따라 갈렸다. 예를 들면 노태우는 불교 신자였지만 많은 보수적 기독교인이 그를 지지했고, 김영삼과 이명박은 개신교 신자였지만 많은 보수적 불교인이 그들을 선택했다. 가장 중요한 이유는 그 후보자들이 보수 성향의 우파였기 때문이다. 한편 김대중, 노무현, 문재인은 종교와 관계없이 진보적인 성향 유권자의 지지를 받았다. 정치에 관한한 종교보다는 이념이 중요하다는 것을 알 수 있다.

사실상 정치적 태도와 종교적 태도 사이에는 커다란 상관관계가 있다.[14] 두 가지 태도는 일관성이 있어 종교적으로 보수적인 사람은 정치적 태도도 보수적인 반면에, 종교적으로 진보적인 사람은 정치적으로도 진보적인 경향이 두드러지게 나타난다. 이것은 사람의 의식구조나 가치관이 일관된 성향을 띤다는 '인지적 일관성 이론'(cognitive consistency theory)에 부합하는 것이다.[15] 따라서 정치에 미치는 종교의 영향은 종교인의 종교 자체가 아니라 그의 정치적 이념 성향에 달려있다고 하겠다. 한국교회의 경우, 당연히 종교적으로 서로 다른 이념집단은 각기 다르게 정치적 참여를 해왔다.

그러면 지금까지 한국교회에서는 어떻게 다른 형태의 정치참여가 이루어져왔을까? 먼저 보수집단의 경우를 살펴보자. 이들은 전형적으로 종교의 사제적 기능과 역기능을 수행해왔다고 할 수 있다. 가장 중요하게는 과거 군사정권의 정치적 규범과 가치(예를 들면 반공 이데올로기, 안보 이데올로기, 성장 이데올로기)를 뒷받침함으로 체제 유지에 도움을 주었다. 하나님으로부터 부여받은 권세자의 힘과 권위에 복종하도록 가르침으로 정권의 정당성을 인정했다. 체제에 동조한 대가로 여러 가지 혜택을 취할 수 있었다. 체제를 수호하려는 이러한 태도가 사회적 안정과 질서 유지에는 도움이 되었으나, 보편적 가치와 인권이 유린된 관료적 권위주의 정권을 지속시킨 커다란 힘으로 작용해서 정치적 민주화를 지연시킨 과오를 범했다. 구국 기도회나 집회, 조찬모임 등을 통해 체제에 대한 노골적인 도덕적 정당화를 주도하기도 했지만, 한편 일부는 탈정치화를 통해 암묵적으로 체제 유지에 기여하기도 했다. 즉 신앙 문제를 영적인 문제로, 개인의 문제로 돌려버림으로 이 세상의 문제적인 현실에 대하여 눈감거나 침묵하도록 하는 결과를 초래하기도 했던 것이다.

그러나 최근에는 이 보수집단에서 종교의 정치화를 시도하는 모습도 드러나고 있다. 대표적인 예는 기독교 정당을 만드는 것이다. 국가종교가 있거나 혹은 하나의 종교가 절대 다수의 신봉자를 가지고 있는 다른 나라와는 달리 한국은 다종교 사회이며, 또한 하나의 종교가 절대적인 힘을 가지고 있는 나라도 아니다. 이런 상황에서 기독교 정당을 만드는 것은 종교갈등과 사회갈등을 초래할 위험성이 있다. 만일 기독교 정당에 자극받아 다른 종교들도 종교정당을 만든다면 이것은 종교분쟁과 사회분열을 가속화시킬 것이다. 나아가서 종교가 노골적으로 정치에 참여하는 것이 과연 신앙적인 것인가 하는 문제도 있다. 왜냐하면 정당이란 정치권력 쟁취가 주목적이며, 이를 위해 돈, 시간, 정력, 관심을 쏟아야 하는데, 이것은 종교의 본분에서 벗어난 것이기 때문이다.

정치참여에 있어 한국교회에 나타난 또 하나의 흐름은 정치적인 비판 세력의 태동이다. 기독교의 일부 진보 세력은 과거 비민주적인 정치상황에 대하여 비판하고 도전하기 시작했다. 그들은 장기집권의 독재체제에 근거를 마련해준 3선 개헌과 유신헌법 제정에 반대했다. 유신체제에서는 정치적 탄압에도 불구하고 민주화를 위해 투쟁했다. 나아가 신군부의 독재정권에 대해서도 강력히 저항하여 마침내 1987년 민주항쟁에서 주도적인 역할을 함으로써 직선제 개헌을 가능하게 했으며, 결과적으로 민주주의와 대의정치 확립에 기여했다. 체제 변혁을 추구했기 때문에 이들은 처음부터 권위주의 정권과 긴장관계에 있었고, 많은 시련을 겪기도 했지만 정치적 민주화를 이끌어내었다. 그들은 나아가서 사회의 소외계층이었던 노동자, 농민, 도시빈민의 문제 해결을 위해서도 선도적인 역할을 했다.

분명히 한국교회의 진보집단은 적극적으로 정치에 참여함으로 '종교의 정치화'의 전형적인 양상을 보여주고 있다. 물론 여기서 기본적인 입장은 변형주의로서 우리나라의 정치적, 경제적, 사회적 변화를 추구하는 것이었다. 그들은 단순히 정치적 민주화뿐만 아니라 경제적 평등, 사회적 정의 실현을 위한 예언자적 기능을 수행했다. 그러나 두 가지 문제가 역기능으로 나타났다. 하나는 그들의 노력으로 진보적인 정권이 들어서면서 일부는 정치권력에 편입되어 원래의 순수한 종교적 목적을 잃어버리게 되었다는 점이다. 정권교체에 힘을 보탰다는 자신의 공을 내세워 교회 운동가 가운데 일부는 정계에 입문했다. 나아가 진보 교단의 일부 성직자는 아예 성직을 포기하고 직업적인 정치인이 되기도 했다. 다른 하나는 그들의 일부 운동이 계급 투쟁적 성격을 띠면서 급진화되어 신앙의 문제를 정치이데올로기화 함으로 신앙의 본질을 왜곡하고 사회갈등을 조장하게 되었다는 점이다.

한국교회는 정치참여를 할 수 있다. 교회는 세상을 변화시켜야 할 책임이 있기 때문이다. 교회는 빛을 잃고 썩어가며 맛을 잃고 있는 세상을 바꾸어놓을 빛과 소금의 역할을 감당해야 하기 때문이다. 세상은 기도만으로는 달라지지 않으며, 영적인 문제에만 매달림으로 변화되지도 않는다. 행동이 필요하고 실천이 필요하다. 이러한 행동과 실천은 정치적인 성격을 띨 수밖에 없다. 그러나 이러한 참여의 목적이 정치권력을 쟁취하는 것이 되어서는 안 된다. 교회의 정치참여는 올바른 정치가 이루어지도록 감시하고 견제하며, 때로는 그것을 돕는 역할을 담당하는 것이다. 다만 이러한 역할은 어떤 정치 이데올로기에 근거한 것이 아니라 전적으로 종교적 신앙에 근거한 것이어야 한다. 교회의 정치운동은 하나님나라 운동이기 때문이다.

5 한국의 정치현실과 교회의 과제

한국의 정치가 과거 권위주의적인 독재정권의 틀은 벗어났으나 여전히 정치 영역은 우리 사회에서 가장 낙후되어 있다. 국민을 위한 정치가 아니라 정치인을 위한 정치, 당리당략을 위한 정치, 정쟁만을 일삼는 정치, 정권 쟁취에 혈안이 되어 있는 정치만 있다. 여야 정치인들은 이전투구(泥田鬪拘)로 날 새는 줄 모르고, 국회에서는 욕설과 몸싸움이 그치지 않는다. 정치는 국민을 편하고 안심하며 살게 하는 대신에, 국민을 피곤하게 하며 짜증나게 만들고 있다. 이것은 모든 여론조사에서 그대로 드러나고 있다. 한국종합사회조사 결과에 따르면 정치상황에 대하여 "만족한다"는 비율은 15%에 불과하고 '불만'이라는 응답은 60%에 이르고 있다.[16] 10개국을 비교한 한국 갤럽의 조사결과 정치인에 대한 생각에서 "나라의 정책을 결정하는 사람들"(4%), "국민이 뽑았기 때문에 인정해야 할 사람들"(23%)이라는 긍정적 평가 비율은 한국의 경우 모두 27%로서 최하위(나머지 9개국 평균은 58%)인 반면에, 정치인은 "국민의 세금을 가져다 자신들의 배만 채우는 사람들"(27%), "정치인 자리를 유지하기 위해 정적들과 분쟁만 일삼는 사람들"(45%)이라는 부정적 평가 비율은 72%(나머지 9개국 평균은 35%)로 가장 높게 나타났다.[17]

정치 영역에서는 특히 국회가 문제인 것으로 인식되고 있다. 통계청의 최근 조사에 따르면 기관과 제도에 대한 신뢰도에 있어 국회는 4점 만점에 1.8점으로 16개 단체(중앙정부부처, 국회, 법원, 검찰, 경찰, 지방자치단체, 군대, 노조, 시민단체, TV방송사, 신문사, 교육계, 의료계, 대기업, 종교계, 금융기관) 가운데 최하위였고, 청렴도에서도 국회는 1.7점으로 역시 최하위였다.[18] 대의 민주주의 정치의 선도자이어야 할 국회가 민의를 반영하지 못하고 가장 불신 받는 기관이요, 제도로 인식되고 있다는 것은 바로 한국의 정치 수준이 얼마나 낮은가 하는 것을 단적으로 보여주는 것이라 하겠다. 한국갤럽의 다른 조사에 따르면 한국인은 "우리 사회에서 가장 부패한 분야"를 '정치'(75%)라고 했고, 우리 사회의 부패 원인은 첫째로 "정치 잘못"(51%)이라고 지적했다.[19] 다른 국민의식 조사결과에서도 우리나라의 수준에 대하여 "높다"고 응답한 비율이 스포츠 분야에서는 67%, 과학기술 분야에서는 60%로 높았지만, 정치 분야에 있어서는 9%에 불과해 부끄러운 수준을 보이고 있다.[20] '직업별 신뢰도' 조사에서도 정치인은 33개 직종 가운데 최하위로 나타났다.[21] 이렇게 우리나라의 정치에 대한 국민의 불신은 이제 극에 달해있다.

전, 현직 대통령 본인이나 자녀, 친인척, 측근들이 매번 줄줄이 쇠고랑을 차는 나라, 선거만 끝나면 금품수수, 선거법 위반 등으로 수많은 국회의원, 지방자치 단체장들이 형사처벌을 받아 당선이 무효화되어 보궐선거, 재선거 등이 끊임없이 되풀이되는 나라, 같은 정당이 수시로 간판을 바꿔달고 국회의원들이 수시로 정당을 옮겨 철새가 활개 치는 나라, 많은 고위 공직자가 논문표절, 위장전입, 부동산 투기의 전력을 가지고 있는 나라, 힘 있는 집안의 자식은 대개 병역을 면제받는 나라, 보수/진보, 우익/좌익으로 나뉜 정치인들이 앞장서서 이념적 투쟁과 갈등으로 국론을 분열시키고 증오와 대결의 장으로 만들고 있는 나라에서 정치적으로 무슨 선이 나오겠는가? 그러나 이런 현실이기에 그 어느 때보다 한국교회의 정치참여는 절실한 것일 수도 있다.

물론 기독교가 정당을 만들어 정치를 바꾸는 것은 신앙의 본질에서 벗어나는 것일 뿐만 아니라 현실적으로도 불가능하다. 우리나라 상황에서 사람들은 종교가 직접 정치에 뛰어드는 것을 좋지 않게 본다. 종교의 노골적인 정치화에 대해서는 다수가 부정적인 생각을 가지고 있다. 한국인은 종교지도자들이 정치에 영향을 미치려 하는 것에 대해서도 비판적이다. 예를 들어 한국종합사회조사 결과를 보면 "종교지도자들이 선거에서 사람들의 투표에 영향을 미치려 해서는 안 된다"는 데 75%가 동의한 반면에 12%만 이에 반대했으며, "종교지도자들이 정부의 결정에 영향을 미치려 해서는 안 된다"는 데 있어서도 71%가 동의한 반면에 13%만 이에 반대한 것으로 나타났다.[22] 한국갤럽의 조사에 따르면 한국인의 86%가 "종교단체의 정치 분야 활동에 반대"하는 것으로 드러났다.[23]

또한 기독교인이 직접 정치판에 뛰어든다고 해도 정치는 바뀌지 않는다. 일단 그 판에 들어가면 똑같이 정치적 부도덕성에 물들기 때문이다. 2016년 20대 국회의원 가운데도 개신교인만 127명으로 42%에 이르고 있다. 또한 정부 요직의 정치인 가운데도 기독교인 비율이 가장 높다. 그럼에도 지금까지 달라진 것은 없다. 정치적 부도덕성은 변하지 않고 있다. 아무리 독실한 기독교인이라 해도 정치판에 들어가면 그는 이미 양심적인 신앙인이 아니라 부도덕한 정치조직의 한 하수인으로서의 정치꾼으로 전락하곤 했다.

많은 신도를 가지고 있다면 종교의 정치적 영향력은 크다. 미국의 경우에는 국민 다수가 기독교인이기 때문에 대통령 후보자는 대놓고 자신이 참 신앙인임을 과시한다. 예를 들어 2000년 대선에서 공화당 대통령 지명자 조지 부시(George W. Bush)는 자신이 거듭난 크리스천이며 예수는 그의 삶에서 가장 큰 영향을 미쳤고 성서는 그가 가장 좋아하는 책이라고 밝혔다. 민주당 대통령 지명자 앨 고어(Al Gore)는 중요한 결정을 하기 전에 "예수라면 어떻게 할까?"라고 자신에게 묻는다고 거듭 말했다.[24] 기독교인의 표심을 잡기 위해 그들은 자신의 종교성을 유권자에게 각인시킬 필요가 있었다. 대통령 후보의 종교적 신앙이 실제로 유권자에게 중요한 변수로 작용하기 때문이다. 물론 보수적인 기독교인은 보수적인 공화당을 지지하는 경향이 강한 반면에, 진보적인 기독교인은 진보적인 민주당을 더 지지한다. 그럼에도 후보자에게는 엄격한 도덕성이 요구되고, 그의 종교성에 앞서 그가 지향하는 정책에 따라 유권자들은 투표를 한다. 물론 종교집단(특히 보수적인 개신교인)의 정치적 영향력은 크다.

한국에서도 정치에 미치는 종교의 영향력은 크다. 그래서 종교는 하나의 권력집단으로 이해되고 있다. 한 조사결과에 따르면 "한국의 교회, 성당, 절 등의 종교조직과 기타 종교단체가 너무 많은 권력을 가지고 있다고 생각하는가?"에 대하여 59%가 동의했고, 10%만 "동의하지 않는다"고 했다.[25] 전체인구의 약 절반이 종교인이라는 것을 감안하면 정치인이 각 종교단체에 공을 들이는 것은 당연한 일이라 하겠다. 실제적으로 한국의 종교들은 각기 정치에 대하여 크게 영향력을 행사하려고 시도해 왔다.

그러나 불행하게도 한국의 종교들은 정치참여를 자신의 이익을 극대화하는 수단으로 이용하는 경우가 대부분이다. 이것은 두 가지 형태로 나타난다. 하나는 자기 종교에 국가의 재정적 지원을 최대한 보장받으려는 것이고, 다른 하나는 자기 종교에 유리하게 법이나 제도를 제정하도록 압력을 넣는 것이다. 이것은 종교를 단순히 하나의 이익집단으로 전락시키는 것이다. 참된 정치참여는 정치가 올바르게 이루어져 국가의 발전과 국민들의 삶의 질을 향상시키도록 촉구하는 것이 되어야 하기 때문이다. 특히 도덕성과 공동체성의 위기를 맞고 있는 오늘날의 현실에 대한 비판적 성찰을 토대로 정치가 우리 사회에 희망을 주는 역량을 발휘할 수 있도록 강력하게 촉구해야 할 것이다. 다른 종교들과 마찬가지로 한국교회 역시 이러한 예언자적인 역할을 제대로 하지 못했다.

　　한국교회의 정치참여는 그동안 양극화 현상을 보여 왔다. 기독교의 보수집단과 진보집단은 정치적 이념과 성향이 너무 달라 매우 상이한 정치참여를 해온 셈이다. 물론 이러한 견해 차이는 미국의 교회에서도 현저해서 정치적, 경제적, 사회적, 문화적 입장에 있어서의 심한 균열을 초래했고, 심지어는 이것을 '문화전쟁'(culture war)이라고 부르기도 한다.[26] 이러한 차이에도 불구하고 그들의 공통된 관심사는 '위대한 국가' 건설, '사회의 통합', 그리고 '최대 다수의 최대 행복'이라는 공리적(公利的) 목표이다. 그러나 한국교회의 정치적 관심은 그동안 체제와 정책에 초점을 맞추어 양극화된 대립과 분열구도를 보여주었다. 1987년 민주화가 이루어지기 전까지 한국교회는 체제(system)에 대한 문제로 양극화되었다. 보수집단은 관료적 권위주의 정권을 지지하는 방식으로, 진보집단은 그 체제를 뒤집으려는 방식으로 정치참여를 활발히 했다.

　　민주화 이후 한국교회의 두 집단은 이념에 따른 정책(policy) 문제로 사사건건 대립하며 정치적 영향력을 행사해왔다. 민족정책(친미/친북 혹은 친중), 통일정책(흡수통일/연방제통일), 경제정책(성장/분배), 복지정책(선별적 복지/보편적 복지), 환경경책(개발/보존), 교육정책(규제/자율)에 이르기까지 모든 정책에 있어 한국교회의 보수집단과 진보집단은 첨예하게 대립하며 양극화 현상을 초래했다. 모든 정책에 있어 우파/좌파의 이념적 구도로 양극화되면서 중도 통합의 입지는 사라져버렸다. 서로 다른 것을 서로 틀린 것으로 규정하며 조화와 타협의 여지를 남겨놓지 않았다. 교회의 역량은 온통 상대방을 비판하고 공격하는 데 쏟아 부어졌다. 이제는 분열된 이념 논쟁과 대립구도가 바뀌어야 할 때이다. 한국교회는 보수-진보를 떠나서 공통된 목표를 가지고 정치에 참여해야 한다. 물론 이 참여는 한국에 바른 정치가 이루어지도록 견제하고 경고하면서 정치권에 영향력을 행사하는 것이어야 한다. 특히 우리 사회를 분열과 갈등으로 몰아가고, 국민에게 희망보다는 절망을, 행복감보다는 좌절감을 주며, 지역감정을 조장하고, 자유민주주의 체제를 부정하려는 정치세력에 대해서 과감히 거부하는 태도를 보여야 한다.

물론 정치가 만능은 아니다. 그러나 적어도 정치는 우리나라를 바르게 세우고 이끌며, 우리 국민이 안심하고 행복하게 살 수 있도록 해야 할 책임이 있다. 갈등과 대립으로 쪼개진 민심을 추슬러 통합과 조화의 상생 사회를 만들기 위해 노력할 책임이 있다. 지금까지 한국 정치는 이 역할을 제대로 하지 못했다. 앞으로도 제대로 할 수 있을지는 의문이다. 그러나 한국교회는 우리의 정치가 그러한 역할을 할 수 있도록 강하게 촉구할 뿐만 아니라, 교회도 모든 지혜와 역량을 모아 그 역할 수행에 동참해야 할 것이다. 왜냐하면 정의로운 사회, 공정한 사회, 더불어 사는 사회, 돌보고 나누는 사회는 바로 기독교가 지향하는 목표이기 때문이며, 그러한 사회를 만들어가는 것은 한국교회가 감당해야 할 신앙적, 실천적 과제이기 때문이다.

6 나가며

교회는 정치적이어야 하는가? 교회는 정치참여를 해야 하는가? 어떤 의미에서는 그렇다. 세상에서 정치권력을 장악하고 정치적 이익을 얻으려는 목적이 아니라, 참여를 통해 바람직한 정치와 국가를 확립하는 것이 교회의 사회적 책임이기 때문이다. 어떻게 한국교회는 정치참여를 할 것인가? 두 가지 방법이 있을 것이다. 하나는 우리의 정치가 바로설 수 있도록, 바르게 역할을 감당할 수 있도록 비판하고 촉구하는 일일 것이다. 이것은 교회의 예언자적인 역할이라고 하겠다. 다른 하나는 교회 자체도 세상을 바꾸려는 노력을 경주하는 일이다. 바른 세상, 좋은 세상을 만들려는 자구적 노력이 모든 기독교인에 의해 이루어지도록 해야 할 것이다. 이것은 교회의 사제적인 역할이라고 하겠다.

우리나라는 공정하고 의로운 사회인가? 우리나라는 정신적으로 풍요로운 사회인가? 우리나라는 도덕적으로 건강한 사회인가? 우리나라는 아름다운 사회인가? 우리나라는 안전한 사회인가? 우리나라는 멋있는 사회인가? 우리나라는 더불어 사는 사회인가? 우리나라는 다름 가운데서도 일치를 보이는 사회인가? 우리나라는 사람들이 행복감과 만족감을 느끼는 사회인가? 경제적 여유와 함께 마음의 여유도 누리고 있는가? 우리나라는 법과 질서가 잘 유지되고 있는 법치사회인가? 소외계층이 제대로 돌봄을 받고 있는 복지사회인가? 민의(民意)가 제대로 반영되고 있는 민주사회인가? 한마디로 우리나라는 살 만한 사회인가? 별로 그렇지 못한 것이 현실이다. 그렇기에 일말의 기대를 정치에 가져보는 것이다. 왜냐하면 현대사회에서 가장 커다란 힘과 영향력을 가지고 있는 것이 정치제도이기 때문이다. 그러나 그러한 정치에 커다란 영향을 미칠 힘을 가지고 있는 것이 종교인 것도 사실이다. 우리나라를 바로 세우는 것이 정치의 과제라면, 그 정치가 바로 이루어질 수 있도록 때로는 비판하고(예언자적 기능) 때로는 협조하는(사제적 기능) 것이 한국교회의 과제라 하겠다.

제12장
한국교회와 경제
- 맘모니즘에 물든 교회 -

1 　　　　　　 들어가며

　　종교와 경제제도는 밀접한 관계를 가지고 있다. 종교가 경제에 영향을 미칠 수 있고, 반대로 경제가 종교에 영향을 미칠 수도 있다. 종교의 본질은 원래 영적 가치를 추구하는 것이지만, 또한 종교는 그 유지와 활동에 필요한 물질적 가치를 외면할 수 없다. 종교는 현재의 경제 질서를 뒷받침하거나 그것에 비판적일 수 있다. 종교는 여러 가지 방식으로 경제적 기능을 수행하기도 한다. 경제활동에 대하여 도덕적으로 규정함으로 그것을 활성화시킬 수도 있고 억제할 수도 있다. 종교는 특정 경제체제나 구조를 정당화하거나 변화를 촉구할 수도 있다.

　　종교는 일반적으로 경제에 대한 윤리적 지침을 마련해왔다. 특히 개신교 경제윤리는 근대 자본주의 형성에 영향을 미침으로 경제발전에 기여했다. 그러나 오늘날 경제제도는 더 이상 종교의 윤리적 지침을 따르지 않으며 천민적 자본주의 성향을 드러내고 있다. 종교와 경제의 관계는 한국교회의 상황에도 그대로 적용될 수 있다. 한국교회가 한국사회 경제발전에 도움을 주기도 했지만, 경제성장의 부작용에 그대로 노출되어 천민적 자본주의에 빠져있다. 이 장에서는 종교와 경제의 관계, 개신교윤리와 한국교회, 한국의 경제윤리, 그리고 맘모니즘에 물든 한국교회의 문제를 살펴보기로 한다.

2 　　　　　 종교와 경제의 관계

　　종교의 본질은 초월적이고 초자연적이며, 영적이고 도덕적인 것이다. 그러나 이것이 종교가 경제(돈, 물질)와 무관하다는 의미는 아니다. 물론 종교는 경제 영역과 철저하게 구분되어 있을 뿐만 아니라 경제영역에 대한 무관심의 태도가 바람직한 것으로 생각되었던 적이 있다. 종교는 때로 사람들에게 초자연적, 초월적 존재와의 관계성을 강조하거나 영적인, 정신적인 가치를 중요시함으로 다른 영역에 대한 관심을 제거하거나 약화시킬 수 있다. 이때 물질은 종교적인 목표와 이상을 추구하는 데 하나의 걸림돌로 인식된다. 물질세계로부터 벗어나서 정신적, 영적, 도덕적 완성을 추구했던 가톨릭의 초기 수도원 운동이 그 예가 될 것이다. 이러한 입장은 물질적 추구, 경제적 관심이 순수한 신앙을 파괴하거나 약화시킬 수 있는 것으로 보면서 그러한 추구나 관심을 의도적으로 배격하거나 포기할 것을 권장하기까지 했다.

그러나 종교가 제도화되면서 그것은 점차 불가피하게 경제적 성격을 띠게 된다.[1] 그리하여 오늘날 경제활동은 종교 활동의 일부가 되고 있다. 종교는 여러 경제적 요소들 — 재산, 투자, 건물, 부동산 — 과 관계되어 있다. 종교에 필요한 여러 요소 — 출판, 음악, 건축, 차량, 시설, 조명, 가구, 의복 등 — 는 모두 경제적 산물이다. 종교는 많은 재산을 소유할 뿐만 아니라 매해 엄청난 액수의 돈을 거두고, 저축하고, 분배하고, 지출하는 경제활동을 하고 있다. 종교조직의 종사자들에 대하여는 적지 않은 경제적 대가가 지불된다. 여기에는 성직자, 사무원, 관리인과 같은 전임 종사자뿐만 아니라 성가대 지휘자, 반주자, 솔리스트와 같은 비전임 종사자도 포함된다.

종교적 활동에는 재정적 뒷받침이 필수적이다. 교회나 선교활동, 종교적 교육활동에도 많은 돈이 필요하다. 시설의 건축이나 유지에도 많은 돈이 들어간다. 종교행사 및 프로그램 진행에도 돈이 있어야 한다. 종교가 국교인 나라에서는 국가예산으로 종교 활동을 지원하지만, 그렇지 않은 사회에서 종교는 신도들의 경제적 헌신에 전적으로 의존한다. 그래서 각종 헌금이나 헌납 혹은 기부금이 요구되고 있다. 때로 재정 확보를 위해 종교집단은 여유 재정으로 증권이나 부동산에 투자하거나 은행 이자 수입을 확보하는 등 세속적 수익 방법을 이용하기도 한다. 또는 바자회 혹은 각종 행사나 모임 등을 통하여 모금하기도 한다.

이와 같이 오늘날 종교에서 경제적 요소는 빼놓을 수 없는 중요한 부분이다. 종교적으로 강해지는 것은 대개 경제적으로 강해지는 것을 의미한다.[2] 사회에서 영향력이 있는 커다란 종교집단의 특징 중 하나는 경제적으로 힘이 있다는 점이다. 따라서 종교의 사회적 영향력은 종교가 지니고 있는 영력(靈力)에 의한 것이라기보다는 경제력에 의한 것인 경우가 많다.

종교는 경제적 활동에 대한 정당성 여부를 해석하고 도덕적 규정을 마련해줌으로 그것을 활성화시키거나 위축시킬 수도 있다. 무엇보다 종교는 부(富)의 축적 문제에 대하여 도덕적으로 규정해준다. 즉 부의 축적이 종교적으로 정당화되기도 하고 거부되기도 한다. 예를 들어 중세기 유럽에서는 부를 축적하거나 많은 재물을 모으는 것, 그리고 사치와 이윤추구 등은 모두 가톨릭에 의해 거부되었다. 따라서 그 시대의 주요 문제는 부도덕한 것으로, 그리고 영적 성취에 방해가 되는 것으로 규정된 부의 축적에서 지나친 성공을 피하는 한편 인정된 범위 내에서의 경제활동에 어떻게 종사하느냐 하는 것이었다.[3] 부의 축적에 대하여 부정적인 입장을 보인 것은 불교나 힌두교의 경우에 특히 두드러졌다. 원래 이 종교들은 이 세상적인 것을 '헛된 것'(mâyâ)으로 보고 물질적 부와 경제활동 자체를 과소평가했을 뿐만 아니라 도덕적 타락으로 간주하기까지 했다.[4] 그러나 다음에 보겠지만 개신교윤리는 부의 축적을 의로운 수고에 대한 하나님의 보상으로 보면서 경제적 성공을 종교적 성공으로 정당화시켰다. 물론 오늘날에는 부의 축적에 대한 종교적 규정이 과거와는 다르지만(예를 들면 기독교나 불교에서 부의 축적을 축복이라는 이름으로 정당화하는 경향이 있다), 어쨌든 경제활동이나 부의 축적에 대하여 종교는 도덕적으로 이를 적극적으로 인정하거나 혹은 경계하는 태도를 보인다.

종교는 현존하는 경제적 불평등 구조를 정당화하거나 이에 도전하는 도덕적 규정을 마련해줄 수도 있다. 사회적, 경제적 불평등에 대한 종교적 정당화의 가장 전형적인 예는 인도의 힌두교에서 나타난다.[5] 힌두교는 일생동안 변경될 수 없는 가장 엄격하고 공식화된 계층체계인 카스트(Caste) 제도에 대한 종교적, 도덕적 정당성을 제공한다. 인도에는 브라만(Brahamin: 사제), 크샤트리아(Kshatriya: 무사와 지주), 바이샤(Vaishya: 농민과 상인), 그리고 수드라(Sudra: 농노) 등 철저한 네 개의 계급구조가 있는데, 힌두교는 그 신분에 대하여 삼사라(samsara: 윤회설), 카르마(karma: 업 사상) 교리로 정당화한다. 즉 인간은 나고 죽고 다시 태어나는 일을 되풀이하는데, 현재 삶에서의 신분은 전생(前生)에서 공덕을 쌓거나 그렇지 못한 업(業)의 결과이며, 다음 삶에서의 신분은 현생(現生)에서의 공덕 여부에 달려있다는 것이다. 한마디로 계층적인 불평등의 원인은 모두 인간 개개인의 업보 때문이며, 따라서 현재의 불평등은 구조적으로 전혀 모순되거나 문제적인 것이 아니라고 믿게 한다.

반대로 종교가 경제적 불평등의 원인을 사회구조의 부조리 때문이라고 보면서 그것을 개조, 개선하려는 운동을 일으키기도 한다. 대표적인 예가 20세기 초 미국에서 일어난 사회복음운동(social gospel movement)이다.[6] 19세기 말 산업화와 도시화의 과정 가운데서 미국사회는 노동자에 대한 착취, 낮은 임금, 열악한 노동환경과 조건, 불평등한 분배구조 등으로 사회적, 경제적 상황이 매우 좋지 않았다. 이때 월터 라우션부시(Walter Rauschenbush)와 워싱턴 글래든(Washington Gladden)과 같은 지도자들에 의해 이 운동이 주도되었다. 미국 개신교의 회중교, 감독교회, 감리교를 중심으로 발전된 사회복음운동은 노동자의 조직권을 주장하고 산업체 내의 민주주의를 강조했으며 경쟁사회를 협동사회로 변화시킬 것 등을 주장했다. 산업분규에서는 화해정신과 중재 원칙을 내세웠으며, 아동노동의 철폐, 노동시간의 단축, 최저임금제도, 생산물의 균등한 분배, 가난의 축출 등을 제안하기도 했다. 그들은 한편으로는 사회성이 결여된 기독교와 싸우고 또 한편으로는 비기독교적 사회주의와 싸우면서 자본주의 산업사회를 개혁하려고 했다.[7] 그 결과 이 운동은 경제적 불평등 구조를 개선하는 프로그램들을 발전시켰다. 그래서 사회복음운동은 실업보험, 최저임금, 노동시간, 부녀자 노동문제, 진보적 세금정책, 집단협약의 권리, 실업구제를 위한 공적 사업 프로그램 입법화 추진에 공헌했다.[8]

종교는 경제적으로 어려움을 겪어 좌절과 위기에 빠져 있는 사람에게 도움을 주기도 한다. 경제적 좌절과 위기상황을 극복하게 하는 종교적 방식은 몇 가지 형태로 나타날 수 있다.[9] 하나는 경제적 위기에 직면한 사람을 돕기 위해 구호나 봉사활동을 하는 것이다. 자선과 봉사를 통해 도움이 필요한 사람에게 베푸는 이타적 행위는 종교가 강조하는 하나의 덕목이며, 실제로 종교인은 보다 적극적으로 이런 활동을 한다. 두 번째 방식은 영적 보상을 약속하는 것이다. 예를 들면 경제적 재난은 영적인 관점에서 보면 큰 문제가 아니며, 나름대로 의미가 있는 것이라고 설명함으로 종교는 경제적 곤경으로 인해 겪는 좌절감을 경감시킬 수 있다. 세 번째 방식은 종교가 적극적 사고방식(*positive thinking*)을 고양시키는 것이다. 적극적 사고방식을 주입함으로써 종교는 경제적 위기상황에 적극적으로 대응하며 자신감과 희망을 심어주기도 한다. 이렇게 종교는 경제적 위기 극복에 도움이 될 수 있다.

종교는 경제 질서와도 관계가 있다. 종교는 일반적으로 사회의 확립된 경제체제(그것이 자본주의 형태든 사회주의 형태든)를 강하게 뒷받침하는 경향이 있다.[10] 번영하기 위하여, 영향력을 얻기 위하여, 개종자를 만들기 위하여 종교는 사회의 지배적인 경제체제의 수호자가 될 필요가 있다. 특히 보수적인 종교집단일수록 확립된 경제 질서를 보다 강력하게 옹호하는 경향이 있다. 그 집단이 현재의 경제 질서에서 기득권을 누리는 경우 더욱 그러하다. 이것은 반공(反共) 사상이 강한 사회에서 종교집단이 가장 반공적인 집단이 되는 이유이다. 그러나 현재의 체제 안에서 부를 누리고 또한 도움을 받는 기성질서에 의존하기 때문에 종교는 문제적인 경제 질서의 일부가 되어버리기 쉽다. 만일 경제제도에 대한 종교적 관점이 종교에 성공적 결과(영적 성장이든 부의 축적이든)를 가져온다면, 그리고 그 종교에 사회의 영향력 있는 계층이 참여한다면, 종교는 현재의 경제체제와 경제 질서에 훨씬 더 동화된다.[11] 따라서 사회의 현재 상황에서 이득을 보는 이들은 그들의 종교가 사회정의에 대하여 지나치게 관심 갖는 것을 싫어한다.[12]

반대로 경제체제 현실에 대한 종교의 맹목적 동조에 불만을 가진 사람들이 있다. 그들은 대개 반종교적 성향을 가지고 있다. 물론 일부 종교집단은 기성종교의 전형적인 입장과는 달리 문제라고 판단되는 경제 질서(예를 들면 지나친 경제적 불평등)에 대해서 비판하고 도전하는 경우도 있다. 경제적 현상(現狀)에 대한 종교적 도전은 그 체제로부터 이득을 얻지 못한 작은 종교집단 가운데서, 그리고 문화의 변용에 충분히 적응하지 못한 종교집단 가운데서 생겨날 수 있다.[13] 물론 기성종교 안에서 기존의 경제체제에 대한 비판과 도전에 참여하는 운동이 생겨나기도 한다. 앞에서 소개한 사회복음운동이 한 예가 되겠지만, 20세기 후반에도 기독교 진보집단에 의해 기존의 경제 질서의 모순이나 부작용에 대한 도전이 이루어졌다. 라틴아메리카의 해방신학이나 한국의 민중신학은 무엇보다 경제정의를 실현하려는 종교운동의 이념적 토대가 되었다. 민중신학에 이론적 토대를 두고 노동운동, 도시빈민운동, 농민운동을 전개했던 1970년대 이후의 한국 기독교 민중운동은 근본적으로 문제적인 경제질서에 대한 도전이라 할 수 있다.[14]

기독교는 어떤 경제체제를 선호하는가? 오늘날 가톨릭과 진보적 개신교 지도자들은 사회주의에 우호적인 반면에, 보수적인(특히 근본주의적인) 개신교 지도자들은 자본주의를 강력하게 옹호하는 경향이 있다. 가톨릭은 1960년대 제2바티칸공의회 이후 교회의 사회적 가르침에 점차 비중을 두기 시작했는데, 진보 성향의 주교들은 경제정의를 강조하며 사회주의 경제윤리에 관심을 가졌다.[15] 그들의 입장은 인권보다는 경제적 권리에, 정치적 민주주의보다는 경제적 민주주의에 초점을 맞추고 있다.

개신교 안에서는 사회복음운동 자체가 사회주의 경제윤리를 주장했다. 그 운동을 주도한 라우션부시의 이념은 사유재산과 이윤추구(자기 이익 위에서 이루어지는)와 같은 자본주의 제도는 하나님 왕국의 역사적 실현에 대한 종교적 요구에 해가 된다는 것이었다.[16] 후에 자유주의 신학의 대가, 폴 틸리히(Paul Tillich)도 민주사회주의를 옹호했다. 그는 그것이 최고의 경제성장, 사회적 권력과 경제적 이윤의 균등한 분배, 각 개인의 최대한의 성취를 만들어낸다고 믿었다.[17] 1960년대 이후에는 진보 신학자들에 의해 해방신학, 흑인신학, 여성신학, 제3세계신학, 아시아신학, 아프리카신학, 민중신학 등이 생겨났다. 이 신학들의 중심적 입장 가운데 하나는 자본주의 경제체제에서 파생되는 경제적 불평등, 착취와 같은 문제에 대한 비판이며, 이러한 사회주의 이념은 실천적 종교운동의 토대가 되었다.[18]

개신교 전통 안에서 근본주의자, 복음주의자(이들은 모두 신앙적으로 보수주의자들이다)는 자본주의 경제체제를 옹호하는 경향이 강하다. 그들은 대부분 사회주의와 사회복음을 철저하게 거부하면서 자유 기업 경제체제,

즉 자본주의를 강하게 뒷받침하고 있다. 그들은 국가의 경제적 기능이 자유 시장경제의 조건을 유지하고, 사유재산, 기업의 자유, 계약의 자유, 이윤동기를 뒷받침하는 규칙들을 제정하고 강화하는 것이라고 보면서, 자유 시장경제는 성서적이고 하나님의 뜻에 부합하는 유일한 경제체제라고 믿는다.[19] 그들은 경제적 실패는 영적 무가치성의 표시이며, 가난은 게으름과 사치-모두가 회심으로 극복될 수 있는- 탓으로 돌리는 경향이 있다.[20] 그들에게 사회주의 경제체제는 비성서적이고 비신앙적이며 반사회적인 것으로, 거부해야 할 공격 대상이다. 이것이 보수적인 교회일수록 반공주의를 마땅히 지켜야 할 가치로 보는 이유이다. 이와 같이 자본주의적 기업신조(경쟁의 가치, 일의 존엄성, 시장에서의 개인의 권리, 물질 소유의 바람직함, 복지정책이나 정부규제 혹은 노동조합에 대한 정죄)는 주류 개신교 근본주의자, 보수주의자가 강력하게 지지하는 경제체제라고 할 수 있다.[21]

한국 기독교의 경우에도 경제체제에 대한 입장은 양극화 현상을 보인다. 가톨릭에서 진보적인 사제(예를 들면 정의구현사제단)는 사회주의 체제의 강력한 옹호자이지만, 보수적인 고위층 교회 지도자와 평신도는 친자본주의 성향을 보인다. 개신교에서도 진보적인 신학자, 성직자, 평신도는 사회주의 경체체제를 성취해야 할 목표로 본다. 하지만 보수적인 신학자, 성직자, 평신도는 반공주의로 무장한 채 자본주의 경제체제를 한국사회가 지켜야 할 이념적, 실천적 보루라고 믿는다. 이것이 한국교회를 양극화시키는 매우 중요한 근거가 되고 있다. 물론 한국교회의 보다 지배적인 사회적, 종교적 성향이 보수적이기 때문에, 전체적으로 보면 한국교회는 자본주의 체제의 강력한 수호자 역할을 하고 있다고 하겠다.

3 개신교윤리와 한국교회

독일의 위대한 사회학자 막스 베버(Max Weber)는 종교와 경제의 관계를 '윤리'와 '실천'이라는 관점에서 매우 의미 있게 분석했다. 그는 그의 기념비적인 저서 『개신교 윤리와 자본주의 정신』에서 캘뱅주의(*Calvinism*), 경건파(*Pietism*), 감리교(*Methodism*)와 같은 개신교의 경제윤리가 어떻게 근대 서구 자본주의의 발흥에 공헌할 수 있었는지에 대하여 밝히고 있다.[22]

베버는 역사적으로, 그리고 사회적으로 많은 사회들이 자본주의 경제체제가 생겨날 수 있는 기본적인 여건들을 갖추고 있었음에도 불구하고, 16-18세기의 유럽사회에서만 근대적인 합리적 자본주의가 형성되었던 이유를 종교적 요인에서 찾으려고 했다. 즉 베버는 근대 자본주의가 가장 발달한 지역이 바로 개신교 지역이었음을 발견하고 종교(개신교윤리)와 경제체제(자본주의) 사이의 인과적 상관관계를 추적했던 것이다. 그는 개신교 윤리관(특히 칼뱅주의)의 특징은 이 세상적 금욕주의(*inner-worldly asceticism*)에 그 근거를 두고 있다는 점에 주목했다.

이 세상적 금욕주의는 신앙적 관점이나 윤리적 실천에 있어서 현실을 거부하거나 세상으로부터 도피하려는 태도를 배격한다. 대신에 사회 현실에 적극적으로 참여하고 활동하도록 권장한다. 개신교윤리의 이 세상적 금욕주의에서 하나님의 부르심은 세속적 소명을 통해 경험되었다. 개신교인들은 열심히 일하는 것과 개인적 사업에 대한 헌신 가운데서 복음의 의미와 힘을 경험했다. 그리고 그들은 일의 성공을 하나님의 인정과 복으로 간주했다. 부는 그것이 삶을 쾌락적으로 즐기도록 하고 게으르게 하는 유혹일 때만 윤리적으로 악한 것이며, 부의 축적은 그것이 쾌락과 사치의 목적으로 이루어질 때만 악한 것이었다. 이 세상적인 개신교 금욕주의는 소유 자체를 즐기는 것을 반대했을 뿐, 소비, 의무의 수행으로써

부의 축적은 단순히 도덕적으로 허용될 수 있을 뿐만 아니라 실제로 즐겨졌다. 그 금욕주의는 개인과 공동체의 필요를 위하여 하나님의 뜻하신 바, 부의 합리적이고 공리적(公利的)인 사용을 인정했다. 이러한 새로운 영성은 자본주의적 발전에 대한 종교적 장애물을 제거했다. 왜냐하면 중세기의 교회는 빌려준 돈을 통해 이윤을 취하는 것을 죄로 간주했을 뿐만 아니라, 명상과 저 세상성을 강조했고, 자신의 위치에서 인내할 것을 주장했으며, 심지어는 가난을 헌신적인 기독교인의 이상으로 생각하기까지 했기 때문이다.

이 세상적 금욕주의 윤리는 직업 혹은 일을 통해 구체적으로 실천될 수 있는데, 이때 직업은 바로 천직으로서 하나님의 영광을 나타낼 수 있는 길이라고 하는 직업윤리의식을 만들어냈다. 모든 직업은 곧 청지기인 각 인간에게 부여하신 하나님의 선물이요, 은사라고 보기 때문에 일을 하는 가장 중요한 자세는 소명감과 책임의식이라는 것이다. 청지기의식과 소명감을 토대로 직업을 천직으로 아는 직업윤리는 금욕적인 형태로 나타나게 되어 있다. 금욕적 직업윤리의 특징은 무엇보다 직업의 영역에서 하나님의 은총을 위해 끊임없이 노동하되 노동은 하나님에 대한 봉사로 파악된다는 것이다. 청지기로서 소명의식을 가지고 일을 수행하는 데에는 근면과 성실이 그 근본이 되고, 따라서 게으름과 태만은 악의 근원으로서 거부되어야 한다. 근면과 성실은 나아가서 근검, 절약의 삶으로 이어져야 한다. 과소비를 억제하고 사치를 피하며, 개인적인 쾌락의 추구나 자기탐닉은 배격해야 한다.

이러한 금욕적인 개신교윤리 의식의 확립과 실천은 생산을 증가시켰고, 부의 축적을 가져왔다. 이것은 의도하지 않은 결과로 나타난 것이다. 이렇게 형성된 모든 이윤은 직업에서의 성공의 징표로서, 소명의 충실한 실천에 대해 하나님이 부여하는 은총의 표시로 이해되었다. 그러나 축적된 부는 개인적 이익이나 만족, 쾌락을 위해 사용되는 것이 아니라 박애주의적, 공리적 목적으로 사용되어야만 했다. 금욕주의적 개신교윤리의 의식을 가진 개신교도들은 자신을 하나님의 은총에 대한 심부름꾼으로 보았고, 자신을 위해서는 생활의 필수적인 것만을 위해 사용하고 나머지 모든 이익은 공공의 복리를 위해, 그리고 박애활동에 사용되었다. 이렇게 하여 자본이 축적되었으나 그것은 다시 사회로 환원되어 사회전체 이익을 위한 자본으로 활용되었고, 그것은 사회적으로 유럽의 근대 자본주의 출현을 촉진했던 것이다. 이렇게 형성된 근대 자본주의는 유럽사회의 경제성장과 발전에 결정적으로 기여하게 되었다는 것이 베버의 연구결과였다.

베버는『개신교 윤리와 자본주의 정신』을 통하여 개신교의 이 세상적 금욕주의 윤리가 자본주의 정신과 어떠한 선택적 친화성을 가지고 있었고, 그것이 유럽의 근대 자본주의 형성에 어떠한 작용을 했는가 하는 것을 밝혀냈다. 그는 이어서 자본주의 사회가 될 수 있었던 많은 경제적, 사회적 전제조건들을 가지고 있었음에도 불구하고 이념적, 종교적 요소들이 결여되어 근대 자본주의 발전이 불가능했던 동양사회(특히 중국과 인도)에서도 그 근원을 종교에서 찾아보려고 시도했다.

인도의 경우 앞에서 보았듯이 힌두교의 환생 교리와 업 사상은 개신교윤리의 이 세상적 금욕주의와는 대조되는, 세계에 대한 수동적 수납의 태도를 가르친다. 베버는 인도의 종교가 불평등한 현실세계에 의미를 부여하고 있으며, 고통과 악의 문제를 자연스럽고 불가피한 것으로 받아들이게 함으로써 사회변동을 억제하는 힘으로 작용했음을 지적했다. 특히 힌두교의 윤회와 보상의 교리는 현존하는 정치적 질서와 사회계급 체계에 대하여 종교적 성화나 정당화의 기능을 하고 있다는 점을 중요시하고 있다. 따라서 전통적인 인도사회에서는 있는 그대로의 세계에 대한 헌신을 유도하기 위하여 초월적 보상과 처벌의 체계를 활용하는 신정론(神正論)에 의하여 종교가 잠재적인 사회적 부동의를 억누르며, 사회적 불균형을 지속시킨다. 즉, 근대 자본주의 형성에 영향을 미치고 사회변동을 촉진했던 개신교의 에토스와는 대조적으로, 인도 종교의 에토스는 인도사회에서의 사회변동이나 경제발전에 결정적 장애요소로 작용했다는 것이다.[23] 로저 오툴(Roger O'Toole)은 "뒤르켐적 관점에서 보면 힌두교는 믿음과 의례를 통하여 특정 사회의 통합과 안정을 보장하는 기능을 하는 종교의 전형적인 예가 된다고 할 것이지만, 마르크스적 용어로는 힌두 신정론은 지배계급의 이익에서 형성된, 그리고 하나의 최면제로서 파산된 민중들 가운데서 선전된 이데올로기의 최상의 예가 될 것"이라고 평가한다.[24]

베버는 또한 중국에서 자본주의 발전에 장애요소로 작용했던 유교와 도교 신앙이 어떻게 오랫동안 유지되었던 중국의 사회적, 문화적 특징의 중심적 표현이었는가를 보여주었다.[25] 중국의 종교가 자본주의를 형성하는 데 걸림돌이 되었던 3가지 요소들은 주술적 신앙, 확고한 정부 관료주의, 그리고 가족관계였다. 특히 도교의 무위(無爲) 사상은 성공적인 자본주의 기업을 위해 필요한 끊임없는 활동을 유발할 수 없었다. 중국에서 관료주의적 정치구조는 유교와 밀접한 관계가 있어 교육은 지위 획득의 수단이며, 유교적 합리주의는 세상에 대한 합리적 지배가 아니라 합리적 적응을 의미하는 것이었다. 또한 유교는 가족주의적 전통에 집착하면서 삶과 관련된 행위의 모든 형태를 전해진 그대로 보존하려고 했다. 결국 중국의 경우 유교나 도교와 같은 종교가 조장한 주술적 성향의 종교성, 관료주의적 정치구조, 가족주의적 성향, 그리고 그 종교가 가지고 있는 전통주의적, 적응적, 조화적 세계관이 중국에서의 자본주의적 경제발전, 넓게는 사회변동을 억제하는 힘으로 작용했다고 베버는 주장한다.

한국의 상황에서는 자본주의 경제체제가 서구사회, 특히 미국으로부터 도입되어 그대로 정착되었기 때문에 그 형성에 한국종교가 영향을 미쳤다고 볼 수는 없다. 그러나 자본주의 가치를 한국의 모든 종교(특히 개신교)가 적극적으로 옹호하는 경향이 강한 것은 분명한 사실이다. 일부 진보적인 종교집단(주로 가톨릭과 개신교)이 자본주의 체제에 대하여 비판적일 뿐만 아니라 극단적인 경우 노골적으로 좌파 성향을 드러내고 있기는 하지만, 보다 지배적인 한국 종교들의 경향은 자본주의 친화적이라고 할 수 있다.

한국의 경제성장과 발전은 한국교회와 관계가 있는 것일까? 1960년대 한국 경제성장의 원동력은 일에 있어서의 근면과 성실, 그리고 생활에 있어서의 검소와 절제의 정신이었다. 바로 이러한 가치와 태도는 개신교적인 직업윤리와 상통하는 것이다. 사실상 한국교회는 경제성장의 가치에 대하여 윤리적인 의미를 부여해왔다. 특히 보수적인 성향의 교회에서는 경제적으로 잘 사는 것을 하나님의 축복으로 가르쳤고, 이것을 이루기 위하여 열심히 믿을 뿐만 아니라 열심히 일하고 절제하는 삶을 살도록 권장했다. "하면 된다"고 하는 '적극적 사고방식'을 경제적 성취의 중요한 방편으로 강조하면서 교인들에게 적극적인 경제활동의 동기를 부여했다. 더욱이 경제성장제일주의를 표방했던 국가적 목표에 대한 강력한 후원자로서 한국교회는 교인들에게 경제성장의 주역이 될 것을 은연중에 일깨워주었다.

이러한 개신교 경제윤리는 한국 개신교인이 다른 종교인이나 무종교인보다 경제적 성취에서 상대적으로 성공적일 수 있게 만든 요인의 하나가 아닌가 한다. 실제로 한국 개신교는 경제적 지위가 상대적으로 높은 중산층의 종교가 되었다. 예를 들면 사회계층에서 상/중상층에 속하는 비율이 개신교인은 13%이고 가톨릭 신도는 10%인 데 비하여 무종교인은 8%, 불교인은 7%인 것으로 나타나고 있다.[26] 물론 종교적 귀속과 사회경제적 지위 사이에 상관관계가 있다 해도 인과적 관계를 밝히는 것은 쉽지 않다. 즉 개신교인의 사회경제적 지위가 가장 높은 것이 개신교를 믿기 때문이라는 것은 입증하기 어렵다. 그러나 어떤 이유에서든 사회경제적 지위가 높기 때문에 개신교를 선호할 가능성은 있을 수 있다. 이 주제는 앞으로 연구되어야 할 과제라고 본다.

경제성장은 한국교회 성장에 어떤 영향을 미쳤을까? 이 부분은 분명해 보인다. 한국사회가 경제적으로 성장하면서 생겨난 결과 가운데 두 가지를 주목할 필요가 있다. 하나는 소득분배의 불균형으로 인해 사회적으로 박탈감이 커졌다는 사실이다. 물론 '절대적 박탈감'은 줄었다 하더라도 '상대적 박탈감'은 많아졌다. 기대와 욕구에 비하여 성취 수준이 뒤따르지 못하고, 다른 사람과의 상대적인 비교에서 열등감을 느끼게 되면서 생겨나는 상대적 박탈감은 좌절과 무력감을 만들어내는 원인이 되었다. 다른 하나는 다음 절에서 자세히 다루겠지만, 경제성장제일주의 가치가 물질에 대한 요구와 욕구를 크게 증대시켜 물질적인 풍요에 사람들이 더욱 집착하게 되었다는 점이다.

이러한 경제적 상황은 사람들에게 물질적 축복에 대한 강한 동기를 부여하게 되었다. 박탈에 대한 물질적 보상을 얻기 위해 어떤 이들은 편법과 불법을 자행하여 그 목적을 달성하려고 했지만(실제로 경제성장에 비례하여 경제적 범법행위도 늘어났다), 다른 이들은 종교적 신앙으로 이 문제를 해결하기 원했다. 앞에서 보았듯이 박탈에 대하여 보상을 해주는(물질적으로든 정신적으로든) 강력한 기제의 하나가 바로 종교이다.

따라서 경제적 박탈(주로 상대적인 박탈감)에 대한 보상을 추구하는 사람들은 우리나라의 경제가 성장하면서 더욱 많아졌고, 그들 가운데 적지 않은 사람들이 종교 신앙을 통해 물질적 축복을 받을 것으로 기대했을 것이다. 이것은 왜 한국경제가 가장 활발하게 성장했던 시기에 '물질 축복'

을 약속한 한국의 모든 종교들(기독교뿐만 아니라 불교, 신흥종교, 무교, 심지어는 소위 사이비종교들까지도)이 크게 성장할 수 있었는가에 대한 하나의 설명이 된다. 사실상 1970년대 이후 급성장한 대형교회들은 거의 예외 없이 물질적 축복을 강조했던 교회들이었다. 그러나 경제성장의 부작용만 교회성장에 도움을 준 것은 아니었다.

경제가 성장하면서 한국에는 새로운 중산층이 늘어나게 되었다. 특히 신도시가 개발되고 대단위 신흥주택단지들이 생겨나며 경제적으로 안정적인, 교육받은 계층이 늘어났다. 그들에게는 환경변화에 따른 새로운 소속감이 필요했고, 비슷한 지위의 사람들과 문화를 나누는 관계가 필요했고, 자신의 가치를 인정받을 수 있는 정체성의 확인이 필요했다. 이 모든 기대와 요구를 충족시켜주었던 것이 신도시, 대형주택단지 등에 세워진 소위 중산층 교회들이었고, 그 가운데 많은 교회가 성공적으로 그 역할을 감당할 수 있었다. 이 교회들이 대형화되면서 점차 전체적인 한국교회의 성장을 주도하게 되었다.

이와 같이 한국교회는 과거 한국 경제성장의 최대 수혜자 가운데 하나였다고 할 수 있다. 그러나 2천년대에 와서는 상황이 달라지기 시작했다. 제4장에서 보았던 것처럼 우리나라가 경제적으로 크게 성장하면서 교회성장은 서서히 한계에 달했고, 이제는 쇠퇴의 길로 접어들었다. 경제가 성장하면서 사람들은 박탈감을 덜 느끼게 되었고, 이에 따라 종교를 통한 보상을 과거만큼 기대하지 않게 되었다. 또한 박탈에 의한 보상 욕구는 종교 이외의 것을 통해 채워지고 있다. 경제적으로 여유가 생기면서 가치관을 변화시켜, 사람들은 영적인, 도덕적인 관심보다는 세속적인, 물질적인 관심에 빠져들게 되었다. 물론 인구학적 변수, 교회에 대한 부정적인 평판이라는 변수도 함께 작용하고 있으나, 경제발전이 교회성장에 오히려 걸림돌이 되는 등 서구사회를 닮아가고 있다.[27]

4   천민적 자본주의와 한국교회

앞에서 우리는 개신교윤리가 서구 사회의 근대 자본주의 발흥에 기
여했고, 그 자본주의는 매우 도덕적인 성격을 가지고 있는 경제체제였다
는 베버의 연구에 대하여 살펴보았다. 그러나 베버는 근대 이후의 상황에
대해 경고하는 것을 잊지 않았다. 즉 개신교적인 금욕적 직업윤리가 근대
자본주의 출현에 도움을 주었으나, 일단 이렇게 형성된 자본주의 경제구
조는 점차 종교적인, 윤리적인 성격을 상실하게 될 것이고, 이에 따라 현
대사회가 직면하게 될 경제적 도덕성의 상실이라는 위험을 예고했던 것
이다. 다시 말하면 금욕적인 직업윤리가 붕괴되고 자기 본위의 이기적 직
업관이 확산되면서 본래 종교적 의미가 함축되어 있던 자본주의는 단순
히 경제논리에 의해 움직이게 될 위험성이 생겨나기 쉽다는 것이다. 이렇
게 끝없는 탐욕과 이기적인 부의 축적, 그리고 사치와 쾌락을 추구하는
가운데 자본주의의 윤리적 정신은 사라져 버리게 된다. 베버는 개신교적
금욕주의 윤리가 배제된 자본주의를 '천민적 자본주의'(*pariah capitalism*)라고
부르면서, 이것이 현대사회의 심각한 문제가 될 수 있음을 경고했다.[28] 나
아가서 베버는 종교적이고 도덕적인 뒷받침이 없이 경제논리에 의해서
만 발전되는 사회구조는 어느덧 '우리'(*cage*)가 되어 인간을 그 안에 가두
어 놓게 될 것이라는 자기파멸적인 문명비판을 하고 있다.[29]

베버가 말하는 천민적 자본주의 경제체제에서는 사적인 이윤을 추
구하되 개인의 욕심을 극대화시키는 물욕주의에 집착하여, 직업은 이미
소명이 아니라 출세와 성공의 도구로 전락해버린다. 물질만능주의에 물
들고, 축적된 부는 개인의 만족과 쾌락을 위해 사용되며, 과소비와 사치
를 일삼게 된다. 이기적 욕심이 증대됨에 따라 사회적 봉사와 이타적 정
신이 희박해진다. 개신교적인 경제윤리의 부재로 인한 천민적 자본주의

의 모습은 이미 서구사회에서 이기주의, 개인주의, 배금주의, 쾌락주의의 양상으로 나타났다. 또한 미국 사회의 위기를 도덕성의 위기로 보는 비판적 입장은 개신교적인 청교도 정신과 영성의 상실을 그 근본 원인으로 분석하기도 한다.[30]

그러나 천민적 자본주의가 지배하는 전형적인 사회는 한국이 아닌가 한다. 그것은 도덕성이 결여된 경제윤리의 부재 현상이 두드러지게 나타나고 있기 때문이다. 한국사회에서 경제윤리의 부재는 여러 가지 형태로 나타나고 있다.[31] 첫째로, 한국사회의 경제윤리 부재는 무엇보다 기업윤리의 부재에서 찾아볼 수 있다. 많은 재벌기업들이 탈세, 중소기업 착취, 문어발식 이윤추구, 지하경제 불로소득, 뇌물수수, 비자금 조성 등의 부정을 자행해왔으나, 부의 사회 환원에는 매우 인색했다. 이러한 부도덕한 경제적 기업윤리는 천민적 자본주의의 전형적인 모습이라 하겠다.

둘째로, 한국사회에 나타난 경제윤리의 부재는 장인정신(匠人精神: arti-sanship)의 결여에서 찾아볼 수 있다. '장인정신'이란 자신의 직업에서 보람과 만족을 느끼고 자부심을 가지고 정성스럽게 일에 몰두하는 자세를 뜻한다. 장인정신은 철저한 직업의식, 책임감, 자부심, 소명감과 깊은 관계가 있는 경제윤리 의식인데, 한국인에게서 이것이 사라지고 있다. 그 결과 3D(dirty, difficult, dangerous: 더럽고, 어렵고, 위험한) 업종 기피현상이 나타나 제조업 부문에서는 인력난에 허덕이며, 그 자리를 외국인 노동자에게 떠넘기고 있다. 장인정신의 결여는 적당주의로 이어져 한국을 재해대국으로 만들었고, 생산성의 저하를 초래했다.

셋째로, 경제윤리의 부재는 근검, 절약 정신의 퇴조와 이에 따른 과소비, 사치풍조의 만연으로 나타나고 있다. 가계지출 증가 비율은 소득증가 비율을 웃돌고 있다. 생활에서의 씀씀이는 서구 선진국의 두 배에 달한다. 결국 떼돈 벌어 신나게 흥청망청 쓰는 것을 미덕으로 여기는 풍조가 만연하고 있다.

넷째로, 경제윤리의 부재는 한국사회에서 부의 편재와 경제적 불평등을 가져왔다. 지나친 탐욕과 이기적인 욕심은 수단, 방법을 가리지 않고 개인의 부 축적에만 탐닉하게 만들어 빈부격차를 심화시켰다. 특히 기업, 재벌, 부유층은 부를 독점한 채 호화판 사치와 낭비의 생활을 일삼으며 공공복리와 사회적 기여에는 인색한 모습을 보여줌으로 하류층에게는 절대적 박탈감을, 중산층에게는 상대적 박탈감을 심어주고 있다.

다섯째로, 한국사회에서는 금욕적인 경제윤리의 부재로 인하여 천민적 자본주의의 전형적인 양상인 물질만능주의, 배금주의 풍조가 만연하게 되었다. 1960년대 이후 '경제성장'이 최고의 지상과제가 되면서 우리나라에서는 국가 차원이나 개인 차원에서 "물질적으로 잘 사는 것"이 절대적 가치가 되었고, 이에 따라 점차 "돈이 최고"라는 생각이 정신을 지배하게 되었다. 실제로 문화체육관광부 조사에 따르면 "우리 사회에서 돈이면 안 되는 일이 없다"고 생각하는 사람이 80%에 이르고 있다.[32] 이제 사람은 그의 인격이나 성품보다는 그가 소유한 물질의 수준과 그가 벌어들이는 돈의 정도에 따라 평가받는다. 그리하여 인간 가치는 물질 가치로, 인격 가치는 상품 가치로 전락했다. 물질만능주의 풍조가 사회 구석구석으로 펴져나가면서 이제 우리 사회에서는 돈에 대한 절대적 신뢰, 간절한 바람과 함께 '황금 우상' 혹은 '돈 신'을 섬기는 맘모니즘이 하나의 강력한 대체종교가 되어버렸다.

천민적 자본주의의 가장 전형적인, 경제윤리 부재의 가장 특징적인 양상은 '맘모니즘'이라는 것이다. '맘몬'(mammon)은 부(富)를 뜻하는 아람어 마모나(mamona)에서 유래한 성서적 용어로, 신약성서에서는 부, 돈, 재산, 소유에 대한 부정적 의미로 사용되고 있다. 따라서 맘모니즘(mammon-ism)이란 부, 돈, 재산, 소유, 재물, 물질을 절대시하거나 그것에 최고의 가치와 의미를 부여하는 태도나 행위를 의미한다. 맘몬은 때로 '황금 우상' 또는 물신(物神)이라는 말로 쓰이기도 하며, 이때 맘모니즘은 물질만능주의, 배금주의, 물신숭배 풍조를 나타내는 용어가 되었다.

　종교는 현존하는 경제 질서에 순응하고 이에 동조하는 경향이 있다고 한다. 따라서 자본주의 체제 안에 있는 종교는 자본주의 이념을 강력히 뒷받침하게 된다. 사유재산제도, 자유경쟁, 부의 축적과 같은 자본주의 이념은 개신교 전통 안에서, 특히 근본주의자와 보수주의자들에 의해 옹호되었다. 자본주의 체제에 젖어 있는 한국종교는 자본주의의 모순(경제적 불평등, 부의 편중, 물질주의 가치관, 탐욕주의 등)에도 그대로 노출되고 있다. 물질을 절대시하고 끝없는 탐욕에 물들어있으며, 부의 축적 자체를 목적으로 삼는 천민적 자본주의 체제에 길들어 있는 한국의 종교도 맘모니즘에서 벗어나지 못하고 있다.

　맘모니즘은 어느 시대, 어느 사회에도 존재해왔다. 그것은 종교 안에서도 발견된다. 그러나 맘모니즘은 사회와 종교 모두를 부패하게 만드는 강력한 반사회적, 반종교적 힘이었다. 그런데도 불구하고 오늘날에도 여전히, 아니 그 어느 때보다도 심각한 정도로 맘모니즘은 우리의 사회와 종교를 모두 병들게 하고 있다. 한국교회도 여기에서 예외는 아니다. 더욱이 문제가 되는 것은 한국교회가 우리 사회에 만연하고 있는 맘모니즘의 풍토를 바로잡기는커녕 교회 자체도 맘모니즘에 물들어있는 현실이다. 이제부터 이 문제를 살펴본다.[33]

　맘모니즘의 흔적은 무엇보다 한국교회에 만연하고 있는 물량주의 가치관에서 찾아볼 수 있다. 교회에 대한, 목회자에 대한, 교인들에 대한 평가는 하나같이 물량적 척도에 의해 이루어지고 있다. 교회가 얼마나 신앙과 사랑의 공동체가 되고 있는가, 목회자의 영적이고 도덕적인 능력은 어느 정도인가, 교인들이 얼마나 순수한 믿음의 열정을 가지고 봉사를 실천하고 있는가 하는 것은 별로 중요하지 않다. 교회는 그 조직의 운영 면에서 신도의 숫자, 건물의 크기, 헌금의 규모 등을 비롯하여, 성직자의 사례비에 이르기까지 물량적 지표가 종교적 성공을 가늠하는 기준으로 자리 잡고 있다.[34] 목회의 성공을 예산이나 교회규모와 같은 물질로 평가하며, 물질적인 가치를 성공의 지표로 삼는 천민적 자본주의 시장논리에 물들어있다.

교인에 대한 평가도 헌금액수와 사회경제적 지위 등에 의해 크게 좌우된다. 돈에 따라 교회 내의 직책이 부여되는 경우가 많아서 돈 없는 사람이 장로가 되기는 여간 어려운 일이 아니다. 주일출석, 전도, 구역예배, 성경공부, 철야기도, 구역헌금 등의 정도에 따라 점수를 주어 구역별, 교구별, 지구별로 총점이나 등수를 매기는 구역 통계표를 주보에 싣고 시상하는 교회도 심심치 않게 보게 된다. 교인의 믿음 생활을 수량화하여 수치를 등급화하는 이러한 구역 통계표는 일반 기업체의 계산서나 실적 보고서를 연상케 한다.[35]

물량주의는 손쉽게 기복성을 띠게 된다. 그리고 여기에 중심적인 몫을 하는 것이 바로 헌금이다. 한국교회는 헌금을 '신앙의 표현'이 아니라 '신앙의 척도'로 보는 경향이 있으며, 따라서 헌금의 액수가 많고 적음을 통해 신앙의 크고 작음을 판단하고 있다. 그리고 물질적인 축복이 교회에서 행해지는 축복의 중심이 되고 있다. 이에 따라 헌금은 복을 받을 수 있는 최상의 수단이 된다. 한국교회가 중세기 교회처럼 면죄부를 팔고 있지는 않으나, 헌금을 많이 내면 물질적 축복을 더 많이 받는다는 것을 설파함으로 교인들에게 헌금을 더 많이 내도록 권면 혹은 강요한다. 헌금을 내면 그만큼, 아니 그 이상 복을 받는다고 하면서 헌금으로 복을 사고파는 것과 같은 일이 교회 안에서 벌어지고 있는 것이다. 그러다 보니 헌금의 종류가 셀 수도 없이 많아졌다. 일반헌금(주일헌금, 십일조헌금, 월정헌금, 주정

헌금 등), **특별헌금**(감사헌금, 부활절 · 추수감사절 · 맥추감사절 · 성탄절 등의 절기헌금, 신년
헌금, 송년헌금, 헌신예배 헌금, 부흥회 헌금 등), **부가헌금**(선교헌금, 건축헌금, 구제헌금, 심
방헌금, 구역회 혹은 속회헌금 등) 등 세계에서 한국교회에만 있는 수십 가지의
헌금을 교인에게 요구한다. 심지어 한국교회의 대표 격인 한 교단에서는
십일조헌금을 안 내면 교인 자격을 정지하는 조례를 제정하려고 해서 교
회 안팎으로부터 빈축을 사기도 했다.[36] 헌금봉투에 적힌 이름들을 일일
이 열거하고 축복하는 데 많은 시간과 정력을 쏟는 등 예배 의식에서 주
인 자리를 차지하고 있는 듯한 헌금시간, 목회자의 설교 등에서 반복되는
헌금에 대한 강조는 헌금을 점차 기복신앙의 도구로 만들고 있다.

교인들의 신앙을 성숙하게 만들기 위해 필요한 영적 부흥회(復興會)
가 자금을 확보하기 위한 부흥회(富興會)로 둔갑하는 일이 허다하다. 기도
원 가운데는 그것이 치부의 수단으로 전락해버린 경우도 있으며, 기도원
이라는 이름의 상당수 수용소식 요양기관들이 정부의 보조를 받는 돈벌
이의 수단으로 이용되기도 한다. 성서와 찬송가, 미션학교 성경 교과서,
교회학교 공과, 여름성경학교 교재 등이 연합사업의 영역에서 개별 교단
사업의 영역으로 찢겨져나가는 추세 역시 교리적 차이라는 명분의 이면
에 출판이익금 증가라는 실제적 목적이 주된 동인으로 작용하고 있다.[37]

신앙의 도구화는 흔히 교회를 상업주의에 물들게 한다. 신유, 은사,
성령 충만, 소원성취, 장수무병, 만사형통 등의 개인주의와 이기주의적
성향을 자극하는 단어들이 부흥집회의 홍보 팸플릿과 포스터, 교계 신문
광고 면을 장식하고 있는데, 이것은 상업주의의 전형이라 할 수 있다.[38]
종교단체에서 운영하는 복지, 의료, 교육, 언론, 출판 기관들 가운데는 애
초의 종교적 목적이 희석되고 자본주의적 이윤 활동에 일차적인 강조점
을 두는 경우도 많다. 대형교회들이 여러 개척교회를 같은 이름으로 세우
고 중앙 통제를 하며 체인화 하는 것도 상업주의적 발상이라 할 것이다.

부흥회 때 부흥사가 헌금 액수를 불러가면서 '외상헌금'을 작정하라고 강요하며 손을 들게 하는 것은 경매장의 풍경과 비슷하다.

상회(上會)에 대한 부담금을 적게 내기 위해, 혹은 다른 목적으로 교회 수입에 대한 이중 장부를 만드는 일도 대형교회에서는 흔히 볼 수 있는 일로 이것은 일반 사업체의 편법적인 관행을 그대로 답습하는 일이라 하겠다. 교회의 관리와 운영의 성격도 재화의 획득과 축적이라는 경제적 욕구를 만족시켜 가는 기업체의 그것과 매우 흡사하다. 그리하여 교회의 담임목사의 업적은 교인의 머리수가 얼마나 늘었는가 하는 교인의 증가와 헌금이 얼마나 불어났는가 하는 교회 수입의 증대와 같은 양적 계산에 의해 평가된다. 교회의 평신도는 마치 기업체의 주주들이 된 것처럼 기업 경영자를 평가하는 것과 똑같이 교회의 목회자를 평가한다. 이러한 평가에 부응하여 목회자는 교회를 '성공적으로 성장시킬' 목적으로 목회 지침을 세우고 전략을 꾸미는데, 이것은 흡사 마케팅 전략과 비슷한 것이다.[39]

한국교회 맘모니즘의 극치는 무엇보다 성직매매라 할 수 있다. 한국 개신교의 각 교단장 선거는 돈 잔치로 물들어있다. 관권과 금권 등 이른바 힘 있고 돈 있는 사람들이 승리하는 일반 사회 정치판의 선거 양상과 별로 다를 바가 없는 것이 대부분의 교단장 선거이다.[40] 여기에는 향응이 제공되고 은밀하게 돈 봉투가 오간다. 그러다 보니 총회 대표들 가운데는 표를 모아 줄 테니 돈을 달라고 요구하는 일도 흔히 일어나고 있다. 선거 때마다 교단별로 정화운동이 벌어지지만 별로 효과가 없다. 왜냐하면 금권선거와 관계가 있는 사람들은 대개 교단에서 힘이 있는 사람들이기 때문이다.

성직매매의 다른 형태는 교회를 사고파는 행위이다. 목회자가 교회를 떠나면서 프리미엄을 후임자에게 받기도 하고, 교회가 후임자를 구할 때 교회 빚을 갚아줄 수 있는 목사를 조건으로 내걸기도 한다.[41] 전문적으로 교회를 개척하여 신도수와 재산에 따라 권리금을 얹어 매매하는 일도 있다. 그래서 각종 교회관련 신문, 잡지에는 줄지어 교회매매 광고가 나오고 있다. 물론 돈을 주고받으며 목사직을 사고파는 행위도 성직매매의 다른 사례가 될 것이다. 성만찬을 베풀며 헌금을 요구하는 교회도 있다. 또한 부흥회를 하면서 부흥강사가 거두어들이는 헌금을 몇 대 몇으로 나누어 갖는 조건으로 집회를 인도하는 경우도 있는데, 이것도 역시 일종의 성직매매라고 할 수 있다.

지금까지 살펴본 것처럼 한국교회는 맘모니즘에 깊이 물들어있다. 물론 모든 교회가 다 그런 것은 아니며, 건강한 교회가 더 많을 것이다. 그러나 사회에 비쳐지고 있는 한국교회의 인상은 분명히 영성과 도덕성을 잃은 채 천민적 자본주의의 모순을 그대로 보여주는 세속화된 모습이라는 사실을 부정하기는 힘들 것이다. 그리고 이것이 오늘날 한국교회가 사회로부터, 사람들로부터 존경과 신뢰를 잃게 된 결정적 이유가 아닌가 한다. 이것이 제2의 종교개혁이 한국교회에 필요하다는 자성의 목소리가 교계 안팎에서 나오는 이유이기도 할 것이다.

5 나가며

원래 종교는 영적인, 초자연적인 주제에 관심을 가지고 있지만, 제도화되면서 불가피하게 경제적인, 물질적인 것을 필요로 하게 된다. 이에 따라 종교의 영적인 능력이 경제적인 능력으로 변질되기도 한다. 종교는 부의 축적이나 사회의 경제적 불평등 구조에 대하여 동조하거나 저항하는 식으로 경제 문제에 개입할 수 있다. 종교는 또한 경제체제와 구조에 대하여 정당화하는 입장을 취하기도 하고, 때로는 도전하기도 한다.

개신교윤리는 근대 자본주의 형성에 기여했다. 이 세상적 금욕주의 윤리를 강조한 개신교는 청지기적 소명의식을 가지고 성실, 근면, 절제의 삶을 살도록 함으로 개신교인들의 경제적 수준을 높이고 부를 축적할 수 있게 했고, 그 부가 사회로 환원되면서 근대 자본주의가 발전할 수 있었 다. 그러나 점차 자본주의 경제체제는 윤리적, 종교적 근거와 단절하면서 천민적 형태로 전락하고 있다.

한국은 천민적 자본주의가 나타나고 있는 전형적인 사회 중 하나라 할 수 있다. 특히 물신을 섬기는 맘모니즘이 사회에, 사람들에게 널리 펴 져있다. 그러나 불행하게도 한국교회마저도 맘모니즘에 물들어있어 사 회로부터, 사람들로부터 신뢰와 존경을 잃어버렸다. 이런 의미에서 개신 교 경제윤리를 회복하는 일은 이 시대 한국교회에 주어진 중요한 과제의 하나가 아닐 수 없다.

에필로그

　교인 수가 감소하고 사회적 영향력을 상실하여 종교성이 약화되면서 종교적 세속화의 길을 가고 있는 서구 기독교의 현상이 한국의 종교에서도 나타나고 있다. 경제적으로 풍족해지고 정치적으로 안정되며 복지제도가 활성화되는 사회변동 상황은 서구사회가 겪었던 것처럼 한국에서의 종교성장에도 부정적 영향을 미치고 있다. 그래서 무종교인 비율이 늘어나고 있으며 반종교적 정서가 확산되고 있다. 더욱이 최저 수준의 출산율은 전반적으로 한국종교의 미래를 어둡게 한다. 이러한 요인들은 한국교회의 쇠퇴에도 그대로 적용된다.

　한국교회에 대한 낮은 신뢰도는 한국교회에 대한 인상을 매우 부정적인 것으로 만들고 있다. 특히 한국교회에 대해 비판적인 남자, 젊은 층, 고학력자가 교회를 떠나고 있다. 고령화가 한국교회에도 이루어지면서 교인의 연령 분포에 편차가 심화되고 있으며, 지역적으로나 규모에 있어 커다란 불균형이 나타나고 있다. 한국의 교회문화가 기복주의, 권위주의, 집합주의, 반지성주의 성향이 강해 교회의 건강한 발전에 장애요인으로 작용하고 있다. 한국교회가 역사적으로 수행해왔던 사회통합이나 사회변동의 기능을 더 이상 제대로 수행하지 못하고 있다.

　한국교회는 지나치게 분열하는 교파주의, 집단 이기주의와 관계된 개교회주의, 메가처치의 상업주의와 같은 문제를 안고 있다. 종교적 다원주의 상황이 교회에 대한 선택의 폭을 넓히고 경쟁적으로 발전할 동기를 부여하지만, 지나친 배타주의는 종교 간의 갈등, 교회 내적 갈등을 심화시키고 있다. 한국교회는 정치적 민주화에 공헌하기도 했으나 이념적으로 양극화되는 경향을 보이고 있다. 한국교회는 경제성장에도 기여한 바 있으나 천민적 자본주의에 물들어 맘모니즘의 덫에 걸려있다.

이와 같이 한국교회는 많은 역기능을 수행함으로 사회적인 존경과 신뢰를 잃었다. 결국 한국교회의 위기는 영성과 도덕성의 위기라 할 수 있다. 실제로 목회자를 대상으로 한 조사결과, 사회적 공신력을 회복하기 위한 한국교회의 우선적 과제로 지적된 것은 첫째가 '성직자, 평신도의 도덕성 회복'(45%), 둘째가 '교회의 참된 영성 회복'(31%)이었다.[1] '영성의 위기'란 한국교회가 신앙의 본질이며 교회의 정신인 신적인 가치, 영적인 가치, 성스러운 가치, 초월적인 가치, 신앙적인 가치보다는 물질, 성공, 명예, 권력이라는 이 세상적 가치에 함몰되어 세속화되었음을 의미한다. '도덕성의 위기'란 한국교회가 교인들을 바르고 의롭고 정직하고 성실하게 살아가는 실천적인 신앙인으로 만드는 데 실패했을 뿐만 아니라 목회자도 도덕적으로 인정받을 만큼 솔선수범하지 못했다는 것을 나타내는 것이다.

다수의 교회와 목회자, 교인은 건강하다고 믿는다. 그럼에도 사회에, 사람들에게 비친 한국교회의 모습은 세속화되어 있고 부도덕하다는 인상을 주고 있다는 엄연한 현실에 대하여 뼈아픈 자기성찰이 필요해 보인다. 경제적, 사회적, 인구적 요인들을 감안해보면 앞으로 한국교회가 양적으로 성장할 가능성은 별로 없어 보인다. 이러한 상황은 한국교회로서도 어쩔 수 없는 일이다. 그러나 한국교회가 자정의 능력을 발휘하여 변화시킬 수 있는 부분이 있다. 그것은 적어도 영적으로나 도덕적으로 한국교회를 바로 세우는 일이다. 어떤 의미에서 한국교회의 진정한 위기는 양적 위기가 아니라 영적 위기일 수 있다. 따라서 한국교회의 패러다임이 근본적으로 바뀔 필요가 있다. 그러면 어떻게 바뀌어야 할까? 바뀌어야 할 문제적인 현실은 이 책에서 충분히 논의되었다고 본다. 이제 한국교회(목회자, 교인)에는 그 변화를 이루어내려는 노력이 필요할 뿐이다. 오늘날의 한국교회 문제가 오히려 영성과 도덕성을 회복할 수 있는 전화위복의 기회가 될 수도 있을 것이다.

교회 밖의 사람들(그리고 적지 않은 교회 안 사람들)이 한국교회에 대하여 가지는 불신은 기독교(개신교) 자체가 아니라 참된 종교의 모습을 보이지 못하는 제도화되고 세속화된 교회에 대한 것이다. 아직도 많은 사람들(그리고 적지 않은 교회 밖 사람들)이 종교가 삶에서 여전히 중요하고 필요하다고 생각하고 있다. 한국교회가 여전히 개인적 차원에서는 사람들의 박탈에 대하여 보상하고(영적이든 정신적이든) 의미와 정체성을 제공하는 등, 그들의 영혼을 치유하고 있다. 한국교회의 목회자와 교인들은 아직 신앙적으로 열성적이고 교회에 대한 충성심이 강하다. 양적으로 보면 교회가 쇠퇴하고 있으나 이것은 불필요한 거품이 꺼지는 현상일 수도 있다. 양적 쇠퇴 대신에 영적 성장이 이루어질 수 있다면 한국교회의 미래 전망을 어둡게만 볼 필요는 없지 않을까?

미주

제1부 위기의 한국교회

제1장 한국종교의 세속화: 세속화되는 한국교회

1   이원규, 『종교사회학의 이해』 개정2판(나남, 2015) 14, 15장을 보라.

2   이원규, 『머리의 종교에서 가슴의 종교로』(kmc, 2012) 3, 4, 8, 9장을 보라.

3   이원규, 『종교의 세속화: 사회학적 관점』(대한기독교출판사, 1987) 2, 3장; Peter E. Glasner, *The Sociology of Secularization* (London: Routledge & Kegan Paul, 1977) Chap. 2; David Martin, *A General Theory of Secularization* (New York: Harper & Row, 1978) Chap. II; Steve Bruce, *Secularization* (Oxford: Oxford University Press, 2011) Chaps. 1, 2.

4   George P. Gerharz, "Secularization as Loss of Social Control toward a New Theory," *Sociological Analysis, 31:1* (1970): 1-11.

5   Larry Shiner, "The Concept of Secularization in Empirical Research," *Journal for the Scientific Study of Religion 6:2* (1967): 207-220.

6   Rodney Stark and William S. Bainbridge, *A Theory of Religion* (New York: Peter Lang, 1987); Roger Finke and Rodney Stark, *Acts of Faith* (Berkeley, CA: University of California Press, 2000).

7   Grace Davis, *Religion in Modern Europe* (New York: Oxford University Press, 2000).

8   Jośe Casanova, *Public Religion in the Modern World* (Chicago: University of Chicago Press, 1994).

9   Pippa Norris and Ronald Inglehart, *Sacred and Secular: Religion and Politics Worldwide* (New York: Cambridge University Press, 2009); Steve Bruce, *Secularization*; 이원규, 『머리의 종교에서 가슴의 종교로』 3, 8장.

10   Philip Jenkins, *The Next Christendom: The Coming of Global Christianity* (Oxford: Oxford University Press, 2002); 이원규, 『머리의 종교에서 가슴의 종교로』 5, 6장.

11   Harvey Cox, *The Future of Faith* (New York: Harper Collins, 2009).

12   John Micklethwait and Adrian Wooldridge, *God is Back* (New York: Penguins Books, 2009); Monica D. Toft, Daniel Philpott and Timothy S. Shah, *God's Century* (New York: W. W. Norton & Co., 2011); David Martin, *Pentecostalism: The World their Parish* (Malden, MA: Blackwell, 2002).

13   Peter L. Berger (ed.), *The Desecularization of the World: Resurgent Religion and World Politics* (Grand Rapids, MI: William B. Eerdmans, 1999); 이원규, 『종교사회학의 이해』, pp. 750-758.

14   Bryan Wilson, *Religion in Secular Society* (London: C. A. Watts & Co., 1966); *Contemporary Transformations of Religion* (Oxford: Clarendon, 1979); *Religion in Sociological Perspective* (Oxford: Oxford University Press, 1982).

15   Bryan Wilson, *Religion in Secular Society,* xiv.

16   Steve Bruce, *God is Dead: Secularization in the West* (Oxford: Blackwell, 2002); Alister McGrath, *The Future of Christianity* (Malden, MA: Blackwell, 2002); Pippa Norris and Ronald Inglehart, *Sacred and Secular.*

17   David B. Barrett, *World Christian Encyclopedia*, Vol. 1 (New York: Oxford University Press, 2001); Patrick Johnstone and Jason Mandryk, *Operation World* (Harrisonburg, VA: R. R. Donnelley & Sons, 2006).

18   1947 Gallup Opinion Index, 1981-2010 World Values Survey.

19   유럽 기독교의 세속화 요인을 체계적으로 정리한 책으로는 다음을 보라. Steve Bruce, *Secularization*, Chaps. 1, 2, 3.

20   James A. Beckford, *Social Theory and Religion* (Cambridge: Cambridge University Press, 2003), pp. 50-51.

21   '합리화' 과정이 종교의 세속화를 초래할 것이라고 주장한 최초의 사회학자는 Max Weber이다. *From Max Weber: Essays in Sociology*, Gerth and Mills (eds.) (New York: Free Press, 1946); *The Sociology of Religion* (Boston: Beacon Press, 1964). 이후 대부분의 사회학자들이 종교의 세속화 현상의 중요한 요인으로 '합리화' 과정을 꼽고 있다.

22   Bryan Wilson, *Religion in Secular Society.*

23   Robin Gill, "The Future of Religious Participation and Belief in Britain and Beyond," in Richard K. Fenn (ed.), *Sociology of Religion* (Malden, MA: Blackwell, 2003), p. 284.

24   Peter Berger, Grace Davie and Effie Focas, *Religious America, Secular Europe?* (Burlington, VT: Ashgate, 2008) Chap. 2.

25   자세한 내용으로는 다음을 보라. 이원규, 『머리의 종교에서 가슴의 종교로』 제4장.

26   Peter L. Berger, *The Sacred Canopy* (New York: Double Day, 1967); Thomas Luckmann (이원규 역), 『보이지 않는 종교』(*The Invisible Religion*) (교문사, 1982). 이들의 '종교 사사화론'에 대한 설명으로는 다음을 보라. 이원규, 『종교의 세속화』 제8장.

27 이원규, 『머리의 종교에서 가슴의 종교로』, pp. 117-119.

28 Robert Putnam, *Bowling Alone* (New York: Simon and Schuster, 2000); A. Kohut et al., *The Diminishing Divide* (Washington DC: Bookings Institution Press, 2000); Mark Chaves and Laura Stephen, "Church Attendance in the United States," in Michele Dillon (ed.), *Handbook of the Sociology of Religion* (Cambridge: Cambridge University Press, 2003).

29 종교성의 다양한 차원에 대해서는 다음을 보라. 이원규, 『종교사회학의 이해』 제2장.

30 Steve Bruce, *God is Dead: Secularization in the West*, Chap. 3.

31 종교성의 약화가 교세의 쇠퇴를 초래한다는 연구는 많다. 예는 다음을 보라. Dean M. Kelly, *Why Conservative Churches are Growing?* (Macon, GA: Mercer University Press, 1972); Dean R. Hoge and David A. Roozen (eds.), *Understanding Church Growth and Decline* (New York: The Pilgrim Press, 1979); Donald E. Miller (이원규 역), 『왜 그들의 교회는 성장하는가?』(kmc, 2008).

32 Roger Finke and Rodney Stark, *The Churching of America 1776-2005: Winners and Losers in Our Religious Economy* (New Brunswick, NJ: Rutgers University Press, 2014).

33 이원규, 『머리의 종교에서 가슴의 종교로』; Philip Jenkins, *The Next Christendom*.

제2장 개신교인의 신앙과 의식: 종교성이 강한 개신교인

1 이 조사의 표본설계는 두 가지 방식으로 이루어졌다. 개신교인 및 비개신교인 조사는 만18세 이상의 개신교인과 비개신교인 각각 1,000명을 7대 도시에서 지역별 비례할당한 후 무작위 추출(random sampling)하여 가구 방문 일대일개별면접형식으로 2012년 10월 8일부터 1개월간 실시했다. 조사의 주요내용은 종교인구 분포를 포함한 종교현황, 한국인의 일반적인 종교 신앙의식, 한국 개신교인의 교회 및 신앙생활, 교회 및 목회자에 대한 평가, 일반적 생활의식 등이 포함되어 있다. 조사결과는 『한국기독교 분석리포트』(도서출판 URD, 2013)라는 제목으로 출판되었으나, 여기서 소개하고 있는 것은 필자가 그 조사결과의 내용과 의미를 분석하여 2013년 4월 19일 한목협 제23차 열린대화마당에서 발표한 발제 내용의 일부를 정리한 것이다. 목회자에 대한 조사도 이루어졌으며, 이에 대한 분석은 제9장에서 다루고 있다.

2 이원규, "한국교회, 새 희망을 말할 수 있는가?", 『신학과 세계』 제68호(2010, 여름): 178-181.

3 이원규, "한국교회, 새 희망을 말할 수 있는가?": 181-183.

4 이 문제에 대해서는 이원규, 『한국교회의 위기와 희망』 제6장을 보라.

5   이원규, 『종교사회학의 이해』 개정2판(나남, 2015) 제6장; 이원규, 『한국 사회문제
    와 교회공동체』(대한기독교서회, 2002).

6   이원규, 『머리의 종교에서 가슴의 종교로』 제3장, 제4장 참조.

7   종교성과 친사회적 행위(봉사 등)는 밀접한 관계가 있으며, 이러한 이타적 박애 활
    동은 특히 개신교 교인들에게서 가장 활발하게 이루어지고 있다는 사실도 경험적
    으로 밝혀지고 있다. 이원규, 『한국교회의 위기와 희망』 제6장을 보라.

8   실제로 교파별로 차이가 있지만 한국교회의 약 70%가 미자립교회인 것으로 알려
    져 있다.

9   예는 다음의 문헌들을 참고하라. 이원규, 『한국교회의 사회학적 이해』(성서연구사,
    1992); 『한국교회의 현실과 전망』(성서연구사, 1994); 『한국교회 무엇이 문제인
    가?』(감리교신학대학교 출판부, 1998); 『한국교회 어디로 가고 있나?』(대한기독교
    서회, 2000); 『기독교의 위기와 희망』(대한기독교서회, 2003); 『한국교회의 위기와
    희망』(kmc, 2010); 김성건, 『한국사회와 개신교』(서원대학교 출판부, 2005); 김병
    서, 『한국사회와 개신교』(한들, 1995); 이철, 『욕망과 환상: 한국 교회와 사회에 관
    한 문화사회학적 탐구』(시대의 창, 2014); 정재영, 『한국교회의 종교사회학적 이
    해』(열린출판사, 2012). 박영신 · 정재영, 『현대 한국사회와 기독교』(한들출판사,
    2007); 노치준, 『한국 개신교사회학』(한울, 1998); 조성돈, 『한국교회를 그리다』
    (CLC, 2016).

10 이원규, 『힘내라, 한국교회』(동연, 2009) 3장 참조.

11 Dennis L. Carmody (강돈구 옮김), 『여성과 종교』(서광사, 1992); 이원규, "여성의
    종교성에 대한 사회학적 연구", 『신학과 세계』 제75호(2012, 겨울) 참조.

제3장 비신자와 한국교회: 교회 밖에 있는 사람들

1   각 대륙의 기독교 성쇠 실태와 그 요인에 대한 분석으로는 다음을 보라. 이원규,
    『머리의 종교에서 가슴의 종교로』(kmc, 2012).

2   Steve Bruce, *God is Dead: Secularization in the West* (Oxford: Blackwell, 2002).

3   Todd M. Johnson and Brian J. Grim, *The World's Religions in Figure* (Malden, MA: John
    Wiley & Sons, 2013), pp. 338-344.

4   예는 다음을 보라. Pippa Norris and Ronald Inglehart, *Sacred and Secular: Religion and
    Politics Worldwide* (New York: Cambridge University Press, 2009); Steve Bruce, *Seculari-
    zation* (New York: Oxford University Press, 2011); Alister E. McGrath, *The Future of
    Christianity* (Malden, MA: Blackwell, 2002); 이원규, 『머리의 종교에서 가슴의 종
    교로』.

5   Phil Zuckerman, *Society without God* (New York: New York University Press, 2008)

Chap. 6.

6   이원규, 『머리의 종교에서 가슴의 종교로』, pp. 112-116; Phil Zuckerman, *Society without God*, pp. 169-174.

7   A. Kohut, J. C. Green and R. Toth, *The Diminishing Divide: Religion's Changing Role in American Politics* (Washington DC: Brookings Institution Press, 2000).

8   James E. White (김민우 옮김), 『종교 없음』(*The Rise of the Nones*) (베가북스, 2014); Pew Research Center, "America's Changing Religious Landscape," May 12, 2015.

9   Keith A. Roberts and David Yamane, *Religion in Sociological Perspective* (Thousand Oaks, CA: Pine Forge Press, 2012), p. 145.

10 James E. White, 『종교 없음』 제2장.

11 James E. White, 『종교 없음』, pp. 43-45.

12 Phil Zuckerman, *Faith No More: Why People Reject Religion* (New York: Oxford University Press, 2012).

13 James E. White, 『종교 없음』, p. 41.

14 Ron D. Dempsey (김순일 옮김), 『교회 밖 풍경』(*Faith Outside the Walls: Why People Don't Come and Why the Church Must Listen*) (요단출판사, 2004), pp. 100-107.

15 Ron D. Dempsey, 『교회 밖 풍경』, p. 109.

16 Ron D. Dempsey, 『교회 밖 풍경』, p. 98.

17 James E. White, 『종교 없음』, pp. 67-68.

18 David Kinnaman (이선숙 옮김), 『청년들은 왜 교회를 떠나는가?』(*You Lost Me*) (국제제자훈련원, 2015) 제2부.

19 David Kinnaman, 『청년들은 왜 교회를 떠나는가?』, pp. 84-105.

20 David Kinnaman and Gabe Lyons (이혜진 옮김), 『나쁜 그리스도인』(*Unchristian*) (살림, 2008).

21 D. Kinnaman and G. Lyons, 『나쁜 그리스도인』, p. 45.

22 여성이 남성보다 더 종교적인 이유에 대해서는 다음을 보라. 이원규, "여성의 종교성에 대한 사회학적 연구", 『신학과 세계』 제75호(2012, 여름): 253-287.

23 종교성과 나이의 관계에 대해서는 다음을 보라. 이원규, 『종교사회학의 이해』(개정 2판) 제8장.

24 Pippa Norris and Ronald Inglehart, *Sacred and Secular*, p. 62.

25 한국갤럽, 『한국인의 종교』(2015), pp. 27-28.

26 한국갤럽, 『한국인의 종교』, p. 29.

27 한국갤럽, 『한국인의 종교』, pp. 95-96.

28 한국갤럽, 『한국인의 종교』, pp. 24-25, 197-98.

29 이원규, 『한국교회의 위기와 희망』(kmc, 2010), p. 182.

30 오경환, "가톨릭 신자의 괄목한 만한 증가와 그 요인", 조성돈·정재영 엮음, 『그들은 왜 가톨릭교회로 갔을까?』(예영, 2007), p. 28.

31 한목협, 『한국기독교 분석리포트』(도서출판 URD, 2013), pp. 72, 75.

32 한목협, 『한국기독교 분석리포트』, pp. 71, 82-83.

33 정재영, 『교회 안나가는 그리스도인』(IVP, 2015), pp. 17-18.

34 한국교회탐구센터 조사 결과임. 손원영, "가나안신자를 돌보는 교회," 「주간 기독교」 제2119호(2017. 9. 10.)에서 인용.

35 정재영, 『교회 안나가는 그리스도인』, pp. 26-30.

36 정재영, 『교회 안나가는 그리스도인』, pp. 46-47.

37 Diana B. Bass (이원규 옮김), 『교회의 종말: 기독교 종교의 몰락과 새로운 영적 각성운동』(Christianity After Religion: The End of Church and the Birth of a New Spiritual Awakening) (kmc, 2017), p. 113.

38 Diana B. Bass, 『교회의 종말』, p. 88.

39 Robert Wuthnow, After Heaven: Spirituality in America Since the 1950s (Berkeley, CA: University of California Press, 1998).

40 Diana B. Bass, 『교회의 종말』.

41 Peter L. Berger (이양구 역), 『종교와 사회』(The Sacred Canopy) (종로서적, 1982); Thomas Luckmann (이원규 역), 『보이지 않는 종교』(The Invisible Religion) (기독교문사, 1982).

42 Grace Davie, Religion in Britain Since 1945: Believing Without Belonging (Oxford: Oxford University Press, 1994); Religion in Modern Europe (New York: Oxford University Press, 2000).

43 Steve Bruce, God is Dead; Steve Bruce, Secularization; Pippa Norris and Ronald Inglehart, Sacred and Secular.

44 한국갤럽, 『한국인의 종교』(2015), pp. 40, 70-71.

제4장 한국교회의 성장과 쇠퇴: 빨간 불이 켜진 교회

1 세계 기독교의 지형과 성향의 변화에 대한 자세한 내용으로는 다음을 보라. 이원규, 『머리의 종교에서 가슴의 종교로』(kmc, 2012).

2 이 주제와 관련해서는 다음을 보라. Harvey Cox (김창락 옮김), 『종교의 미래』(The

Future of Religion) (문예출판사, 2010).

3   이원규, 『머리의 종교에서 가슴의 종교로』 제6장, 제7장, 제9장; Alister McGrath (박규태 옮김), 『기독교의 미래』(*The Future of Christianity*) (좋은 씨앗, 2006) 제2장, 제5장, 제6장.

4   Peter L. Berger, "The Desecularization of the World: A Global Overview," in Peter L. Berger (ed.), *The Desecularization of the World: Resurgent and World Politics* (Grand Rapids, MI : William B. Eerdmans Publishing Co., 1999), p. 9.

5   David Martin, *On Secularization: Toward a Revised General Theory* (Burlington, VT: Ashgate Publishing Co., 2005), pp. 36-37.

6   Philip Jenkins, *The Next Christendom: The Coming of Global Christianity* (New York: Oxford University Press, 2007), p. 82.

7   Alister McGrath, 『기독교의 미래』, pp. 50-53.

8   Patrick Johnstone and Jason Mandryk, *Operation World* (Harrisonburg, VA: Donnelley and Sons, 2006), pp. 387-388.

9   *The Economist* (November 3rd-9th 2007), p. 6.

10   이원규, 『한국교회의 위기와 희망』(kmc, 2010); 최현종, 『한국 종교인구 변동에 관한 연구』(서울신대 출판부, 2011); 조성돈 · 정재영 엮음, 『그들은 왜 가톨릭 교회로 갔을까?』(예영, 2007).

11   한목협, 『한국 기독교 분석리포트』(도서출판 URD, 2013), p. 378.

12   한목협, 『한국 기독교 분석리포트』, p. 431.

13   「한국 크리스천 신문」, 2014. 8. 7.

14   진용식, "한국교회 이단 동향과 동방번개에 대하여," *NEWSNNET*, 2014. 01. 25.

15   James A. Beckford, *Social Theory and Religion* (Cambridge: Cambridge University Press, 2003), pp. 47-49.

16   Pippa Norris and Ronald Inglehart, *Sacred and Secular: Religion and Politics Worldwide* (New York: Cambridge University Press, 2009) Part 1.

17   이원규, 『인간과 종교』(나남, 2006) 제12장.

18   Rodney Stark and Laurence R. Iannaccone, "A supply-side reinterpretation of the 'secularization' of Europe," *Journal for the Scientific Study of Religion 33:3* (1994): 230-252.

19   이원규, 『머리의 종교에서 가슴의 종교로』 제2장 참조.

20   Ruth Benedict, *Patterns of Culture* (Boston: Houghton Mifflin, 1934).

21   Keith A. Roberts, *Religion in Sociological Perspective* (Homewood, IL: The Dorsey Press, 1984), pp. 251-252.

22 이원규, 『한국교회의 위기와 희망』(kmc, 2010) 제8장 참조.

23 John A. Siewert and Edna G. Valdez (eds.), *Mission Handbook: USA and Canadian Christian Ministries Overviews* (Grand Rapids, MI: Zondervan, 1997).

24 자세한 내용으로는 다음을 보라. 이원규, 『머리의 종교에서 가슴의 종교로』, pp. 117-119.

25 Dean M. Kelley, *Why Conservative Churches are Growing?* (Macon, GA: Mercver University Press, 1972).

26 Rosabeth M. Kanter, *Commitment and Community* (Cambridge, MA: Harvard University Press, 1972).

27 Andrew M. Greeley and Michael Hout, *The Truth about Conservative Christians* (Chicago: The University of Chicago Press, 2006), pp. 106-108.

28 Andrew M. Greeley and Michael Hout, *The Truth about Conservative Christians,* Chap. 9.

29 이원규, 『머리의 종교에서 가슴의 종교로』 제8장 참조.

30 Donald E. Miller and Tetsunao Yamamori, *Global Pentecostalism* (Berkeley, CA: University of California Press, 2007).

31 자세한 설명으로는 이원규, 『머리의 종교에서 가슴의 종교로』 제9장을 보라.

32 한완상, "교회 양적 급성장에 대한 사회학적 고찰", 서광선 외, 『한국교회 성령운동의 현상과 구조』(대화출판사, 1982), pp. 165-232.

33 Bong-Rin Ro and Marlin L. Nelson (eds.), *Korean Church Growth Explosion* (Seoul: Word of Life Press, 1983), Chap. 1.

34 이요한, 『왜 그들의 교회는 성장하는가?』(성서연구사, 1989).

35 이원규, 『한국교회의 현실과 전망』(성서연구사, 1994), pp. 185-192.

36 이원규, "한국교회의 신앙 양태", 이원규(편), 『한국교회와 사회』(나단, 1996), pp. 25-31; 이원규, 『한국교회 무엇이 문제인가?』(감리교신학대학교 출판부, 1998), pp. 158-162.

37 이원규, 『종교사회학의 이해』(개정2판) (2015) 제6장, 제12장 참조.

38 한완상, "교회 양적 급성장에 대한 사회학적 고찰."

39 Thomas F. O'Dea. *The Sociology of Religion* (Englewood Cliffs, NJ: Prentice-Hall, 1966) Chap. 1.

40 Bong-Rin Ro and Marlin L. Nelson(eds.), *Korean Church Growth Explosion,* Chap. 1.

41 예를 들면 다음을 비교해보라. 한국기독교사회문제연구원, 『한국교회 100년 종합 조사연구』(1982); 한목협, 『한국 기독교 분석리포트』(2013).

42 Pippa Norris and Ronald Inglehart, *Sacred and Secular,* pp. 13-16.

43 이원규, 『인간과 종교』 제12장.

44 예를 들면 Samuel Huntington, *Culture Matters* (New York: Basic Books, 2000). 서문을 보라. 또한 이원규, 『힘내라 한국교회』(동연, 2009) 20장.

45 이원규, 『한국교회의 위기와 희망』, pp. 176-177.

46 최윤식, 『2020 2040 한국교회 미래지도』(생명의 말씀사, 2013), pp. 39-41.

47 이원규, "해방 후 한국인의 종교의식구조 변천 연구," 권규식 · 노치준 · 이원규 · 김종서 공저, 『현대 한국종교 변동 연구』(한국정신문화연구원, 1993), pp. 161-232.

48 이원규, 『한국교회의 위기와 희망』, pp. 248-29.

49 이삼열 외, 『한국 사회발전과 기독교의 역할』(한울, 2000).

50 실제 인터넷 중심으로 '안티 기독교(개신교)' 운동이 네티즌 사이에서 빠르게, 그리고 넓게 퍼져나가고 있다. 이제는 단순히 인터넷에 올라온 교회 관련 기사에 대하여 악성 댓글을 달면서 개신교를 비방하고 악담하는 수준에 그치는 것이 아니라, 300개가 넘는 '안티 기독교 사이트'가 생겨났다. 마침내 반기독교 운동을 조직적으로 전개하는 양상으로까지 나아가고 있다. 2003년 안티 기독교 운동의 가치를 들고 반기독교시민운동연합(반기련)이 출범하면서 내건 창립선언문에는 "이 사회에서 기독교가 패악질을 일삼지 못하도록 기독교를 박멸하겠다"는 저주에 가까운 선전포고의 내용이 들어 있다. 한국교회언론회, 「안티기독교 관련 토론회 자료집」 (2007. 11. 23.). 이와 관련된 내용으로는 이원규, "한국교회, 새 희망을 말할 수 있는가?", 『신학과 세계』 제68호(2010, 여름): 176-177을 보라.

51 기독교윤리실천운동, 「한국교회의 사회적 신뢰도 여론조사」(2017).

52 Patrick Johnstone and Jason Mandryk, *Operation World* (Harrisonburg, VA: Donnelley and Sons, 2006), p. 388.

53 이원규, "감리교 교회실태 및 목회자 의식에 대한 조사연구", 기독교대한감리회 장단기발전위원회 편, 『감리교, 성숙과 부흥을 위한 백서』(kmc, 2007), p. 291.

제2부 한국교회의 현실

제5장 한국의 교회문화: 한국적인 기독교문화

1 Paul B. Horton and Chester L. Hunt, *Sociology* (London: McGraw-Hill, 1984), p. 52.

2 Edward B. Tylor, *Primitive Culture* (London: John Murray, 1871), p. 1.

3 Ruth Benedict, *Patterns of Culture* (Boston: Houghton Mifflin, 1934).

4 Geert Hofstede (차재호 · 나은영 역), 『세계의 문화와 조직』(*Cultures and Organizations*) (학지사, 1995).

5 Geert Hofstede, 『세계의 문화와 조직』, p. 54.

6 Geert Hofstede, 『세계의 문화와 조직』, p. 126.

7 Geert Hofstede, 『세계의 문화와 조직』, p. 168.

8 Geert Hofstede, 『세계의 문화와 조직』, p. 250.

9 Clyde Kluckhohn, "Values and Value-Orientations in the Theory of Action: An Exploration in Definition and Classification," in Talcott Parsons and Edward Shils (eds.). *Toward a General Theory of Action* (New York: Harper & Torchbooks, 1962), p. 411.

10 Clyde Kluckhohn, "Values and Value-Orientations in the Theory of Action."

11 윤태림, 『의식구조상으로 본 한국인』(현암사, 1971).

12 최준식, 『한국인에게 문화는 있는가』(사계절, 1997), p. 287.

13 정순목, "한국 전통문화 속에 나타난 인간관", 『광장』 12월호(1980).

14 김재은, 『한국인의 의식과 행동양식』(이화여자대학교 출판부, 1987), p. 89.

15 윤이흠 외, 『한국인의 종교관』(서울대학교 출판부, 2000), p. 170.

16 김재은, 『한국인의 의식과 행동양식』, p. 186.

17 유동식, 『민속종교와 한국문화』(현대사상사, 1978).

18 이어령, 『한국인의 신화』(서문당, 1977), pp. 16-23.

19 정순목, "한국 전통문화 속에 나타난 인간관", p. 22.

20 김재은, 『한국인의 의식과 행동양식』, p. 86.

21 유동식, 『한국 종교와 기독교』(대한기독교서회, 1965) 제1장.

22 정진홍, 『한국 종교문화의 전개』(집문당, 1988), p. 24.

23 유동식, 『민속종교와 한국문화』, p. 91.

24 윤태림, 『의식 구조상으로 본 한국인』, pp. 36-37.

25 변시민, "한국인의 행동규범", 한국정신문화연구원, 『한국사회의 규범문화』. (1983), p. 261.

26 Talcott Parsons, *The Social System* (New York: The Free Press, 1951), pp. 12-13.

27 임희섭, 『한국의 사회변동과 가치관』(나남, 1994); 사회과학연구소 편, 『가치의식의 변화와 전망』(서울대학교 출판부, 1986) 참조.

28 한국의 가족주의에 대하여는 다음을 보라. 최재석, 『한국인의 사회적 성격』(개문사, 1976) 제1장; 최준식, 『한국인에게 문화가 있는가』 제2장.

29 한국의 권위주의에 대하여는 다음을 보라. 최재석, 『한국인의 사회적 성격』 제4장;

최준식, 『한국인에게 문화가 있는가』 제4장.

30   Andrew M. Greeley, *The Denominational Society* (Glenview, IL: Scott, Foresman and Co., 1972), pp. 21-24; Keith A. Roberts, *Religion in Sociological Perspectives* (Homewood, IL: The Dorsey Press, 1984), pp. 251-252.

31   유동식, 『민속종교와 한국문화』, pp. 95-97.

32   유동식, 『민속종교와 한국문화』, pp. 116-117.

33   정진홍, 『한국 종교문화의 전개』, p. 26.

34   윤태림, 『의식 구조상으로 본 한국인』, p. 34.

35   최종철, "종교의 일상사회학", 일상문화연구회 편, 『한국의 일상문화』(한울, 1996), p. 169.

36   윤태림, 『의식 구조상으로 본 한국인』, p. 251.

37   한국갤럽, 『한국인의 종교와 종교의식』(2004), p. 113. 한국갤럽의 2014년 조사에는 이 문항이 없다.

38   한국갤럽, 『한국인의 종교』(2015), pp. 59-60.

39   표영상, "천도교", 서울대학교 종교문화연구실 편, 『전환기의 한국 종교』(집문당, 1986), pp. 48-50.

40   배용덕, "증산교", 서울대학교 종교문화연구실 편, 『전환기의 한국 종교』, pp. 75-76.

41   류병덕, "원불교", 서울대학교 종교문화연구실 편, 『전환기의 한국 종교』, pp. 159-160.

42   정진홍, 『한국 종교문화의 전개』, p. 32.

43   금장태, "유교 문화의 전통과 오늘의 역할", 『정경세계』(1991, 가을), pp. 68-70.

44   최준식, 『한국 종교 이야기』 제1권(한울, 1994), p. 54.

45   윤이흠 외, 『한국인의 종교관』(서울대학교 출판부, 2000), p. 144.

46   최준식, 『한국 종교 이야기』 제1권, p. 52.

47   윤이흠 외, 『한국인의 종교관』, p. 165.

48   유동식, 『민속종교와 한국문화』, pp. 172-177.

49   홍윤식, "한국불교의례", 원광대학교 종교문제연구소, 『한국 불교』(1974), pp. 11-71.

50   윤이흠 외, 『한국인의 종교관』, p. 174.

51   한국갤럽, 『한국인의 종교』(2015), pp. 54-60.

52   김상욱 외, 『한국종합사회조사 2008』(성균관대학교 출판부, 2009), pp. 209, 213.

53   한국갤럽, 『한국인의 종교』(2015), pp. 85-86.

54   유동식,『민속종교와 한국문화』, pp. 172-177.

55   유동식,『민속종교와 한국문화』, pp. 165-167.

56   유동식,『민속종교와 한국문화』, pp. 160-163.

57   정진홍,『한국 종교문화의 전개』, p. 72.

58   윤태림,『의식구조상으로 본 한국인』, p. 259.

59   정진홍,『한국 종교문화의 전개』, p. 69.

60   서광선, "한국교회 성령운동과 부흥운동의 신학적 이해", 서광선 외,『한국교회 성
     령운동의 현상과 구조』(크리스천 아카데미, 1981), p. 58.

61   서정운, "한국교회의 구조적 문제성", 이원규 편,『한국교회와 사회』(나단, 1996),
     p. 375.

62   김광일, "기독교의 치병현상에 관한 정신의학적 조사연구", 서광선 외,『한국교회
     성령운동의 현상과 구조』, pp. 264-268; 최준식,『한국종교 이야기』제1권(한울,
     1994), p. 66.

63   김광일, "기독교의 치병현상에 관한 정신의학적 조사연구." p. 244.

64   유동식,『한국 종교와 기독교』, pp. 37-38.

65   김광일, "기독교의 치병현상에 관한 정신의학적 조사연구", p. 274.

66   이 문제에 대한 자세한 내용으로는 다음을 보라. Alister McGrath (박규태 옮김),『기
     독교의 미래』(The Future of Christianity) (좋은 씨앗, 2005) 제3장; Donald E. Miller
     (이원규 옮김),『왜 그들의 교회는 성장하는가?』(Reinventing American Protestantism)
     (kmc, 2008) 제1장; 이원규,『머리의 종교에서 가슴의 종교로』(kmc, 2012) 제2장.

67   한국교회의 가족주의적 집합의식은 소위 '개교회주의' 성향과 밀접한 관계를 가지
     고 있다.

68   Nancy Ammerman, Bible Believers: Fundamentalists in the Modern World (New Brunswick,
     NJ: Rutgers University Press, 1987), p. 56. 한국교회의 근본주의에 대해서는 다음을
     보라. 이원규,『기독교의 위기와 희망』(대한기독교서회, 2003) 제7장.

69   조성돈,『한국교회를 그리다』(CLC, 2016) 제7장. "한국교회 부교자의 사역 현황에
     대한 설문조사 결과 분석."

70   한국교회의 반지성주의 성향의 배경과 문제점에 대하여는 다음을 보라. 서광선,
     "한국 기독교와 반지성", 김용복 외,『한국 기독교와 제3세계』(풀빛, 1981), pp.
     170-171.

71   한국교회의 시한부 종말사상에 대해서는 다음을 보라. 이원규,『한국교회 어디로
     가고 있나?』(대한기독교서회, 2000) 제10장.

72   1992년 감리교에서는 다원주의 신학을 주장했다는 이유로 감신대 변선환 학장과
     홍정수 교수를 종교재판에 회부하여 출교시켰다.

제6장 한국교회의 인구학: 교인분포의 불균형

1 자세한 내용으로는 이원규, 『종교사회학의 이해』(개정2판) (나남, 2015) 제8장을 보라.

2 Keith A. Roberts and David Yamane, *Religion in Sociological Perspective* (Thousand Oaks, CA: Pine Forge Press, 2012) Chap. 11.

3 한국갤럽, 『한국인의 종교』(2015).

4 한국기독교목회자협의회, 『한국 기독교 분석리포트』(도서출판 URD, 2013).

5 William H. Swatos (ed.), *Gender and Religion* (New Brunswick, NJ: Transaction Publishers, 1994).

6 Dennis L. Carmody (강돈구 역), 『여성과 종교』(*Women and World Religion*) (서광사, 1992).

7 이원규, 『종교사회학의 이해』, p. 369.

8 이원규, "여성의 종교성에 대한 사회학적 연구", 『신학과 세계』 제75호(겨울, 2012): 260-276.

9 Michael Argyle, *Psychology and Religion* (London: Routledge, 2000); Lesile J. Francis and Carolyn Wilcox, "Religiosity and Feminity," *Journal for the Scientific Study of Religion 37:3* (1998); Allan Miller and Rodney Stark, "Gender and religiousness," *American Journal of Sociology 107:6* (2002).

10 Sally K. Gallagher, *Evangelical Identity and Gendered Family Life* (New Brunswick, NJ: Rutgers University Press, 2003).

11 Bradley R. Hertel, "Gender, religious identity and work force participation," *JSSR 27:4* (1988).

12 Andrew L. Whitehead, "Gender ideology and religion: Does a masculine image of God matter?" *Review of Religious Research 54:1* (2002).

13 이원규, 『종교사회학의 이해』 제12장을 보라.

14 K. F. Ferraro and J. A. Kelley-Moore, "Religious consolation among men and women," *JSSR 39:2* (2000).

15 김상욱 외, 『한국 종합 사회조사』(성균관대학교 출판부, 2009), pp. 205-207.

16 이원규, 『인간과 종교』(나남, 2006), pp. 260-262.

17 이원규, 『인간과 종교』, pp. 322-342.

18 이원규, 『머리의 종교에서 가슴의 종교로』(kmc, 2012), pp. 221-233; Pippa Norris and Ronald Inglehart, *Sacred and Secular: Religion and Politics Worldwide* (NY: Cambridge University Press, 2009) Chap. 3.

19 J. Verweij, P. Ester and R. Nauta, "Secularization as an economic and cultural phenomenon: A cross-national analysis," *JSSR 36:2* (1997).

20 E. Ozorak, "The Power, but not the glory: How women empower themselves through religion," *JSSR 35:1* (1996).

21 Sherrie Steiner-Aeschliman and Armand L. Mauss, "The impact of feminism and religious involvement on sentiment toward God," *RRR 37:3* (1996).

22 Arland Thornton, Duane F. Alwin and Donald Carburn, "Causes and consequences of sex-role attitudes and attitude change," *American Sociological Review 48* (1983).

23 Penny E. Becker and Heather Hofmeister, "Work, family, and religious involvement for men and women," *JSSR 40:4* (2001).

24 통계청, 『한국의 사회지표』(2016).

25 http://hdr.undp.org/en/composite/HDI

26 http://hdr.undp.org/en/composite/GII

27 Michael Argyle and Benjamin Beit-Hallahmi, *The Social Psychology of Religion* (London: Routledge & Kegan Paul, 1995), p. 66.

28 이원규, 『종교사회학의 이해』, pp. 390-391.

29 Nancy Ammerman, "Congregations: Local, social, and religious," in Peter B. Clarke (ed.), *Oxford Handbook of the Sociology of Religion* (New York: Oxford University Press, 2009).

30 Michael Argyle and Benjamin Beit-Hallahmi, *The Social Psychology of Religion*, pp. 31-35.

31 통계청, "인구동향"(2016. 12).

32 젊은 세대의 부재로 유럽의 교회가 고령화되는 현실에 대한 설명으로는 다음을 보라. Steve Bruce, *God is Dead: Secularization in the West* (Malden, MA: Blackwell, 2002), Chap. 3.

33 Roger Finke and Rodney Stark, *The Churching America 1776-2005: Winners and Losers in Our Religious Economy* (New Brunswick, NJ: Rutgers University Press, 2005), Chap. 7.

34 『교회연합신문』 2015. 2. 8. 영국에서는 매주 4개꼴로 교회가 문을 닫는다고 한다. 그래서 지난 30여 년 동안 5천여 교회가 문을 닫았다.

35 Andrew Greeley and Michael Hout, *The Truth about Conservative Christians* (Chicago: The University of Chicago Press, 2006), Chap. 7.

36 이에 대한 자세한 내용으로는 다음을 보라. Donald E. Miller (이원규 옮김), 『왜 그들의 교회는 성장하는가?』(*Reinventing American Protestantism*) (kmc, 2008).

37 이원규, 『종교사회학의 이해』, pp. 394-395.

38 Elmer H. Johnson, *Social Problems of Urban Man* (Homewood, IL: The Dorsey Press,

1973).

39 Joseph H. Fichter, "The Urban Parish as a Social Group," in Joan Brothers (ed.), *Readings in the Sociology of Religion* (London : Pergamon Press, 1967), pp. 195-196.

40 Frederick A. Shippey, "The Variety of City Churches." in Richard D. Knudten (ed.), *The Sociology of Religion* (New York: Appleton-Century-Crofts, 1967), pp. 185-196.

41 이원규, "도시산업사회와 교회", 이원규 편, 『한국교회와 사회』(나단, 1996), pp. 318-320.

42 Thomas Luckmann (이원규 역), 『보이지 않는 종교』(*The Invisible Religion*) (기독교문사, 1981), pp. 35-37.

43 Wade C. Roof, *Commitment and Community* (New York: Elsevier, 1978).

44 Charles Y. Glock and Rodney Stark, *Christian Belief and Anti-Semitism* (New York: Harper & Row, 1966).

45 이원규, 『종교사회학의 이해』, pp. 563-565.

46 이원규, "감리교회 교회실태 및 목회자 의식에 관한 조사연구", 기독교대한감리회 장단기발전위원회 편, 『감리교회, 성숙과 부흥을 위한 백서』(2007), pp. 213-360. 이 조사는 다단층화 체계적 표집방법을 사용하여 전국의 목회자 547명을 대상으로 2006년 11월부터 2개월간에 걸쳐 이루어졌고, 수집된 자료는 통계 처리되어 분석되었다.

제7장 한국교회의 조직구조: 제도화된 교회구조

1 Amitai Etzioni, *The Comparative Analysis of Complex Organizations* (New York: The Free Press, 1961), p. 79.

2 김경동, 『현대의 사회학』(박영사, 1999), pp. 217-18.

3 Ronald L. Johnstone, *Religion and Society in Interaction: The Sociology of Religion* (Englewood Cliff, NJ: Prentice-Hall 1975), p. 100.

4 Ronald L. Johnstone, *Religion and Society in Interaction*, pp. 101-6.

5 종교조직 유형과 특성에 대한 자세한 내용으로는 다음을 보라. 이원규, 『종교사회학의 이해』(개정2판) (나남, 2015) 제10장.

6 이원규, 『종교사회학의 이해』, p. 487.

7 Paul E. Matt, *The Organization of Society* (Englewood Cliffs, NJ: Prentice-Hall, 1965), pp. 48-68.

8 Thomas F. O'Dea, *The Sociology of Religion* (Englewood Cliffs, NJ: Prentice-Hall, 1966),

p. 90-92.

9   이원규, 『기독교의 위기와 희망』(대한기독교서회, 2003), p. 168.

10   H. H. Gerth and C. W. Mills, *From Max Weber: Essays in Sociology* (London: Routledge & Kegan Paul, 1948), pp. 196-98.

11   Julius Gould and William L. Kolb (eds.), *A Dictionary of the Social Sciences* (New York: The Free Press, 1964), p. 61. 보다 자세한 내용으로는 다음을 보라. Edgar F. Borgatta and Marie L. Borgatta (eds.), *Encyclopedia of Sociology*, Vol I (New York: Macmillan Publishing Co., 1992), pp. 151-54.

12   John Wilson, *Religion in American Society* (Englewood Cliffs, NJ: Prentice-Hall, 1978), p. 155.

13   John Wilson, *Religion in American Society*, p. 158.

14   N. J. Demerath and Phillip E. Hammond, *Religion in Social Context* (New York: Random House, 1969), pp. 173-80.

15   David Moberg, *The Church as a Social Institution* (Grand Rapids, MI: Baker Book House, 1984).

16   기독교 분파의 형성과 교세에 대한 자세한 내용으로는 다음을 보라. 이원규, 『인간과 종교』(나남, 2006) 제8장.

17   이원규, 『인간과 종교』, pp. 240-43.

18   William H. Swatos (ed.), *Encyclopedia of Religion and Society* (London: Altamira Press, 1998), p. 134.

19   Keith A. Roberts and David Yamane, *Religion in Sociological Perspective* (Thousand Oaks, CA: Pine forge Press, 2012), p. 187.

20   Keith A. Roberts and David Yamane, *Religion in Sociological Perspective*, pp. 188-89.

21   Mark Chaves, *Congregations in America* (Cambridge, MA: Harvard University Press, 2004).

22   H. Richard Niebuhr, *The Social Sources of Denominationalism* (New York: The World Publishing Co., 1957).

23   David Barrett, George Kurian & Todd Johnson (eds.), *World Christian Encyclopedia*, Vol I (New York: Oxford University Press, 2001), p. 10.

24   Todd M. Johnson and Brian J. Grim, *The World's Religions in Figures* (Malden, MA: John Willey & Sons, 2013), p. 104.

25   Andrew M. Greenly, *The Denominational Society: A Sociological Approach to Religion in America* (Glenview, IL: Scott, Foresman and Co., 1972).

26   Eileen W. Lindner (ed.), *Yearbook of American & Canadian Churches 2011* (Nashville:

Abingdon Press, 2011), pp. 364-73.

27   Charles Y. Glock and Rodney Stark, *Religion and Society in Tension* (Chicago: Rand Mc-Nally & Co., 1965) Chap 5.

28   Charles Y. Glock and Rodney Stark, *Religion and Society in Tension*, p. 117.

29   Robert Wuthnow, *The Restructuring of American Religion: Society and Faith Since World War II* (Princeton, NJ: Princeton University Press, 1988).

30   한국기독교역사연구소, 『한국 기독교의 역사』 I (기독교문사, 1993) 제5장 참조.

31   한국기독교역사연구소, 『한국 기독교의 역사』 I, p. 218.

32   전택부, 『한국 교회 발전사』(대한기독교출판사, 1987), pp. 110-14.

33   한국기독교역사연구소, 『한국 기독교의 역사』 I, pp. 283-88.

34   문화체육관광부, 『한국의 종교현황』(2011), pp. 38-47.

35   「교회연합신문」(2016. 2. 21.).

36   노치준, 『한국의 교회조직』(민영사, 1995) 제7장.

37   노치준, 『한국의 교회조직』, pp. 318-38.

38   이원규, 『종교사회학의 이해』(개정2판), pp. 470-73.

39   제도화된 교회의 특징과 문제에 대해서는 다음을 보라. Diana B. Bass(이원규 옮김), 『교회의 종말: 기독교 종교의 몰락과 새로운 영적 각성운동』(*Christianity After Religion: The End of Church and the Birth of a New Spiritual Awakening*)(kmc, 2017).

40   David Barrett et al., *World Christian Encyclopedia*, Vol. 1, World Christian Database, 이원규, 『머리의 종교에서 가슴의 종교로』(kmc, 2012).

41   David Barrett et al., *World Christian Encyclopedia*, Vol. 1, World Christian Database, p. 10. 독립교회의 성장 실태와 특징에 대하여는 이원규, 『인간과 종교』, pp. 246-54를 보라.

42   Donald E. Miller (이원규 옮김), 『왜 그들의 종교는 성장하는가?』(*Reinventing American Protestantism*) (kmc, 2008). 이 요약은 옮긴이가 정리하여 책 서문에 소개한 것이다.

43   Donald E. Miller (이원규 옮김), 『왜 그들의 교회는 성장하는가?』 제8장.

44   Kimon H. Sargeant, *Seeker Churches: Promoting Traditional Religion in a Nontraditional Way* (New Brunswick, NJ: Rutgers University Press, 2000), p. 61.

45   Jonathan Mahler, "The Soul of the New Exurb," New York Times Magazine (March 27, 2005).

46   Kimon H. Sargeant, *Seeker Churches* 8.

47   한국문화의 집합주의, 명분주의 성향에 대한 자세한 설명으로는 다음을 보라. 최재

석, 『한국인의 사회적 성격』(개문사, 1976); 김재은, 『한국인의 의식과 행동양식』 (이화여자대학교 출판, 1987).

48 Nancy Ammerman, "Denominationalism/Congregationalism," in H. R. Ebaugh (ed.), *Handbook of Religion and Social Institutions* (New York: Springer, 2006).

49 노치준, 『한국의 교회조직』, p. 32.

50 노치준, 『한국의 교회조직』, pp. 50-56

51 노치준, 『한국의 교회조직』, pp. 35-49.

52 Scott Thumma and Warren Bird, "Change in American Megachurches" (Sep. 2008) 1, hirr.hartsem.edu/megachurch/megachurches_research.html.

53 Keith A. Roberts and David Yamane, *Religion in Sociological Perspective*, p. 206.

54 전반적인 미국교회의 현실에 대해서는 다음을 보라. 이원규, 『머리의 종교에서 가슴의 종교로』 제4장.

55 Keith A. Roberts and David Yamane, *Religion in Sociological Perspective*, p. 206.

56 Scott Thumma, Dave Travis, and Warren Bird, "Megachurches Today 2005: Summary of Research Findings"(2005), hirr.hartsem.edu/megachurch/megachurches_research. html.

57 *Christian Review* (2015. 8. 7). 이 조사는 Hartford 종교연구소에 의해 이루어진 것이다. 첫째는 휴스톤의 38개, 둘째는 댈러스의 19개이다. 서울에는 17개의 메가처치가 있다고 보고되었다.

58 최현종, 『오늘의 사회, 오늘의 종교』(다산출판사, 2017), p. 51.

59 홍영기, 『한국 초대형교회와 카리스마 리더십』(교회성장연구소, 2001).

60 이성우, "한국 대형교회 문화 흐름에 대한 반공주의 영향 연구", 감리교신학대학교 대학원 박사학위논문(2017).

61 Warren Bird의 리더십 네트워크, http://leadnet.org/; 최현종, 『오늘의 사회, 오늘의 종교』, pp. 52-53에서 재인용.

62 Richard Cimino and Don Lattin, *Shopping for Faith: American Religion in the New Millenium* (San Francisco: Jossey-Bass, 1998), p. 56; 최현종, 『오늘의 사회, 오늘의 종교』, p. 54에서 재인용.

63 Robert J. Vokurka and Stephen W. McDaniel, "A taxonomy of church marketing strategy types," *Review of Religions Research* 46: 2 (2004): 145-46.

64 Reginald W. Bibby and Merlin B. Brinkerhoff, "Circulation of the Saints: A study of people who join conservative churches," *Journal for the Scientific Study of Religion, 12:3* (1973); "Circulation of the saints 1966-1990: New Data, new reflections," *JSSR 33:3* (1994). 이 주제에 대한 그리고 교인의 수평이동에 대한 자세한 내용으로는 다음을

보라. 이원규, 『머리의 종교에서 가슴의 종교로』, pp. 252-53; 최현종, 『오늘의 사회, 오늘의 종교』 제3장; 이원규, 『한국교회의 위기와 희망』 제4장.

65 최현종, 『오늘의 사회, 오늘의 종교』, p. 81.

66 John Drane, *The McDonaldization of Church: Spirituality, Creativity, and the Future of the Church* (London: Daron, Longman & Todd, 2000).

67 Alister McGrath (박규태 옮김), 『기독교의 미래』(*The Future of Christianity*)(좋은 씨앗, 2005), pp. 76-84.

68 신광은, 『메가처치 논박』(도서출판 정연, 2009) 제10장.

제8장 한국 목회자의 현실: 멍에를 지고 가는 목회자

1 Dean R. Hoge, "The Sociology of Clergy," in Peter B. Clarke (ed.), *The Oxford Handbook of Sociology of Religion* (Oxford : Oxford University Press, 2011), p. 581.

2 Paul B. Horton and Chester L. Hunt, *Sociology* (New York : McGraw-Hill, 1984), pp. 115-22.

3 Samuel W. Blizzard and H. B. Blizzard, *The Protestant Parish Minister: A Behavioral Science Interpretation* (Storrs, CT : Society for the Scientific Study of Religion, 1985).

4 Glenn M. Vernon, *Sociology of Religion* (New York: McGraw-Hill, 1962), pp. 187-90.

5 이원규, "감리교회 교회실태 및 목회자 의식에 관한 조사연구", 기독교대한감리회 장단기발전위원회 편, 『감리교회, 성숙과 부흥을 위한 백서』(2007), p. 267.

6 Samuel W. Blizzard and H. B. Blizzard, *The Protestant Parish Minister.*

7 Jackson W. Carroll, *God's Potters: Pastoral Leadership and the Shaping of Congregations* (Grand Rapids, MI : Eerdmans, 2006).

8 Dean R. Hoge, "The Sociology of Clergy," p. 584.

9 Jackson W. Carroll, B. Hargrove, and A. T. Lummis, *Women of the Cloth: A New Opportunity for the Churches* (New York : Harper & Row, 1981).

10 P. W. Blanton and M. L. Morris, "Work-Related Predictors of Physical Symptomatology and Emotional Well-Being among Clergy and Spouses," *Review of Religions Research, 40* (1999).

11 목회자와 신학자 사이의 갈등 문제에 대하여는 다음을 보라. Alister McGrath (박규태 옮김), 『기독교의 미래』(*The Future of Christianity*)(좋은 씨앗, 2005) 제6장.

12 한목협, 『한국기독교 분석리포트』(도서출판, URD), pp. 263-64.

13 문화체육관광부의 『한국의 종교현황』(2012)에 따르면 2012년 현재 개신교 교회

수는 77,966개, 교직자 수는 140,483명이었다.

14 이 조사는 한목협이 글로벌리서치에 의뢰해서 2012년 개신교인, 비개신교인, 목회
자, 크리스천 여론 선도층 대상으로 광범위하게 이루어졌고, 2013년『한국기독교
분석리포트』(도서출판 URD)라는 제목의 책으로 출판되었다. 이 가운데 일반 신도
들에 대한 조사 결과는 이 책의 제2장에서 상세히 다루어졌으며, 여기서는 목회자
대상의 조사 결과를 주로 다룬다. 조사 대상자는 한국교회 담임목회자 500명을 전
국 단위로 지역별/교회규모별 비례 할당 후 무작위 추출 방법으로 직접 방문을 통
한 일대일 개별면접법에 의해 이루어졌고, 조사 기간은 2011년 11월 7일부터 12월
7일까지 1개월간이었다.

15 이것은 '평균'이라는 통계 지표가 지니고 있는 함정 때문이다. 예를 들어 교인 수가
1만 명인 교회, 1천 명인 교회, 1백 명인 교회 등 세 교회가 있다고 가정할 때 교인
수를 평균 내면 3,700명이 된다. 이 결과만 보면 교회가 대개 중대형교회인 것으로
오해하게 된다. 따라서 교인 수를 산정할 때는 '평균값'(mean) 보다는 '중간값'(me-
dian)을 알아내는 것이 현실을 더 잘 설명해 줄 수 있다. 중간값이란 모든 경우의
수를 일렬로 배열한 후 한 가운데 있는 값을 말하는 것이다. 따라서 예를 든 세 교
회 중간값은 1천냉이 된다. 3천 7백 명과 1천 명은 커다란 차이이며, 후자의 경우
보다 전형적인 현실을 반영하는 결과로 이해될 수 있나. 즉 교인 수의 평균은 초대
형교회 교인 수에 의해 일반적인 실제보다 높게 나타날 수 있는 것이다. 다른 예를
들어 보자. 미국 워싱턴주 레드먼드(Redmond)라는 작은 도시 인구는 4만 명 정도
인데, 주민의 평균 재산은 2백만 달러나 된다. 정말 그들은 모두 잘 사는 것일까?
이렇게 매우 높은 평균치는 세계 최고의 부자인 빌 게이츠(Bill Gates)가 그 도시에
살고 있기 때문이다. 그의 재산은 900억 달러에 이르고 있다. 그의 어마어마한 재
산이 그 도시 주민의 평균 재산을 그렇게 높게 만들어 놓은 것이다. 그 주민들 가운
데 재산이 중간 정도에 해당하는 사람의 실제 재산은 평균 재산의 1/5도 안 된다.
Earl Babbie (고성호 외 공역),『사회조사방법론』(The Practice of Social Research)(도서
출판 그린, 2002), p. 499.

16 신학자와 목회자, 신학교와 교회 사이의 괴리의 우선적인 책임은 신학과 신학교에
있다는 날카로운 비판에 대하여는 다음을 보라. Alister McGrath (박규태 옮김),『기
독교의 미래』제6장.

17 조성돈 · 정재영 엮음,『그들은 왜 가톨릭 교회로 갔을까?』(예영 커뮤니케이션,
2007).

18 『한국기독교 분석리포트』에는 크리스천 여론 선도층 조사 결과가 포함되어 있다.
교수, 언론인, 기업인, 법조인, 정치인, 기독교 단체 등 크리스천 오피니언 리더 20
명을 대상으로 한국교회에 대한 의식과 태도 및 평가에 대해 알아보는 개별 심층
면접 조사가 이루어졌다.

19 이원규, "2012 한국인의 종교생활과 의식조사 결과: 개신교인 조사를 중심으로",
한목협 제23차 열린대화마당 발제문 참조, 필자는 한목협 조사 결과를 분석하여
2013년 4월 19일 발표한 바 있다. 한목협은 1998년과 2004년에도 한국 개신교인

의 교회생활과 신앙의식에 대한 조사를 실시한 바 있어 2012년 조사와 비교할 수
있었다.

20 *NEWS MISSION*(2014. 7. 23.)

21 *NEWS N NET*(2014. 3. 8.)

22 「교회연합신문」(2017. 1. 15.)

제3부 한국사회와 교회

제9장 한국교회의 기능: 영혼을 치유하는 교회

1 기능이론 및 종교기능론에 대한 자세한 설명으로는 다음을 보라. 이원규, 『종교사회학의 이해』(개정2판)(나남, 2015) 제6장.

2 Thomas F. O'Dea, *The Sociology of Religion* (Englewood Cliffs, NJ: Prentice-Hall, 1966), p. 50.

3 Max Weber, *The Sociology of Religion*, tr. by E. Pischoff (Boston, MA: Beacon Press 1963).

4 Meredith B. McGuire, *Religion: The Social Context* (Belmont, CA: Wadsworth Publishing Co., 2008), p. 24.

5 Robert M. MacIver, *Community* (London: Routledge & Kegan Paul, 1951).

6 Charles Y. Glock and Rodney Stark, *Religion and Society in Tension* (Chicago: Rand Mc-Nally, 1965), Chap. 13.

7 Charles Y. Glock, Benjamin Ringer, and Earl Babbie, *To Comfort and to Challenge* (Berkeley, CA: University of California Press, 1967).

8 A. Dudley Ward, *The Social Creed of the Methodist Church* (New York: Abingdon Press, 1961).

9 Emile Durkheim, *The Elementary Forms of the Religious Life*, tr. by Joseph W. Swain (New York: Free Press, 1965).

10 Ronald L. Johnstone, *Religion and Society in Interaction: The Sociology of Religion* (Englewood Cliffs, NJ: Prentice-Hall, 1975), pp. 145-48.

11 Peter L. Berger, *The Sacred Canopy: Elements of Sociological Theory of Religion* (Garden City, NY : Doubleday, 1967).

12   Thomas F. O'Dea, *The Sociology of Religion*, p. 14.

13   Thomas F. O'Dea, *The Sociology of Religion*, p. 14.

14   Thomas F. O'Dea, *Sociology and the Study of Religion* (New York: Basic Books, 1970), p. 264.

15   Max Weber, *The Sociology of Religion*; *The Protestant Ethics and the Spirit of Capitalism*. tr. by Talcott Parsons (New York: Charles Scribner's Sons, 1958).

16   Robert K. Merton, *Social Theory and Social Structure* (Glencoe, IL: Free Press, 1957); Talcott Parsons, "Christianity and Modern Industrial Society," in E. Tiryakian (ed.), *Sociological Theory, Values and Socio-Cultural Change* (New York: The Free Press, 1963).

17   John Wilson, *Religion in American Society* (Englewood Cliffs, NJ: Prentice-Hall, 1978), pp. 217-20.

18   Otto Maduro, *Religion and Social Conflict* (New York: Maryknoll, 1979), Chaps. 33-35.

19   Max Weber, *The Sociology of Religion*, Chap. IV.

20   Thomas F. O'Dea, *Sociology and the Study of Religion*, pp. 264-65.

21   자세한 설명으로는 다음을 보라. 이만열, 『한국기독교문화운동사』(대한기독교출판사, 1987); 민경배, 『한국기독교사회운동사』(대한기독교출판사, 1987); 전택부, 『한국기독교발전사』(대한기독교출판사, 1987).

22   이원규, 『한국교회의 사회학적 이해』(성서연구사, 1992), p. 87.

23   김병서, 『한국사회와 개신교』(한울, 1995), pp. 151-57.

24   지명관, "한국 기독교의 사회참여", 김용복 외, 『한국 기독교와 제3세계』(풀빛, 1981), pp. 190-91.

25   이원규, "해방 후 한국인의 종교의식구조 변천연구", 한국정신문화연구원 편, 『현대 한국종교변동연구』(1993), p. 188.

26   윤승홍, 『현대 한국종교문화의 이해』(한울, 1997), p. 126.

27   자세한 내용으로는 다음을 보라. 김병서, "한국사회의 민주화와 기독교", 이삼열 외, 『한국사회 발전과 기독교의 역할』(한울, 2000).

28   이원규, "한국 기독교의 사회변동적 기능", 이삼열 외, 『한국사회 발전과 기독교의 역할』, p. 44.

29   이대근, "경제성장과 구조적 불균형", 한국사회과학연구협의회 편, 『한국사회의 변화와 문제』(법문사, 1986), pp. 175-61.

30   이원규, "한국 개신교의 정치참여", 이원규 편, 『한국교회와 사회』(나단, 1996), p. 204-14.

31   김성재, "민중의 외침, 하나님의 외침: 해방신학의 역사적 상황", 『기독교사상』 1984(9): 90.

32   민중신학에 관한 첫 글들은 1975년에 나왔다. 서남동, "예수, 교회사, 한국교회", 『기독교사상』 1975(2); 안병무, "민족, 민중교회", 『기독교사상』 1975(4). 그러나 본격적인 연구의 계기가 된 것은 서남동의 "민중의 신학"(『신학사상』, 1979, 봄)이 발표된 다음부터다. 민중신학에 대한 자세한 내용으로는 다음을 보라. 서남동, 『민중신학의 탐구』(한길사, 1983); 안병무, 『민중신학 이야기』(한국신학연구소, 1988).

33   이원규, 『한국교회의 위기와 희망』(kmc, 2010), pp. 250-52.

34   Bryan Wilson, *Religion in Secular Society* (London: C. A. Watts & Co., 1966); *Religion in Sociological Perspective* (Oxford: Oxford University Press, 1982).

35   Peter L. Berger, *The Sacred Canopy*; *The Heretical Imperative* (Garden City, NY: Doubleday, 1979).

36   글로벌리서치, 『국민 행복/힐링 관련 전 국민 여론조사 보고서』(한국기독교언론포럼, 2012).

37   기윤실, 『2017년 한국교회의 사회적 신뢰도 여론조사』(2017).

38   기윤실, 『2017년 한국교회의 신뢰도 여론조사』(2017).

39   김홍권, 『좋은 종교 좋은 사회』(예영커뮤니케이션, 2008); 기독교사회복지엑스포 2010 조직위원회, 『기독교사회복지엑스포 2010대회 세미나 자료집』(2010).

40   이원규, 『한국교회의 위기와 희망』, pp. 222-26.

41   Hadley Cantril, *The Pattern of Human Concerns* (New Brunswick, NJ: Rutgers University Press, 1965).

42   Melford E. Spiro (ed.), *Anthropological Approaches to the Study of Religion* (London: Tavistock Publication, 1966).

43   Norman M. Bradburn, *The Structure of Psychological Well-Being* (Chicago: Aldine Publishing Co., 1969).

44   Angus Campbell, Phillip E. Converse, and Willard L. Rodgers, *The Quality of American Life* (New York: Russell Sage, 1976).

45   Talcott Parsons, *The Social System* (New York: The Free Press, 1964).

46   David Moberg (ed.), *Spiritual Well-Being: Sociological Perspective* (Washington DC: University Press of America, 1979).

47   M. Brewster Smith, *Social Psychology and Human Values* (Chicago: Aldine Publishing Co., 1969).

48   이원규, 『종교사회학: 이론과 실제』(한국신학연구소, 1991) 제7장.

49   Richard V. McCann, *The Churches and Mental Health* (New York: Basic Books, 1962).

50   Frank Clement and William J. Sauer, "Life satisfaction in the United State," *Social Forces*

54 (March, 1976).

51 W. R. Wilson, "Correlate of avowed happiness," *Psychological Bulletin 67* (1967).

52 Fern K. Willits and Donald M. Crider, "Religion and well-being: Men and women in the middle years," *Review of Religious Research 29:1* (1998): 285.

53 Christopher K. Hadaway and Wade C. Roof, "Religious commitment and the quality of life in American society," *RRR 19:1* (1978).

54 Christopher K. Hadaway, "Life satisfaction and religion: A reanalysis," *SF 57* (Dec., 1978).

55 이원규, "종교성과 삶의 민족도의 상관관계에 대한 경험적 연구", 『신학과 세계』 제20호(1990).

56 한내창, "종교성이 정신건강에 미치는 영향 연구", 『한국사회학』 제36집 3호 (2002).

57 이원규, "해방 후 한국인의 종교의식구조 변천연구": 186-208.

58 김상욱 외, 『한국종합사회조사 2008』(성균관대학교 출판부, 2009), pp. 205-208.

59 이원규, "병든 사회, 상처 입은 영혼, 치유하는 교회", 『신학과 세계』 제76호(2013, 봄), pp. 112-19.

60 이내찬, "OECD 국가 삶의 질 구조에 대한 연구", 『보건사회연구』(2012).

61 글로벌리서치, 『국민 행복/힐링 관련 전 국민 여론조사 보고서』(2012).

62 글로벌리서치, 『국민 행복/힐링 관련 전 국민 여론조사 보고서』(2012).

63 한국갤럽, 『한국인의 종교』(2015).

제10장 사회상황과 한국교회: 다원화 사회 속의 교회

1 Peter L Berger (이양구 역), 『종교와 사회』(*The Sacred Canopy*) (종로서적, 1981), p. 155.

2 Max Weber, *From Max Weber,* tr. and eds. by Gerth and Mills (New York: Free Press, 1946), p. 149 이하.

3 Steven Seidmann, "Modernity, Meaning and Cultural Pessimism in Max Weber," *Sociological Analysis 44:4* (1983): 273.

4 Peter L. Berger (서광선 역), 『이단의 시대』(*The Heretical Imperative*) (문학과 지성사, 1981), p. 15.

5 Peter L. Berger, 『이단의 시대』, pp. 22-39.

6   Peter L. Berger, 『종교와 사회』, p. 153.

7   Peter L. Berger, 『종교와 사회』, p. 155.

8   Peter L. Berger, 『종교와 사회』, pp. 153-164.

9   Peter L. Berger, 『종교와 사회』, p. 156.

10 Peter L. Berger, 『종교와 사회』, p. 162.

11 Peter L. Berger, 『종교와 사회』, p. 164.

12 Peter L. Berger, 『종교와 사회』, pp. 158-161.

13 Peter L. Berger, 『종교와 사회』, p. 151.

14 이 개념은 종교 세속화 이론의 하나인 '사사화 이론'의 핵심적 주제이다. Peter L. Berger, 『종교와 사회』 제6장; Thomas Luckmann (이원규 역), 『보이지 않는 종교』 (*The Invisible Religion*) (기독교문사, 1982) 제6장; 이원규, 『종교의 세속화』(대한기독교출판사, 1980) 제8장.

15 Peter L. Berger, 『종교와 사회』, p. 168.

16 Peter L. Berger, 『종교와 사회』, p. 168.

17 John Micklethwait and Adrian Wooldridge, *God is Back: How the Global Revival of Faith is Changing the World* (New York: Penguin Books, 2009); Monica D. Toft et al., *God's Century: Resurgent Religion and Global Politics* (New York: W. W. Norton & Co., 2011).

18 문화체육관광부, 『한국의 종교현황』(2011).

19 조흥윤, "신흥종교", 윤이흠 외, 『한국인의 종교』(정음사, 1987), pp. 150-164. 신흥종교에 대한 자세한 연구로는 다음을 보라. 노길명, 『한국신흥종교 연구』(경세원, 1996).

20 다음에 나오는 통계는 통계청, 『인구주택총조사』(2015); 한국갤럽, 『한국인의 종교』(2015); 한목협, 『한국기독교 분석리포트』(2013) 자료를 토대로 필자가 산출한 것이다.

21 한국갤럽, 『한국인의 종교』, pp. 40-41, 70-71.

22 교회성장론자의 대표적인 학자들로는 C. Peter Wagner, Donald A. McGavran, George G. Hunter, Dean M. Kelley 등을 들 수 있다. 교회성장론에 대한 사회학적 분석으로는 다음을 보라. 이원규, 『한국교회의 현실과 전망』(기독교문사, 1994) 제8장.

23 이 이론에 대한 자세한 설명으로는 다음을 보라. Rodney Stark and William S. Bainbridge, *A Theory of Religion* (New York: Peter lang, 1987); Roger Finke and Rodney Stark, *The Churching of America, 1776-2005: Winners and Losers in Our Religious Economy* (New Brunswick, NJ: Rutgers University Press, 2014); Roger Finke and Rodney Stark, *Acts of Faith: Explaining the Human Side of Religion* (Berkely, CA: University of California

Press, 2000); Laurence R. Iannaccone, "Introduction to the economics of religion," *Journal of Economic Literature 36:3* (1998).

24   Roger Finke and Rodney Stark, *The Churching of America, 1776-2005.*

25   Pippa Norris and Ronald Inglehart, *Sacred and Secular: Religion and Politics Worldwide* (New York: Cambridge University Press, 2009), p. 96.

26   William H. Swatos and Kevin J. Christiano, "Secularization theory: The source of a concept." *SA 60:3* (1999), p. 222.

27   Roger Finke and Rodney Stark, *Acts of Faith,* p. 230.

28   Mark Chaves and David E. Cann, "Regulation, pluralism and religious market structure," *Rationality and Society 4* (1992).

29   Laurence R. Iannaccone, "The consequences of religious market structure," *RS 3* (1991).

30   Rodney Stark and Laurence Iannaccone, "A Supply-side reinterpretation of the 'secularization' of Europe," *Journal for the Scientific Study of Religion 33:3* (1994): 230-252.

31   나일선, "한국교회 성장의 비결들", 『목회와 신학』(1990년 2월호): 57-66.

32   예를 들어 매 주일 종교의례에 참석하는 비율이 개신교인 80%, 천주교인 59%, 불교인 6%이다. 한국갤럽, 『한국인의 종교』. (2015), p. 44. 그리고 자신이 나가고 있는 종교단체(교회/성당/절)에 대한 신뢰 비율 역시 개신교인이 59%로 가장 높고, 다음은 천주교 45%, 불교 39% 순이다. 한국갤럽, 『한국인의 종교와 종교의식』 (2004), p. 132.

33   이원규, 『한국교회의 사회학적 이해』(성서연구사, 1992), p. 240.

34   이원규, "도시산업사회와 교회", 이원규 편저, 『한국교회와 사회』(나단출판사, 1996), p. 319.

35   송복, 『한국사회의 갈등구조』(현대문학, 1990), pp. 319-331.

36   한국갤럽, 『한국인의 종교』, pp. 72-73.

37   현대사회연구소, 『우리나라 종교지도자들의 의식에 대한 조사 연구』(1990).

38   이원규, "감리교회 교회실태 및 목회자 의식에 관한 조사연구", 기독교대한감리회 장단기발전위원회 편, 『감리교회, 성숙과 부흥을 위한 백서』(2007), pp. 298-300.

39   이원규, 『한국교회 무엇이 문제인가?』(감리교신학대학교 출판부, 1989) 제4장.

40   이원규, "한국교회의 종교적 배타성의 문제," 『기독교사상』 11(1998): 36-47.

41   나학진, "종교 간의 갈등 극복: 기독교와 타종교의 경우." 『종교학 연구』 제9집 (1990): 5-59.

42   Rodney Stark, *One True God : Historical Consequences of Monotheism* (Princeton: Princeton University Press, 2001). 이 책은 유일신 사상이 역사적으로 얼마나 자주 심각한 종교문제와 갈등을 유발해왔는지 자세하게 설명하고 있다.

43   John Hick, *God Has Many Names* (Philadelphia: The Westminster Press, 1982); Raimundo Panikkar, *The Interreligious Dialogue* (New York: Paulist Press, 1978); Paul F. Knitter, *No Other Name?: A Critical Survey of Christian Attitudes toward the World Religions* (Maryknoll, NY: Orbis Book, 1985).

44   배덕만, 『한국 개신교 근본주의』(대장간, 2010) 제3장.

45   예를 들어 한 조사에 따르면 "기독교만이 참 진리이다"라고 배타적인 태도를 보이는 비율이 기장 27%, 감리교 43%, 예장(통합) 48%이지만, 침례교는 94%, 예장(합동)은 98%에 이르고 있다. 신규석, "한국 신학대학원생들의 의식구조 연구", 감리교신학대학교 석사학위논문(2003), p. 140.

46   이원규, 『한국교회 무엇이 문제인가?』(감리교신학대학교 출판부, 1989) 제4장.

47   구체적인 사례들로는 배덕만, 『한국 개신교 근본주의』, pp. 60-63을 보라.

48   종교 간, 종교 내 갈등을 극복할 수 있는 방안에 대해서는 다음을 보라. 이원규, 『한국교회 무엇이 문제인가?』 제10장 "교회와 코이노니아".

제11장 한국교회와 정치: 정치에 참여하는 교회

1   J. Milton Yinger, *The Scientific Study of Religion* (New York: The Macmillan Co., 1970), pp. 409-416.

2   Ronald L. Johnstone, *Religion and Society in Interaction: The Sociology of Religion* (Englewood Cliffs, NJ: Prentice-Hall, 1975), pp. 176-179.

3   Glenn M. Vernon, *Sociology of Religion* (New York: McGraw-Hill, 1962), pp. 252-262.

4   이원규, 『한국교회의 사회학적 이해』(성서연구사, 1992), pp. 108-111.

5   이원규, 『종교사회학의 이해』(개정2판) (나남, 2015), pp. 580-582.

6   John Wilson, *Religion in American Society* (Englewood Cliffs, NJ: Prentice-Hall, 1978), p. 356.

7   John Wilson, *Religion in American Society*, p. 358.

8   J. Christopher Soper and Joel Fetzer, "Religion and Politics in a Secular Europe," in Ted Gerard Jelen and Clyde Wilcox (eds.); *Religion and Politics in Comparative Perspective: The One, the Few, and the Many* (New York: Cambridge University Press, 2002), pp. 169-188.

9   Donald E. Smith, *Religion, Politics and Social Change in the Third World* (New York: Free-Press, 1971), pp. 140-169.

10   Barbara Hargrove, *The Sociology of Religion: Classical and Contemporary Approaches* (Arlington Heights, IL: AHM Publishing Corporation, 1979), p. 212.

11 한국갤럽, 『한국인의 종교』(2015), p. 146.

12 이원규, 『종교사회학의 이해』(개정2판), pp. 588-591.

13 김상욱 외, 『한국종합사회조사 2008』, p. 173.

14 이원규, 『종교사회학의 이해』(개정2판), p. 594.

15 Marvin E. Shaw and Philip R. Costanzo, *Theories of Social Psychology* (New York: McGraw-Hill, 1970).

16 김상욱 외, 『한국종합사회조사 2012』(2013).

17 「조선일보」(2011. 1. 4.). 여기서 조사 대상인 10개국은 베트남, 덴마크, 인도네시아, 캐나다, 호주, 브라질, 말레이시아, 핀란드, 미국, 그리고 한국이다.

18 통계청, 『한국의 사회지표 2015』(2016), pp. 414-416.

19 한국갤럽, 『여론조사총람(상)』(1997), pp. 662, 667.

20 「동아일보」(2008. 8. 15.)

21 「시사저널」(2009. 7. 21.)

22 김상욱 외, 『한국종합사회조사 2008』(2009), pp. 163-164.

23 한국갤럽, 『한국인의 종교』(2015), p. 102.

24 Ted G. Jelen and Clyde Wilcox, "Religion: The One, the Two, and the Many," in Jelen and Wilcox (eds.), *Religion and Politics in Comparative Perspective 2*.

25 김상욱 외, 『한국종합사회조사 2008』, p. 169.

26 Jeff Manza and Nathan Wright, "Religion and Political Behavior," in Michele Dillon(ed.), *Handbook of the Sociology of Religion* (New York: Cambridge University Press, 2003), pp. 306-307.

제12장 한국교회와 경제: 맘모니즘에 물든 교회

1 종교의 경제적 성격에 대해서는 다음을 보라. 이원규, 『종교사회학의 이해』(개정2판) (나남, 2015), pp. 595-597.

2 Glenn M. Vernon, *Sociology of Religion* (New York: McGraw Hill, 1962), p. 319.

3 Elizabeth K. Nottingham, *Religion and Society* (New York: Doubleday, 1954), p. 49.

4 Elizabeth K. Nottingham, *Religion: A Sociological View* (New York: Random House, 1971), p. 133.

5 Max Weber, *The Religion of India: The Sociology of Hinduism and Buddhism*, tr. and ed. by H. H. Gerth and D. Martindale (New York: The Free Press, 1952).

6 이원규, 『종교사회학의 이해』, pp. 669-673; Walter Rauschenbusch, *A Theology for the Social Gospel* (New York: The Macmillan Co., 1918).

7 C. H. Hopkins, *The Rise of the Social Gospel in American Protestant* (New Haven, CT: Yale University Press, 1940).

8 John Wilson, *Religion in American Society* (Englewood Cliffs, NJ: Prentice-Hall, 1978), p. 218.

9 이원규, 『종교사회학의 이해』, p. 601.

10 이원규, 『종교사회학의 이해』, p. 602.

11 이원규, 『종교사회학의 이해』, p. 603.

12 J. Milton Yinger, *Religion in the Struggle for Power* (Durham, NC: Duke University Press, 1946), p. 160.

13 Thomas F. Hoult, *The Sociology of Religion* (New York: The Dryden Press, 1958), p. 269.

14 이원규, "한국 개신교회의 정치참여", 이원규 편, 『한국교회와 사회』(나단, 1996), pp. 179-225.

15 John T. Pawlikowski, "Modern Catholic Teaching on the Economy: An Analysis and Evaluation," in Bruce Grelle and David A. Kruegger (eds.), *Christianity and Capitalism* (Chicago: Center for the Scientific Study of Religion, 1986), pp. 15-16.

16 David A. Kruegger, "Capitalism, Christianity, and Economic Ethics," B. Grelle and D. A. Kruegger (eds.), *Christianity and Capitalism 26.*

17 Paul Tillich (이정순 옮김), 『프로테스탄트 시대』(*The Protestant Era*) (대한기독교서회, 2011) 제11장.

18 이원규, 『종교사회학의 이해』, p. 608.

19 Thomas E. Van Dahm, "The Christian Far Right and Economic Policy Issues," *Journal of the American Scientific Affiliation* (1984): 29.

20 William McLoughlin, *Modern Revivalism* (New York: Ronald Press, 1959).

21 John Wilson, *Religion in American Society*, p. 214.

22 Max Weber, *The Protestant Ethic and the Spirit of Capitalism,* tr. by Talcott Parsons (New York: Charles Scribner's Sons, 1958). 이 주제에 대한 베버의 설명으로는 이원규, 『종교사회학의 이해』, pp. 202-217을 보라.

23 Max Weber, *The Religion of India.* 이 주제의 요약으로는 이원규, 『종교사회학의 이해』, pp. 224-228을 보라.

24 Roger O'Toole, *Religion: Classic Sociological Approaches* (Toronto: McGraw-Hill, 1984), p. 148.

25 Max Weber, *The Religion of China: Confucianism and Taoism,* tr. by H. H. Gerth (Glencoe,

IL: The Free Press, 1951). 이 주제의 요약으로는 이원규, 『종교사회학의 이해』, pp. 219-224를 보라.

26   한국갤럽, 『한국인의 종교』(2015), p. 146.

27   경제발전이 종교의 쇠퇴에 중요하게 작용한다는 설명으로는 다음을 보라. Pippa Norris and Ronald Inglehart, *Sacred and Secular* (New York: Cambridge University Press, 2004), Chap. 3.

28   Gerth and Mills, *From Max Weber* (New York: Oxford University Press, 1958), p. 66.

29   Max Weber, *The Protestant Ethic and the Spirit of Capitalism*, p. 182.

30   Robert N. Bellah, *The Broken Covenant* (New York: Seabury, 1975).

31   이원규, "한국사회와 개신교 경제윤리", 『한국교회 어디로 가고 있나?』(대한기독교서회, 2000), pp. 262-266.

32   문화체육관광부, 『2008년 한국인의 의식 · 가치관 조사』(2008), p .466.

33   한국교회의 맘모니즘에 대한 자세한 내용으로는 다음을 보라. 이원규, "한국교회와 맘모니즘", 『한국교회 무엇이 문제인가?』(감리교신학대학교 출판부, 1998), pp. 229-247.

34   강인철, "종교문제: 굴복, 불안정, 갈등으로 점철된 한국교회", 한완상 · 권태환 편저, 『전환기 한국의 사회문제』(민음사, 1996), p. 242.

35   박영신, "한국 기독교와 사회의식", 한국기독교문화연구소, 『2천년대를 바라보는 한국 기독교』(숭실대학교 출판부, 1991), p. 244.

36   당당뉴스(2013. 9. 10.). 그 교단은 예장(합동)이다.

37   강인철, "종교문제: 굴복, 불안정, 갈등으로 점철된 한국종교", p. 241.

38   새누리신문(1991. 8. 24.)

39   박영신, "한국 기독교와 사회의식." pp. 245-246.

40   새누리신문(1991. 10. 21.)

41   교회연합신문(2011. 9. 25.)

에필로그

1   이원규, "감리교회 교회실태 및 목회자 의식에 대한 조사연구", 기독교대한감리회 장단기발전위원회 편, 『감리교회, 성숙과 부흥을 위한 백서』(2008), p. 294.

용어 찾아보기

ㄱ

가나안 성도 117
가부장적 54, 194
가부장적 권위주의 196
가슴의 종교 127
가족가치 140, 150
가족주의 171, 184
가치갈등 294
가치관 170
가치지향성 164
가톨릭 8
감독교회 228
감독제 228
감리교 24, 138, 231
개교회주의 241, 242, 389
개별화 347
개신교 8
개신교 윤리관 373
개인주의 146, 163, 165, 207
개종 33, 222
개종률 113
개척교회 250
개척교회인 263
개혁교회 230
거대교회 243
거룩한 덮개 291

거주의 영성 120
경건파 373
경제성장 296, 378, 379
경제윤리 380
계몽운동 294
계몽주의 292
공공종교 19
공급 측 이론 134, 322
공동사회 19
공동체 23, 250
공동체성 146, 252, 359
공리주의 174
관료주의 225
관료주의화 225
광역교회 247
교권 98, 252
교권갈등 233
교파 232
교파분열 83, 237
교파연합 268
교파주의 232
교회교육 22
교회성장 138, 141
교회성장론 321
교회세습 81
교회쇠퇴 153

교회연합 277
교회의 선교 138
교회학교 133, 215
구도자 교회 240
국가종교 344
권위주의 172, 183, 185
규범문화 162, 187
근대화 22, 97
근본주의 237
근본주의자 372, 383
기능이론 285, 286
기능적 합리성 314
기도원 154, 321
기독교문화 161, 173
기독교 성쇠 136
기독교세계 20, 96
기독교화 21
기복신앙 180, 272, 385
기복주의 179
기성종교 150, 347
기업윤리 381

다원화 146, 319, 344
대도시교회 215
대중종교 324
대체종교 150, 382
대형교회 79, 81
도교 177, 376
도구화 207, 385
도덕성 79, 153, 390
도덕주의 168
도시빈민운동 299, 371
도시화 23, 145, 245
독립교회 24, 118, 238, 241, 243
독립운동 294
동양문화 165
디오니소스 137, 153
디오니소스형 162, 166, 173

ㄹ

루터교 24, 230
리더십 224, 228, 325

ㄴ

남성문화 164, 172
남침례교 140, 234
노동운동 298, 371
농민운동 294, 371
농어촌교회 215

ㅁ

마케팅 전략 246, 386
맥도날드화 249
머리의 종교 127
메가처치 221, 243, 245, 248, 251
명목신도 116, 118
목적전치 227, 249
무교 169, 173, 177, 379
무교적 181
무교화 180, 261
무속신앙 169, 181

ㄷ

다원주의 24, 231, 314, 315, 319, 334
다원주의 상황 233, 313, 316, 328

무신론자 99
문화전쟁 359
물질만능주의 301, 380
물질주의 58, 272, 383
미국적 예외 23
민속신앙 209
민족운동 295
민주주의 144, 227, 296, 371
민주화운동 297
민중교회 298, 325
민중신학 299, 370

분권화 227
분리주의 348
분리주의자 106
불교 30, 57, 180, 212, 350
불교인 200, 209, 351
불평등문화 163, 198
불확실성 수용문화 164
불확실성 회피 164
비교파주의 237
비빔밥 문화 168
비성화 19

ㅂ

박탈 145, 194, 195, 290
박탈감 287, 289
박탈-보상이론 135, 148
반개신교 153
반공주의 372
반지성주의 186, 389
배금주의 381
배타주의 334, 336, 390
밴드왜건 효과 247
번영의 복음 142, 149
변형주의 349, 354
보수주의 140, 233, 245
보수주의자 383
보편주의 294
복음의 상품화 327
복음주의 127, 244, 248
복음주의자 371
복음화 138, 234, 298
부흥운동 141, 174
부흥회 142, 182, 385

ㅅ

사사화 24, 120, 317
사제적 기능 291, 352
사회갈등 336, 353
사회변동 6, 17, 292, 293, 297
사회복음운동 293, 368
사회봉사 63, 301
사회운동 151, 224, 298
사회조직 221, 313
사회주의 98, 369, 371, 372
사회통제 18, 291, 310, 319
사회통합 290, 310
사회화 60, 151, 205
산업사회 223
산업화 135, 368
삶의 만족 304
삶의 만족도 310
삶의 질 304
삼박자 기복신앙 142
서양문화 165
서열의식 172

선택적 친화성 375
설득력 구조 315
성공회 231
성도의 순환 247
성령운동 98, 141, 174
성장주의 227, 272
성직매매 386
성직주의 185
세속주의 115
세속화 17, 20, 50, 96, 120, 272, 387
소명감 142, 374
소비자 선호 316
소속되지 않고 믿음 120
소속의식 146, 171, 289
수요 측 이론 134, 246
수평이동 247, 248
시장상황 315
신비주의 295
신앙운동 155
신앙의 대물림 140, 205
신앙 이탈자 105
신유운동 141
신정론 376
신흥종교 144, 186, 319
실존적 안전이론 135, 148
심리적 복지감 304

에큐메니즘 317
여가산업 149
여성문화 164
여성신학 371
역할갈등 257
역할수행 151
역할 주도권 260
연고주의 183
열광주의 174
영국교회 136, 230
영성 119, 236, 390
영성의 종교 127
영적 방랑자 105
영적 복지감 304, 309
영화 347
예언기도 182
예언자적 기능 293, 354
우리주의 171
원불교 176, 319
유일신 사상 334
이데올로기 18, 355
이 세상적 금욕주의 373
인간화 138
인권운동 228, 349
인성의 안정 304
인스턴트 신앙 249
인지적 일관성 이론 352
일원주의 328

ㅇ

아노미 291
아폴로 137
아폴로적 163
아폴로형 173
안보이데올로기 144

ㅈ

자본주의 365, 372
자유주의 98, 233, 325
장기결석 교인 116

장로제 228
장인정신 381
재침례교 230
적극적 사고방식 145, 369
전문화 223
전통사회 315, 328
정교분리 98, 146, 231, 344
정신건강 304, 309
정체성 98, 146, 288
정치운동 349, 355
정치화 348, 357
정통교의 298
정통실천 298
정통주의 336
제2바티칸공의회 335, 371
제도화 221, 223, 225, 252, 366
제의 181, 223
조직사회 223
존재지향문화 165
종교갈등 328, 353
종교개혁 6, 387
종교개혁운동 230
종교기능론 285
종교문화 147, 161, 173
종교사사화론 300
종교성 26, 37, 191, 203, 218
종교쇠퇴론 20, 300
종교시장 141
종교시장이론 19, 324
종교 없음 93
종교의례 40, 209
종교의례참여 192
종교이동 54, 113, 319
종교적 경험 26, 234, 305

종교적 위안 195
종파 223, 232, 319
주류교파 49, 138, 205
주변적 233
주변적 분화 317, 321
중도주의 233
중앙집권화 226
지방주의 207
지성의 종교 127
직업윤리의식 374
집합주의 171, 183, 187, 389

ㅊ
천민적 자본주의 7, 380
천주교 8
청교도 정신 381
청지기의식 374
초가치화 347
초대형교회 244
초월성 120
침례교 231, 233

ㅋ
카리스마 292
카리스마운동 141
카리스마적 325
카스트 368
칼뱅주의 231, 373

ㅌ
탈교파주의 183, 237, 238, 241

탈독점화 315
탈세속화 20, 128
탈정치화 347
탈종교 27, 101
탈종교인 105
탐구의 영성 120

ㅍ

페미니즘 197
평등문화 163
평등주의 164, 294
포용주의 334
표준화 317
풀러 학파 321
풀뿌리 신앙전통 98

ㅎ

하나님의 선교 138

하나님의 성회 140
한계상황 286
한국교회연합 321, 337
한국기독교교회협의회 321
한국기독교총연합회 321, 337
한국복음주의협의회 321
한국불교 176
합리화 22, 135, 193
해방신학 293, 298, 371
행동지향문화 165
헌신이론 139
현대의식 314
현실주의적 175
형식주의 153
혼합주의 176
회중교 229, 233
회중제 228
후기교파주의 238
후기산업사회 22, 135
휴면신도 116, 133

인명 찾아보기

ㄱ

강인철 422
금장태 403
김경동 407
김광일 182, 404
김대중 351, 352
김병서 396, 414
김상욱 403, 405, 416, 420
김성건 396
김성재 414
김영삼 351, 352
김용복 404, 414
김재은 402, 410
김홍권 415

ㄴ

나일선 418
나학진 418
노길명 417
노무현 351, 352
노치준 236, 242, 396, 401, 409, 410
노태우 352

ㄹ

류병덕 403

ㅁ

문재인 351, 352
민경배 414

ㅂ

박근혜 351, 352
박영신 396, 422
박정희 297, 346, 352
배덕만 419
배용덕 403
변시민 402

ㅅ

서광선 181, 400, 404, 416
서남동 415
서정운 182, 404
손원영 398
송복 418
신광은 250, 411

ㅇ

안병무 415
오경환 398
유동식 168, 169, 182, 402-404
윤이흠 402, 403, 417
윤태림 167, 402-404
이내찬 416
이대근 414
이만열 414
이명박 351, 352
이삼열 401, 414
이성우 8, 245, 410
이승만 346, 352
이어령 402
이요한 400
이원규 2, 3, 8, 230, 393-401, 404-422
이철 396
임희섭 402

ㅈ

전두환 346, 352
전택부 409, 414
정순목 167, 402
정재영 117, 396, 398, 399, 412
정진홍 169, 402-404
조성돈 185, 396, 398, 399, 404, 412
조흥윤 417
지명관 414
지용근 132
진용식 399

ㅊ

최윤식 401
최재석 402, 409
최종철 403
최준식 402-404
최현종 399, 410, 411

ㅍ

표영상 403

ㅎ

한내창 332, 416
한완상 400, 422
홍영기 244, 410
홍윤식 403

A

Ammerman, Nancy 404, 406, 410
Appenzeller, Henry G. 235
Argyle, Michael 405, 406

B

Babbie, Earl 412, 413
Bainbridge, William S. 393, 417
Barrett, David B. 238, 394, 408, 409
Bass, Diana B. 120, 398, 409
Becker, Penny E. 406
Beckford, James A. 394, 399
Beit-Hallahmi, Benjamin 406
Bellah, Robert N. 422

Benedict, Ruth 137, 162, 399, 401
Berger, Peter L. 24, 120, 128, 291, 314, 394, 398, 399, 413, 415–417
Bibby, Reginald W. 248, 410
Blanton, P. W. 411
Blizzard, Samuel W. 257
Borgatta, Edgar F. 408
Bradburn, Norman 415
Brinkerhoff, Merlin B. 248, 410
Brothers, Joan 407
Bruce, Steve 393–396, 398, 406
Bush, George W. 358

C

Calvin, John 230
Campbell, Angus 415
Carmody, Dennis L. 396, 405
Carroll, Jackson W. 411
Casanova, Jose 19, 393
Chaves, Mark 395, 408, 418
Christiano, Kevin J. 323, 418
Cimino, Richard 245, 410
Clarke, Peter B. 406, 411
Clement, Frank 304, 415
Converse, Phillip E. 415
Costanzo, Philip R. 420
Cox, Harvey 393, 398
Crider, Donald M. 304, 416

D

Davie, Grace 120, 394, 398
Demerath, N. J. 408

Dempsey, Ron D. 102, 397
Dillon, Michele 395, 420
Drane, John 249, 411
Durkheim, Emile 290, 413

E

Etzioni, Amitai 407

F

Fichter, Joseph H. 407
Finke, Roger 322, 393, 395, 406, 417, 418
Francis, Leslie J. 405

G

Gallagher, Sally K. 405
Gerharz, George P. 18, 393
Gerth, H. H. 394, 408, 416, 420–422
Gill, Robin 23, 394
Gladden, Washington 368
Glasner, Peter E. 393
Glock, Charles Y. 233, 407, 409, 413
Gore, Al 358
Gould, Julius 408
Graham, Billy 154
Greeley, Andrew M. 139, 205, 400, 403, 406
Grelle, Bruce 421
Grim, Brian J. 94, 95, 396, 408

H

Hadaway, Christopher K.   304, 416

Hammond, Phillip E.   408

Hargrove, Barbara   411, 419

Hertel, Bradley R.   405

Hick, John   335, 419

Hofstede, Geert   163, 402

Hoge, Dean R.   395, 411

Hopkins, C. H.   421

Horton, Paul B.   401, 411

Hoult, Thomas F.   421

Hout, Michael   139, 205, 400, 406

Hunt, Chester L.   401, 411

Hunter, Georgo G.   417

I

Iannaccone, Laurence R.   399, 418

Inglehart, Ronald   148, 393, 394, 396–400, 405, 418, 422

J

Jelen, Ted G.   419, 420

Jenkins, Philip   128, 393, 395, 399

Johnson, Todd M.   94, 95, 396, 408

Johnstone, Patrick   128, 394, 399, 401

Johnstone, Ronald L.   222, 407, 413, 419

K

Kanter, Rosabeth M.   139, 400

Kelly, Dean M.   395

Kinnaman, David   104, 397

Kluckhohn, Clyde   165, 402

Knitter, Paul F.   335, 419

Knox, John   230, 231

Knudten, Richard D.   407

Kohut A.   99, 395, 397

Kolb, William L.   408

Kruegger, David A.   421

Kurian, George   408

L

Lattin, Don   245, 410

Lindner, Eileen W.   408

Luckmann, Thomas   24, 120, 394, 398, 407, 417

Luther, Martin   230

Lyons, Gabe   105, 397

M

MacIver, Robert M.   413

Maduro, Otto   414

Mahler, Jonathan   409

Mandryk, Jason   128, 394, 399, 401

Manza, Jeff   420

Martin, David   128, 393, 394, 399

Matt, Paul E.   407

McCann, Richard V.   304, 415

McGavran, Donald A.   417

McGrath, Alister E.   249, 394, 396, 399, 404, 411, 412

McGuire, Meredith B.   413

McLoughlin, William   421

Merton, Robert K.   414

Micklethwait, John 394, 417

Miller, Allan 405

Miller, Donald E. 238, 395, 400, 404, 406, 409

Mills, C. W. 394, 408, 416, 422

Moberg, David 408, 415

N

Niebuhr, H. Richard 232, 408

Norris, Pippa 148, 393, 394, 396–400, 405, 418, 422

Nottingham, Elizabeth K. 420

O

O'Dea, Thomas F. 286, 400, 407, 413, 414

O'Toole, Roger 376, 421

Ozorak, E. 406

P

Panikkar, Raimundo 335, 419

Parsons, Talcott 402, 414, 415, 421

Pawlikowski, John T. 421

Putnam, Robert 395

R

Rauschenbush, Walter 368

Ringer, Benjamin 413

Roberts, Keith A. 397, 399, 405, 408, 410

Ro, Bong-Rin 400

Roof, Wade C. 304, 407, 416

Roozen, David A. 395

S

Sargeant, Kimon H. 240, 409

Sauer, William J. 304, 415

Seidmann, Steven 416

Shaw, Marvin E. 420

Shiner, Larry 18, 393

Shippey, Frederick A. 407

Siewert, John A. 400

Smith, Donald E. 419

Smith, M. Brewster 415

Soper, J. Christopher 419

Spiro, Melford E. 303, 415

Stark, Rodney 19, 233, 322, 393, 395, 399, 405–407, 409, 413, 417, 418

Steiner-Aeschliman, Sherrie 406

Swatos, William H. 323, 405, 408, 418

T

Thornton, Arland 406

Thumma, Scott 410

Tillich, Paul 371, 421

Toft, Monica D. 394, 417

Tylor, Edward B. 161, 401

U

Underwood, Horace G. 235

V

Van Dahm, Thomas E.   421

Vernon, Glenn M.   257, 411, 419, 420

Verweij, J.   196, 406

Vokurka, Robert J.   410

W

Wagner, C. Peter   417

Ward, A. Dudley   413

Weber, Max   166, 225, 287, 314, 373, 394, 408, 413, 414, 416, 420–422

Wesley, John   230

Whitehead, Andrew L.   405

White, James E.   102, 397

Wilcox, Clyde   419, 420

Willits, Fern K.   304, 416

Wilson, Bryan   20, 300, 394, 415

Wilson, John   408, 414, 419, 421

Wilson, W. R.   304, 416

Wooldridge, Adrian   394, 417

Wright, Nathan   420

Wuthnow, Robert   119, 234, 398, 409

Y

Yamane, David   397, 405, 408, 410

Yinger, J. Milton   419, 421

Z

Zuckerman, Phil   97, 396, 397

Zwingli, Ulrich   230

이 원 규

감리교신학대학교 졸업
미국 Emory 대학교 대학원(종교사회학 전공)
M. A.(1978), Ph. D.(1981)
감리교신학대학교 교수(1981-2013)
실천신학대학원대학교 석좌교수(2014-1016)
미국 Emory 대학교 초빙교수(1987)
미국 Claremont School of Theology 초빙교수(2004)
한국인문사회과학회 회장, 한국종교사회학회 회장 역임

저 서

『종교의 세속화: 사회학적 관점』(1987)
『종교사회학: 이론과 실제』(1991)
『한국교회의 사회학적 이해』(1992)
『한국교회의 현실과 전망』(1994)
『종교사회학의 이해』(1997)
『한국교회 무엇이 문제인가?』(1998)
『한국교회 어디로 가고 있나?』(2000)
『한국 사회문제와 교회공동체』(2002)
『기독교의 위기와 희망』(2003)
『인간과 종교』(2006)
『힘내라, 한국교회』(2009)
『한국교회의 위기와 희망』(2010)
『머리의 종교에서 가슴의 종교로』(2012)
『한국교회와 사회』(편저, 1989)
『현대 한국종교변동 연구』(공저, 1993)
『한국사회발전과 기독교의 역할』(공저, 2000)

역 서

E. Brunner, 『신학입문』(1972)
T. Luckmann, 『보이지 않는 종교』(1982)
G. Baum, 『종교와 소외』(1983)
R. Robertson, 『종교의 사회학적 이해』(1984)
E. Brewer and M. Jackson, 『웨슬리와 변형운동』(1988)
D. Miller, 『왜 그들의 교회는 성장하는가?』(2008)
D. Bass, 『교회의 종말』(2017)
W. Capps, 『현대 종교학 담론』(공역, 1999)
D. Martin, 『현대 세속화 이론』(공역, 2008)